Dysgl Bren a Dysgl Arian

Cyflwynedig i

Eleanor Ceridwen Jones

(Talgarreg, gynt)

Dysgl Bren a Dysgl Arian

R Elwyn Hughes

Nodiadau ar Hanes Bwyd yng Nghymru

dinas

© Hawlfraint R. Elwyn Hughes a'r Lolfa, 2003
Argraffiad cyntaf: 2003

Y mae hawlfraint ar gynnwys y llyfr hwn ac y mae'n anghyfreithlon i gopïo unrhyw ran o'r llyfr hwn at unrhyw bwrpas, ar wahân i adolygu, heb ganiatâd ysgrifenedig y cyhoeddwyr ymlaen llaw.

Cynllun y clawr: Ceri Jones

ISBN: 0 86243 660 5

Y mae Dinas yn wasgnod sy'n perthyn i'r Lolfa

Llun clawr: © hawlfraint Amgueddfeydd ac Orielau Cenedlaethol Cymru

y Lolfa

Argraffwyd a chyhoeddwyd yng Nghymru
gan Y Lolfa Cyf., Talybont, Ceredigion SY24 5AP
e-bost ylolfa@ylolfa.com
gwefan www.ylolfa.com
ffôn (01970) 832 304
facs 832 782

Cynnwys

Rhagymadrodd — 7

Dysgl bren a dysgl arian: tair gwedd ar fwyd y Cymry — 10

Bresych a thatws: agweddau ar hanes y sgyrfi
yng Nghymru — 90

Melltith y mallryg: hanes rhyg yng Nghymru — 157

Diodydd bonedd a gwreng: tair diod y Cymry — 195

Bwyta'n wyllt: cynhaliaeth o fyd natur — 235

Llyfrau coginio Cymraeg hyd at ddiwedd
y bedwaredd ganrif ar bymtheg — 285

'NID GWAETH GAN Y NEWYNOG FWYD MEWN
DYSGL BREN NAG MEWN DYSGL ARIAN.'

M[aurice]. Kyffin 'At y Darlleydd'
Deffynniad Ffydd Eglwys Loegr **(1595)**

Rhagymadrodd

Bu'n fwriad gennyf erioed ysgrifennu rhyw fath o hanes maetheg yng Nghymru ac i'r perwyl yna bûm yn crynhoi nodiadau ar amryfal agweddau ar y pwnc ers deng mlynedd a mwy bellach. Ond buan y sylweddolais mai gormod o goflaid fyddai ceisio llunio hanes cyflawn patrymau bwyta ar hyd y canrifoedd, a'r canlyniad yn llyfr na fyddai yn ei hanfod yn wahanol i'r llu o lyfrau hanes maetheg sydd eisoes ar gael mewn ieithoedd eraill. Yr hyn a wneuthum felly oedd ysgrifennu'n weddol fanwl ar chwe gwedd a oedd yn benodol Gymreig eu perthnasedd.

Mae cryn orgyffwrdd rhwng rhai o'r erthyglau a pheth dyblygu deunydd yma ac acw hefyd ond ni welaf fod modd osgoi hyn yn llwyr. Nid yw'r erthyglau wedi bod trwy'r felin gylchgronol arferol. Wedi marwolaeth aberthol *Y Gwyddonydd* nid oes ar gael yr un cylchgrawn Cymraeg y gellid disgwyl iddo gyhoeddi erthyglau lled-wyddonol o'r math hwn. At hyn, a'r adnoddau (ac, mae lle i ofni, yr ewyllys hefyd) at gyhoeddi gweithiau academig a lled-academig yn y Gymraeg mor brin, ni welaf ddiben mewn dwysáu'r broblem drwy greu llyfr o ddeunydd sydd eisoes wedi ymddangos yn y cylchgronau. Anfantais hyn, ar y llaw arall, yw fod y deunydd, o reidrwydd, yn cael ei gyflwyno i'r cyhoedd mewn fersiwn anaeddfed a heb dderbyn unrhyw feirniadaeth adeiladol. Ymddiheuraf i'm darllenwyr am hyn. Gwêl y cyfarwydd, fodd bynnag, fod peth o'r deunydd yn yr erthygl 'Bresych a thatws' wedi ymddangos yn fy erthyglau yn y *Cambridge world history of food* (Gwasg Prifysgol Caergrawnt, 2000) a bod fersiwn talfyredig a digon pitw o'r erthygl olaf yn y casgliad eisoes wedi'i gyhoeddi yn *Petits Propos Culinaires* yn 1997. Mae saernïaeth yr erthyglau – a chryn gyfran o'r deunydd wedi'i neilltuo i'r nodiadau yn niwedd y penodau – er yn fwriadol, hefyd wedi peri peth anesmwythdra imi. Ond nid myfi yw'r cyntaf o bell ffordd i bechu yn y cyfeiriad hwn wrth drafod bwyd a bwyta – cynhwysai *Tabella cibaria* Ange-Denis Macquin (Llundain, 1820) ddeuddeg tudalen o ymdriniaeth destunol a'u dilyn gan ryw gan tudalen o nodiadau.

Problem sy'n wynebu pawb sydd am drafod unedau mesur a phwyso mewn cyd-destun hanesyddol yw i ba raddau y dylid trosi'r rhai 'traddodiadol' i rai modern. Ofnaf nad wyf wedi bod yn rhyw gyson iawn yn hyn o beth. Rwyf wedi anelu at droi pwysau bwydydd yn cilogramau (neu'n gramau) am fod pawb bellach (gobeithio) yn ddigon cyfarwydd â'r system fetrig wrth drafod pwysau. Ond nid wyf wedi ymyrryd â'r term [k/cilo]calorïau er mai *megajoule* yw'r uned gydnabyddedig bellach ymhlith rhai gwyddonwyr. Bu calorïau yn gymaint rhan o drafodaethau hanesyddol yn y gorffennol fel mai creu dryswch ar ran y darllenydd fyddai defnyddio'r unedau newydd ac fe allai beri gwir anhawster i'r darllenwyr 'lleyg' hynny sydd am wneud cymhariaeth rhwng heddiw a'r sefyllfa yn y gorffennol. Yn unol ag arferiad sy'n bur gyffredin erbyn hyn byddaf weithiau yn defnyddio'r term 'calorïau' – yn enwedig yn y trafodaethau cyffredinol – er mai 'kilocalorïau' a olygir mewn gwirionedd. Am yr un rhesymau hanesyddol, rwyf wedi dal i sôn am 'miligramau' wrth drafod fitamin C er bod rhai bellach yn y cylchoedd gwyddonol wedi symud i dir yr unedau molecylaidd.

Nid oes yma unrhyw neges ganolog nac unrhyw gais i hyrwyddo safbwynt arbennig. Mae Lévi-Strauss a Douglas ac eraill wedi ceisio egluro patrymau bwyta a choginio o safbwynt anthropolegol-seicolegol. Gall esboniadau esoterig o'r fath fod yn atyniadol, a hyd yn oed yn ystyrlon, i rai, ond am a wn i, prin iawn yw'r maethegwyr sy'n cyfrif fod y fath ddamcaniaethau yn ymarferol-arwyddocaol. Mae ffactorau cudd o'r math sydd mor annwyl gan hyrwyddwyr esboniadau 'mythol' yn llwyr ddarostyngedig yn y pen draw i ffactorau cymdeithasol ac amgylchfydol a'r rhain, ran amlaf, yn gweithredu oddi mewn i fframwaith argaeledd. Daw hyn i'r amlwg yn hanes maetheg yng Nghymru. Ni ellir gwadu na fu haeniad cymdeithas a chyfarwyddiadau o du traddodiad neu arferiad yn bwysig ond argaeledd adnoddau fu'r ffactor ffurfiannol fwyaf sylfaenol erioed.

Wrth reswm, rwyf wedi pwyso'n drwm ar adnoddau gwahanol lyfrgelloedd wrth baratoi'r nodiadau hyn. Rwyf am estyn fy niolchiadau hollol ddiffuant iddynt i gyd – ac yn enwedig i'r Llyfrgell Genedlaethol – am eu parodrwydd bob amser i gynnig cymorth a chyngor. Yr un mor ddilys yw fy nyled i Wasg y Lolfa ac i Lefi Gruffudd am fodloni ymgymryd â chyhoeddi'r gwaith; ac i Dafydd Saer am ei drylwyredd a'i broffesiynoldeb wrth ddelio â deunydd digon technegol. Mewn gwaith o'r math hwn, anodd yw llwyr osgoi llithriadau a gwallau. Ni allaf ond adleisio geiriau Thomas Lewis wrth iddo gyflwyno ei Eiriadur yn 1815: 'Bydded i esgyll cariad gael eu lledu dros y beiau hyn'.

R. Elwyn Hughes
Pen-tyrch, 2003

Dysgl bren a dysgl arian: tair gwedd ar fwyd y Cymry

I'r sawl sydd am archwilio'i fogail (neu, yn fwy priodol efallai, ei ymysgaroedd) yn faethegol, y mae ar gael gyhoeddiad blynyddol y Llywodraeth *Household food consumption and expenditure* sy'n cofnodi'n bur fanwl faint yn union o'r gwahanol fathau o fwyd sy'n cael ei fwyta gan y boblogaeth Gymreig. Gellir defnyddio'r fath ddeunydd i ddarganfod i ba raddau y mae ein harferion bwyta'n cydymffurfio â'r patrwm delfrydol a argymhellir gan yr awdurdodau, ac, yn y pen draw, gan y Llywodraeth. Gellir hefyd gymharu cymeriant y gwahanol fwydydd yng Nghymru â'r sefyllfa gyfatebol yng ngwledydd eraill y Deyrnas Unedig. Yr hyn *nas* dadlennir gan yr adroddiadau hyn yw sut y paratoir y gwahanol fwydydd at eu bwyta, hynny yw, ni ddywedir dim byd am y gwahanol arferion coginio a all amrywio o'r naill wlad i'r llall. I'r gwyddonydd, fodd bynnag, y wybodaeth feintiol sydd o bwys am nad yw'r gweddau 'cosmetig', megis y dull o drafod bwydydd cyn eu bwyta, yn debyg o ddylanwadu ar ein hiechyd ond i raddau cymharol ddibwys.

Yn anffodus, ni ddechreuwyd cyhoeddi adroddiadau o'r fath tan yn gymharol ddiweddar. Ymddangosodd adroddiad cyntaf yr *Advisory Committee on Nutrition* yn 1937 a gellir ei ystyried yn rhagflaenydd i'r adroddiadau *Household food consumption ...* a grybwyllwyd uchod. Nid na fu sawl ymgais cyn hynny i asesu'r cymeriant o wahanol fwydydd gan wahanol sectorau o'r boblogaeth, ond at ei gilydd pur anghyflawn oedd yr ymgeisiau cynnar hyn, a'r rhai mwyaf boddhaol yn gyfyngedig i ardaloedd penodol yn Lloegr a'r Alban – megis *A study of the diet of the labouring classes in Edinburgh* a gyhoeddwyd yn nechrau'r ugeinfed ganrif, a'r *Diet of families in the Highlands and Islands of Scotland* a gyhoeddwyd gan y Cyngor er Ymchwil Meddygol yn 1940.[1] Heblaw am waith arloesol Edward Smith yn yr 1860au (a drafodir isod) mae'n anodd dwyn i gof yr un adroddiad o bwys a ymwnâi'n benodol â Chymru, neu hyd yn oed â rhannau o Gymru, nes cyrraedd tri degau'r ugeinfed ganrif.[2]

Am wybodaeth am gyflwr a statws maethegol y boblogaeth Gymreig yn y cyfnodau cyn yr ugeinfed ganrif, rhaid troi un ai at dystiolaeth anuniongyrchol (megis y data am y cnydau a dyfid yma, natur y marchnadoedd lleol a symudiadau bwydydd i mewn i'r porthladdoedd) neu at dystiolaeth 'anecdotaidd'. Gallai'r dystiolaeth anecdotaidd, yn ei thro, feddu ar wahanol raddau o ddilysrwydd, a chymaint yn dibynnu ar lygaid y sylwebydd. Mae'n bur debyg, er enghraifft, fod adroddiadau'r llu o deithwyr talog a heidiai ar draws Cymru yn niwedd y ddeunawfed ganrif ac ar ddechrau'r bedwaredd ganrif ar bymtheg, wedi eu lliwio gan awydd yr awduron i ymbellhau oddi wrth drigolion cyffredin y wlad ac, o ganlyniad, i orbwysleisio cyntefigrwydd y diet, prinder bwyd ac annigonolrwydd tybiedig y lluniaeth yn gyffredinol.

Mae'r 'dystiolaeth' o'r cyfnodau cynharach yn fwy anfoddhaol byth. Cyfeirir weithiau at y cyffyrddiadau lluniaethol yn y farddoniaeth gynnar i gynnal datganiadau am natur y diet yr adeg honno. Ond mae'r mynych gyfeiriadau yn y canu moliant at fwydydd dethol ar fyrddau'r pendefigion yn llwyr ddiwerth fel allwedd i luniaeth trwch y boblogaeth – heblaw efallai fod modd eu defnyddio weithiau mewn ffordd 'negyddol'. Os oedd bara gwyn (gwenith) a fenison a gwin yn hawlio lle o anrhydedd yn y canu moliant fel symbolau o statws a chyfoeth, gellir bod yn weddol siwr mai bara tywyll (bara rhyg neu wenith cyflawn) a chwrw neu ddiodydd llaeth fyddai lluniaeth arferol y rhai llai breintiedig. Ambell waith, megis wrth drafod y berthynas rhwng fitamin C a'r sgyrfi, y mae presenoldeb clefyd arbennig yn ein caniatáu i gynnig amlinelliad o'r math o ddiet a fyddai wedi arwain at y clefyd hwnnw, ond go anaml y digwyddai hyn.

Y mae ar gael, fodd bynnag, nifer o sefyllfaoedd penodol a neilltuol lle mae'r data neu'r dystiolaeth yn ein galluogi i ddiffinio natur a gwerth y diet yn bur gyflawn. Sefyllfaoedd neu amgylchiadau anghynrychioladol yw'r rhain, ac yn gyfyngedig i garfan neu sector neilltuol mewn amgylchiadau arbennig a barhâi am gyfnod cymharol fyr yn unig. Wrth reswm, ni ellir allosod gwybodaeth o'r fath i gofleidio'r gymuned yn ei chyfanrwydd. Er hynny, gall astudiaethau o'r fath fod yn ddigon diddorol a gwerthfawr – ond inni gofio fod iddynt gyfyngiadau llym hefyd.

Hoffwn gynnig dadansoddiad maethegol o dair sefyllfa lle mae digonedd o wybodaeth ar gael i'n galluogi i ddweud rhywbeth gweddol bendant am natur ac arwyddocâd ffisiolegol y lluniaeth. Daw'r 'sefyllfa' gyntaf (sy'n gynrychioliadol o nifer o rai cyffelyb o'r un cyfnod) o'r bedwaredd ganrif ar ddeg ac y mae a wnelo â'r cyflenwad bwyd ar gyfer milwyr mewn sefyllfa amddiffynnol, neu ar gyfer poblogaeth dan warchae – dwy sefyllfa lle bu raid sicrhau fod cyflenwad digonol o fwyd ar gael i ateb, o bosib, fisoedd o warchae. Mae'r ail sefyllfa, ganrif neu ddwy yn ddiweddarach, yn ymwneud yn benodol â'r mathau o fwyd danteithiol y deuid o hyd iddynt ar fyrddau'r pendefigion adeg un o'u gwleddoedd mawr – neu, yn fwy cywir efallai, y math o fwydydd y tybid y dylid eu gweini ar achlysuron o'r fath yn ôl 'doethineb confensiynol' gorllewin Ewrop ar y pryd. Daw'r drydedd enghraifft o'r bedwaredd ganrif ar bymtheg ac y mae'n seiliedig ar astudiaeth arloesol Edward Smith o luniaeth gweithwyr amaethyddol yng Nghymru yn y 1860au. Yn wahanol i'r ddwy enghraifft gyntaf y mae gwaith Edward Smith yn feintiol ei natur a gellir ei ystyried yn enghraifft gynnar o'r dulliau modern o asesu statws maethegol cymunedau penodol. Wrth drafod y tair enghraifft hyn bydd raid cyfeirio o dro i dro at anghenion maethegol y corff – hynny yw, faint o'r gwahanol faetholion angenrheidiol ('egni', protein, fitaminau a mwynau) y mae ar y corff eu hangen i oroesi mewn cyflwr o iechyd. Seilir y rhan hon o'r drafodaeth ar yr argymhellion swyddogol heddiw; nid oes unrhyw le i gredu na fyddent yr un mor ystyrlon yn y cyfnodau dan sylw.[3]

Bwyd y cestyll

O wybod y nifer o breswylwyr mewn cymuned 'gaeëdig' (megis mynachlog neu ysbyty neu garchar), a hefyd y symudiadau bwyd i mewn i'r gymuned honno, ac a derbyn bod y dosraniad bwyd yn gyfartal rhwng y preswylwyr, y mae modd cyrraedd at amcangyfrif o statws maethegol a chyflwr iechyd yr aelodau o'r gymuned. Mae'r statws maethegol nid yn unig yn dylanwadu ar gyflwr iechyd y boblogaeth ond hefyd ar y gallu i oroesi mewn cyfnod o warchae – cyfnod a allai barhau weithiau am fisoedd lawer. Y tri chyfansoddyn lluniaethol sy'n bwysig yn hyn o beth (a derbyn bob amser fod digonedd o ddŵr yfed ar gael ar gyfer pawb) yw protein, ffynonellau egni (caloriau/*megajoules*) a fitamin C. Yn y cyfnodau cynnar a drafodir isod deuai'r protein yn bennaf o gig a physgod a ffa, yr egni o rawnfwyd a saim (anifeiliol, ran amlaf), a'r fitamin C o ffrwythau a llysiau ffres. Rhaid i'r tri hyn fod yn bresennol. Pe bai un o'r tri yn ddiffygiol, yn hwyr neu hwyrach byddai marwolaeth yn digwydd. Ac y mae cydbwysedd ffisiolegol rhwng y gwahanol gyfansoddion yn bwysig – ni all digonedd a mwy o'r naill ddigolledu'r corff am brinder un (neu ddau) o'r lleill. Er enghraifft, canlyniad anorfod prinder fitamin C fyddai marwolaeth o'r sgyrfi, ni waeth pa mor helaeth y cyflenwad o brotein neu o ffynonellau egni.

Wrth asesu gwerth cynhaliol unrhyw ddiet y mae tuedd (ac yn enwedig ar ran anthropolegwyr a chymdeithasegwyr) i feddwl yn nhermau caloriau yn unig. Y ddadl yw 'Gofalwch am y caloriau ac fe ofala'r protein amdano ef ei hunan'. I ryw raddau y mae modd cyfiawnhau hyn; yn sicr, yng nghyd-destun patrymau Ewropeaidd ar draws y canrifoedd, y mae'n anodd meddwl am ddiet 'egni-ddigonol' na fyddai, ar yr un pryd, wedi cyflenwi'r corff â digonedd o brotein. Ystyriwch, er enghraifft, astudiaeth R. Elfyn Hughes o 'werth cynhaliol' y cyflenwad bwydydd yn ardal Penllyn yn 1318.[4]

Dangosodd fod cynnyrch y tir ym Mhenllyn bryd hynny yn ddigon i gyflenwi pob aelod o'r boblogaeth â bron 2,500 o galoriau bob dydd. Mae cyfrifiad syml yn dangos y byddai'r lluniaeth hwn yn cynnwys tua chan gram o brotein – llawn digon i gynnal bywyd. Hyd yn oed yn absenoldeb cig, llaeth a physgod, byddai grawnfwydydd (o fwyta digonedd ohonynt) yn gallu cyflenwi'r corff â digonedd o brotein, ffaith a danlinellir yn rhan olaf y bennod hon wrth ddisgrifio bwyd Cymru'r 1860au. Pe na byddai grawnfwydydd ar gael byddai o hyd yn bosibl dyfeisio diet o ffrwythau, gwreiddiau a dail a fyddai'n cynnwys digonedd o galoriau ac o brotein i gynnal bywyd ond byddai'n rhaid bwyta symiau sylweddol ohono ac o safbwynt hanes diweddar Ewrop mi fyddai'n sefyllfa afrealistig braidd.

Er hyn, perthyn dau wendid i'r dechneg o asesu gwerth lluniaeth yn nhermau caloriäu yn unig. Yn gyntaf, nid yw'n ddull sy'n gwahaniaethu rhwng ansawdd proteinau a'u maint. Ni all proteinau 'gwael' (megis y rhan fwyaf o'r rhai planhigol) gynnig yr un gwerth i'r corff â'r rhai 'daionus' (megis y proteinau a gyflenwir gan gig a chan bysgod.) Ac yn ail, nid yw'n cymryd i ystyriaeth bwysigrwydd 'ffactorau atodol' yn y lluniaeth – ac yn enwedig fitamin C, y gallai ei absenoldeb ddirymu holl werth y diet o safbwynt egni a phrotein.

Mae ffactorau eraill sydd yn faethegol-bwysig, megis fitaminau eraill (ac yn enwedig rhai o aelodau'r cymhleth B) a mwynau o wahanol fathau. Ond y tair a enwyd uchod yw'r rhai sydd fwyaf tebygol o ddiffinio addasrwydd lluniaeth mewn sefyllfa o argyfwng gan mai effeithiau eu prinder hwy fyddai'n eu hamlygu eu hunain gyntaf. Felly, wrth gynnig asesiad o werth maethegol y lluniaethau cynnar, priodol yw gwneud hyn gyda golwg arbennig ar y tri chyfansoddyn hyn. I'r perwyl hwn gellir derbyn fod ar ddyn sydd heb ymgymeryd ag unrhyw waith egnïol angen bob dydd 55 gram o brotein, 2,500 cilocalori o egni a 40 miligram o fitamin C – er, fel sy'n hysbys, y mae modd goroesi ar lawer llai na'r rhain. [5]

Gan fod yr adroddiadau cynnar yn cyfeirio at ffynonellau 'amrwd' o fwyd (nifer o anifeiliaid yn lle pwysau o gig, grawn yn lle blawd/bara) rhaid mabwysiadu rhyw ddull o drosi'r deunydd amrwd yn fwyd bwytadwy. Mae pwysau a mesuriadau yn creu problem yn hyn o beth. Daw hyn i'r amlwg yn bennaf wrth drafod grawnfwydydd ond y mae'n wir hefyd, i ryw raddau, wrth ystyried y cymeriant o gig. Yr oedd bwysel (y dull mwyaf cyffredin o gyfeirio at symiau o ŷd), er enghraifft, yn amrywio nid yn unig o'r naill ardal i'r llall ac o gyfnod i gyfnod, ond yn ôl natur y cynnyrch hefyd. Yn gyffredinol, rwyf wedi derbyn fod wyth bwysel ym mhob cwarter ac rwyf wedi defnyddio'r data a gofnodwyd gan Houghton (1727), Britten (1880) a Palmer (1913) wrth gyfrifo pwysau'r gwahanol fwydydd mewn cwarter, gan eu haddasu, pan fyddai'n rhaid, yn unol â'r hyn a gofnodir gan Zupko.[6] Rhaid cydnabod, er hyn, fod cryn elfen o ansicrwydd ac amwysedd yn perthyn i gyfrifiadau o'r fath. Ni wyddys bob amser ychwaith pa fath yn union o flawd a gynhyrchid o'r gwenith, hynny yw, beth oedd y gyfradd echdyniad. Rwyf wedi cymryd fod bwysel o wenith yn cynnwys 25 cilogram a bod y gyfradd echdyniad, wrth baratoi'r blawd, yn 87%. Golyga hyn y ceid rhyw 22 cilogram o flawd ('brown') oddi wrth bob bwysel o wenith; os cyfeiliorni a wnaf yn hyn o beth, ar yr ochr geidwadol y mae hynny.[7]

Rwyf wedi trin pilcorn a blawd ceirch fel un endid gan fod digonedd o dystiolaeth fod 'pilcorn' yn cyfateb i 'geirch noeth' (*Avena nuda*) ac yn faethegol, felly, o'r un cyfansoddiad â cheirch cyffredin.[8] Ni ellir bod mor bendant ynghylch natur y 'meslin' – gallasai fod yn gymysgedd o ddau fath o ŷd neu o ŷd a ffa. Rwyf wedi'i drin yma fel pe bai'n gymysgedd o feintiau cyfartal o ŷd a ffa. Cyfyd problemau yn y dogfennau cynnar hefyd pan gyfeirir at 'ŷd' (a cheir yr un amwysedd yn Saesneg lle y cyfeirid mor aml at 'corn' ond heb ddynodi pa fath o gorn a olygid). Rwyf wedi derbyn fod yr ŷd yn cynrychioli gwenith ond y mae'n dra phosibl (ac yn enwedig yn y cyfnodau cynnar) ei fod yn cyfeirio at haidd neu hyd yn oed at ryg (gweler yr erthygl 'Melltith y Mallryg').

Ar yr un trywydd, y mae'n anodd dweud yn bendant faint yn union o gig bwytadwy a geid o wahanol greaduriaid ac yn enwedig o gofio fod anifeiliaid yr oesoedd cynt yn llai gwerthfawr fel ffynonellau cig na'r rhai cyfatebol heddiw – sydd, yn amlach na pheidio, yn gynnyrch bridio detholus. Rwyf wedi cymryd fy arwain yn hyn o beth gan Simmonds (1885) a chan Flannery (1969).[9]

Cymhlethir y sefyllfa gan 'ffactorau drysu' eilradd megis dirywiad naturiol bwydydd, argaeledd halen i breserfio rhai o'r cigoedd, y cyflenwad o lysiau ffres, a thueed ambell un i ymwrthod â rhai o'r bwydydd mwyaf maethlon – a'u mympwyon dietegol yn hyn o beth yn gostwng eu 'statws ymborthegol' ac yn arwain at eu marwolaeth annhymig yn y pen draw. Yn yr oesoedd cynnar, rheolau bys a bawd a benderfynai pa fathau o fwydydd i'w storio a pha faint ohonynt, ac y mae'n amlwg, fel y gwelir isod, fod peth gorymateb i'r sefyllfa a chryn gamfarnu ynghylch faint yn union o'r gwahanol fwydydd y gallai rhywun normal ei fwyta. Ffactor arall mewn sefyllfa o argyfwng fyddai'r cyfleusterau a oedd ar gael i drosi'r 'defnydd crai' yn fwydydd bwytadwy. Byddai cyfleusterau halltu yn bwysig. Ond y pwysicaf, heb amheuaeth, fyddai cyfleusterau i droi ŷd yn fara, ac, yn bennaf, y cam cyntaf yn y broses, sef troi'r ŷd yn flawd. Byddai melin ddŵr weithiau ar gael yn rhai o'r cestyll mwyaf – megis yng Nghaerffili lle y cysylltid hi â'r ffosydd dŵr a amgylchynai'r castell.[10] Weithiau, byddai'n rhaid dibynnu ar nifer o felinau llaw i wneud y gwaith. Cafwyd mewn rhai cestyll ladd-dy a chyfleusterau at halltu cig ac at fragu cwrw.[11] Mae'n debyg mai mewn ystafelloedd crwn wrth fôn tyrau'r castell y storiwyd y rhan fwyaf o'r gwahanol fwydydd.

Mae digonedd o ddata ar gael i'n galluogi i gynnig dadansoddiad bras o natur ac arwyddocâd maethegol y bwyd a storiwyd, er, fel yr eglurir isod, mae i'r math hwn o ddadansoddiad ei wendidau. Efallai mai ei brif werth yw'r wybodaeth anuniongyrchol a gyflwynir inni am y gwahanol fwydydd a oedd ar gael ac am syniadau'r cyfnod am eu gwerth tybiedig. Ystyriwn yma ddwy enghraifft lle mae'r manylion perthnasol ar gael yn weddol gyflawn – y gyntaf yn ymwneud â chastell Castell-nedd yn ystod cyfnod gwrthryfel Llywelyn Bren yn 1316 a'r ail yn trafod sefyllfa gyffelyb yng Nghastell Caerffili ychydig flynyddoedd yn ddiweddarach.[12]

Ceir ar gyfer Castell Castell-nedd fanylion am y bwyd a ddefnyddiwyd yn ystod cyfnod o 58 diwrnod pan oedd nifer y milwyr yn y castell yn amrywio rhwng 24 a 140. Nodir yr union nifer a oedd yn bresennol o wythnos i wythnos, felly y mae modd cyfrifo cyfanswm y diwrnodau gwaith am y 58 diwrnod. Y bwyd a ddefnyddiwyd yn ystod y cyfnod hwn oedd 120 bwysel o ŷd; 32 bwysel o flawd ceirch; 33 o eidion; 12 hanerob (ystlysau moch),[13] 2.5 casgen o win; 1000 o alwyni o gwrw (*ale*); 104 bwysel o halen; 'yn ogystal â physgod, caws a menyn'. Troswyd y rhain yn 'werth maethegol' a gwelir y canlyniadau yn Nhabl 1.[14] Wrth reswm, ni ellir honni bod y dadansoddiad yn un manwl gywir – fel yr eglurwyd eisioes, y mae problemau nid yn unig ynghylch union natur rhai o'r bwydydd a enwir ond hefyd union werth rhai o'r mesurau a ddefnyddid.

Yn yr un modd gellir cynnig dadansoddiad maethegol o'r bwydydd a storiwyd yng Nghastell Caerffili. Roedd 137 o filwyr yn y castell a'r bwydydd wrth gefn ar eu cyfer oedd: 900 bwysel o ŷd; 84 bwysel o frag gwenith; 900 bwysel o ffa; 7 bwysel o feslin; 2 dunnell o bilcorn; 76 bwysel o flawd ceirch; 7 bwysel o frag ceirch; 78 o wartheg wedi eu halltu; 40 o ddefaid; 72 hanerob o gig moch; 1856 o bysgod sych; 7 casgen o win; 3 casgen o fêl; a 3 casgen o finegr (na fyddai o unrhyw arwyddocâd maethegol). Gwelir y rhain wedi eu trosi'n werth maethegol yn Nhabl 2. Nid oes sôn yma am gwrw ond y mae presenoldeb swm sylweddol o frag gwenith yn ogystal â brag ceirch yn awgrymu fod cryn fynd ar fragu cwrw. (Yn ddiweddarach, tueddid i anghymeradwyo defnyddio brag gwenith at fragu ac yn enwedig ar adegau pan fyddai'r cynhaeaf gwenith (at fara) yn wael; brag haidd wrth gwrs oedd sylfaen y dull arferol o fragu cwrw.[15])

Sylwer fod y storfeydd bwyd yn y ddau le yn gyfyngedig i'r bwydydd hynny y gellid eu storio am gyfnod hir – yn bennaf trwy amddifadu bacteria pydru o'u cyflenwad o ddŵr. Yr oedd tri dull o sicrhau hyn. Gellid canolbwyntio ar fwydydd a oedd heb gynnwys llawer o ddŵr (grawnfwydydd a ffa); gellid tynnu'r dŵr allan o fwydydd trwy eu sychu (pysgod) neu drwy eu halltu (cig a physgod); neu fe ellid defnyddio mêl. Byddai'r mêl, oherwydd y pwysedd osmotig a gynhyrchid gan y siwgrau sy'n bresennol, yn rhwystro bacteria rhag defnyddio'r dŵr. Mae defnyddio mêl yn ddull effeithlon ond costus o storio cig a ffrwythau; ceir cyfeiriadau cynnar at y dull hwn – megis gan 'Apicius' yn y casgliad cynnar o reseitiau Rhufeinig.[16] Bu cryn fynd ar fêl yng Nghymru'r canol oesoedd ond ymddengys mai i wneud diodydd eplesedig y'i defnyddid yn bennaf yn hytrach nag i breserfio cig a ffrwythau.

Er bod peth pwyslais ar le adar (rhai dof yn bennaf) yn economi domestig y cyfnod, eto i gyd nis enwir ymhlith y bwydydd storiedig – yn bennaf, mae'n debyg, am fod eu storio a'u halltu'n economaidd anymarferol. Yn wir, y mae holl gwestiwn halltu cig yn dra phwysig yn y cyfnod dan sylw ac yn ganolog i unrhyw drafodaeth ar fywyd dan warchae. Mae'r cyflenwad o halen – 104 bwysel *(c.* 2600 cilogram) yng Nghastell-nedd – yn rhoi inni ryw syniad pa mor bwysig oedd halltu cig a physgod yn y cyfnod hwnnw. Mae'n anodd i ni heddiw amgyffred faint yn union o halen y bu raid ei ddefnyddio yn y broses halltu ond rhaid derbyn ei fod yn sylweddol iawn; storiwyd dros 900 cilogram yng Nghastell Dryslwyn yn 1385 ar gyfer nifer gymharol fach o ddynion.[17] Nid rhyfedd fod tuedd gan rai i gadw storfeydd sylweddol o halen wrth gefn i'r diben o halltu cig a physgod – megis Esgob Caerwynt yn y drydedd ganrif ar ddeg a gadwai stoc o ryw 34 *tunnell* (34, 272 cilogram) o halen yn un o'i fanordai[18] a darllenwn am Thomas Myddleton o Gastell y Waun, mor ddiweddar â 1660, yn prynu 36 llond berfa o halen yn Northwich at halltu cig a physgod.[19]

Ar adegau o heddwch byddai peth marchnata a chyfnewid bwyd rhwng y castell a'r trigolion oddi amgylch – digwyddiad a allai roi argraff camarweiniol am y meintiau a storiwyd at ddibenion gwarchae, gan eu chwyddo rywfaint. Yn gyffredinol, y duedd oedd storio cig a oedd eisoes wedi'i halltu; yn rhai o'r cestyll mwyaf gellid weithiau gadw'r anifeiliaid yn fyw a'u lladd yn ôl y galw.[20] Er hyn, ychydig o goel y gellir ei roi ar yr adroddiad fod yng Nghastell Caerffili pan gipiwyd ef yn 1327 ryw 14,000 o wartheg byw, 25,000 o loi, 30,000 o ddefaid a 2000 o foch – hyn oll yn ychwanegol at y cyflenwad arferol o gigoedd wedi eu halltu![21]

Nid rhywbeth a gyfyngid i boblogaethau dan warchae yn unig oedd yr arferiad o halltu cig ond digwyddiad gweddol gyffredinol yn y cyfnodau cynnar pryd nad oedd modd cadw anifeiliaid yn fyw yn ystod y gaeaf. Pan ddechreuodd dynion ymgymryd â mordeithiau hirion, câi cig wedi'i halltu le o bwys ar ford llongau hefyd. Gellid halltu cig un ai trwy ddefnyddio heli neu (os oedd digon o halen ar gael) drwy drin y carcas â halen sych. Ceir cyfeiriad mewn llawysgrif goginio Gymraeg o'r unfed ganrif ar bymtheg (gweler isod) at ddau fath o gig halltedig, sef cig irallt (wedi'i halltu'n rhannol yn unig) a chig hallt (wedi'i halltu'n llwyr); mae'n debyg mai 'cig irallt' yw'r 'beefe gently salted' sydd gan William Vaughan o'r Gelli Aur yn ei *Directions for health* (1633) ac a baratowyd yn unol â chyfarwyddiadau Hugh Plat yn 1594. Cyngor Plat i 'Huswives' oedd iddynt 'make a strong brine, so as the water be over glutted with salt, and being scalding hot, to perboyle their Mutton, Veale … or such like, and then to hang them up in a convenient place; with this usage they will last a sufficient space, without any bad or over-saltish taste'.[22] Ond ni fyddai'r dull 'talfyredig' hwn yn ddigon o bell ffordd ar gyfer darnau mawr o gig y bwriedid eu cadw am gyfnod o fisoedd yn hytrach nag am ychydig ddiwrnodau yn unig.

Anodd dod o hyd i fanylion meintiol am yr halltu, er bod y broses yn un hen iawn.[23] Y mae adroddiadau o'r ddeunawfed ganrif yn awgrymu fod yr heli a ddefnyddiwyd yn cynnwys rhyw driphwys o halen ym mhob galwyn o ddŵr a bod angen rhwng 40 a 50 galwyn i drin un eidion; byddai defnyddio halen sych yn galw am lawer mwy o halen – hyd at bwys i drin wyth pwys o gig.[24] Cadarnheir hyn gan wybodaeth a gofnodir ar gyfer Castell Llanbadarn lle y defnyddiwyd hanner bwysel o halen (*c*. 28 pwys) at bob 250 pwys o gig eidion; prynwyd yno ar un achlysur chwe thunnell o halen i'r diben hwn.[25] Gwelir felly paham y bu raid storio cymaint o halen yn y cestyll. Yn anffodus, heb wybod pa mor aml yr ailstociwyd y castell a pha faint o halen a gedwid wrth gefn, y mae'n anodd dweud llawer sy'n ystyrlon am le meintiol halen yn economi domestig y cyfnod. A heb wybod manylion am y dull o goginio'r cig wedyn (yn bennaf, i ba raddau y gwaredwyd yr halen trwy olchi'r cig) y mae'n anodd cyffredinoli ynghylch y cymeriant o halen gan aelodau'r gymuned – er, gellir bod yn weddol sicr ei fod yn llawer uwch na'r ffigur cyfatebol yng

Nghymru heddiw. Awgrymir weithiau mai'r cymeriant cymharol uchel o halen a oedd yn rhannol gyfrifol am yr yfed helaeth ar gwrw a diodydd eraill yn y canol oesoedd – tueddiad a allasai fod yn broblem ddifrifol mewn cymunedau dan warchae.

Diddorol nodi fod i'r halltwr cig safle o bwysigrwydd yn hierarchi gwasanaethyddion Lloegr gynnar[26] ond nid ymddengys fod safle felly iddo yn y llys Cymreig lle yr ystyrid fod y sawl a drafodai fêl yn llawer uwch ei barch.[27] Mae hyn yn adlewyrchu, i raddau, y farn gymysg ymhlith gwahanol gymunedau am werth cig wedi'i halltu. Byddai rhai, gan ddilyn Ysgol Salerno, yn tybio fod pob math o gig halltedig yn wael i ddyn.[28] Tybiai eraill (megis Andrew Boorde a Thomas Cogan), gan addasu Galen, fod cig yn iawn o'i halltu'n ysgafn (cig irallt) ond yn annerbyniol o'i drafod yn y dull cyflawn.[29] Ond prin fod gan y rhai dan warchae gyfle i ddewis rhwng y ddau ddull; dim ond y driniaeth fwyaf egr â halen a fyddai'n sicrhau (trwy ddihydradu'r celloedd) na allai'r bacteria pydru ennill troedle yn y cig.

Weithiau, cyfunid halltu â mygu drwy osod y cig i hongian uwchben tân coed ar ôl ei halltu. Byddai sylweddau 'tocsig' yn y mwg yn rhwystro twf y bacteria yn ogystal â gostwng unrhyw duedd at seimsuredd (*rancidity*) ond er bod cyfuno'r ddau ddull yn dechneg gweddol hynafol, ac er i fwgsychu barhau yn ei rym hyd at yn gymharol ddiweddar, eto i gyd, anodd dweud i ba raddau y'i defnyddid yng Nghymru yn y cyfnod dan sylw. Datblygiad arall oedd defnyddio solpitar (nitrad o botas) mewn cyfuniad â halen cyffredin ond ni ddaeth hyn i rym hyd at ryw dair canrif yn ôl; cyn hynny, halen cyffredin (sodiwm clorid) yn unig a ddefnyddid er y byddai peth solpitar yn bresennol fel amhuryn. (Nid y *nitrad* o botas sy'n bwysig, fel mae'n digwydd, ond y *nitrid* o botas sy'n deillio ohono; mae nitrid o botas nid yn unig yn gwrthsefyll bacteria botwliaeth ond hefyd yn rhoi lliw derbyniol i'r cig – fel y tystia'r lliw coch sy'n nodweddiadol o bob math o gig tun heddiw. Rhaid bod y cig a halltwyd yng nghyfnod y cestyll yn frown-lwyd ei liw ac yn llai deniadol o'r herwydd.)

Bid a fo am hynny, un peth sy'n sicr. Heb gyflenwad digonol o halen ni fyddai'r storfeydd cig yn parhau am fwy nag wythnos neu ddwy – ac am lai na hynny yn ystod tywydd yr haf. Bu cyfeiriadau niferus at fwyd a wastraffwyd oherwydd diffygion yn yr amodau storio neu annigonolrwydd y prosesau halltu. Collwyd meintiau sylweddol o flawd ceirch yng Nghastell Llanbadarn am fod y gwynt wedi disodli toau'r adeiladau storio[30] ac yng Nghastell Biwmaris roedd dros hanner y carcasau eidion a storiwyd yno yn anfwytadwy – am fod y cyfnod storio (dros ddeng mlynedd) wedi mynd â hwy heibio i'w 'bywyd silff'.[31]

Ni chyfeirir at halen ymhlith y defnyddiau a storiwyd yng Nghaerffili – mae'n debyg am fod y rhan fwyaf o'r cig yno eisoes wedi'i halltu. Ac yn wahanol i'r sefyllfa yng Nghastell-nedd, nid oes sôn am gwrw yno ychwaith. Mae'r cyfeiriad at fêl, fodd bynnag (c. 700 litr ohono – cynnyrch rhyw 150 o gychod am un tymor, yr adeg honno), ynghyd â'r meintiau sylweddol o frag a gedwid, yn awgrymu fod peth paratoi ar fedd neu fragod yn ogystal â chwrw (gweler y bennod 'Diodydd bonedd a gwreng'). Mae'n amlwg felly fod y patrwm domestig yn amrywio o'r naill sefyllfa i'r llall cyn belled ag yr oedd prosesu bwyd yn y cwestiwn. Gellir tybio bod pobi bara yn digwydd ym mhob sefyllfa ond bod prosesau eraill, megis halltu cig/pysgod, bragu diodydd ac ati yn amrywio o'r naill sefyllfa i'r llall yn ôl y cyfleusterau a'r angen.

Mae modd cynnig ychydig sylwadau cyffredinol ar y math o

gynhaliaeth a ddarperid gan y bwydydd a ddisgrifiwyd yma. Y peth mwyaf trawiadol efallai yw'r cyfartaledd uchel o gig yn y ddau achos – yng Nghaerffili yn ogystal ag yng Nghastell-nedd – ac y mae'n amlwg fod rheolwyr y cestyll (neu eu cynghorwyr) yn tybio fod bwyta digonedd o gig yn bwysig. Credid yn bur gyffredin yr adeg honno fod nerth bôn braich dyn yn dibynnu, i raddau helaeth iawn, ar faint o gig a fyddai'n bresennol yn y lluniaeth. Yn y ddwy enghraifft a ddisgrifir yma y mae canran y cig yn y lluniaeth tua dwywaith yr hyn yw yng Nghymru heddiw. Canlyniad anorfod hyn oedd bod canran y caloriau a ddeuai o saim yn gymharol uchel – rhyw 43% yn lluniaeth Castell-nedd ond cryn dipyn yn llai na hyn yng Nghaerffili oherwydd y cyfartaledd uchel o ffa yno. Yr hyn a argymhellir heddiw yw na ddylai mwy na rhyw 30% o'n caloriau ddod o saim – fel arall, fe awgrymir, cynyddir y risg o glefydau'r gwaed a'r galon.[32] Ond prin y byddai hyn yn ystyriaeth o bwys adeg y lluniaethau 'dan warchae', a'r rhan helaethaf o'r boblogaeth yn marw yn gymharol ifanc o glefydau heintus (gwahanol fathau o bla, ac, i raddau llai, y ddarfodedigaeth a'r teiffws) ac ymhell cyn cyrraedd yr oedran pan fyddai clefyd y galon yn fygythiad ystyrlon.

Efallai mai'r peth amlycaf am y gwahanol fathau o 'fwyd gwarchae' (ac am fwyd y cestyll yn gyffredinol o ran hynny) oedd y meintiau enfawr o fwyd a storiwyd. Mae'n amlwg nad oedd gan y rhai a oedd yn gyfrifol am grynhoi a storio'r bwyd y syniad lleiaf faint fyddai ei angen i gynnal poblogaeth am amser penodedig. Y duedd oedd storio cymaint ag yr oedd modd o bob math o fwyd ond yn bennaf o'r mathau hynny y byddai'r boblogaeth yn gyffredinol yn eu bwyta – bara a chig, lluniaeth hynod o undonog o'i chymharu â'r hyn a fwyteir gennym yng Nghymru'r unfed ganrif ar hugain. Nid oedd y 'bwyd dan warchae' yn wahanol yn hyn o beth i fwyd pob dydd y rhan fwyaf o'r boblogaeth – heblaw am y gyfran uchel o gig. Mae'r cryn fanylion sydd ar gael am arferion bwyta teulu Alice de Bryene yn Swydd Suffolk yn 1413 yn dangos yn glir mai bara, cwrw, a chig neu bysgod oedd y lluniaeth arferol yn Lloegr yn gyffredinol hefyd yn y cyfnod hwnnw.[33]

Mae modd defnyddio'r data hyn i ddau ddiben. Yn gyntaf, gellir cyfrifo faint o fwyd y pen a fwyteid gan boblogaeth yn y fath sefyllfa 'gaeëdig'. Yn ail (ac yn llai boddhaol efallai) gellir amcangyfrif am ba gyfnod y gallai'r fath boblogaeth oroesi ar y bwyd storiedig. Mae modd defnyddio'r data a gofnodwyd uchod ar gyfer Castell Castell-nedd i'r cyntaf o'r ddau ddiben hyn am fod gennym hefyd, yn yr enghraifft honno, fanylion am y nifer a breswyliai yn y castell o wythnos i wythnos am gyfnod o 58 diwrnod yn 1314. Trwy rannu'r cyfanswm protein ac egni a gyflenwid gan y lluniaeth gan y nifer o ddiwrnodau gwaith gellir cyrraedd at amcangyfrif o'r cymeriant beunyddiol o brotein ac egni gan un person.[34] O dderbyn fod colledion o ryw 20% yn digwydd wrth baratoi a dosbarthu'r bwyd, cyrhaeddir at ateb o dros 300 gram o brotein a thros 6500 calori o egni yn ôl y pen bob dydd – sydd yn gymeriant go uchel wrth unrhyw safonau.[35]

Cadarnheir hyn gan ddata cyffelyb o Gastell Llanbadarn ychydig flynyddoedd ynghynt. Yn ôl yr adroddiadau, defnyddiodd aelodau'r gwarchodlu yng Nghastell Llanbadarn (hanner cant ac un ohonynt) 936 bwysel o ŷd, 794 bwysel o flawd ceirch a 7000 cilogram o gig eidion yn ystod y flwyddyn – sy'n cyfateb i dros 300 gram o brotein a thros 8000 o galorïau y pen bob dydd, cyfanswm anhygoel o uchel hyd yn oed o'i haneru i gywiro am staff atodol achlysurol, gwastraff ac ati.[36] Mae Prestwich wedi cyflwyno data cyffelyb sy'n awgrymu fod y cymeriant o egni a phrotein gan filwyr mewn garisonau yn yr Alban yn nechrau'r bedwaredd ganrif ar bymtheg o'r un natur – rhyw 300 gram o brotein a 6000 o galorïau bob dydd.[37] Hyd yn oed a derbyn fod colledion o hanner cant y cant wedi digwydd, mi fyddai'r cyfanswm beunyddiol hwn yn dal yn uchel. Mae hyn yn tanlinellu'r ffaith mai ar *faint* yn hytrach nag ar *ansawdd* y bu'r pwyslais wrth drefnu cyflenwad o fwyd hyd at yn gymharol ddiweddar. Mor ddiweddar â diwedd y ddeunawfed ganrif argymhellodd Gilbert Blane, un o leisiau mwyaf awdurdodol meddygaeth y cyfnod, luniaeth ar gyfer morwyr a fyddai'n sicrhau iddynt gyflenwad beunyddiol o 6250 o galorïau (egni) a 170 gram o brotein – bron deirgwaith yr hyn a ystyrir yn ddigonol heddiw.[38] Yn nhŷ Alice de Bryene yn ne Lloegr, darperid ar gyfer pob person, ar gyfartaledd, ryw gilogram o fara, a rhwng 500 a 1250 gram o gig neu bysgod bob dydd ynghyd â digonedd o gwrw a gwin; byddai hyn yn sicrhau fod aelodau'r tŷ yn derbyn rhyw 6000 o galorïau a thros 200 gram o brotein yn feunyddiol – sy'n llawer uwch na'r symiau angenrheidiol ac yn ddiddorol o agos at argymhellion Blane dros dair canrif yn ddiweddarach.[39]

Ymddengys felly fod pobl, yn gyffredinol, yn bwyta llawer mwy yr adeg honno nag a wnawn ninnau heddiw ac nid oedd y Cymry yn eithriad yn hynny o beth. Neu, o leiaf, y Cymry hynny a oedd mewn swyddi neu sefyllfaoedd y gellid eu hystyried yn rhai gwell na'i gilydd. Am y bobl gyffredin, ni ellir bod mor sicr a'r tueddiad yw derbyn bod eu lluniaeth, at ei gilydd, yn llawer llai boddhaol – yn bennaf am fod y gymhareb cig/pysgod: grawn (ac felly'r cymeriant o brotein) gymaint â hynny'n llai nag eiddo poblogaeth y cestyll. Hyd yn oed heddiw, go niwlog yw'n syniadaeth am y ffactorau allanol (heblaw am argaeledd) sy'n rheoli'r cymeriant o fwydydd. Credir bellach fod ffactorau 'seicolegol' (megis gweld eraill yn bwyta neu ofn y gallai'r cyflenwad o fwyd ddarfod yn ddirybudd) yn ddylanwad 'rheoleiddio' o bwys. Felly adeg yr oesoedd cynnar hefyd, mae'n lled debyg mai ansicrwydd ynghylch y cyflenwad o fwyd oedd yn y pen draw yn rhannol-gyfrifol am y dueda i fwyta cymaint â phosibl tra byddai'r cyflenwad yn caniatáu hynny.

Ffactor arall, ac un a anwybyddir yn aml gan y rhai sy'n trafod y cymeriant o fwydydd 'storiedig', yw'r berthynas rhwng cyflwr y cig/pysgod a'r swm a fwyteir. Y tebyg yw y byddai'r cig yn cael ei fwyta fel ag yr oedd – hynny yw, yn ei ffurf sych neu wedi'i halltu, a heb ei hydradu'n ôl i'w ffurf gysefin. (Sylwodd Horrebow ar hyn yng Ngwlad yr Iâ yng nghanol y ddeunawfed ganrif: byddai'r trigolion yno yn bwyta eu pysgod wedi'u sychu, heb eu berwi ac ar ôl taenu ymenyn drostynt.[40]) Gan fod y rhan fwyaf o fwydydd (cig, pysgod, llysiau heblaw am gnau – popeth bron ond grawnfwydydd) yn cynnwys hyd at 75% o ddŵr, byddai'r sawl a fwytai'r bwydydd sych felly yn dueddol i fwyta llawer mwy (yn nhermau gwerth maethegol) na'r sawl a fyddai'n bwyta bwydydd ffres. Mae'n anodd deall sut na fyddai'r holl orfwyta wedi arwain at gryn dewdra a gorbwysedd – fel y byddai'n lled sicr o wneud yn yr un amgylchiadau heddiw.[41]

O droi at yr ail fath o ymdriniaeth ystadegol, gellir manteisio ar y wybodaeth uchod o Gastell-nedd i gyfrif am ba gyfnod y byddai'r bwyd storiedig yn cynnal bywyd – hynny yw, gellid amcangyfrif ei 'werth goroesol' er bod ystyriaethau o'r math a drafodwyd eisoes yn cyfyngu, i raddau helaeth iawn, ar ein gallu i wneud hyn yn foddhaol. A chymhwyso at sefyllfa Caerffili y cyfrifiad ar gyfer

Castell-nedd (hynny yw, bod y cymeriant protein ac egni bob dydd yn 350 gram ac yn 6600 calori y pen) gellir brasgyfrif gwerth goroesol bwyd storiedig castell Caerffili. Fel y crybwyllwyd eisoes, y mae tuedd gan rai i dderbyn mai'r cyflenwad o egni (caloriau) yw'r ffactor bwysicaf wrth bennu 'gwerth goroesol' diet. Ond y mae'r berthynas rhwng egni a phrotein yn un gymhleth iawn yn hyn o beth a'r union berthynas rhyngddynt yn dal yn faethegol-aneglur. Gyda golwg ar y sefyllfa yng Nghaerffili y mae cyfrifiad simplistig yn seiliedig ar faint o egni a phrotein oedd ar gael yno yn awgrymu mai rhyw 250 diwrnod fyddai gwerth goroesol y storfeydd bwyd, a derbyn fod trigolion y castell yn bwyta ar yr un raddfa ag yng Nghastell Castell-nedd. Ond amhriodol fyddai gosod gormod o bwyslais ar gyfrifiadau o'r fath heb wybod llawer mwy am y nifer o staff atodol, unrhyw fwyd a 'ail-gylchwyd' (trwy ei werthu) yng nghyffiniau'r castell, gwastraff wrth storio a pharatoi bwyd, ac ati.

Beth felly y gellir ei ddweud am arwyddocâd maethegol y math o luniaeth a fyddai'n cynnal pobloedd dan warchae – ac a adlewyrchai, i raddau helaeth iawn, y math o fwyd a fwyteid gan y boblogaeth 'well ei byd' yn gyffredinol yn y cyfnod hwnnw? Perthynai rhai rhinweddau maethegol iddo. Byddai'r gyfran uchel o gig yn fanteisiol nid yn unig fel ffynhonnell dda o broteinau o'r math daionus ond hefyd i sicrhau digonedd o faetholion eraill megis haearn a charnitin.[42] Ar y llaw arall, mae cig wedi'i halltu a'i gadw dros gyfnod yn llawer llai ei apêl na chig ffres. Mae'n anodd ei gnoi a gall problemau godi wrth geisio gwaredu'r halen yn llwyr. Pwrcaswyd melin law yn 1302 i'w defnyddio yng Nghastell Caerfyrddin i falu deunydd halltedig (cig a physgod, mae'n debyg), sy'n rhoi inni beth syniad am natur cymharol anhydrin y bwydydd hyn.[43]

Canlyniad arall a ddeilliai o ddefnyddio'r math hwn o ddiet fyddai cymeriant cymharol isel o ffibr lluniaethol – 'anfaethyn' sydd â swyddogaeth warchodol bwysig yn y coluddion ac sy'n cyfrannu at gadw'r corff yn 'rhydd' – peth a allai fod yn arwyddocaol mewn cymunedau 'caeëdig'. Ni chrybwyllir caws ym mwydlen castell Caerffili – sy'n annisgwyl braidd am yr ystyrid caws yn fwyd traddodiadol Cymreig o'r cyfnodau cymharol gynnar[44] a bod modd ei storio am gyfnodau cymharol hir. Nid oes sôn ychwaith am ymenyn er bod peth tystiolaeth fod digonedd o ymenyn yn cael ei gynhyrchu yng Nghymru, a'i allforio hefyd, yn y cyfnod dan sylw.[45] Rhaid cofio, fodd bynnag, fod ymenyn yn anaddas at ei gadw am gyfnodau hirion oherwydd ei duedd at seimsuredd – hyd yn oed ymenyn tra hallt Cymru.

Ystyriaeth arall oedd y berthynas rhwng defodau crefyddol a natur y lluniaeth, ac, yn fwyaf arbennig, arwyddocâd ymprydio. Y mae presenoldeb pysgod mewn lluniaeth yn y cyfnodau dan sylw yn adlewyrchu, yn rhannol o leiaf, ymarferion eglwysig a'r gorchymyn i barchu dyddiau 'di-gig' (dydd Gwener yn arbennig). Byddai cyfnod y Grawys ar ei hyd yn dylanwadu'n gryf ar y patrwm lluniaeth. Am y gwahanol resymau hyn yn bennaf, hawliai pysgod o wahanol fathau le o bwys yn y fwydlen. I ba raddau yr oedd y ddefodaeth hon yn ddarostyngedig i'r ymdrech i oroesi mewn cymunedau dan warchae (neu ofn gwarchae), y mae'n anodd dweud ond y mae'n ddiddorol nodi na châi pysgod le amlwg yn y storfeydd bwyd yng Nghaerffili (Tabl 2) ac nis enwyd o gwbl yn y bwydydd a bwrcaswyd ar gyfer Castell-nedd (Tabl 1).

Ond heb amheuaeth, nodwedd bwysica'r sefyllfa oedd absenoldeb unrhyw ffynonellau amlwg o fitamin C, y fitamin gwrthsgyrfi. Ond odid mai diffyg fitamin C yw'r ffactor bwysicaf o bell ffordd mewn unrhyw fath o 'hafaliad goroesi'. Yn aml iawn, canlyniad anorfod y diffyg hwn fyddai i bawb farw o'r sgyrfi ymhell cyn disbyddu'r cyflenwad o brotein/caloriau. Gwyddys am nifer o achosion lle bu'r sgyrfi yn broblem ddifrifol i gymuned o bobl dan warchae (megis yn Thorn, dan warchae gan y Swediaid yn 1703 ac ym Mharis yn ystod Gwarchae 1870–1) a gellir bod yn weddol ffyddiog y byddai wedi achosi nifer sylweddol o farwolaethau yng Nghastell Caerffili yn yr enghraifft a ddisgrifir yma ac mewn sefyllfaoedd cyffelyb eraill hefyd.[46] Mor gyffredin oedd y sgryrfi mewn amgylchiadau o'r fath nes creu'r gred ar ran rhai fod bwyta cig wedi'i halltu yn un o'r prif achosion. Ac mewn ffordd anuniongyrchol yr *oedd* yn un o achosion y sgyrfi – trwy ddisodli llysiau ffres o'u lle yn y lluniaeth.

Yn wir, y mae'n anodd deall o ble yn union y deuai unrhyw gyflenwad o fitamin C yn y cyfnod a'r amgylchiadau sydd dan sylw yma. Byddai meintiau bach yn bresennol mewn cig ffres, ac enwedig afu/iau, ymenydd a cheilliau, ond fel yr eglurwyd eisoes, cig wedi'i halltu/sychu fyddai'r rhan helaethaf o'r cig a fyddai ar gael ar hyd y gaeaf ac felly'n brin iawn ei gynnwys o'r fitamin. Nid oedd na thatws na ffrwythau sitrws eto wedi cyrraedd Cymru ac nid oes unrhyw dystiolaeth fod y Cymry erioed wedi bwyta'n helaeth o gynnyrch gwyllt y caeau a'r coedwigoedd; anodd dweud i ba raddau yr oedd lle i lysiau – ac i aelodau teulu'r bresych yn fwyaf arbennig (llysieuyn gwrthsgyrfi pwysig) – yn y gerddi bryd hynny ychwaith. Dair canrif yn ddiweddarach awgrymodd Richard Weston yn ei *Gardener's pocket diary ... with directions for cultivating vegetables for the use of an army in camp or garrison* (Llundain 1787) fod lle i gymunedau caeëdig o'r fath ystyried y priodoldeb o sicrhau cyflenwad o lysiau ffres trwy gynnal gerddi llysiau. Ond prin bod hyn wedi digwydd yn oes y cestyll yng Nghymru – mwy nag yn Lloegr ychwaith o ran hynny, er bod Winston Churchill wedi honni ar un achlysur (yn ôl Siegfried Sassoon) mai dau brif hoffbeth dynion oedd rhyfela a garddio.

Ni ellir ond tybio y buasai'r sgyrfi'n rhemp ymhlith cymunedau caeëdig o'r fath a ddisgrifir uchod a bod llawer wedi marw'n aberth iddo – mwy efallai nag a laddwyd o ganlyniad i'r brwydro ei hunan. Dyfaliad pur yw hyn, wrth gwrs, am na chydnabyddwyd y sgyrfi yn glefyd neilltuol tan ryw dair canrif yn ddiweddarach ac ni fyddai cyfeirio ato felly yn y cyfnodau cyn hynny. Ond dyna fu'r sefyllfa mewn cymunedau caeëdig erioed (megis ymhlith morwyr ar fordeithiau hir – ac, yn nes at ein dyddiau ni, oddi mewn i ysbytai a charchardai hefyd) ac nid oes unrhyw le i gredu na ddigwyddasai rhywbeth cyffelyb yng nghestyll Cymru mewn oesoedd cynharach.[47] Rhyfedd meddwl felly fod cyflwr iechyd a holl gwestiwn goroesiad pobloedd dan warchae wedi dibynnu i raddau helaeth iawn, nid yn gymaint ar faint o fwyd a storiwyd neu hyd yn oed ar natur y bwyd hwnnw, ond yn hytrach ar ddau sylwedd go ddistadl eu lle yn hanes maetheg – halen a fitamin C.

Bwyd y plastai

Patrwm bwyta anghynrychioliadol arall yw'r un a gofnodir ar gyfer byrddau'r haenau uchaf mewn cymdeithas yn y canol oesoedd. Daw peth o'n gwybodaeth yn hyn o beth oddi wrth y canu moliant, a'r beirdd yn cyfeirio at fwydydd egsotig a moethus ar fyrddau eu noddwyr fel arwydd o statws a chyfoeth. Ond am yr union reswm hwn, y mae'n amheus i ba raddau y gellir ystyried y fath gyfeiriadau'n adlewyrchiad dilys o'r wir sefyllfa; i raddau helaeth iawn gellir eu hanwybyddu fel ffynhonnell gwybodaeth, heblaw efallai i'w defnyddio mewn dull 'negatif' fel y crybwyllwyd eisoes. Y mae ar gael yn y Gymraeg, fodd bynnag, ddeunydd llawysgrifol sy'n cyfateb i'n llyfrau coginio modern ond wedi'i anelu at arferion bwyta'r bendefigaeth, a hyn, wrth gwrs, yn unol â thueddiadau'r cyfnod. *A noble booke of feastes royall, and of Cookerie, for Princes householde, or any other estate* ... oedd teitl argraffiad John Byddell (*c.* 1533) o *This is the boke of cokery* ... cyhoeddiad diflanedig Richard Pynson yn 1500, ond odid y llyfr coginio Saesneg argraffedig cynharaf.[48] A 'Dyma fel y gwasanaethir mewn ffest reial ...' oedd 'teitl' llawysgrif Gymraeg o'r un cyfnod sy'n trafod yr un maes.

Cynhwysai T. Gwynn Jones beth o ddeunydd 'y ffest reial' yn ei *Gwaith Tudur Aled* (1926),[49] ac yn 1953 cafwyd gan D. J. Bowen drawsgrifiad o'r testun cyfan o *Peniarth 147*.[50] Wrth nodi fod modd dyddio'r llawysgrif tua 1566, sylwodd Bowen 'fod llyfrau coginio yn hysbys yng Nghymru cyn [yr amser hwn]' a dyfynnodd gwpled o gywydd Gutain Owain i Huw Conwy i'r perwyl hwn:

> Pwy, heb lyvyr, pe bai lai ynn,
> A dorai bob ederynn?

gan ychwanegu 'Yn ôl gramadeg Dr Sion Dafydd Rhys, yr oedd gwasanaeth bwrdd yn rhan o ddyletswydd y datgeiniad ... dylai wasanaethu o gegin i fwrdd gŵr o urddas ac anrhydedd a medru torri pob aderyn a ddeuai ger ei fron'.[51] Mae Enid Roberts wedi cyhoeddi nifer o ryseitiau o'r cyfnod hwn yn ei *Bwyd y beirdd* (1976) ond heb nodi'r ffynonellau.[52]

Fersiwn Cymraeg sydd ym Mheniarth 147 o'r casgliad o gyfarwyddiadau 'Ewropeaidd' at baratoi a gweini bwyd yn nhai'r dosbarth uchaf. Erbyn y bymthegfed ganrif ystyrid fod gwledda a gloddesta yn arwydd o gymdeithas wâr, yn nodwedd annatod o'r bywyd aruchel, ac, yn Lloegr o leiaf, yn ddigwyddiad lled gyffredin. Un o'r gwleddoedd mwyaf ysblennydd a chostfawr yn hynny o beth oedd honno a drefnwyd i ddathlu urddo Edward Caernarfon yn farchog yn 1306.[53] Mae'n debyg mai yn y gwaith Eingl-Normanaidd 'Traethawd Gwallter Bibbesworth' (ddiwedd y drydedd ganrif ar ddeg) y cafwyd y cyfarwyddiadau manwl cynharaf at y math hwn o wledda pendefigaidd.[54] Ymddengys mai trwy'r fersiynau Saesneg y'u haddaswyd hwy i'r Gymraeg. Gellir cyfrif am bron y cyfan o'r deunydd Cymraeg trwy gyfeirio at nifer o lawysgrifau Saesneg cyfatebol a luniwyd rhwng y bedwaredd ganrif ar ddeg a'r unfed ganrif ar bymtheg;[55] yn wir, deuir o hyd i fersiwn o un ohonynt (*Forme of cury*), yn Saesneg, yn llawysgrif Peniarth 394D.[56]

Ond bach iawn yw gwerth intrinsig y fersiwn Cymraeg i'r sawl sydd am olrhain hanes maetheg yng Nghymru, a hyn am ddau reswm. Y rheswm amlycaf yw'r un sydd newydd ei grybwyll, sef mai addasiad/cyfieithiad o ddeunydd Saesneg yw'r cyfarwyddiadau Cymraeg. Yr ail reswm yw natur lwyr anghynrychioliadol y deunydd – disgrifio sefyllfa a ddigwyddai ond unwaith yn y pedwar amser a wneir, a hynny yng nghylchoedd dethol iawn. Os o gwbl. Canys y mae lle i gredu mai ymarferiadau 'papur' yn unig oedd cryn gyfran o'r hyn a ddisgrifiwyd; fel arall y mae'n anodd deall y mynych gyfeirio at anifeiliaid a bwydydd a fyddai'n hollol ddieithr i'r bywyd Cymreig yr adeg honno. Er hynny, mae'r cyfan yn cyfleu inni beth syniad o'r hyn a ystyrid yn 'lluniaeth briodol' y bendefigaeth yr adeg honno – yn grynodeb o'r hyn y dylid anelu ato yn hytrach nag yn gyfnodiad hanesyddol o unrhyw sefyllfa go iawn. Y mae yma a thraw, fodd bynnag, gyffyrddiadau sy'n gwahaniaethu rywfaint oddi wrth y fersiynau Saesneg cyfatebol ac sy'n awgrymu fod yr addasydd wedi gwneud peth ymdrech i beri i'w ddeunydd adlewyrchu'r sefyllfa Gymreig, er mai go brin yw'r enghreifftiau hyn.

Cyflwynir y cyfarwyddiadau fesul adran. Yr adran gyntaf, a'r fyrraf o bell ffordd, yw'r disgrifiad o'r hyn a ddylai fod ar y ford cyn dechrau gweini'r bwyd, sef lliain bord, halen, trenswyr ('transyrie' – platiau cynnar) a chyllell at dorri bara. Rhagflaenwyd trenswyr pren gan rai a wnaethpwyd o fara ac mae'n debyg mai at rai bara y cyfeirir yn y llawysgrif Gymraeg. Yn ôl y *Ménagier de Paris* (c. 1390) bara brown (bara gwenith cyflawn) a ddefnyddid at wneud bara trenswyr a disgwylid i bob torth fod yn ddeunaw modfedd o led a phedair modfedd o uchder.[57] Anodd dweud beth oedd union faint y trenswyr eu hunain ond rhaid eu bod yn sylweddol am mai eu diben oedd dal y gwahanol seigiau ar gyfer eu bwyta; mae lluniau o'r cyfnod (megis, er enghraifft, yn Sallwyr Luttrell) yn awgrymu eu bod yn hirsgwar, tua throedfedd o hyd a rhyw chwe modfedd o led.[58]

Byddai bara bwyta ar gael hefyd[59] a lliw'r bara (hynny yw, cyfradd echdyniad y blawd) yn adlewyrchu statws ac anrhydedd y gwahoddedigion – po bwysicaf y statws, gwynnaf oll y bara. Golygai hyn mai'r gwahoddedigion lleiaf breintiedig a fyddai'n bwyta'r bara mwyaf maethlon – yr hyn a allai fod yn arwyddocaol mewn cyfnod a nodweddid weithiau gan brinder fitaminau B. Aethpwyd â'r trenswyr oddi ar y ford pan fyddent wedi eu trochi gan sudd y gwahanol fwydydd a osodwyd arnynt (os nad oedd y gwahoddedigion eu hunain eisoes wedi eu bwyta), a gosodwyd rhai newydd yn eu lle. Casglwyd gweddillion y trenswyr a'u cadw i'w dosbarthu ymhlith y tlodion. Yn nes ymlaen, daethpwyd i ddefnyddio trenswyr pren (neu biwter) yn lle'r rhai bara, efallai tua dechrau'r unfed ganrif ar bymtheg.[60]

Mae'r ail adran yn disgrifio natur y gwahanol gyrsiau. Y bwyd cyntaf 'o'r gegin' oedd ffrwmenti, yn fath o gawl gwenith,[61] a'i ddilyn gan wahanol fathau o gig anifail (cig eidion, mollt, porc a chwningen) ac adar (gwyddau, hwyad, ceiliog, capwld [capwllt – ceiliog blwydd wedi'i ysbaddu]). Wedyn daw'r ail gwrs cig – y tro hwn, cig adar yn unig, sef alarch, garan,[62] paun, crëyr, cocatris ('sef yw hwnnw hanner ôl y capwld wedi'i gysylltu wrth hanner blaen porchell'[63]), aderyn y bwn, ceiliog coed, ceiliog du, cylfinir, petrisen, cwtiad mynydd, surt, rhegen [sofliar] a dyfriar. Ar gyfer y cig eidion, nodir ei fod, o ran ei natur, yn gallu bod yn 'hallt, yn ir-hallt' (yn rhannol halltedig) neu yn ir (ffres). I ba raddau y dilynid y cyfarwyddiadau hyn ni wyddys ond mae'n ddiddorol nodi fod archaeolegwyr wedi dod o hyd i esgyrn nifer sylweddol o rywogaethau o adar wrth gloddio mewn safleoedd o'r canol oesoedd ac yn gynt. Mewn adfeilion o'r ddeuddegfed ganrif o ardal Llantrithyd (Bro Morgannwg) daethpwyd o hyd i weddillion cynifer â dwy ar bymtheg o wahanol rywogaethau o adar, gan gynnwys ceiliog y coed, garan, petrisen, giach, crëyr, gwyddau, hwyaden, iar, a cholomen, yr hyn oll sy'n awgrymu fod amrywiaeth eang o gig adar yn rhan o luniaeth y Cymry cynnar.[64]

Dilynid y seigiau cig gan y trydydd cwrs. Cynhwysai hwn wahanol fathau o fwydydd mwy cymhleth ac amrywiol: 'pasteiod o gig hela, fflans, cwstard, marffres o fenison, ffriters, lordings, leds lwmbarts [leche lumbarde], darts [tartiau], dwkets [doucet], roliau a jeli.' Roedd y rhain i gyd yn ddarpariaethau digon adnabyddus yn eu dydd ond annoeth eu cyfystyru â'r bwydydd sy'n dwyn yr un enw heddiw. Rhaid cofio fod y 'jeli' yn un anifeiliol a baratowyd o draed llo a bod y cwstard a'r tartiau a'u cyffelyb yn cynnwys wyau, caws, llysiau ac weithiau cig neu bysgod. (Gwelir nodiadau ar y gwahanol fwydydd yn y 'Cyfeiriadaeth'.)[65] Ni chyfeirir at unrhyw lysiau i'w bwyta gyda'r cig a go brin oedd y darpariaethau a gynhwysai lysiau. Mae rhai wedi tybio fod llysiau bob amser ar gael ar y ford ac ni fyddai diben felly i gyfeirio'n benodol atynt ond y mae absenoldeb llwyr unrhyw gyfeiriadau atynt yn y llawysgrifau a'r lluniau o'r cyfnod yn peri inni amau hyn. Mae'r cyfan a wyddom am arferion y cyfnod yn awgrymu cyndynrwydd arbennig ar ran y boblogaeth i fwyta llysiau fel y cyfryw er bod ambell rysáit ar gael sydd yn eu cynnwys – ond wedi eu trin mor eithafol fel ag i guddio eu gwir natur ac i'w hamddifadu o unrhyw ddaioni maethegol.

Dilynid yr adran gig gan gyfarwyddiadau sut i ladd a pharatoi'r gwahanol fathau o adar. Dilyn y patrwm a geir yn y llawysgrifau cyfatebol Saesneg a wneir yn y rhan hon hefyd ond bod y cyfarwyddiadau, at ei gilydd, yn llai manwl. Disgrifir sut i ladd a pharatoi 'pob aderyn gwyllt a dof' sef alarch, garan, paun, crëyr, aderyn y bwn, ceiliog y coed a chylfinir. Crybwyllir gŵydd a chapwllt hefyd ond heb roi manylion, am y tybid, mae'n debyg, fod pawb yn ddigon cyfarwydd â thrafod y rhain.

Dywedir ar gyfer alarch: 'Lladd alarch ... a chadw y gwaed ac ysgaldia ac agor [hi] fel gŵydd; cadw yr afu a'r gwaed a briw mewn mwydion bara gwyn a thrwy'r isgell hwnnw straenia a gwasanaetha yn lle saws gyda'r alarch a hwnnw a elwir sawden. Tor fel gŵydd a chymer yn helaethach. Y llysiau hyn a fydd yn y sawden – saffrwn, sinser, siwgr heb ddim mwy'. Gellir cymharu hyn â'r ferswn a geir mewn llyfr Saesneg o 1508 *The boke of kervynge*: 'Lifte that swanne ... as a goose, but let him have a larger brawne [= darn mwy helaeth o gig] & loke ye have chawdon'. Chawd(r)on/chawdwyn oedd y saws ar gyfer adar (C. sawden). Ei sylfaen (fel yn y Gymraeg) oedd afu, gwaed a bara gwyn ynghyd â detholiad o sbeisiau a sylweddau blasu megis gwin, finegr, pupur, sinsur a sinamon. Byddai'r saffron yn y fersiwn Cymreig yn rhoi lliw melyn i'r ddarpariaeth.[66]

Roedd yr holl broses o ladd a pharatoi adar yn rhan dra phwysig o'r paratoadau cogyddol ac y mae'r fersiwn Lladin o Gyfraith Hywel a geir yn llawysgrif Peniarth 28 yn cynnwys llun o'r cogydd yn lladd ac yn paratoi aderyn i'w goginio ond nid oes digon o fanylion i'n galluogi ni i ddweud pa un o'r holl adar bwytadwy ydoedd.[67]

Wedi trafod lladd a pharatoi adar eir rhagddi i roi sylw i fwyta pysgod – 'y cwrs pysgod cyntaf a'r ail gwrs pysgod' chwedl y llawysgrif. Roedd i'r cyrsiau pysgod gryn bwysigrwydd am mai bwyd yn seiliedig ar bysgod yn unig a ganiateid yn ystod y Grawys yn ogystal ag ar 'ddiwrnodau pysgod' – y diwrnodau ympryd. I'r perwyl hwn addaswyd llawer o'r ryseitiau cig fel ag i'w defnyddio ar gyfer pysgod. Mae'n debyg fod y cymeriant o bysgod – gan fonedd yn ogystal â gwreng – yn llawer uwch yn y cyfnodau hynny na heddiw ac yr oedd y dewis o bysgod yn un pur eang ac yn cynnwys nifer o rywogaethau a fyddai'n annerbyniol heddiw oherwydd eu blas annymunol. Gallasai'r cymeriant uchel hwn o bysgod fod yn llesol iawn o safbwynt mynychder clefyd y galon onibai bod y rhan helaethaf o'r boblogaeth y pryd hynny yn marw o achosion eraill cyn cyrraedd ohonynt oedran anhwylderau'r galon. Er hynny, dyma'r enghraifft fwyaf trawiadol yn hanes Cymru o ddylanwad crefydd ar arferion bwyta'r boblogaeth yn gyffredinol, perthynas a ddaliodd yn ei grym fwy neu lai hyd at y Diwygiad Protestannaidd.* Yn ystod y Grawys, dechreuai'r wledd â chawl o 'ddewis personol y cogydd' (cyffyrddiad trawiadol o fodern!) a'i ddilyn gan y 'cwrs cyntaf o'r pysgod' sef 'penwaig gwynion a chochion, hadog hallt ac ir [ffres], ling hallt ac ir, aic [cegddu, S. *hake*] hallt ac ir, twyl hallt ac ir (sef yw twyl 'cŵn brychion' S. *dogfish*) ac yna cŵn gwedi berwi chwedi pobi ystocffis gwedi ffrio'. Sylwer mai pysgod y môr bob un yw'r pysgod sydd yn y cwrs cyntaf. Mae'n eglur o'r llawysgrif mai pysgod halltedig neu wedi eu sychu oedd y rhain gan fod angen eu berwi gyntaf. Dilynir hyn gan yr ail gwrs pysgod: '... gleisiaid a draenogod a brithyllied a llysywod wedi berwi a'u pobi, rodstys [rotsys = rhufell/cochiad], pennau hwyaid, tensiaid a brems a lampreiod wedi'u berwi a chwedi'u pobi gyda physgod mawr eraill wrth fodd y cog.' Pysgod dŵr croyw yw'r rhain i gyd ac fel y cyfryw ni fyddai angen eu pwrcasu wedi'u halltu – felly, byddai'r dull o'u paratoi rywfaint yn llai cymhleth, yr hyn a allai egluro eu gosod ar wahân. Ymddengys fod y dull hwn o wahaniaethu rhwng pysgod môr a physgod dŵr croyw yn nodwedd Gymreig am nas ceir yn y llawysgrifau cyfatebol Saesneg.[68]

Cyfeirir yn adran pysgod y môr at 'ystocffis' (S. *stockfish*); y rhain oedd pysgod wedi eu sychu a'u mewnforio o wledydd Llychlyn ac o Iwerddon. I ba raddau y dibynnai'r Cymry ar bysgod mewnforiedig o'r fath y mae'n anodd dweud er bod 'stocffis' ymhlith y pysgod a enwyd uchod ar gyfer y cyflenwad bwyd yng

---

*Ac am flynyddoedd wedyn, wrth gwrs, ond am resymau eraill – yn bennaf i gynnal gwaith pysgotwyr a'u tebyg. Yn ôl statud o oes Elisabeth, gwaharddwyd bwyta cig ar adegau neilltuol 'for the increase of fishermen and mariners ... and not for any superstition to be maintained in the choice of meats' (Statut 5 Eliz., c. 5).

Nghastell Caerffili. Nid yw pysgod ymhlith y mewnforion pwysicaf a enwyd gan Lewis yn ei astudiaeth o fasnach Cymru yn y cyfnod 1380 i 1550; ni wyddys ychwaith pa mor helaeth oedd y diwydiant pysgota yng Nghymru'r Oesoedd Canol er bod awgrym gan Matheson fod pysgota wedi digwydd ar hyd arfordir Cymru ers cyn cof. Mor ddiweddar â 1662 cyfeiriodd John Ray y naturiaethwr at yr 'amrywiaeth fawr' o bysgod môr y gellid eu dal yng nghyffiniau Dinbych-y-Pysgod, gan enwi rhyw ddeugain o wahanol rywogaethau ac yn eu plith penfras, ling, mecryll, penwaig, lleden, sewin, llyswennod, hyrddyn, penci a chegddu.[69]

Mae'r paragraff nesaf yn y llawysgrif yn trafod bwyd a fyddai'n addas adeg y Pasg ynghyd â ryseitiau wedi eu dyfeisio'n unswydd i ateb gofynion crefyddol y Grawys pan fyddai bwyta cig (yn y Gymru babyddol) yn llwyr waharddedig. Disgrifir math o gawl ('potes glas o lysiau'r ardd') y tybid y byddai'n addas ar gyfer cyfnod y Pasg. Roedd cyfeiriadau at botes o lysiau a chig yn ddigon cyffredin ar hyd yr oesoedd canol a chyn hynny ond mae cyfeiriadau at rywbeth a gyfatebai i 'botes glas' y llawysgrif Gymraeg yn llai cyffredin. Bu gan Platina yn ei *De honesta voluptae* (1475) gyfarwyddiadau at wneud 'iusculum viride' ond prin bod hwnnw yn rhagflaenydd i'r fersiwn Cymraeg – ymddengys mai persli oedd ffynhonnell gwyrddni Platina ac ni chynhwysai ei botes na'r 'llysiau gerddi' na'r 'llysiau meysydd' a ddisgrifiwyd yn y Gymraeg.

Cynhwysai'r potes Cymreig 'gig mollt ir neu irallt, neu gig eidion a dryll [darn] o gig porc'. Ond yn fwy diddorol oedd y llysiau. Oni fyddai llysiau gardd ar gael argymhellwyd defnyddio rhai gwyllt ac enwyd tri yn benodol – 'llydan y ffordd [*Plantago major*] a briallu [*Primula veris*] a'r hocys [*Malva* spp]'. Mae ryseitiau am botes (cawl) sy'n cynnwys cig a llysiau'r ardd yn ddigon cyffredin[70] ond nid mor gyffredin yr argymhelliad fod modd defnyddio planhigion gwyllt pan fyddai rhai gardd yn brin. Os mai cyfeiriad penodol Gymreig yw hyn, y mae'n un o'r enghreifftiau prin fod y Cymry, ar adegau neilltuol, yn barod i ystyried 'bwyta'n wyllt' – mater a drafodir yn fwy manwl yn y bennod 'Bwyta'n wyllt'.

Nid yw ryseitiau o'r cyfnod yn brin o gyfeiriadau at ddefnyddio briallu, ond y blodau, ac nid y dail, a ddefnyddid fel arfer. Perthyn peth arwyddocâd i'r awgrym uchod y gellid defnyddio dail briallu (ynghyd â dail planhigion gwyllt eraill) mewn cawl. Gwyddys erbyn heddiw fod dail briallu yn cynnwys mwy o fitamin C na dail yr un planhigyn arall – dengwaith cymaint â dail bresych, er enghraifft – a byddai cynnwys briallu mewn potes yn ddull digon hwylus o gyflenwi'r corff â'r ddogn angenrheidiol o fitamin C.[71] Fel y dadleuwyd eisoes bu ffynhonnell y fitamin C yn y dyddiau cyn-datws yng Nghymru yn dipyn o ddirgelwch ac yn enwedig ymhlith y dosbarth mwyaf breintiedig a dueddai, at ei gilydd, i ymwrthod â llysiau'n gyffredinol a rhai amrwd yn fwyaf arbennig. Yn anffodus, bu tuedd yn y canol oesoedd i ferwi potes am gyfnod go hir ac fe fyddai triniaeth egr o'r fath wedi dinistrio'r rhan fwyaf o'r fitamin C – hyd yn oed o ffynhonnell mor gyfoethog â dail briallu. 'Rhaid dechrau berwi bresych yn gynnar yn y bore a'u coginio am amser hir – am lawer mwy o amser na'r un botes arall' oedd y cyfarwyddiadau yn *Le ménagier de Paris* (c. 1393) ar gyfer un math o gawl bresych.[72]

Dilynwyd y potes gan fwydydd digon arferol o'r math a ddisgrifir yn y llawysgrifau Saesneg cyfatebol – 'capwlltiaid wedi'u berwi drwy saffrwn, a chig bacwn... ffwrmenti o wenith a llaeth, a dryll [darn] o gig ir neu irallt a saffrwn pan fo digon... a chig hela yn yr isgell a hyn o flaen pasteiod a hynny sy'n warantedig o'r Pasg hyd Awst ... fenswn o gig myllt[73] ... a phupur a chlows [clofs] a halen a rhoi'r clows ar tu allan y capwllt'.

Mae a wnelo gweddill y llawysgrif â ryseitiau at wneud rhyw ddwsin o wahanol fathau o fwydydd. Ar gyfer pob un, gellir dod o hyd i fersiwn cyfatebol yn y llawysgrifau Saesneg er, yn ddiddorol iawn, bron heb eithriad y mae'r fersiynau Cymraeg yn fwy cryno o ran y disgrifiad ac yn llai cymhleth o ran y cynnwys na'r cymheiriaid Saesneg.

Dyma nhw, yn nhrefn eu hymddangosiad: [Ceir rhagor o fanylion am y fersiynau cyfatebol Saesneg yn y Gyfeiriadaeth, nodyn 65.]

> *Siarled:* Paratowyd hwn trwy ferwi blawd, wyau, ychydig o laeth a saffrwn gan ychwanegu ychydig gwrw pan fyddai wedi tewychu; dylid ei dafellu cyn ei weini. Disgrifir sawl math o siarled yn y llawysgrifau Saesneg a'r rhan fwyaf ohonynt yn fath o gwstard a gynhwysai gig (Austin, t. 17, Furnivall t. 173) ond y mae ambell fersiwn di-gig ar gael hefyd (er enghraifft, Warner t. 10).
>
> *Ffranginc:* Paratowyd hwn trwy gymysgu wyau, bara gwyn (yn ddarnau mân), braster mollt a phupur a halen a'u berwi mewn poten mollt ... [cyn] ei dorri'n sleisiau. Nodir fod ffranginc yn addas 'o Awst hyd Wyl Fihangel'. Hwn yw'r union rysáit ag a geir yn Harleian 279 (Austin t. 39) dan y pennawd 'Frawnchemyle' sef (o'i gyfieithu): 'Cymerwch wyau cyfain a bara wedi'i friwsioni a thalpiau mân o wêr mollt, cymerwch hefyd bupur a saffrwn, a'u cymysgu ynghyd cyn eu gosod mewn stumog dafad (S. 'the wombe of the sheep, that

is, the maw') a'i ferwi'n dda ... Mae gan Apicius, bron ddwy fil o flynyddoedd yn ôl, yn yr adran 'Ventricula' o'i *De re coquinaria,* ddisgrifiad sut i lenwi stumog mochyn (*'ventrum porcinum'*) â chig, wyau a chymysgedd o berlysiau cyn ei dyllu â nodwydd a'i ferwi'n drwyadl ac awgrymwyd mai math cynnar o *haggis* oedd hwn.[74] Mae'r fersiwn Cymreig yn nes at y dull modern o baratoi *haggis* am mai stumog dafad a ddefnyddiwyd ac nid stumog mochyn. Araf ddiflannu oddi ar dudalennau'r llyfrau coginio fu hanes yr *haggis* ac yn achlysurol iawn yn unig yr ymddangosai ynddynt ar ôl y ddeunawfed ganrif. Nis cafwyd, er enghraifft, yn y llyfr coginio cynharaf o'r Alban *(Mrs McLintocks receipts for cook pastry work,* 1736*)* er iddo brofi rhyw fath o adfywiad yno yn ddiweddarach. Ond diflannu'n llwyr a wnaeth yng Nghymru er bod gan William Ellis ddisgrifiad yn 1750 o ddull y Cymry 'of making puddings with hogs or sheeps maws'; yn ôl Ellis byddai'r Cymry yn llenwi'r stumog â chymysgedd o waed, llaeth, blawd ceirch, nionod, cennin a pherlysiau.[75]

Jeli cig: I osod cig mewn jeli defnyddid darpariaeth o draed llo. Mae troed llo, fel nifer o feinweoedd eraill mewn anifeiliaid ifainc, yn ffynhonnell dda o'r protein colagen, sydd, yn ei dro, yn rhagflaenydd i gelatin – sylfaen ein jeli bwrdd cyffredin. Bu *jeli traed llo* yn boblogaidd hyd at yn gymharol ddiweddar ac yn enwedig am y tybid fod iddo rinweddau cryfhaol – ceir cyfarwyddiadau manwl sut i baratoi 'Broth Traed Llo' yn *Llyfr cogyddiaeth newydd* (Caernarfon, *c.* 1865). Diddorol cymharu fersiwn Peniarth â'r hyn a geir yn y llawysgrif Saesneg o'r bymthegfed ganrif *Beinecke 163* (Hieatt, t. 76):

Tair Gwedd ar Fwyd y Cymry

'Paratoi ar gyfer y wledd' o The art of cookery ... concerning the soups and sauces of the ancients *gan William King* c. 1712

I wneud jeli cig (Peniarth 147)
Cymerwch gwningen a'i blingo ac ysgaldiwch fochyn. Torrwch hwy'n ddarnau bychain. Ysgaldiwch gywion ieir a'u berwi mewn gwin coch a'u trosglwyddo i gadach glân. Cymerwch y mochyn a'r gwningen a'u gosod mewn dysgl, gan ychwanegu atynt y cywion wedi'u torri'n ddarnau mân. Gosodwch y dysglau mewn lle oer a'u cadw'n wastad. Ail-dwymwch yr hylif gan ofalu ei sgimio'n dda i waredu'r braster. Cymerwch draed llo wedi'u hysgaldio'n dda a berwch hwynt yn yr isgell nes byddant wedi meddalu. Sgimiwch yn dda a'i ardymheru [sesno] yn y modd y tybioch sydd orau.

Gely of flesch (Beinecke 163)
Take and skin conies [cwningod]. Scald pigs, chop them free of the hair. Scale and draw chickens and, if thou wilt, thou mayest chop a kid to add to the chickens. Boil it in red wine, take it up, lay it on a clean cloth, dry the pieces of the kid, also the rabbit and the pig. Couch it in dishes in a cold place where they may stand still. Replace thy broth on the fire, see that it be well skimmed that no fat be thereon. Take calves' feet, clean scalded, and split them. Seth [berwi] them in the same broth till they be tender, ensuring that the broth is clean-skimmed. Season it … as for fish …

Ceir yn *Le ménagier de Paris* ddisgrifiad sut i wneud jeli cig ('gelée de char') sydd hefyd yn seiliedig ar gig cyw, cig cwningen a thraed llo er bod y cyfarwyddiadau rywfaint yn fwy cymhleth nag yn y fersiwn Cymraeg.[76] Mae'n amlwg felly fod y bwyd hwn yn rhan o draddodiad Ewropeaidd hen iawn.

Mortraws brawn: Cynhwysai'r fersiwn Cymraeg gig cyw a phorc wedi eu berwi'n drwyadl gyda 'llaeth' almon, saffrwn, siwgr, llaeth a melynwyau. Yn gyffredinol, cyfeiriai 'mortraws' at ddarpariaeth o gig (neu gigoedd) wedi'i ferwi ar ôl ei falu (morteru) mewn morter ac, fel yn y cyfarwyddiadau Cymraeg, yr oedd i laeth almon a saffron le pwysig yn y paratoi. Ar gyfer y Grawys gellid paratoi mortraws bysgod (neu, fel yn y fersiwn a geir yn Laud Llsgr. 553, o afu a lleithon y pysgod (Austin t. 114)). Mae'n amlwg oddi wrth nifer o'r ryseitiau fod y ffin rhwng pethau melys a phethau sawrus yn un denau iawn yn yr oesoedd canol. Cyfeiriwyd yn rhai o'r ryseitiau at 'laeth almon'. Roedd hwn yn emwlsiwn a ddarperid trwy falu almonau mewn dŵr, gan ychwanegu peth siwgr. Fe'i defnyddiwyd weithiau yn lle llaeth; yn faethegol, cynhwysai rywfaint o brotein a mwy o saim na llaeth cyffredin er, wrth reswm, byddai ei union gyfansoddiad yn dibynnu ar faint o ddŵr a ddefnyddiwyd wrth ei baratoi.

Brawn: Roedd i'r term 'brawn' ystyr mwy eang gynt na'r hyn a gyfleir gan ein brawn heddiw a gyfyngir, ran fynychaf, i ddarpariaeth o ben mochyn. Arferid defnyddio'r term 'brawn' i ddisgrifio nifer o wahanol ddarpariaethau o gig (weithiau, o bysgod) a gynhwysai sylweddau blasu megis sunsur a siwgr i'w droi'n fath o bicl. Weithiau, defnyddid y term 'brawn' i gyfeirio at ddarnau (neu 'ddrylliau') o gig yn unig, mewn llaeth almon fel yn y fersiwn o *Blaunche Brawen* a geir yn *Harleian 279* (Austin, t. 34). Mae'r fersiwn Cymraeg yn cyfateb i'r 'brawn brenhinol' a geir mewn nifer o lawysgrifau Saesneg (gweler Hieatt, t. 66; Napier, t. 98) ond, yn ddiddorol, am ryw reswm y mae'n hepgor y finegr sy'n bresennol yn y fersiynau Saesneg.

Mae hyd yn oed y cyfarwyddiadau sut i ryddhau'r brawn o'r basin pe bai trafferth yn codi yn drawiadol o debyg i'w gilydd – ac yn union yr hyn a wneid heddiw dan amgylchiadau cyffelyb. Yn y Saesneg argymhellwyd: 'When it is cold if you may not have it out, warm the vessel outside with hot water or against the fire. Lay a cloth on a board and turn the vessel upside down thereon and shake the vessel [so] that it fall out' ac yn y Gymraeg: 'Ac yna, oni elli di ei gael allan, twyma ystlys y llestr mewn dŵr twym, yna doda liain ar wyneb y llestr a'i ymochel wyneb i waered ar y cadach ...'

Wmlws gleisiad: Dull o ddefnyddio'r rhannau llai gwerthfawr o greadur (yn bennaf, o'r carw) oedd paratoi nomblys/umbles. Defnyddiwyd yr afu, y galon, y perfedd ac weithiau'r gwaed a rhannau eraill, a'u cymysgu â nifer o berlysiau ynghyd â sylwedd(au) lliwio. Ymddengys fod y rysáit yn y llawysgrif Gymraeg wedi'i haddasu ar gyfer y Grawys am fod pysgodyn (gleisiad) yn bresennol yn lle cig. Byddai rhaid berwi'r cylla a'r coluddion gyda nionod, llysiau gardd, persli, teim, 'crwstyn o fara', gwin, pupur, finegr, mêl a 'sawndyr'. Mae'n debyg mai'r lliwur a geid o bren santal coch (*Pterocarpus santalinum*) yw 'sawndyr' (*S. sanders*). Fe'i defnyddid ar raddfa bur eang yn y canol oesoedd i roi lliw coch ar fwydydd cig yn ogystal ag i liwio gwinoedd. (Ac fe'i defnyddir o hyd yn y diwydiant bwydydd o ran hynny – wrth baratoi penwaig cochion, er enghraifft.) Mae'r fersiwn Cymraeg yn cyfateb, bron ym mhob agwedd, i'r rysáit 'Numbelys of purpas [llamhidydd] or of other fysche' a geir yn *Beinecke 163* (Hieatt, t. 44) heblaw am y sawndyr sydd yn y rysáit Cymraeg; tebyg fod y gwaed a'r gwin coch a ddefnyddid yn y fersiwn Saesneg yn rhoi peth lliw coch i'r cyfan ac ni welid felly fod angen lliw ychwanegol. Mae'r rysáit 'For to make noumbles in lent' yn y *Forme of cury* (Warner, t. 22) eto yn cyfateb i'r un Gymraeg ond mai saffron a ddefnyddir yn lle sawndyr i roi lliw (melyn) i'r cyfan.

Ystwffin parchell [= porchell, mochyn ifanc], rysáit cymharol syml: 'Cymer wyau wedi'u rhostio yn galed a bara gwyn wedi'i ratio a saffrwn a halen a sunsur ac ychydig o wêr mollt a chymysgu'r cyfan yn dda a'i osod ynddo [hynny yw, yn y porchell].'

Potes o resings [= resins]: 'Dewis resins glân, eu golchi, eu berwi nes byddant wedi torri. Eu gadael i oeri, wedyn eu cymysgu gyda llaeth almonau a'u lliwio â saffron.' Mae hon yn ddarpariaeth lawer llai cymhleth na'r rhan fwyaf o gawliau a ddisgrifir a cheir yr argraff fod y cyfarwyddiadau yn anghyflawn. Mae'r rysáit 'Potage of roysons' a geir yn *Harleian 279* (Austin, t. 30) yn fwy cynhwysfawr gan gynnwys resins, afalau, llaeth almonau, blawd reis a sunsur; o ychwanegu digonedd o reis, gallai'r cynnyrch ymdebygu i'n pwdin reis modern. Diddorol nodi fod yr 'ordinary stew'd broth' a ddisgrifiwyd gan Gervase Markham yn *The English house-wife,* ganol yr ail ganrif ar bymtheg, yn cynnwys dogn sylweddol o gig yn ogystal â phrwns, cyrens a resins; deuid o hyd i'r fersiwn hwn yn nhudalennau'r llyfrau coginio hyd at hanner ffordd trwy'r bedwaredd ganrif ar bymtheg.[77]

Fflamans y grawys: Mae'r rysáit Cymraeg yn syml i'r eithaf: 'Gwna gwffins [= 'coffins', casyn (fel arfer, o does) i dderbyn cynnwys y darten neu'r bastai] o fara a llanw hwynt â llaeth almons a phowdr sunsur a siwgr a'u crasu.' Mae Geiriadur Prifysgol Cymru, gan ddilyn

Austin, yn gwahaniaethu rhwng *fflawn* a *fflaman* ond ymddengys fod hyn, i raddau helaeth, yn ddiangen. Ceir yn Saesneg y cyfnod nifer sylweddol o dermau yn cyfeirio at y math hwn o fwyd – flathon, flawn(e), flownys, flampayn, flampoyne ac ati. Dywed Warner (t. 129): '*Flampoynte* is *Flan pointé* and is so called from the small points of pastry with which the open Flawn was stuck and made bristly'. Y fersiwn Saesneg sy'n cyfateb agosaf i'r un Cymraeg yw hwnnw yn *Harleian 279* (Austin, t. 56), 'Flathouns in lente', sy'n cynnwys llaeth almonau, almonau, siwgr, sunsur, halen a saffrwn wedi'u coginio mewn 'coffin' a oedd eisoes wedi'i grasu yn y ffwrn. Mae'r 'Flownys in Lente' a ddisgrifir yn *Ancient Cookery* (1381) (Warner, t. 48) rywfaint yn fwy cymhleth am fod y 'coffin' yn cynnwys llaeth almonau, blawd reis, ffigys a datys. Efallai mai nodwedd fwyaf diddorol y fersiwn Cymraeg o'i gymharu â'r fersiynau Saesneg yw mai o fara y ffurfiwyd y 'coffin' yn lle ei greu o does yn y dull arferol.

Petti permel: Llaeth, caws, lliwiau (saffron a sawndr) a'u crasu mewn 'coffin'. Anodd cael dim byd yn y ryseitiau Saesneg sy'n cyfateb yn union i hyn ac y mae'r enw yn cynnig problem. Yn arwynebol, y mae peth tebygrwydd rhyngddo a 'Peti pernantes' y Saesneg ond nid yw'r fersiynau Saesneg yn cynnwys caws.

Paen biff: Y cyfarwyddyd yw i gymryd cig eidion o'r goes ôl, ei falu mewn mortar, ychwanegu pupur a chlofau, wedyn ei ffurfio'n belenni sydd i'w berwi mewn crochan o ddŵr cyn eu rhostio ar ferrai, gan eu lardio ('bastio') â melynwy. Mae'r enw yn gamarweiniol ac nid ymddengys fod unrhyw fath o berthynas rhyngddo a'r *payne puff* a'i debyg a ddisgrifir yn y casgliadau Saesneg. Y rysáit sy'n

ymdebygu agosaf iddo yw 'alander de beeff/alosed beef'
(Napier, t. 30; Hieatt, t. 55).

I wneuthur rvsiws: Y cyfarwyddyd yw i adio pupur a
melynwy(au) wedi'i ferwi at does (blawd), eu cymysgu
a'u siapio, a'u rhostio mewn saim gwyn ar y tân. Ceir
ryseitiau am sawl math o *rissole* yn y gwahanol gasgl-
iadau ond maent bron heb eithriad yn fwy cymhleth
na'r un Cymraeg – sydd, unwaith eto, yn rhoi'r argraff
fod un neu fwy o'r cyfansoddion ar goll. Mae nifer o'r
ryseitiau yn cynnwys cig (porc, ran fynychaf, er
enghraifft, Warner, t. 65) ac ambell un, ffrwythau.
Ceir yn *Le ménagier de Paris* rysáit sydd, fel yr un
Gymraeg, yn seiliedig ar wyau wedi'u berwi'n galed
ond bod cnau castanwydd yn bresennol yn lle'r toes
blawd fel ffynhonnell starts.[78] Mae'r 'Risshewes de
Mary' a geir yn *Harleian* 4016 (Austin, t. 85) hefyd yn
arwynebol gyffelyb i'r un Gymraeg ond bod siwgr a
sunsur a saffron yn bresennol hefyd.

I ba raddau yr adlewyrchid y cyfarwyddiadau hyn gan yr hyn a
ddigwyddai yn nhai'r pendefigion, mae'n anodd dweud. Gobaith
rhai archaeolegwyr oedd y byddai archwilio'r gweddillion o
garthffosydd y cestyll am esgyrn anifeiliaid, hadau ffrwythau ac ati
yn cyfleu inni ryw syniad o natur y lluniaeth a hyd yn oed o'r
niferoedd cyfartalog o'r gwahanol rywogaethau yn y diet. At ei
gilydd, pur niwlog ac annigonol yw'r math hwn o dystiolaeth er y
gellir, weithiau, ei defnyddio fel data ategol. Fel yr eglurwyd eisoes,
y mae digonedd o dystiolaeth fod gwahanol fathau o adar a physgod
â lle yn y patrymau bwyta hyd at yr oesoedd canol o leiaf ond i ba
raddau yr adlewyrchai hyn y math o orfwyta cymhleth a
nodweddai'r 'gwleddau brenhinol' sy'n gwestiwn arall. Y tebyg

yw fod y gweddillion archaeolegol yn cynrychioli bwyta achlysurol ar fwydydd gwyllt a ddaliwyd yn fympwyol ac yn ôl y cyfle. Gwir fod gennym ddigonedd o dystiolaeth ddogfennol fod gwleddoedd o'r fath wedi digwydd yn Lloegr ar achlysuron arbennig ond i ba raddau y digwyddai hyn yng Nghymru, os o gwbl, sy'n gwestiwn arall. Cyfeirio at bresenoldeb bwydydd esoterig unigol a wnâi'r beirdd Cymreig yn eu sylwebaeth farddonol ar ysblander llysoedd eu noddwyr ac eraill yn hytrach na disgrifio gwleddoedd rhwysgfawr penodedig y buont yn dystion iddynt.

Er hyn, y mae rhai pethau y gellir eu dweud am gynnwys Peniarth 147. Mae'n weddol amlwg erbyn hyn mai addasiad o ddeunydd Saesneg sydd yma – mae'r gyfatebiaeth dyn rhwng y deunydd Cymraeg a fersiynau Saesneg cynharach yn awgrymu hynny. Heblaw efallai am y cyfeiriad at ddefnyddio llysiau'r maes mewn cawl (ac a drafodwyd eisoes) prin y mae yma unrhyw gonsesiwn i'r amgylchfyd Cymreig ar y pryd. Cynhwysai'r cyfarwyddiadau nifer o fwydydd – megis yr aran – y byddai'n bur anodd cael hyd iddynt yng Nghymru; ar y llaw arall, anwybyddwyd yn llwyr nifer o fwydydd Cymreig brodorol, er bod y rhain â lle pwysig yn economi rhannau eraill o Ewrop yr adeg honno.

Nid oes sôn am lymeirch, draenogod, madarch a mêl – pedwar bwyd a oedd yn uchel eu bri yr adeg honno mewn rhannau o Ewrop, a chyflenwad digonol ohonynt ar gael yng Nghymru. Roedd rhai bwydydd a oedd, wrth gwrs, heb gyrraedd Cymru'r adeg honno; ni ddisgwylid gweld unrhyw sôn am dwrcïod, er enghraifft, am mai yn nechrau'r unfed ganrif ar bymtheg y daethpwyd â'r twrci i wledydd Prydain (o Ogledd America) am y tro cyntaf. Ond annisgwyl yw absenoldeb cyfeiriadau at yr ysgyfarnog – a oedd, yn sicr, yn fwy cyffredin na'r gwningen yng

Nghymru adeg llunio'r llawysgrif.[79] Yr oedd Cesar eisoes wedi crybwyll amharodrwydd y Brythoniaid cynnar i fwyta cig ysgyfarnog ac er bod nifer o 'awdurdodau' diweddarach (gan ddilyn Galen) yn gymysg eu barn ynghylch ei rinweddau, eto i gyd roedd i gig ysgyfarnog le o bwys yn y rhan fwyaf o'r llawysgrifau coginio cyfatebol yn Saesneg a hyd at y bedwaredd ganrif ar bymtheg cyfrifid ei fod yn 'well' cig na'r gwningen.[80] Mae hyn eto'n tanlinellu 'anghymreigrwydd' hanfodol Peniarth 147 a'r cyndynrwydd cyffredinol i'w haddasu i'r sefyllfa Gymreig.

Mae'r diffyg cyfeiriadau at fêl yn peri syndod o gofio'r hyn a wyddom o ffynonellau eraill am ei bwysigrwydd yng Nghymru'r adeg honno – er, rhaid cofio na chyfrifid fod melystra bwydydd yn ffactor bwysig hyd at yn gymharol ddiweddar yn hanes gwareiddiad. Nid oes sôn ychwaith am gaws nac am unrhyw ddarpariaeth o gaws yn Peniarth 147 er ei fod yn fwyd lled boblogaidd ymhlith y Cymry yn gyffredinol. (Ond mewn fersiwn arall o ran o Beniarth 147 (Llansteffan 117) ceir cyffyrddiad trawiadol o fodern at orffen y pryd gyda chaws a biscedi a chnau Ffrengig.) Bwyd anghyffredin ar fyrddau uchelwyr Lloegr hefyd oedd caws yn y canol oesoedd ac am ganrifoedd wedyn – fel y mae Harrison yn ein hatgoffa yn ei *Description of England* yn 1587, 'white meats [=bwydydd], as milk, butter, and cheese ... are now reputed as food appertinent only to the inferior sort'.

Credid bod rhai bwydydd yn andwyol i'r corff. Y duedd oedd delio â'r rhain un ai trwy eu hanwybyddu neu, yn fwy cyffredin, trwy guddio eu natur neu eu blas. Gellid defnyddio sbeisiau i'r perwyl hwn neu fe ellid cyfuno'r bwyd(ydd) tramgwyddus ag elfennau a fyddai'n fwy derbyniol gan y corff. Nodweddid rhai o'r darpariaethau gan liw trawiadol, a'r lliw hwnnw, yn amlach na pheidio, heb ddwyn unrhyw berthynas â lliw (neu ddiffyg lliw) y deunydd crai. Defnyddid saffron i osod lliw melyn ar y rhan fwyaf o'r bwydydd yn y rhestr Gymraeg (siarled, ffranginc, mortraws brawn, brawn, ystwffin, potes resings, petti permel); a 'sawndyr' [sandalwydd] i roi lliw cochlyd i'r 'wmlws gleisiaid'.

Defnyddid gwin coch i roi lliw coch (yn ogystal â blas); weithiau, ychwanegid gwaed i'r bwyd wrth ei baratoi ond buan y diflannai lliw coch y gwaed wrth goginio'r bwyd, gan ildio ei le i'r lliw du sy'n nodweddiadol o gyfansoddau haearn. Byddai lliw gwyrdd [= 'glas'] yn codi problem (fel sy'n digwydd yn y diwydiant bwydydd heddiw hefyd o ran hynny). Byddai'r 'llysiau meysydd' yn y 'potes glas' yn y llawysgrif Gymraeg yn rhoi peth lliw glas i'r potes ar y dechrau ond buan y diflannai hyn wrth ferwi'r potes gan fod cloroffyl (lliw gwyrdd planhigion) yn sylwedd pur ansefydlog dan ddylanwad gwres. Gellid cymharu'r holl gwestiwn o roi lliw i fwydydd â'r sefyllfa heddiw a'r dewis eang o liwiau synthetig (dros 3,000 o rai caniataëdig erbyn hyn) a ddefnyddir bellach i roi lliw neu flas i fwydydd gwneuthuredig a fyddai, fel arall, yn bur ddi-liw. Ond yr amcan heddiw yw cryfhau neu ailosod y lliwiau 'naturiol' tybiedig; amcan yr oesoedd canol oedd lliwio'r bwydydd fel ag i gryfhau eu hapêl i'r llygaid heb fod nac unrhyw resymeg y tu ôl i'r broses nac unrhyw ymgais i gryfhau neu ddynwared y lliw naturiol.

Bid a fo am ddilysrwydd y berthynas rhwng cynnwys Peniarth 147 a'r hyn a ddigwyddai ar fordydd y bendefigaeth yng Nghymru'r adeg honno, mae'r cyfarwyddiadau yn ein galluogi ni i ddweud rhywbeth am 'ddoethineb confensiynol' y cyfnod ac am yr hyn y dylid amcanu at ei weini – y *theoria* yn hytrach na'r *praxis*. Cyfarwyddiadau a gyflwynwyd i'r Cymry oddi uchod yn hytrach na darlun a adlewyrchai'r hyn a ddigwyddai yno ar lawr gwlad oedd cynnwys y llawysgrif. Y peth amlycaf sydd yn ein taro ni unwaith eto yw ein bod ni'n dal o hyd yn yr oesoedd canol a'r pwylais ar yr ansoddol yn bennaf – sefyllfa sy'n cyfateb i feddylfryd gwyddoniaeth hithau yn y cyfnodau cyn yr ail ganrif ar bymtheg. Er bod yr elfen feintiol wedi dechrau ymddangos yn y llyfrau a'r llawysgrifau coginio erbyn ail hanner yr unfed ganrif ar bymtheg, rhaid oedd aros tan y ddeunawfed ganrif cyn i foliwm a maint ac amser gymryd eu lle priodol yn y cyfarwyddiadau coginio. Tuedd Gervase Markham yn ei *The English House-wife* (1623) oedd dal yn anfeintiol yn ei gyfarwyddiadau coginio; ond at ei gilydd, cyfarwyddiadau meintiol a gafwyd gan 'W.M.' yn ei *The Queen's closet opened* (1655).

Cafwyd enghraifft o gyfarwyddiadau meintiol mewn resáit o ddechrau'r ddeunawfed ganrif ar gyfer 'A peacoack pye', y deuir o hyd iddo mewn llawysgrif sydd yn y Llyfrgell Genedlaethol – prawf fod y dull meintiol bellach wedi cymryd drosodd hyd yn oed mewn amgylchiadau 'anffurfiol' megis wrth drosglwyddo gwybodaeth o'r naill genhedlaeth i'r llall oddi mewn i'r un teulu.[81] Wrth reswm, nid oedd gan neb bryd hynny y ddirnadaeth leiaf o werth maethegol y gwahanol fwydydd, felly'r pwyslais ar amrywiaeth, lliw, golwg a blas – y rhain oedd y pethau pwysig, ynghyd, wrth gwrs, â sicrhau fod digonedd o bopeth ar gael.

Y diffyg manylder hwn wrth drafod pwysau ac amser yn y cyfarwyddiadau, a'r wedd anfeintiol yn gyffredinol, oedd un o nodweddion pwysicaf y llawysgrif Gymraeg. Ni cheir yn yr un o'r ryseitiau Cymraeg unrhyw wybodaeth i ddangos faint o'r gwahanol gynhwysion y dylid eu defnyddio nac, o ran hynny, am ba hyd y dylid eu coginio. Roedd hyn, wrth gwrs, yn nodweddiadol o ryseitiau cynnar ym mhob gwlad – gadewid cryn dipyn i'r cof cymunedol neu i ddychymyg y cogydd. Ceir yr argraff hefyd fod y cyfarwyddiadau Cymraeg yn fwy cryno na'r rhai cyfatebol Saesneg. Diddorol cymharu'r ryseitiau Cymraeg yn hyn o beth â rhai Babylonaidd o'r ail ganrif ar bymtheg Cyn Crist – a ddisgrifiwyd fel 'y ryseitiau mwyaf hynafol i gyd'. Mae'r naill fel y llall yn gryno ac yn ddiwastraff i'r eithaf. Prin eu bod yn cynnwys mwy na rhestr o gynhwysion ynghyd â berf berthnasol, a'u gor-gynildeb didactig yn arwain i ymadroddion niwlog megis 'fel y mynnoch' a 'maint digonol' – nodweddion na fuont yn ddieithr i'r llawysgrif Gymraeg. Dyma sut y disgrifiwyd gwneud Cawl Llindag (*Cuscuta sp.*) bedair mil o flynyddoedd yn ôl:

> Dim angen cig ir. Cig hallt yn iawn. Rhowch ef mewn dŵr. Ychwanegwch ddigonedd o lindag, peth nionod a *samidia* (math arall o nionod, mae'n debyg). Ychwanegwch cummin, cennin a garlleg. Gweinwch.[82]

Rhaid bod y prosesau coginio yn rhai hir iawn – rhywbeth hanfodol pan fyddai cynifer o'r cigoedd un ai wedi eu sychu neu eu halltu, neu yn fathau o gig (megis rhai mathau o adar) a fyddai'n gynhenid wydn. Byddai'r coginio estynedig hwn yn gryn help mewn cyfnod pan oedd dannedd y rhan fwyaf o'r bendefigaeth (megis rhai y Frenhines Elisabeth ei hunan) un ai'n llwyr bwdr neu yn absennol. Ar y llaw arall gellir bod yn weddol sicr y byddai'r berwi hir-estynedig hwn wedi llwyr ddinistrio'r cyfan o unrhyw fitamin C a fyddai'n bresennol.

Cawn hefyd ryw syniad am y cryn amrywiaeth o fwydydd ar fordydd y bendefigaeth adeg eu dathliadau a gwyliau. Tanlinellir yr amrywiaeth hon gan y dewis eang o bysgod ac adar a weinid.

Enwir pedwar ar ddeg o adar yn y llawysgrif Gymraeg. Diddorol sylwi mai adar mawr neu gymedrol fawr oeddynt i gyd; nid enwyd yr un aderyn bach er bod digonedd o dystiolaeth fod y rhain – yr ehedydd a'r fwyalchen, er enghraifft – yn ffefrynnau ar fyrddau rhai o'r gwleddoedd, a digonedd o ryseitiau ar eu cyfer ar gael yn y llawysgrifau Saesneg. Cafwyd gwleddoedd lle bu'r dewis o adar a physgod – o'n golygfan 'amgylchfydol' ni heddiw – yn anfoesol o helaeth. Yng ngwledd enwog gorseddu Archesgob Nevill yng Nghaerefrog yn 1466 gwelwyd ar y byrddau ddewis o ryw ddeg ar hugain o wahanol fathau o bysgod a phymtheg math o adar (Warner, tt. 97–9). Cynhwysai cegin Harri'r Wythfed, brenin Lloegr, dros ddeg ar hugain o wahanol rywogaethau o adar ar un achlysur a gallai ail gwrs ei ginio cyffredin gynnwys dewis o hyd at bymtheg o wahanol adar, mawr a mân. Hyd yn oed mor ddiweddar â diwedd yr unfed ganrif ar bymtheg nodwyd fod yng nghegin Iarll Northumberland dros bymtheg o wahanol fathau o adar, gan gynnwys giachod, petris, cornicyllod, crychyddion, ynghyd ag 'ehedyddion, adar bach a'u cyffelyb'.[83] A chyda golwg ar y ffynonellau cig yn y llawysgrif Gymraeg, diddorol sylwi nad oedd gwahaniaethu amlwg rhwng yr hen a'r ifainc – cyfeirid yn aml at 'gig mollt' a 'chig eidion' ond dim sôn am na chig oen na chig llo, er bod digonedd o ryseitiau yn y llawysgrifau Saesneg cyfatebol ar gyfer 'lamb' a 'veal'.

Nid oes gennym wybodaeth faint yn union o'r gwahanol ddanteithion hyn y byddai'r gwahoddedigion yn ei fwyta yn y gwleddoedd hyn ond y mae ystyriaethau ffisiolegol, megis faint yn union o fwyd y gallai'r stumog normal ei dderbyn, yn ein harwain ni i gredu fod swm y bwyd a wastraffwyd yn enfawr. Efallai mai dyna un rheswm paham y mae cynifer o luniau o wleddoedd yn y canol oesoedd yn cynnwys nifer o gŵn yn hofran o gwmpas y byrddau. Yn sicr, bu cryn orfwyta yn y gwleddoedd – er bod modd dadlau mai cwestiwn academaidd yw hyn gan mai yn weddol anaml y digwyddai gwledda o'r fath ac ni fyddai a wnelo ond â chyfran fach o'r boblogaeth yn gyffredinol. Nid oes amheuaeth nad oedd bwyta a gorfwyta yn un o brif ddulliau adloniant y bendefigaeth yn yr oesoedd canol.

Ond fel yr awgrymwyd eisoes, ni chyfyngid gorfwyta ymhlith y pendefigion i'r gwleddoedd neilltuol yn unig. Ni all fod unrhyw amheuaeth na fu cryn orfwyta cyffredinol hefyd – fel y sylwai ambell ymwelydd o'r Cyfandir ac fel y mae'r data ar gyfer y bwyd a gyflenwid ar gyfer sefyllfaoedd 'dan warchae' a drafodwyd uchod yn ei ategu. Mae llyfrau cyfrifon rhai o'r teuluoedd mawr yn cadarnhau hyn; er mai undonog iawn oedd bwyd pob dydd y teuluoedd hyn (bara, cig/pysgod a chwrw yn cyfrif am ryw 90% o'r cymeriant ynni) eto i gyd, yr oedd swm y bwyd beunyddiol a gyflenwyd i bob aelod o'r teulu yn enfawr – ac unwaith eto, mae cyfrifiadau syml yn dangos fod cryn wastraff yn debyg o ddigwydd.[84] Cyfeiriwyd eisoes at gofnodion domestig Alice de Bryene yn Ne Lloegr sy'n cofnodi'n fanwl faint yn union o fwyd a gâi'r gwahanol aelodau o'i thŷ a'u gwahoddedigion bob dydd. Mae'r meintiau, o'u trosi i unedau heddiw, yn anhygoel o uchel – byddai amcangyfrif ceidwadol iawn yn awgrymu cymeriant dyddiol o ryw 200 gram o brotein a rhyw 6000 o galorïau gan bob person – rhyw dair neu bedair gwaith yr hyn sydd ei angen ar y corff normal.[85]

Nid ymddengys fod crefydd wedi lleddfu'r un dim ar y tueddiadau hyn. Yn niwedd y drydedd ganrif ar ddeg, i fodloni archwaeth Esgob Henffordd a'i osgordd, rhaid oedd cael ar un achlysur 250 o benwaig, 250 o lampreiod, degau o lyswennod, pedwar penfras ac eog – a hyn ar ddiwrnod ympryd! Ymhen dau ddiwrnod, fel pe bai i wneud iawn am yr 'ymprydio', cafwyd 'swper' a gynhwysai dri chwarter eidion, tair dafad, hanner mochyn, wyth gŵydd, deg cyw iâr, deuddeg colomen, naw petrisen a nifer sylweddol o adar bach.[86] Dyma'r math o draddodiad gloddestgar a barhaodd am rai canrifoedd yn nhai'r rhai breintiedig.

Ddwy ganrif yn ddiweddarach mewn adroddiad i Senedd Fenis yn 1500 am gyflwr bywyd yn Mhrydain ar y pryd, cyfeiriodd sylwebydd o'r Eidal at 'yr helaethrwydd mawr o bob math o bethau bwytadwy' ac aeth rhagddo i ddweud fod bwyd y gweision yn y tai mawr yn gwrs ac yn amrwd ond ei fod ar gael 'mewn helaethrwydd mawr'.[87] Mae arferion bwyta aelodau'r Cyngor Cyfrin ar ôl eu cyfarfodydd yn 'Y Siambr Sêr' yn nechrau'r ail ganrif ar bymtheg yn peri syndod i ddyn – a hyn ar adeg pan oedd cryn gyni a thlodi ymhlith y bobl gyffredin; yn eu cinio ar ddydd Gwener 15fed Tachwedd 1605 fe'u hwynebwyd ar y ford gan 32 gwahanol fathau o bysgod, cig llo, cig oen, cywion iâr, colomennod, petrus, soflieir, cwningod ac ehedyddion. Bythefnos yn ddiweddarach (ar ddydd Mercher 27 Tachwedd) bu raid iddynt ymgodymu â chant o wystrys, saith can pwys o gig eidion, chwe thafod, saith cefnddryll o borc, saith dryll o gig llo, wyth dryll o gig oen, pum gŵydd, deg iâr ar hugain, wyth petrisen, wyth hwyaden a thua dau gant o adar mân (soflieir, cornicyllod, giachod ac eraill).[88] Rhaid fod yma, fel yn y 'ffest reial' Gymreig gynt, gryn wastraff.

Ychydig iawn sydd i'w ddweud am rinweddau maethegol bwyd y gwleddoedd. Byddai'r cymeriant o gig/pysgod (ac felly, o brotein a saim) yn annerbyniol o uchel, a'r cymeriant o garbohydradau (starts, ffibr lluniaethol) yn gyfatebol isel; at hyn, byddai'r diffyg llysiau ffres yn codi'r posibilrwydd o brinder fitamin C. Ond i ba raddau y dioddefai'r bendefigaeth oddi wrth glefydau maethegol yr adeg honno y mae'n anodd dweud. Rhaid bod bygythiad y sgyrfi yn un real iawn, ac yn enwedig yn ystod misoedd y gaeaf, ond mwy na hynny ni ellir ei ddweud.

Roedd lluniaeth y bobl gyffredin, ar y llaw arall, yn llawer nes at yr hyn a ddylai fod – yn ôl 'doethineb confensiynol' heddiw, fodd bynnag. Barn y rhai sydd wedi sylwebu ar natur y lluniaeth cyfatebol yn Lloegr yr adeg honno oedd fod pobl y wlad yn gyffredinol yn gorfod goroesi ar ddiet o fara (bara rhyg yn bennaf), ynghyd â meintiau llai o gig (cig moch yn bennaf), caws a llysiau o'r ardd (mewn potes, ran fynychaf), a rhywbeth cyffelyb oedd y sefyllfa yn Ffrainc hefyd ymhlith y rhengoedd tlotaf.[89] Hyd y gellir barnu dyna oedd y sefyllfa yng Nghymru hefyd. Ceir ymgais yn y gerdd ddychan i Guto'r Glyn gan Syr Rhys o Garno i 'egluro' afiechyd tybiedig Guto o safbwynt y lluniaeth anfoddhaol a nodweddai ei lys – glastwr a llaeth enwyn yn lle gwin, bara rhyg neu haidd yn lle bara gwyn (gwenith) a phrinder cig yn gyffredinol; hynny yw, priodolwyd i Guto y math o fwyd a fyddai'n gynhaliaeth y tlodion yn gyffredinol.[90] Dibynnai'r werin felly ar fwydydd starts am y mwyafrif mawr o'u caloriau, a chymarol isel fyddai eu cymeriant o gig a physgod (protein a saim). Ond yn eironig ddigon, byddai'r math hwn o fwyd gwerinol yn llawer iachach, mae'n debyg, na'r bwydydd coeth ac esoterig a ystyrid yn norm delfrydol ar gyfer bwyd y tai mawr yr adeg honno, a'r gymhareb protein:caloriau ['egni'] ymhlith y dosbarth isaf yn llawer nes at y math o ddiet 'iachus' a argymhellir heddiw. Byddai'r cymeriant o ffibr lluniaethol (bara rhyg, bara gwenith 'cyflawn' a phys) yn gyfatebol uchel. Unwaith eto, yr unig wendid (heblaw am brinder cyffredinol bwyd yn ystod cyfnodau o gyni, ac i ryw raddau yn ystod y gaeaf hefyd) fyddai cymeriant isel o fitamin C, ac o bosibl, rhy fach o brotein 'daionus'.

Rhywbeth a berthynai i'r oesoedd canol, yn ei hanfod, oedd y gwledda ysblennydd a nodweddai (ar bapur, beth bynnag) fyrddau'r bendefigaeth. Eto i gyd y mae marwolaeth arferion bwyta yn broses hynod o araf ac yn enwedig pan ddefnyddir hwy i ddadlennu neu i gadarnhau statws cymdeithasol. Cafwyd, yn symbolaeth y canu gwirod ryw ddwy ganrif a mwy yn ddiweddarach, gyfeiriadau at y mathau o fwydydd a geid yn y 'gwleddoedd brenhinol' megis yn y mynych sôn am 'basdeiod a chwsdardie a choleps a chrampogau'.[91] Weithiau cafwyd disgrifiad mwy diriaethol megis yn yr adroddiad am y cinio a baratowyd yn Barons Hill, Ynys Môn (cartref y Buckleys) yn 1718; ar y bordydd ar yr achlysur hwnnw yr oedd hwyaid, pastai wystrys, cig eidion, cig llo, porc, cywion iar, cwngingod, cig mollt ynghyd ag amrywiaeth o basteiod a dysglaid o datws – llysieuyn pur anghyffredin yng Nghymru'r adeg honno.[92]

Hyd yn oed yn niwedd y ddeunawfed ganrif a dechrau'r bedwaredd ganrif ar bymtheg parheid i ddefnyddio bwyd i wahaniaethu rhwng y gwahanol haenau cymdeithasol, a'r cyfarwyddiadau rhwysgfawr yn rhai o'r llyfrau coginio fel pe baent yno i atgoffa dyn o'r gwleddoedd ysblennydd gynt a'u harwyddocâd cymdeithasol. Cynhwysai hyd yn oed rai o'r llyfrau coginio lleiaf uchelgeisiol 'fwyd-restri' rhyfeddol o gymhleth ac esoterig. Un o awgrymiadau Charlotte Mason yn ei *The ladies assistant* (1775) oedd ar gyfer cinio a gynhwysai ffesantod, ceiliogod y coed, cig llo, ceilliau oen, giachod, cimychiaid, lamprod ac ysgyfarnogod, ynghyd â dewis o saith o felysfwydydd; a chafwyd gan Mrs Frazer o Gaeredin yn ei *The practice of cookery* (llyfr a amcanai gyfuno, yng ngeiriau'r awdures, 'simplicity ... economy and variety') gynllun ar gyfer cinio a gynhwysai ddarpariaethau o gig eidion, penfras, cig llo, cig mollt, cwningod, cywion ieir, tafod, cig moch, ynghyd â chawl a dewis eang o felysfwydydd.[93]

Efallai mai'r mwyaf diddorol yn hyn o beth oedd llyfr Elizabeth Price *The new book of cookery* (c. 1780). Cyfieithwyd hwn i'r Gymraeg yn hanner cyntaf y bedwaredd ganrif ar bymtheg a chynhwysai'r fersiwn Cymraeg y 'bwyd-restri' o'r fersiwn gwreiddiol Saesneg. Felly, cafwyd yn y Gymraeg fanylion am ginio a gynhwysai seigiau megis '*Turbot, Soup* pys gleision, morddwyd o *venison*, cywion, pastai oen, darnau teneuon o *veal*, saig o *futton* neu *veal*, *ham*, pwding, cywion *turkey*, *apricot* chwyddedig, ffrwythau, *cherry-tarts*, cwningod wedi'u rhostio, pys, saig oen, *smelts* a *lobsters*' – bwydydd na fyddai mwyafrif mawr poblogaeth Gymraeg y bedwaredd ganrif ar bymtheg hyd yn oed wedi clywed amdanynt, heb sôn am eu profi. Seiliwyd o leiaf ddau lyfr coginio Cymraeg arall ar lyfr Price ac atgynhyrchwyd yr un cyfarwyddiadau arallfydol ynddynt hwythau hefyd – ac un ohonynt (*Llyfr coginiaeth newydd c.* 1865) yn cyfeirio'n benodol yn y 'Rhagdraith' at anghenion arbennig 'gwragedd gweithwyr'.[94] Gellir dirnad yma felly ddolen gyswllt 'gysyniadol' rhwng 'ffest reiol' y canol oesoedd a llyfrau coginio Cymraeg y bedwaredd ganrif ar bymtheg a'r naill megis y llall yr un mor afreal ac amherthnasol i fywyd pob dydd trwch y boblogaeth.

Edward Smith a bwyd y Cymry

Rhaid oedd aros tan y bedwaredd ganrif ar bymtheg cyn cael unrhyw wybodaeth sylweddol a dibynadwy am fwyd y bobl yn gyffredinol. O symud i'r bedwaredd ganrif ar bymtheg, sylweddolwn fod cryn newid wedi digwydd – nid yn unig i batrwm bwyta'r bobl gyffredin (ni fu cymaint â hynny o newid yn lluniaeth y bobl fawr) ond hefyd yn y dull o gofnodi'r patrymau hyn, er mai tystiolaeth go anecdotaidd sydd gennym o hyd am y rhan gyntaf o'r ganrif. Daliai'r bobl gefnog i gredu fod amrywiaeth o fwydydd, digonedd o gig (ond llai efallai o bysgod gan nad oedd angen clymu'r patrymau bwyta wrth gredoau crefyddol bellach) a dulliau cymhleth o baratoi bwydydd yn bwysig o hyd – fel y tystiolaethir gan y llu o lyfrau coginio a gynhyrchwyd at ddefnydd y dosbarthiadau cymdeithasol uchaf. Erbyn ail hanner y ganrif bu peth ymdrech hefyd i ddiffinio maetheg yn wyddonol ac i geisio sefydlu rhyw fath o berthynas meintiol rhwng anghenion ffisiolegol y corff a chyfansoddiad gwahanol fwydydd – gwaith a gysylltir yn bennaf ag enw Liebig yn y ganrif honno. Ond at ei gilydd, pur ddiddylanwad oedd gwaith Liebig – daliai'r llyfrau coginio (Mrs Beeton a'i hepil addolgar) i roi'r pwyslais ar faint a golwg a blas a chymhlethdod yn hytrach nag ar unrhyw fath o hafaliad maethegol.

Roedd ambell eithriad. Efallai mai'r mwyaf adnabyddus oedd Fredrick Accum (arloeswr ym myd adchwanegiadau mewn bwydydd) yn ei *Culinary chemistry, exhibiting the scientific principles of cookery* (1821) ond rhwystrwyd Accum yn ei ymdrechion i drafod coginio a bwydydd yn 'wyddonol' gan gyflwr anaeddfed cemeg bwydydd ar y pryd. Yn nes ymlaen yn y ganrif cafwyd ymdriniaeth bur oleuedig gan Letheby a oedd, yn ei Ddarlithiau Cantor yn

1868, wedi cynnig dadansoddiad cemegol o natur a phriodoleddau bwydydd o safbwynt gwyddoniaeth ei ddydd ond (yn wahanol i Accum) heb ymestyn ei ymdriniaeth i'r maes ymarferol trwy gynnig ryseitiau cyfaddas. Rhywbeth cyffelyb oedd ymdriniaeth Mattieu Williams, cemegydd o dras Cymreig, a geisiai, yn ei *The chemistry of cookery* (1885) ddwyn sylw ei ddarllenwyr at yr hyn a dybiai oedd yn agweddau cemegol ar fwyd a choginio – ond yn bur aflwyddiannus, rhaid cyfaddef. Ni chafwyd dim byd tebyg yn y Gymraeg er bod ambell ysgrifennwr wedi ceisio ymafael â'r pwnc yn nhudalennau'r cylchgronau yn ail hanner y ganrif.[95]

Ond prin fod yr un o'r arloeswyr cynnar hyn wedi cymeryd ei bwnc gymaint o ddifrif ag a wnâi Edward Smith. Defnyddiai Smith ei wybodaeth wyddonol (yr oedd yn FRS yn ogystal ag yn MD) i gynnig dadansoddiad trwyadl o werthoedd gwahanol fwydydd ac, yn sgil hynny, i lunio dietau 'gwyddonol' ar gyfer gwahanol garfanau o'r boblogaeth, ac yn fwyaf arbennig, ar gyfer y tlodion a'r dosbarth gweithiol.[96] Ni fodlonai Smith ar drafod bwydydd a maetheg o safbwynt gwyddoniaeth ddamcaniaethol yn unig. Aeth ati i brofi ei ddamcaniaethau'n ymarferol – yn fwyaf arbennig trwy fesur effaith gwahanol fwydydd ar gyfansoddiad awyr allanadledig. Daeth ei sgiliau ymarferol i'r amlwg hefyd mewn nifer o arolygon maethegol a gyflawnodd ar ran y Llywodraeth yn ystod y 1860au. Fe'i comisiyniwyd i wneud arolwg o arferion bwyta carfanau neilltuol o'r dosbarth gweithiol. Yn eu plith roedd gweithwyr amaethyddol Cymru – ond odid y garfan bwysicaf yng Nghymru ganol y bedwaredd ganrif ar bymtheg.

I'r perwyl hwn teithiodd Smith ar hyd ac ar draws Cymru yn nechrau'r 1860au gan gofnodi'r patrwm bwyta ymhlith gweithwyr amaethyddol. Yn y modd hwn llwyddodd i gyrraedd at ddarlun go gynhwysfawr o'r bwydydd a oedd yn cynnal y werin Gymreig yr adeg honno. Ei ddull oedd aros gyda theulu am nifer o ddiwrnodau gan gofnodi'n ofalus y cyfan o'r bwyd a ddefnyddiwyd gan y gwahanol aelodau o'r teulu bob dydd. [Nid oedd ei sampl felly yn llwyr gynrychioliadol am nad yw'n debyg y byddai wedi dewis lletya gyda theuluoedd a oedd ar reng isaf yr ysgol dlodi.] Byddai hefyd yn cofnodi unrhyw fanylion perthnasol eraill megis faint o arian a ddeuai i'r tŷ bob wythnos, a fyddai'r teulu'n cadw ieir – ac felly ymlaen. Bu hefyd yn cynnal trafodaethau gyda nifer o 'wŷr dysgedig' yr ardal – offeiriaid, gweinidogion, meddygon, ynghyd â nifer o 'leygwyr' amlwg, megis Thomas Gee yn Ninbych. Yn y modd hwn, llwyddodd i raddau helaeth i osgoi dibynnu ar dystiolaeth lwyr anecdotaidd – man gwan cynifer o adroddiadau cynharach o wahanol rannau o Brydain. Gwaith Smith oedd yr arolwg cymdeithasol cyntaf yng Nghymru a seiliwyd ar ddulliau gwyddonol. Gellir dod o hyd i'r cyfan o'i ganlyniadau yn Adroddiadau Swyddog Meddygol y Cyngor Cyfrin (1862, 1863) a chafwyd ymdriniaeth â'i brif ddarganfyddiadau mewn erthygl yn *Y Gwyddonydd* yn 1980.[97]

Disgrifiasai John Griffiths y diet 'cynefin – os nad cyntefig' yng ngogledd Cymru yn 1636 fel hyn: 'The tenants, as most of these parts, live chiefly on oaten and barley bread, buttermilk and whey, "glassduwr" and such like trash …'[98] Fel yr awgrymwyd eisoes, gallai diet o'r fath, â'r pwyslais ar faint yn hytrach nag ar ansawdd, fod yn isel mewn proteinau daionus a fitamin C ac yn dra thebyg o ffafrio ymddangosiad y sgyrfi. Erbyn y bedwaredd ganrif ar bymtheg, fodd bynnag, yr oedd tri newid ansoddol pwysig wedi digwydd i'r diet traddodiadol hwn. Tanlinellwyd y tri gan ganlyniadau arolwg Smith. Bu cynnydd mewn nifer o ddiodydd 'newydd'; yn yr ardaloedd diwydiannol datblygol yn enwedig gwelwyd tuedd i de a diodydd poeth eraill ddisodli'r cynhyrchion llaeth a fuasai mor bwysig gynt. Yn lle bara rhyg a chynhyrchion ceirch daeth bara gwenith i'r amlwg (bara gwenith cyflawn i ddechrau ac wedyn, yn ail hanner y ganrif, bara gwyn). Ac yn drydydd, ac yn bwysicaf oll, daeth newydd-ddyfodiad (tatws) yn rhan bwysig o'r diet.

Daliai'r cymeriant o gig a physgod yn gymharol isel ond nid oedd bellach unrhyw bwyslais arbennig ar 'ddiwrnodau di-gig' ac yr oedd y gred gynt fod tlodi a bwyta'n gynnil yn debyg o gyflymu'r daith trwy burdan wedi hen gilio o'r tir. Ac at y tri newid ansoddol a grybwyllwyd uchod, cafwyd ambell newid meintiol hefyd – megis y cynnydd graddol yn y cymeriant o gaws yn ystod y ganrif. Er bod y bedwaredd ganrif ar bymtheg yn dyst i gryn dwf yn y sylw a roddid i arddio ac i ymlediad y gyfundrefn rhandirol, mae'n amheus a oedd yna unrhyw wir gynnydd yn y cymeriant o lysiau – yn bennaf am fod tatws wedi disodli i raddau helaeth y llysiau a dyfid yn y gerddi gynt. Nid newid er gwaeth mo hyn am y byddai'r tatws wedi cyflenwi mwy o fitamin C o dipyn nag a geid o'r llysiau gardd. Ni welwyd y mathau hyn o newid yn lluniaeth y rhai cefnog a ddaliai i fwyta diet amrywiol â'r gymhareb protein:carbohydrad yn annerbyniol o uchel. Ni fu fawr o gynnydd ychwaith yn y cymeriant o datws ymhlith y dosbarthiadau uchaf – fel y tystiolaethir gan y llu o lyfrau coginio a gyhoeddwyd yn ystod y ganrif; yn amlach na pheidio ystyrient fod tatws (fel India corn yntau) yn fwyd ar gyfer y tlodion a'r anifeiliaid yn bennaf.

Cymeriant y gwahanol fwydydd yn ôl y pen a gofnodwyd gan Smith yn ei adroddiadau a gwelir crynodeb o'i ganlyniadau yn Nhabl 3. A derbyn fod ystadegau Smith yn rhai dilys (ac nid oes unrhyw reswm dros beidio â'u derbyn) mae modd cymhwyso data dadansoddol heddiw i gyfrif faint o egni, protein a fitamin C (y tri phrif faetholyn sy'n pennu gwerth cynhaliol lluniaeth) a gynhwyswyd yn y diet. Gwelir bod y cyflenwad o'r rhain yn llawn digon i fodloni'r hyn a ystyrir yn gymeriant delfrydol heddiw. At hyn, byddai lluniaeth y Cymry gwledig yn y 1860au yn cynnwys llawer llai o saim a llawer mwy o ffibr lluniaethol na'n lluniaeth ni heddiw ac o'r herwydd, yn ôl 'doethineb confensiynol' heddiw, yn iachach diet o dipyn. Nid diffygion dietegol oedd yn gyfrifol am y gyfradd gymharol uchel o farwolaethau cynamserol ymhlith amaethwyr Cymru yn y bedwaredd ganrif ar bymtheg ond mynychder clefydau nad oedd a wnelai bwyd ddim byd â'u cychwyn na'u hynt – yn bennaf, twbercwlosis a diffftheria.

O gymharu canlyniadau Smith â'r sefyllfa gyfatebol heddiw, daw nifer o bethau i'r amlwg. Diet yn seiliedig yn bennaf ar datws, grawnfwyd, llaeth, cig moch a chaws oedd lluniaeth y 1860au a nifer o fwydydd sy'n rhan o'n diet modern yn llwyr absennol – ffrwythau, bisgedi, te, coffi, bwydydd tun a phaced, grawnfwydydd brecwast ac, yn ddiddorol a braidd yn annisgwyl efallai, wyau. Deuai 70% o'r calorïau (egni) o ddau fwyd yn unig (bara a thatws), 80% o'r protein o dri bwyd (caws, llaeth a bara) a bron y cyfan *(c.* 96%) o'r fitamin C o un bwyd yn unig (tatws). Perthyn manteision amlwg i ddiet syml o'r math hwn o safbwynt marchnata a hunangynhaliaeth ond gall fod peryglon hefyd wrth ddibynnu ar rhy fach o ffynonellau maeth – fel y profwyd yn Iwerddon adeg methiant y cynhaeaf tatws yn y 1840au. Perthynai dwy nodwedd ddiddorol i'r diet Cymreig. Mae absenoldeb wyau oddi ar y fwydlen yn annisgwyl gan fod y rhan fwyaf o'r teuluoedd yr ymwelai Smith â hwy yn cadw ieir. Mae'n debyg mai i'r farchnad agosaf yr âi'r wyau bron i gyd – fel yr awgrymwyd gan awdures y llyfr bach *Ychydig hyfforddiant ar driniad dôf-adar* yn 1839.[99] Peth annisgwyl arall, ac ystyried fod bron y cyfan o 'deuluoedd Smith' wedi eu lleoli o fewn cyrraedd y môr a'r porthladdoedd bach, oedd y cymeriant isel o bysgod ar adeg pan oedd bwyta pysgod yn lled boblogaidd yng ngwledydd eraill Prydain. Gellir cymharu'r 17 gram y dydd yng Nghymru â'r ffigur gyfatebol (ac annisgwyl o uchel) ar gyfer Llundain ar yr un adeg, sef rhyw 300 gram y pen bob dydd.[100]

Mae'n ddiddorol cymharu 'lluniaeth Smith' â'r hyn a ystyrid yn lluniaeth arferol gan deulu Robert Thomas (Ap Vychan) yn nechrau'r ganrif. Mewn darn o'i hunangofiant sy'n ffefryn gan haneswyr cymdeithasol Cymru, disgrifiodd Thomas y diffyg bwyd a brofai yn ystod cyfnod o gyni :

> Yr oeddym erbyn hyn yn deulu lluosog a swllt yn y dydd ... oedd cyflog fy nhad ... ac yr oedd hanner pecaid [= c. 6 cilogram] o flawd ceirch yn costio i ni ddeg swllt a chwe cheiniog: felly, prin y gallem gael bara, heb sôn am enllyn, gan y drudaniaeth. Buom am un pythefnos heb un tamaid o fara, caws, ymenyn, cig na chloron [tatws] ... Gwelais hi [y fam] yn prynu rhuddion i'w wneud yn fara i ni ...[101]

Er bod trigain mlynedd yn gwahanu cyfnod Thomas a chyfnod Smith eto i gyd yr un yn ei hanfod oedd natur y pum cyfansoddyn pwysicaf yn y ddau ddiet (bara/ceirch, caws, menyn, cig/cig moch a thatws). Cyfrifai'r pum bwyd canolog hyn yn niet Thomas am 90% o'r caloriau a 80% o'r protein yn niet Smith hefyd. Meintiol ac nid ansoddol oedd y gwahaniaeth rhwng y ddau ddiet. Pe bai tad Thomas wedi defnyddio'r cyfan o'i gyflog wythnosol i brynu blawd ceirch at wneud 'bara' ni fyddai'r teulu wedi derbyn ond rhyw 350 o galoriau a rhyw 10 gram o brotein y pen bob dydd. Dyna fesur o ddwyster y 'drudaniaeth'. Cyfeiria Thomas at ei fam yn defnyddio rhuddion i wneud bara; byddai bara rhuddion yn anneniadol ac yn fras ei natur ond yn faethegol mi fyddai'n ddigon derbyniol. Sylwer nad oedd yn nisgrifiad Thomas unrhyw sôn am lysiau gardd. Nid oedd, ychwaith, unrhyw sôn am ddefnyddio planhigion gwyllt fel ffynhonnell atodol o fwyd – yr hyn sy'n ategu tystiolaeth o gyfeiriadau eraill am gyndynrwydd y Cymry i ystyried defnyddio ffynonellau newydd o fwyd hyd yn oed yn yr amgylchiadau mwyaf argyfyngus.

Gwrandewch hefyd ar David Jones, labrwr amaethyddol o Gwmdeuddwr (Rhaeadr) ym Mhowys, yn tanlinellu'r un darlun yn ei dystiolaeth gerbron y *Comissioners of Inquiry for South Wales* [Terfysgoedd Rebecca] yn 1844 (t. 293):

> I'w brecwast, byddai'r tlodion yn cael darpariaeth o flawd ceirch a dŵr; i ginio, tatws a llaeth enwyn ynghyd â bara haidd a darn bach o gaws gwyn yn ystod yr haf. Fydden nhw byth yn profi ymenyn am fod rhaid gwerthu hwnnw i dalu'r rhent. Bydden nhw'n cael rhagor o datws a llaeth enwyn i swper a dyna'r cyfan o fwyd a gaent. Pe bai rhyw dyddynnwr yn lladd mochyn byddai'n dewis gwerthu o leiaf ei hanner ac mi fyddai'n cyfrif cael pennog coch a thatws yn bryd arbennig. Bûm yn dyst i'r tlodion yn ciniawa droeon ac ni welais erioed ond tatws a llaeth enwyn a chaws gwyn ar y ford ...

Hynny yw, nid oedd y diet gwledig Cymreig wedi newid rhyw lawer yn ystod trigain blynedd cyntaf y bedwaredd ganrif ar bymtheg; y gwahaniaeth rhwng y ddau adroddiad oedd fod Smith wedi gwneud ei arolwg yn ystod cyfnod gweddol lewyrchus ac ymhlith teuluoedd digon da eu byd tra bod Thomas wedi disgrifio teulu digon cyffredin ar adeg o gryn gyni.

Anodd dweud a oedd yna unrhyw effeithiau ffisiolegol y gellid eu priodoli gyda sicrwydd i'r math o luniaeth a ddisgrifiwyd gan Smith. O'n golygfan wyddonol fwy soffistigedig heddiw gellir gwneud rhai sylwadau. Mae diet sy'n cyflenwi 3,500 kcal. a 130 gram o brotein bob dydd yn fwy na digon i gynnal bywyd ac i sicrhau twf a datblygiad normal; mewn poblogaeth 'segur' byddai'n debyg o achosi peth gorbwysedd ac yn enwedig o gofio fod cryn gyfran o'r egni yn dod o garbohydradau. Ond rhaid cydnabod fod dwy ffactor yn milwrio yn erbyn hyn gyda golwg ar 'luniaeth 1861' – bod y gyfartaledd o saim yn gymharol isel a bod y ffibr lluniaethol yn gyfatebol uchel; byddai'r ffibr wedi cyflymu symudiad y bwyd trwy'r coluddion a thrwy hynny wedi rhoi llai o gyfle i'r corff ei ddefnyddio at ddibenion ennill pwysau. Yn anffodus, nid oes ar gael unrhyw ddata sy'n dadlennu gwybodaeth am bwysau corff Cymry'r bedwaredd ganrif ar bymtheg. Cyflwr arall sy'n adlewyrchu statws ymborthegol cymuned yw presenoldeb achosion o'r sgyrfi. Mae peth tystiolaeth fod achosion achlysurol o'r sgyrfi wedi eu hamlygu eu hunain yng Nghymru'r bedwaredd ganrif ar bymtheg yn ystod cyfnodau o brinder tatws – ond dim byd tebyg i'r hyn a ddigwyddodd yn Iwerddon yn y 1840au lle bu tatws yn ganolog i economi domestig y wlad. (Trafodir achosion o'r sgyrfi yn y bennod 'Bresych a thatws'.)

Mae pob rheswm felly i gredu fod lluniaeth 'Cymru 1861' yn un reit gymeradwy gyda golwg ar ein syniadau cyfoes am yr hyn sydd yn ddiet 'iachus'. Aethpwyd ati yng Nghaerdydd yn y 1980au i brofi hyn. Llwyddwyd i baratoi fersiwn pelennog o ddiet 'Cymru 1861' a'i fwydo i lygod dan amodau rheoledig. Yn yr un arbrawf derbyniai ail grŵp o lygod (y grŵp 'control') ddiet pelennog a gyfatebai i'r diet yng Nghymru yn y 1980au (gweler Tabl 3). Defnyddiwyd rhai cannoedd o lygod yn yr arbrawf a chafwyd fod y rhai a dderbyniai'r diet 'Cymru 1861' wedi goroesi am 84 wythnos o'u cymharu â'r rhai a dderbyniai'r diet 'Cymru 1981' a oroesodd am 71 wythnos, cynnydd o 18%. Am ryw reswm, anodd ei egluro, roedd yr effaith hon yn fwy trawiadol fyth ymhlith y llygod gwryw.[102]

Hynny yw, yr oedd 'gwerth goroesol' diet Cymru 1861 yn uwch nag eiddo ein lluniaeth fodern heddiw. Wrth reswm, ni ellid disgwyl i'r ystadegau marwolaethau am y ddau gyfnod adlewyrchu hyn am fod cyfran mor uchel o boblogaeth y ganrif ddiwethaf wedi marw'n annhymig o gynnar o glefydau anfaethol megis twbercwlosis, difftheria ac inffiwensa. At hyn, y mae'n amheus i ba raddau y dylid cymhwyso i'r sefyllfa ddynol y canlyniadau hyn a gafwyd trwy ddefnyddio llygod bach.

Wedi dweud hyn, fodd bynnag, o bersbectif 'doethineb confensiynol' heddiw, y mae pob lle i gredu fod bwyd y Cymro gwledig yn ail hanner y bedwaredd ganrif ar bymtheg yn un tra derbyniol. Cynhwysai gydbwysedd briodol o'r maetholion angenrheidiol a (ac eithrio yn ystod cyfnodau o gyni a phrinder) byddai'r maetholion hyn ar gael mewn meintiau digonol. Mae pob ystyriaeth yn awgrymu nad drwg i gyd oedd safonau ymborth ein cyndeidiau yng nghanol y bedwaredd ganrif ar bymtheg.[103]

Rhaid cofio mai diet ar gyfer gweithwyr amaethyddol oedd hwn – y garfan alwedigaethol fwyaf niferus yng Nghymru yr adeg honno. Nodweddid ail hanner y bedwaredd ganrif ar bymtheg yng Nghymru, fodd bynnag, gan gryn dwf yn y cymunedau diwydiannol ac yn sgil hynny gan ymddangosiad ac ymlediad patrwm newydd o fwyta. Mewn rhai mannau gwelwyd disodli'r hen ddull gwledig o fyw gan batrwm yr ardaloedd diwydiannol newydd. At ei gilydd, fodd bynnag, go gyndyn oedd yr ardaloedd gwledig i ollwng eu gafael ar y patrwm traddodiadol a bu tuedd iddo aros yn ddigyfnewid yn y parthau hynny hyd yn oed tan ddechrau'r ugeinfed ganrif. Diddorol yn hyn o beth yw cymharu dadansoddiad Edward Smith ag adroddiad a gafwyd ar gyfer ardaloedd Merthyr a Dowlais tua'r un adeg, ardaloedd lle'r oedd y patrwm diwydiannol newydd yn dechrau ei amlygu ei hunan.

Yn 1854 cyhoeddodd John Rees (Rhys), pwyswr haearn yng ngweithfeydd Penydarren (Merthyr), ei erthygl arobryn 'Defnyddioldeb Rheil-ffyrdd Merthyr' yn *Yr Ymofynydd*.[104] Cynhwysai'r erthygl ddata am arferion bwyta trigolion Merthyr a'r cylch. Nid oedd Rhys yn llwyr amddifad o wybodaeth wyddonol ac nid oedd yn anghyfarwydd ychwaith â thechnegau dadansoddi; i'r graddau hynny gellid gosod peth hyder yn ei ddatganiadau er, wrth reswm, nid oedd ei waith yn yr un cae gwyddonol ag eiddo Edward Smith. Er hyn, mae data Rhys yn ein galluogi i gymharu'r bwyd gwledig nodweddiadol â'r patrwm datblygol ym Merthyr. Ceir dadansoddiad o ddata Rhys yn Nhabl 4. Yr un yw prif gyfansoddion y naill ddiet a'r llall (bara, cig, caws, menyn, tatws) heblaw bod blawd ceirch a deillion llaeth yn fwydydd nas nodir gan Rhys. Ond y mae'r cyfraneddau cymharol yn wahanol. Er bod bara a chaws [a llaeth] yn dal i gyfrif am ryw dri chwarter y cymeriant o brotein, y mae'r cyfraniad o'r egni (caloriau) a ddaw o datws a bara wedi syrthio o 70% i 40%. Y rheswm am hyn yw bod y cyfartaledd o gig, caws ac ymenyn yn y diet 'dinesig' wedi codi'n sylweddol a'r cymeriant o fara a thatws wedi syrthio'n gyfatebol.

Mae hyn yn awgrymu fod 'safon bwyta' gweithwyr Merthyr rywfaint yn uwch nag eiddo'r gweithwyr amaethyddol – pa un oherwydd fod ganddynt fwy o arian i'w wario ar fwydydd neu am fod eu blaenoriaethau'n wahanol, sy'n anodd dweud. Mae data Rhys (er eu teneued) yn ategu, i raddau, 'dystiolaeth' anecdotaidd a gafwyd gan newyddiadurwr o'r *Morning Chronicle* tua'r un cyfnod.[105] Mae'n ddiddorol sylwi fod y naturiaethwr Alfred Russel Wallace hefyd wedi sylwi ar yr un gwahaniaeth rhwng gweithwyr amaethyddol a gweithwyr diwydiannol yng ngorllewin Morgannwg tua'r un adeg.[106] Mae codiad yn y cymeriant o gig, law yn llaw â chwymp yn y cymeriant o fara/tatws, yn nodweddiadol o godiad yn y safon byw yn gyffredinol.[107]

Parhaodd y patrwm traddodiadol yn y parthau gwledig, fwy neu lai yn ddigyfnewid, hyd at ddiwedd y bedwaredd ganrif ar bymtheg; efallai mai'r adroddiadau a gyflwynwyd o wahanol rannau o Gymru i aelodau'r Comisiwn Brenhinol ar Diroedd Cymru a Mynwy yn niwedd y ganrif yw'r dystiolaeth gryfaf am hyn. Ond o hynny allan bu newid graddol i gyfeiriad y 'patrwm dinesig', gyda bwydydd 'newydd' (siwgr, bwydydd paced a thun, ffrwythau mewnforiedig ac ati) yn cryfhau eu hapêl a bwydydd 'statws uwch' (cig yn arbennig) yn disodli'r rhai gwerinol gynt bron ym mhobman fel yr âi'r ugeinfed ganrif rhagddi. Yn baradocsaidd, y tlodion a fwytai'r diet mwyaf iachusol yn ystod y bedwaredd ganrif ar bymtheg (heblaw yn ystod cyfnodau o gyni a phrinder) ond fel arall y bu pethau yn ystod yr ugeinfed ganrif. Bellach, aelodau'r categorïau cymdeithasol 'isaf' sy'n dueddol i brynu'r bwydydd 'llai llesol'.[108]

Ond trwy'r cyfan, yn y tair enghraifft a drafodwyd yn y bennod hon, ni ellir ond sylwi cyn lleied o ddewis mewn gwirionedd a fu gennym erioed yn natur ein lluniaeth. Wrth reswm, dibynnai dyn cyntefig ar yr hyn a ddigwyddai fod wrth law ar y pryd. Dibynnai'r dynion dan warchae ar yr hyn a storiwyd ar eu cyfer, a'r gwesteion mewn 'gwledd reial' ar yr hyn a osodwyd ar y byrddau dan gyfarwyddyd confensiwn a thraddodiad. Ar hyd yr oesoedd lluniwyd natur lluniaeth y Cymro cyffredin gan amgylchiadau economig ei amgylchfyd ar y pryd – ni ddaw hyn yn fwy amlwg yn unman nag yn adroddiadau Edward Smith. Hyd at yn gymharol ddiweddar bu cyfle'r dyn cyffredin i lunio ei fwydlen ei hunan gyfled â'i gyflog a'i statws yn y gymuned – dim mwy a dim llai. Hyd yn oed yn yr oes oleuedig bresennol, penderfynir natur ein bwyd yn bennaf gan y gwneuthurwyr bwydydd eu hunain a'u grym hysbysebu, gydag ambell gyfarwyddyd pur amheus ei werth o du'r Llywodraeth o dro i dro. *Plus ca change …*

By the King.
A PROCLAMATION,
For Restraint of Killing, Dressing, and Eating of Flesh in Lent, or on Fish-dayes, appointed by the Law to be observed.

CHARLES R.

Whereas divers good Laws and Statutes have heretofore with great care and providence been made and Enacted for the due Observation of Lent, and other dayes appointed for Fish-dayes, as well for the sparing and increase of Flesh-victuals, as for the maintenance of the Navy and Shipping of this Realm, by the encouragement of Fishermen to go to the Seas for the taking of Fish; which Laws and politick Constitutions have heretofore been quickned by sundry Proclamations, and other Acts and Ordinances of State in the times of Our Royal Predecessors. And whereas notwithstanding so many good Provisions heretofore had and made in that kinde, all sorts of People have for many years last past taken upon them such a Liberty to kill, dress, and eat Flesh in the Lent-season, and on other dayes and times prohibited, as now it is become so inveterate an evil, that it will require more then ordinary care to redress the same.

Proclamasiwn y Brenin Siarl yn atgoffa ei ddeiliaid am y pwysigrwydd o ymwrthod â chig yn ystod y Grawys ac ar ddiwrnodau penodedig eraill – nid am resymau maethegol, ond yn bennaf i gynnal y diwydiant pysgota

Cyfeiriadaeth a nodiadau

1. D. N. Paton, J. C. Dunlop ac E. M. Inglis, *A study of the diet of the labouring classes in Edinburgh* (Caeredin, c. 1900); E. P. Cathcart, A. M. T. Murray a J. B. Beveridge, *Medical Research Council: An inquiry into the diet of families in the Highlands and Islands of Scotland* (Llundain, 1940).

2. Edward Smith, *Sixth report of the medical officer of the committee of the Council on Health,* Parliamentary Papers, cyfrol XXVIII (1864); *Annual report of the Medical Officer for Health for Cardiff for the year 1936.* Gweler hefyd R. Elwyn Hughes ac Eleri Jones, 'Edward Smith a bwyd y Cymro', *Y Gwyddonydd* 18 (1980), 56–9. Diddorol nodi mai un o'r dadansoddiadau maethegol cynharaf oedd gan y Cymro T. R. Lewis (a anwyd yn Arberth, Dyfed yn 1841) ar gyfer carchardai yn yr India yn ail hanner y bedwaredd ganrif ar bymtheg ('Dietaries of labouring prisoners in Indian jails' yn *Physiological and pathological researches ... of the late T. R. Lewis, M. B.,* gol., W. Aitken et al. (Llundain, 1888), tt. 641–708.

3. HMSO, *Dietary reference values for food energy and nutrients in the United Kingdom* (Llundain, 1991). Gwerthoedd 'hael' yw'r rhain – gwyddys, er enghraifft, fod 10 mg o fitamin C bob dydd (yn lle'r 40 mg argymelledig) yn ddigon i warchod y corff rhag y sgyrfi a bod dyn yn gallu goroesi ar lawer llai o brotein na'r 60 gram a argymhellir. Mabwysiadwyd y gwerthoedd uwch er mwyn cynnwys 'ffactor ddiogelwch' i gywiro am (i) golledion posibl yn ystod y prosesau coginio a pharatoi bwyd a (ii) unrhyw ddiffygion amsugniad yn y stumog a'r coluddion.

4. R. Elfyn Hughes, 'Land, agricultural resources and population in parts of Penllyn in 1318. Part 2: The food resources of Penllyn in 1318, their energy values for the well-being of the population', *Cylchgrawn Cymdeithas Sir Feirionnydd* 12 (1994), 1–16.

5. HMSO (1991), op. cit., Ceir peth amrywiad yn y gwerthoedd argymelledig rhwng gwahanol wledydd, er enghraifft, y lwfans argymelledig ar gyfer fitamin C yn y Taleithiau Unedig yw 60 mg – a dyna a geir gan yr Undeb Ewropeaidd hefyd.

6. J. Houghton, *Husbandry and trade improved ... revised by Richard Bradley* (Llundain 1727–8) 4 cyfrol, *passim* (er enghraifft cyfrol 1, t. 132); J. Britten, *Old country and farming words* (Llundain, 1880) *passim*; A. N. Palmer, 'Ancient Welsh measures of capacity', *Archaeologia Cambrensis* 6ed gyfres 13 (1913), 225–52; R. E. Zupko, *British weights & measures; a history from antiquity to the seventeenth century* (Madison, T. U., 1977).

7. Mae hyn yn golygu mai rhyw fath o fara brown a ddarperid; os mai bara gwyn oedd, byddai'r gyfradd echdyniad yn nes at 70% a'r cyflenwad o flawd yn

gyfatebol lai. Mae Palmer (1913) op. cit., yn derbyn fod ceirch yn pwyso c. 67% o'r un foliwm o wenith.

8. U. P. Hedrick (gol.), *Sturtevant's edible plants of the world* (Efrog Newydd, T. U. 1919/1972), t. 77; D. Zohary a M. Hopf, *Domestication of plants in the Old World* (Rhydychen, 1993) 2il argraffiad, tt. 73–8.

9. P. L. Simmonds, *The animal food resources of different nations* (Llundain, 1885), t. 23 '... mae bustach, ar gyfartaledd, yn cyflenwi c. 500 pwys o gig ... ac y mae tua 55% o gorff dafad yn ddeunydd bwytadwy'. Ceir gan K. V. Flannery y data a ganlyn yn ei 'Origins and ecological effects of early domestication in Iran and the Near East' yn *The domestication and exploitation of plants and animals*, gol. P. J. Ucko a G. W. Dimbleby (Llundain, 1969) t. 83.

Anifail	Pwysau'r corff (kg)	Cig bwytadwy (kg)
Dafad	50	25
Gwartheg	500	250
Mochyn	100	70
Hwyaden	1.5	1
Gŵydd	2.0	1.4

Mae Dyer, wrth drafod bwyd yr Oesoedd Canol, yn cymryd fod mochyn yn pwyso tua 80 pwys a bod chwarter eidion yn 100 pwys, sy'n llawer llai na'r hyn a ddisgwylid heddiw, (C. Dyer, 'English diet in the Later Middle Ages' yn T. H. Ashton et al. (gol.), *Social relations and ideas* (Caergrawnt, 1983), t. 206 ac y mae Davis wedi cyflwyno dadleuon cyffelyb (S. J. M. Davis, *The archaeology of animals* (Llundain, 1987)).

10. W. Rees, *Caerphilly Castle and its place in the annals of Glamorgan* (Caerffili, 1971), t. 112.

11. A. D. G. Hopkins, *Medieval Neath; Ministers' accounts 1262–1316* (Pontypŵl, 1988), t. 49 lle sonnir am brynu (yn 1314) haearn i wneud allwedd i ladd-dy'r castell ('ad necatia castri').

12. W. Rees, *South Wales and the March 1284–1415* (Rhydychen, 1924), t. 83; Rees (1971) op. cit., t. 84; Hopkins (1988) op. cit., tt. 37–44.

13. 'xii baconibus' a geir yn y gwreiddiol; cyfieithir hyn yn 'pigs' gan Rees ond yn 'flitches' (hynny yw, hanerob – ystlys (hanner) mochyn) gan Hopkins. Rwyf wedi dilyn Hopkins yn hyn o beth.

14. Defnyddiais *McCance and Widdowson: The composition of foods*, gol. A. A. Paul a D. A. T. Southgate (Llundain, 1988) wrth gyfrifo'r protein a'r egni.

15. J. Bickerdyke, *The curiosities of ale and beer* (Llundain, c. 1890) t. 105.

16. B. Flower ac E. Rosenbaum, *The Roman cookery book; a critical translation of The art of cooking by Apicius* (Llundain, 1958), t. 48, 'Y modd i gadw cig yn ffres am amser hir heb halen'.

17. P. Webster, 'Dryslwyn Castle' yn J. R. Kenyon a R. Avent (gol.), *Castles in Wales and the Marches* (Caerdydd, 1987) tt. 89–104.

18. P. W. Hammond, *Food and feast in medieval England* (Stroud, 1995), t. 63. Er hyn, gellir gorbwysleisio weithiau bwysigrwydd bwydydd wedi eu halltu. Bu'n ffasiynol credu fod morwyr Athen yn y bumed ganrif C. C. wedi dibynnu mwy neu lai'n llwyr am eu cynhaliaeth ar bysgod wedi eu halltu. Ond y mae Gallant wedi herio hyn trwy ddangos y byddai angen 8,000 tunnell o halen i baratoi digonedd o bysgod o'r fath – swm aruthrol o uchel (gweler N. Purcell, 'Eating fish' yn *Food in Antiquity*, gol. J. Wilkins et al. (Caerwysg, 1995), tt. 132–49).

19. W. M. Myddleton, *Chirk Castle accounts A. D. 1605–1660* (Preifat, 1908), t. 89. Defnyddiwyd dros 900 cilogram o halen yn nhŷ Alice de Bryene yn ne Lloegr yn ystod y flwyddyn 1413 – y rhan helaethaf ohono, fe ymddengys, i halltu gwahanol gigoedd (M. K. Dale a V. B. Redstone (gol.), *The household book of Dame Alice de Bryene … 1413* (Ipswich, 1931), t. 136).

20. R. A. Brown, *English Medieval Castles* (Llundain, 1954), t. 158.

21. Gweler, er enghraifft, *Pinnock's … the history and topography of South Wales …* (Llundain, 1823), t. 74.

22. W. Vaughan, *Directions for health …* (Llundain, 1633), 7fed argraffiad, t. 34, H. Plat(t), *The jewel house of art and nature* (Llundain, 1594), argraffiad 1653 t. 7.

23. Ceir disgrifiad ansoddol o'r broses o halltu porc gan Columella yn ei *Rei rusticae* (*c*. 64), L. J. M. Columella, *On agriculture …* cyf. E. S. Forster ac E. H. Heffner (Cambridge, T. U. /Llundain, 1979) cyfrol 3, t. 328–31. Am ymdriniaeth gynhwysfawr â phwysigrwydd halltu cig a physgod yn y cyfnodau cynnar gweler R. I. Curtis, 'Salted fish products in ancient medicine', *Journal of the History of Medicine and Allied Sciences* 39 (1984), 430–45. Disgrifir dulliau Cymreig o halltu cig yn hanner cyntaf y bedwaredd ganrif ar bymtheg gan 'Huwco Meirion' o Frynmawr yn *Y Gymraes* 1 (1850), 80.

24. Stephen Hales, *Philosophical experiments … directions for salting animals whole …* (Llundain, 1739), t. 82–3; J. Foote, 'A new method of salting meat', *Annals of Agriculture* 14 (1790), 267–8. Gweler hefyd R. Tannahill, *Food in history* (Llundain, 1973), t. 210.

25. Myvanwy Rhys (gol.), *Ministers' Accounts for West Wales* (Cymmrodorion Record Series, XIII 1936), t. 175.

26. G. M. Garmonsway, *Aelfric's colloquy* (Llundain, 1947), 2il argraffiad, t. 35.

27. Gweler, er enghraifft, A. Rh. Wiliam, *Llyfr Iorwerth* (Caerdydd, 1960), t. 12.

28. S. De Renzi (gol.), *Collectio Salernitana* (Napoli, 1859), cyfrol 5, t. 13, 'Cibi nocivi … caseus et caro salsa …'

29. A. Boorde, *A dyetary of helth …* gol. F. J. Furnivall (Llundain, 1542/1870),

t. 271; T. Cogan, *The haven of health* (Llundain, 1612), t. 113.

30. Myvanwy Rhys (1936), op. cit., t. 191.

31. *Archaeologia Cambrensis* (dogfennau gwreiddiol) (1913), tt. 25–32.

32. Gweler, er enghraifft, *Diet, nutrition, and the prevention of chronic diseases* (WHO, Geneva, 1990). Cafwyd tystiolaeth o gyfeiriadau eraill fod y gymhareb cig:bara (ac o ganlyniad, y gymhareb saim:protein) yn uchel iawn yn nhai'r rhai cefnog – gweler, er enghraifft, astudiaeth Fowler o dreuliau domestig tŷ Thomas Bzoun o Woodford yn 1328 G. H. Fowler 'A household expense roll', *English Historical Review* 55 (1940), 630–33).

33. M. K. Dale a V. B. Redstone (gol.), *The household book of Dame Alice de Bryene ... 1413*, (Ipswich, 1931), *passim*.

34. Rwyf wedi derbyn fod y castell yn cynnwys, heblaw'r milwyr a enwir, nifer o weithwyr eraill – megis y 62 o 'aelodau'r tŷ' a gofnodir ar gyfer castell Castellnedd yn 1262–3 (Hopkins, 1988), op. cit., t. 6.

35. Derbynnir heddiw fod dyn mewn oed sy'n cyflawni gwaith sydd heb fod yn rhy egnïol yn defnyddio rhyw 2,500 o galorïau a rhyw 60 gram o brotein yn feunyddiol. Derbyniai milwr Rhufeinig ryw 1. 25 cilogram o ŷd bob dydd – tua dwywaith gymaint â milwr Castell-nedd fileniwm yn ddiweddarach. Mae'r gwahaniaeth i'w briodoli i'r cyflenwad mawr o gig yng Nghastell-nedd; bu'n gred boblogaidd hyd at yn gymharol ddiweddar fod cydberthyniad rhwng cig lluniaethol a nerth corfforol.

36. Rhys (1936) op. cit., tt. 161, 175.

37. M. Prestwich, 'Victualling estimates for English garrisons in Scotland during the early fourteenth century', *English Historical Review* 82 (1967), 536–43.

38. Gilbert Blane, *Observations on the diseases of seamen* (Llundain, 1803), 3ydd argraffiad, t. 287. Argymhelliad Blane oedd: bisgedi 704 gram, cwrw 4. 5l, cig eidion 256 gram, porc 128 gram, pys 130 gram, ceirch 50 gram, menyn 24 gram a chaws 48 gram per morwr bob dydd ynghyd â pheth llysiau ffres etc yn ôl y cyfle – lluniaeth a fyddai'n llawer mwy amrywiol ac 'iachus' nag eiddo'r cestyll.

39. Amcangyfrif R.E.H. yn seiliedig ar gyfrifon de Bryene (Dale a Redstone (1931), op. cit.). Yn annisgwyl braidd, ymddengys fod cryn orfwyta yn rhai o'r tai crefydd hefyd. Cymharol syml oedd natur yr ymborth ym Mhriordy Bolton, yn nechrau'r bedwaredd ganrif ar ddeg, ond cyfatebai'r cymeriant dyddiol o fwyd i ryw 6000 o galorïau a thros 200 gram o brotein – dwywaith eiddo offeiriaid yr Eglwys yng Nghymru heddiw! (Cyfrifiadau R.E.H. yn seiliedig ar data Kershaw yn E. White, 'The measure of the meat' yn C. A. Wilson (gol.), *Food for the community* (Caeredin, 1993), tt. 9–10.

40. N. Horrebow, *The natural history of Iceland* (Llundain, 1758), t. 110.

41. Yn ôl Strabo, yn ei *Ddaearyddiaeth*, roedd Celtiaid Iwerddon yn y cyfnodau

cynnar yn fwytawyr 'mawr', ac â lle i gig dynol yn eu lluniaeth; am Geltiaid Cymru, dywedodd eu bod, ymhlith pethau eraill, yn gyndyn o ymgymryd â garddio ac yn amharod i wneud caws (H. L. Jones, 'The geography of Strabo' (Llundain, 1923) cyfrol 2, tt. 255–9). Ar y llaw arall, cyfeiriodd Dr William King, ganrifoedd yn ddiweddarach, yn ei gerdd ddychan 'The art of cookery' at 'Our Cambrian fathers, sparing in their food' (W. King, *The art of cookery* (Llundain, c. 1708), 2il argraffiad, t. 85).

42. R. Elwyn Hughes, *L-carnitine: some nutritional and historical implications* (Basel, Swistir, 1993), *passim.*

43. E. A. Lewis, 'The account roll of the Chamberlain of West Wales from Michaelmas 1301 to Michaelmas 1302', *Bwletin y Bwrdd Gwybodau Celtaidd* 2 (1923) 50–86, t. 83.

44. Boorde (1542/1870), op. cit., t. 126, lle ceir datganiad adnabyddus Boorde am y Cymro 'I do love cawse boby' – cred a adleisiwyd ganrif a hanner yn ddiweddarach gan William Richards yn ei *Wallography*, 'As for the Diet of the Britton ... he rejoyces ... especially if he may close his Stomack with tosted Cheese ...' (Llundain, 1682, t. 91). Mae'r cyfeiriadau at gaws a llestri caws yn y Cyfreithiau (er enghraifft A. Rh. William (1960), op. cit., tt. 20, 25) hefyd yn tanlinellu lle caws yn economi domestig Cymry'r oesoedd cynnar. Er bod y ffynonellau clasurol yn gweld peth rhinwedd mewn caws o oedran 'cymedrol' buont, gan ddilyn Galen ac Ysgol Salerno, yn bur drwm eu beirniadaeth o hen gaws – ac efallai mai dyna un rheswm paham na fu sôn amdano fel un o'r bwydydd storiedig. (Gweler, er enghraifft, John Trevisa yn ei gyfieithiad o *Bartholomaeus Anglicus de proprietatibus rerum* [1398] (Rhydychen, 1975) cyfrol 2, t. 1333; Thomas Cogan, *The haven of health* 1584 (Llundain, 1612), t. 159 '... old and hard cheese is altogether disallowed ... engenders melancholy ... and [is] unwholesome for sicke folkes'; G. G. Richter, *Praecepta diaetetica* (Bern, 1791), t. 119.) Byddai gwarchod caws rhag ymosodiadau gan lygod yn ystod y cyfnod storio hefyd yn broblem; cafwyd awgrym mewn llawysgrif Gymraeg o ddiwedd yr ail ganrif ar bymtheg mai dull sicr o wneud hyn fyddai trwy gynnwys echdyniad o ymennydd y wenci yn y cwrdeb wrth baratoi'r caws. (Llsgrau Coleg Brenhinol yr Arfbeisiau, Bocs 36/XXVIII, t. 46.)

45. J. K. Knight, 'Some late medieval pottery from St Dogmael's Abbey, Pembrokeshire', *Archaeologia Cambrensis*, 119 (1970) 125–30.

46. A. Hirsch, *Handbook of geographical and historical pathology* ... cyf. Charles Creighton (Llundain, 1885), tt. 521–5, 554–6.

47. K. Carpenter, *The history of scurvy and vitamin C* (Caergrawnt, 1986); R. Elwyn Hughes, erthyglau 'Scurvy' a 'Vitamin C' yn *The Cambridge world history of food* (Caergrawnt, 2000).

48. A. W. Oxford, *English cookery books to the year 1850* (Llundain, 1979), t. 1;

W. C. Hazlitt, *Old cookery books* (Llundain, 1902), t. 78; M. Aylett & O. Ordish, *First catch your hare; a history of the recipe-makers* (Llundain, 1965), t. 241. Gweler hefyd Mrs A. Napier (gol.), *A noble boke off cookry ffor a prynce houssolde ...* (Llundain, 1882), a C. F. Frere (gol.), *A proper newe booke of cokerye* (Caergrawnt, 1913), a all fod yn fersiwn diweddarach o lyfr Pynson.

49. T. Gwynn Jones (gol.), *Gwaith Tudur Aled* (Caerdydd/Wrecsam/Llundain, 1926) cyfrol 1, tt. xxiii–xxiv.

50. D. J. Bowen , 'Y gwasanaeth bwrdd', *Bwletin y Bwrdd Gwybodau Celtaidd* 15 (1953), 116–20.

51. ibid, t. 117.

52. Enid Roberts, *Bwyd y beirdd, 1400–1600* (man cyhoeddi heb ei nodi, 1976). Gellir dod o hyd i fersiynau Saesneg o rai o'r ryseitiau, air am air, yn llawysgrif *Harleian 4016 (c.* 1450) a gyhoeddwyd gan T. Austin yn ei *Two fifteenth-century cookery books* (Rhydychen, 1888/1964).

53. Gweler, er enghraifft C. Bullock-Davies, *Menestrellorum multitudo: minstrels at a royal feast* (Caerdydd, 1978), tt. xxvii–xxxvi.

54. Golygwyd fersiwn Ffrangeg o draethawd Bibbesworth gan y Gymraes Annie Owen (*Le Traité de Walter de Bibbesworth ...* (Doethuriaeth Prifysgol Paris, 1929)), a cheir cyfieithiad i'r Saesneg o'r rhannau yn ymwneud â gweini bwyd yn C. B. Hieatt a S. Butler (gol.), *Curye on Inglysch: English culinary manuscripts of the fourteenth century (including the 'Forme of Cury)'* (Rhydychen, 1985), tt. 2–3.

55. Yr enghreifftiau argraffedig y cyfeirir atynt yn yr erthygl hon yw: T. Austin, *Two fifteenth century cookery-books ... Harleian MS 279, 4016* (Rhydychen, 1888/1964); C. F. Frere, *A proper newe booke of cokerye* (Caergrawnt, 1913); C. B. Hieatt (gol.), *An ordinance of pottage* [Yale, MS Beinecke 163] (Llundain, 1988); F. J. Furnivall (gol.), *Early English meals and manners ...* (Llundain, 1868/1931); G. A. J. Hodgett (gol.), *Stere hit well* [Pepys 1047] (Adelaide, Awstralia [*c.* 1990]); R. Warner, *Antiquitates culinariae: tracts on culinary affairs of the old English* (Llundain 1791). Diddorol nodi fod i iaith leiafrifol arall – Cataloneg – le o bwys yn natblygiad coginio Ewropeaidd yn yr oesoedd canol; ystyrir fod y llawysgrif Gataloneg *Libri de Sent Sovi* yn dra phwysig yn hyn o beth (gweler K. Hess, *Martha Washington's Booke of Cookery* (Efrog Newydd, 1981), t. 486).

56. Cynnwys Hieatt a Butler (1985), op. cit., ymdriniaeth gymharol â'r deunydd a geir mewn wyth gwahanol fersiwn o'r *Forme of cury* gan gynnwys y fersiwn yn Peniarth 394D (Llyfrgell Genedlaethol Cymru).

57. E. Power (gol.), *The Goodman of Paris (Le Ménagier de Paris)* (Llundain, 1928), t. 239; T. Wright, *A history of domestic manners and sentiments in England during the middle ages* (Llundain, 1862), tt. 158–60.

58. J. Backhouse, *The Luttrell Psalter* (Llundain, 1989); W. Mead, *The English medieval feast* (Llundain, 1931), t. 48.

59. Mae'r cyfarwyddiadau at osod y ford yn *The boke of nurture* (John Russell, c. 1475) yn sôn am neilltuo wyth torth i'w bwyta a thair neu bedair at wneud trensiyrau (F. J. Furnivall, gol., *Early English meals and manners ... The boke of nurture ... (Harleian 4011)* (Llundain, 1864/1931), t. 14). Am bob deg torth wen a bobwyd yn nhŷ Alice de Bryene yn 1413, pobwyd un dorth ddu (= gwenith cyflawn neu ŷd cymysg), i'w defnyddio ar gyfer paratoi trensiyrau, mae'n debyg (gweler Dale a Redstone (1931) op. cit., *passim*).

60. Hammond (1995), op. cit., t. 109.

61. Ffwrmenti = ffrwmenti. Math o gawl gwenith a gynhwysai, ymhlith pethau eraill, laeth a siwgr. Mae'n cyfateb, yn faethegol, i'r gwahanol ddarpariaethau o geirch a ddefnyddid yng Nghymru gynt, megis bwdram a sucan. Mae'r fersiwn yn y casgliad o ryseitiau a gyhoeddwyd gan Warner yn 1791 (op. cit.) yn cynnwys llaeth almonau, llaeth a melynwy; awgrymwyd y dylid ei fwyta gyda chig carw neu gig mollt. Weithiau, ychwanegwyd saffrwn i roi iddo liw melyn (Warner, t. 37; Hieatt, t. 40). Ychydig iawn o sylw a roddwyd i ffwrmenti yn y llyfrau coginio argraffedig o'r unfed ganrif ar bymtheg ymlaen. Ceir cyfarwyddiadau sut i wneud 'wheaten flummery' yn *The closet of ... Sir Kenelme Digbie ...* yn 1669 (t. 158) ac y mae'r *Compleat cook* yn *The queen's closet opened* gan 'W.M.' yn ail hanner yr ail ganrif ar bymtheg, yn cynnwys resáit am 'a sort of Frumenty' sy'n seiliedig ar haidd yn lle gwenith. Mae *Domestic encyclopaedia* Willich yn 1802 yn cynnwys nodyn byr ar natur 'frumenty' ynghyd â'r sylw: 'In this country [= Lloegr] it is chiefly made in Lent and when boiled up with milk, sugar and a little spice it forms a wholesome and nutritive dish' (A. F. M. Willich, *The domestic encyclopaedia ...* (Llundain, 1802) cyfrol 2, t. 342). Ond o hynny allan fe'i hanwybyddwyd gan y llyfrau coginio, hyd yn oed gan y llyfrau hynny a luniwyd yn un swydd ar gyfer y dosbarth gweithiol a'r tlodion, megis rhai gan Francatelli a Soyer, a chan y llyfrau cigwrthodol hefyd. Diddorol cymharu hyn â'r sefyllfa yng Nghymru lle daliodd bwydydd cyfatebol yn seiliedig ar geirch (yn lle gwenith) eu tir ymhlith y werin bobl hyd at yn gymharol ddiweddar.

62. Mae'r aran (*Grus grus*) wedi hen ddarfod yng Nghymru. Fe'i rhestrwyd ymhlith 'adar Prydeinig' gan Merret a chan Ray yn yr ail ganrif ar bymtheg ond erbyn adeg Thomas Pennant yr oedd wedi diflannu o Gymru (T. Pennant, *British Zoology* (Llundain, 1768) cyfrol 2, tt. 490–1). Mae Pennant hefyd yn ein hatgoffa fod 200 o aranod yn rhan o wledd gysegru George Nevill yn Archesgob Caerefrog yn 1467 (Warner (1791), op. cit., t. 93), gan ychwanegu '... formerly in high esteem for the delicacy of their flesh'. Ond nid dyna'r farn Gymreig bob amser:

'Y garanod, caled ydynt ac anodd eu toddi [= treulio]' sydd yn y llawysgrif feddygol *Hafod 16 (c.* 1400) (Ida B. Jones 'Hafod 16 ...' *Études Celtiques* 7 (1955) 62) ac awgrym William Vaughan o'r Gelli Aur yn nechrau'r unfed ganrif ar bymtheg oedd y gellid gwella blas garanod trwy eu hongian 'by the necks five or six days with weights at their feet, and afterwards eaten with good sauce'. (William Vaughan, *Directions for health* ... (Llundain, 1633), 7fed argraffiad, t. 37).

63. Yn fytholegol, croes rhwng ceiliog a sarff oedd y cocatris, er bod peth dryswch rhyngddo a'r basilisg (gweler T. H. White, *The book of beasts* (Caerloyw, 1984), t. 169). Mabwysiadwyd y term gan gogyddion i ddynodi creadigaeth a luniwyd trwy wnïo pen capwllt (neu geiliog) wrth ran ôl mochyn a'u llenwi â stwffin priodol. Ceir manylion llawn yn y llawysgrif Saesneg o 1381 a gyhoeddwyd gan Warner (1791 op. cit., t. 66; gweler hefyd Society of Antiquaries, *A collection of ordinances and regulations* ... (Llundain, 1790), t. 443). Ceir fersiwn mwy darbodus yn Llsgr. Douce 55 *(c.* 1450) a gyhoeddwyd gan Austin (1888/1964 op. cit., t. 115), lle ffurfid dau 'cokentrice' trwy ddilyn y cyfarwyddiadau '... sewe the forthyr parte of the capon and the hynder parte of the pig to-gedrys, and the forther parte of the pigge and the hynder parte of the capon to-gedrys ...' Diddorol nodi mai *pen* y mochyn a gysylltir wrth *ran ôl* y capwllt yn Peniarth 147 ond mai fel arall ('hanner ôl y porchell a hanner blaen y capwllt') y mae pethau yn y chwaer-fersiwn a geir yn Llansteffan 117 (Bowen (1953), op. cit.).

64. P. Charlton, J. Roberts a V. Vale, *Llantrithyd: a ringwork in South Glamorgan* (Caerdydd, 1976), t. 64.

65. Digwyddai *leche lumbard* ym mron bob un o'r 'llyfrau coginio' o'r cyfnodau cynnar. Yr eglurhad arferol a gynigir yw mai math o fwyd y gellid ei dafellu cyn (neu wrth) ei weini oedd pob math o 'leche'. Cafwyd amrywiaeth eang o ryseitiau o'r fath ond yn anffodus nid yw'n eglur pa un a grybwyllir yn y llawysgrif Gymraeg. Mae'r 'leche lumbarde' a ddisgrifir mewn llawysgrif Saesneg o 1381 yn cynnwys porc, wyau, siwgr, datys, gwin a pherlysiau (Warner, tt. 62–3) ac yn *Beinecke 163* ceir rysáit a gynhwysai lyswennod (Hieatt, t. 44). Ond cynhwysai rysáit arall yn *Beinecke 163* fêl, cnau almon, bara, sbeis a sunsur – ond dim pysgod na chig. Cafwyd fersiwn diweddarach o'r resáit olaf hwn gan Markham yn ei *The English house-wife* (Llundain, 1683) [argraffiad 1af, 1615], t. 98, sef 'leach lombard ... take half a pound of blanched Almonds, two ounces of Cinamon beaten and searsed [wedi'u rhidyllu], half a pound of sugar ...' Gan mai yn rhan o'r trydydd cwrs y mae'r *leds lombarde* Cymreig, mae'n debyg mai rhywbeth tebyg i'r fersiwn olaf hwn fyddai. Mae'r *cwstard* yn rhagflaenydd ein cwstard modern ond ei fod yn cynnwys cig hefyd ac weithiau bysgod (er enghraifft, 'crustarde of flessh/fysshe' a ddisgrifir yn *The forme of cury* (Warner, t. 28)). Defnyddid y term hefyd i gyfeirio at ryseitiau heb gynnwys llaeth (na llaeth almonau); bron na ellid ehangu'r disgrifiad i gynnwys bron unrhyw beth a gynhwysid mewn

coffin agored – hynny yw, yn rhagflaenydd i'n fflan heddiw.

Yr un mor annelwig yw natur y darpariaethau y cyfeiriwyd atynt fel 'darts' (= tartiau) a allai hefyd, weithiau, gynnwys cig – megis yn y 'tartes of flesh' a gofnodwyd yn *The forme of cury* ac yn *Beinecke 163* (Warner, t. 30; Hieatt, t. 84). Tebyg i'r rhain oedd y *douket* (doucete/dowcette), yn deisen felys a fyddai'n cynnwys, fel arfer, hufen, melynwy, llaeth, siwgr neu fêl, saffrwn i'w liwio, a'r cyfan mewn coffin agored; fel y cwstard a'r tartiau gallai'r *douket* hefyd gynnwys cig (Austin, t. 55). Ymddengys mai *ffritys* (ffritter) yw'r unig ddarpariaeth a fyddai bob amser yn ddi-gig; fe'u gwneid o laeth, blawd, wyau a siwgr a chyfatebent i'n pancos (ffroes) modern ond bod ychwanegu pethau eraill (megis afal) hefyd yn digwydd weithiau.

Cyfeirir hefyd yn yr adran hon at *lordings*. Math poblogaidd o afal oedd hwn y bu cyfeirio aml ato yn yr ysgrifau Cymraeg cynnar (gweler Geiriadur Prifysgol Cymru). Yn ôl Worlidge yn ei *Vinetum Britannicum or a treatise of cider* (Llundain, 1691, 3ydd argraffiad, tt. 210–11), yr oedd y lording '… a fair green and sharp apple … for the *Kitchin* only' [hynny yw, ni ddisgwylid ei weld yn y ddysgl ffrwythau ar y ford giniawa] a cheir nodyn i'r un perwyl yn ei *Dictionarium rusticum* (Llundain, 1717) '… only serviceable to the Kitchin'. Ond fe'i trafodir fel afal bwyta yn Peniarth 147. (Dylid cofio, fodd bynnag, mai digwyddiad cymharol ddiweddar yw gwahaniaethu rhwng 'afalau bwyta' ac 'afalau coginio'; hyd at, dyweder, y ddeunawfed ganrif, bu'r pwyslais yn y llyfrau garddio Saesneg ar wahaniaethu rhwng afalau coginio/bwyta ar y naill law ac afalau at wneud seidr ar y llall.) Erbyn y ddeunawfed ganrif yr oedd 'lording' wedi llwyr ddiflannu oddi ar y gwahanol restrau afalau (neu, o bosibl, wedi derbyn enw newydd); nis cynhwysir, er enghraifft, yn y rhestr o 32 afal sydd yn llyfr Thomas Longford, *Plain and full instructions* … (1699) na'r 140 sydd gan John Rogers yn ei *The fruit cultivator* yn 1835 na'r 700 a mwy a enwyd gan Robert Hogg yn ei waith cynhwysfawr, *The fruit manual* (Llundain, 1884).

66. Furnivall (1864/31), op. cit. … *Wynkyn de Worde's boke … of kervynge…* tt. 161, 36. Nid yw'r cyfeiriad yn llawysgrif *Pepys 1047* [*c.* 1490] 'To make chawdron for a swan …' ychwaith yn cynnwys saffrwn; pwysleisir y pwysigrwydd o 'liw da' ond awgrymir mai 'ei gwaed ei hun' (hynny yw, gwaed yr alarch) a fyddai'n gyfrifol am hyn (G. A. J. Hodgett, *Stere hit well* (Adelaide, Awstralia *c.* 1985), tt. 16–17).

67. Daniel Huws, *Peniarth 28: darluniau o lyfr cyfraith Hywel Dda* ([Aberystwyth] 1988), t. 3.

68. Gweler, er enghraifft, gynnwys y 'cwrs pysgod cyntaf' a'r 'ail gwrs pysgod' yng ngwledd yr Archesgob Nevill (1466) lle y ceir pysgod dŵr croyw yn gymysg â physgod y môr yn y ddau gwrs fel ei gilydd (Warner (1791), op. cit., t. 99); tebyg

oedd y dosraniad pysgod rhwng y cwrs cyntaf a'r ail gwrs yn y cinio a baratowyd i'r Brenin Harri'r Wythfed (Lloegr) ar gyfer 'a fish day' (Society of Antiquaries, *A collection of ordinances and regulations* ... (Llundain, 1790) tt. 175–6).

69. E. A. Lewis, 'A contribution to the commercial history of mediaeval Wales', *Y Cymmrodor* 24 (1913), 86–188; C. Matheson, *Wales and the sea fisheries* (Caerdydd, 1929); E. Lankester (gol.), *Memorials of John Ray* (Llundain, 1846), t. 175. Wrth drafod y diwydiant pysgota yn Aberystwyth nododd Lewis Morris fod '47 Fishing-Boats ... took among them 1,360,800 o Herrings' ar un noson (Hydref 1745), gan ychwanegu fod 'such a glut of Cod, Whiting, Pollack, Ray and other fish that they set but very little value upon them' (Lewis Morris, *Plans of Harbours, Bars, Bays and Roads in St George's Channel* ... ([Llundain], 1748, t. 10).

70. Gweler, er enghraifft, Frere (1913), op. cit., t. 49; Hammond (1995), op. cit., tt. 139–41; Society of Antiquaries (1790), op. cit., tt. 425–473 *passim*.

71. Eleri Jones ac R. E. Hughes, 'Foliar ascorbic acid in some angiosperms', *Phytochemistry* 22 (1983), 2493–9.

72. Power (1928), op. cit., t. 256.

73. *'Fenswn o gig myllt'*. Cyfeirid yn y Gymraeg at sawl math o gig hela fel 'fenison'. 'Y pedwar venswn pennaf nid amgen karw, ysgyfarnog, baedd gwyllt ac arth' a geir yn *Y naw helwriaeth* (gweler, er enghraifft, I . C. Peate, 'Y naw helwriaeth', *Bwletin y Bwrdd Gwybodau Celtaidd* 6 (1933), 301–12) ac y mae Salesbury, yn ei eiriadur, yn cyfieithu 'kic hel' yn 'venyson' – a dim sôn am gig carw; mewn gweithiau Saesneg cyfatebol cyfyngid y gair 'venison' i gig carw bob amser. Anodd deall yr ymadrodd 'venswn o gig myllt' er hynny, os nad oedd hela defaid gwyllt hefyd yn digwydd yng Nghymru. [Diddorol sylwi fod William Kitchener, dair canrif yn ddiweddarach, yn ei *Cooks Oracle* (argraffiad 1827, t. 149) yn defnyddio'r ymadrodd 'Welsh venison' wrth drafod sut i goginio 'mutton, venison fashion'.] Ar y llaw arall, gwyddys fod geifr 'gwyllt' ar gael yng Nghymru hyd at yn gymharol ddiweddar a bod halltu a sychu'r cig ('coch yr wdyn') at fisoedd y gaeaf yn arferiad pur gyffredin mewn rhannau o Wynedd hyd at ddechrau'r bedwaredd ganrif ar bymtheg (gweler William Williams, *Observations on the Snowden mountains* ... (Llundain, 1802), tt. 23–5; Thomas Pennant, *Tours in Wales* [*c.* 1775] (Llundain, 1810) cyfrol 2, t. 276). Er hyn, nid oes yr un cyfeiriad at gig gafr ym Mheniarth 147 – hyn eto yn atgyfnerthu'r gred mai addasiad yn ei grynswth o ddeunydd Saesneg (lle nad oedd bwyta cig gafr yn boblogaidd o gwbl) yw'r fersiwn Cymraeg. Ac megis wrth fynd heibio, y mae'r cyfeiriad at gig arth yn y *Naw helwriaeth* hefyd yn dipyn o ddirgelwch ac yn cadarnhau'r dybiaeth mai addasiad o'r Saesneg yw. Yn un peth (ac fel y dangosodd Peate) ni cheid eirth yng Nghymru adeg llunio'r llawysgrif. At hyn, mae'r ffynonellau clasurol yn weddol gytun ynghylch annymunoldeb cig arth fel bwyd; nis enwyd gan Apicius yn ei *De coquinaria* na chan Anthimus yn ei *De*

observatione ciborum a barn Platina yn ei *De honesta voluptate* (1475) oedd ei fod yn ennyn elfennau gwael yn y sawl a'i bwytai, yn rhwystro'r archwaeth am fwyd ac yn creu personoliaeth gysetlyd ('Multa recrementa generat, appetentiam tollit, ac fastidio edentes efficit'). Ni cheir cyfeiriad at gig arth yn y deunydd Saesneg o'r cyfnodau cynnar ac y mae'n amheus a fu erioed yn bwysig yn economi domestig Lloegr yn y cyfnodau cynnar (A. Hagen, *A second handbook of Anglo-Saxon food and drink* (Hockwold–cum–Wilton, 1995, t. 132). Barn gymysg sydd gan sylwebyddion mwy diweddar am werth cig arth – rhai yn ei ganmol (a rhai rhannau o gorff yr arth, megis yr afu a'r pawennau, yn dderbyniol iawn) ac eraill yn ei gollfarnu (P. L. Simmonds, *The animal resources of different nations* (Llundain, 1885)). Rhaid felly amau dilysrwydd, ac yn sicr, berthnasedd, y cyfeiriad Cymreig.

74. B. Flower ac E. Rosenbaum (1958), op. cit., tt. 164–7; V. MacClure, *Scotland's inner man; a history of Scots food and cookery* (Llundain, 1935), 204–6.

75. William Ellis, *The country housewife's family companion* (Llundain, 1750), gol. Malcolm Thick (Totnes, 2000), tt. 205–5.

76. Power (1928), op. cit., t. 279.

77. M[arkham]. G[ervasse]. (1683), op. cit., t. 63. Bu gan 'W. M.' yn *The queen's closet opened ... The compleat cook* ([argraffiad 1af, 1655]; Llundain 1710), t. 52 rysáit am 'plum-potage' a gynhwysai wddf o gig oen, coes o gig eidion, pedwar galwyn o ddŵr, dau bwys o resins, pwys o gyrrans, hanner pwys o ddatys ynghyd â sylweddau blasu. Cafwyd mwy neu lai yr un rysáit dan yr un teitl gan Mrs Maciver yn ei *Cookery and pastry* (Llundain, 1789), argraffiad newydd, tt. 17–18, gan J. Farley yn *The London art of cookery* (Llundain, 1811), 12fed argraffaid, tt. 171–2 a gan Margaret Dods yn 1829 (M. Dods, *The cook and housewife's manual* (Llundain,1829), 4ydd argraffiad, t. 372.) Ond mae'n absennol yn y llyfrau coginio Cymraeg a gyhoeddwyd yn ail hanner y ganrif (gweler R. Elwyn Hughes, *Llyfrau ymarferol echdoe* (Pen-tyrch, 1998), *passim*).

78. Power (1928), op. cit., t. 283, 'Rissoles for Lent'.

79. C. Matheson, 'The rabbit and the hare in Wales', *Antiquity*, 371–81.

80. Cyfeiriodd Cesar at gred y Brythoniaid mai amhriodol oedd bwyta cig ysgyfarnogod ('Leporem et gallinum et anserem gustare fas non putant; haec tamen alunt, animi voluptatisque causa', Caesar, Com. Lib. 5). Am sylwadau ar hyd y canrifoedd ar rinweddau cig ysgyfarnog, gweler L. Nonnius, *Diaeteticon sive de re cibaria* (Antwerp, 1645), 2il argraffiad, tt. 186–9; Cogan (1612), op. cit., tt. 118–9; T. Moffet, *Health's improvement ... of foods used in this nation* (Llundain, 1655), argraffiad 1746, tt. 156–8; W. Kitchener, *The cook's oracle* (Llundain, 1827), argraffiad newydd, 126-7.

81. LlGC 1579, t. 424.

82. J. Bottéro, 'The most ancient recipes of all' yn Wilkins et al (1995), op. cit.,

tt. 248–55. Myfi sy biau'r cyfieithiad Cymraeg o'r Saesneg.

83. D. Humelbergius, *Apician morsels* ... (Llundain, 1829), tt. 63–4; Society of Antiquaries (1790), op. cit., t. 174; G. R. Batho (gol.), *The household papers of Henry Percy ninth Earl of Northumberland (1564–1632)* (Llundain, 1962), t. xxxvii.

84. Gweler, er enghraifft, S. Mennell, *All manners of food; eating and taste in England and France from the Middle Ages to the present* (Rhydychen, 1985), tt. 55–7.

85. Cyfrifiadau R.E.H. yn seiliedig ar M. K. Dale a V. B. Redstone (1913), op. cit., *passim*. Amcangyfrifodd Dyer mai rhwng 4,000 a 5,000 o galorïau bob dydd fyddai cymeriant yr uchelwyr yn gyffredinol yn y bedwaredd ganrif ar bymtheg – rhyw ddwywaith gymaint ag a argymhellir heddiw (C. Dyer, 'English diet in the later Middle Ages' yn *Social relations and ideas,* gol. T. H. Aston ac eraill (Caergrawnt, 1983), t. 195). Nid oes amheuaeth na all dyn ei addasu ei hunan i fwyta symiau go enfawr o fwyd pan fydd amgylchiadau neu arfer yn ei gyflyru i wneud hyn ac ystyrid bwyta hyd ormodedd yn gryn gamp gan rai. Rhaid cofio fod y crofftwyr Gwyddelig yn nechrau'r bedwaredd ganrif yn bwyta, ar gyfartaledd, hyd at 6.35 cilogram (14 pwys) o datws y pen bob dydd, ynghyd â pheth llaeth enwyn ac weithiau gig moch neu bysgod – diet a gyflenwai'r corff â rhyw 125 gram o brotein a thua 6,000 cilocalori (egni) (Arthur Young, *A tour in Ireland* (Llundain, 1780), 2il argraffiad, cyfrol 2, tt. 116–120; J. McPartlin, 'Diet, politics and disaster; the Great Irish famine', *Proceedings of the Nutrition Society* 56 (1997), 211–23).

86. 'Bishop Swanfield's household expences', *Camden Series* (1853) 3, 82, 83, (1854), civ, cxcvi; am ragor o fanylion am afradlonedd gloddestol yr esgobion gweler Austin (1888/1964), op. cit., 57–63.

87. *English Historical Documents 1485–1558,* gol. D. C. Douglas (Llundain, 1967), t. 193. Am ddisgrifiad o'r symiau mawr o gig o bob math a fu'n rhan o luniaeth teulu cefnog yn ne Lloegr yn 1550 gweler F. G. Emmison, *Tudor feast and pastime* (Llundain, 1964), tt. 36–59.

88. André L. Simon, *The Star Chamber accounts* (Llundain, 1959), tt. 67, 68.

89. Mennel (1985), op. cit., tt. 41–45. H. S. Bennett, *Life on the English Manor* (Caergrawnt, 1937), *passim*; Dyer (1983), op. cit., tt. 191–216.

90. J. Ll. Williams ac I. Williams, *Gwaith Guto'r Glyn* (Caerdydd, 1939), tt. 277–8.

91. T. H. Parry-Williams, *Llawysgrif Richard Morris* ... (Caerdydd, 19), tt. 112–14, 132–4, 193.

92. LlGC 6666 D.

93. Charlotte Mason, *The ladies' assistant ... being a complete system of cookery* ... (Llundain, 1786), argraffiad newydd, t. 75.

94. Elizabeth Price, *Holl gelfyddyd cogyddiaeth* ... (Caernarfon, *c.* 1845), t. x; *Llyfr cogyddiaeth newydd* (Caernarfon, *c.* 1865), tt. [3], 18. Gweler hefyd y bennod 'Llyfrau coginio Cymraeg'.

95. Megis, er enghraifft, William Harries, 'Ymborth a diodydd', *Y Diwygiwr* 36 (1871), 304–7 (gweler R. Elwyn Hughes, *Llyfrau ymarferol echdoe* (Pen-tyrch, 1998), t. 33).

96. Cyhoeddodd Smith ddau lyfr dylanwadol ym maes cemeg bwydydd, sef *Practical dietary for families, schools, and the labouring classes* (Llundain, 1865), a *Foods* (Llundain, 1873). Gweler hefyd T. C. Barker, D. J. Oddy a J. Yudkin, *The dietary surveys of Dr Edward Smith 1862–3* (Llundain, 1970).

97. R. Elwyn Hughes ac Eleri Jones, 'Edward Smith a bwyd y Cymro', *Y Gwyddonydd* 18 (1980), 56–59.

98. W. J. Smith (gol.), *Calendar of Salusbury correspondence 1553–circa 1700* (Caerdydd, 1954), t. 86.

99. Modryb Sian o Din-daeth-wy, *Ychydig hyfforddiant ar driniad dôf-adar (poultry)*, (Bangor, 1839), t. [iii]; R. Elwyn Hughes (1998), op. cit., t. 44.

100. Cyfrifiadau yn seiliedig ar W. H. Chaloner, 'Trends in fish consumption' yn *Our changing fare: two hundred years of British food habits*, golygwyd gan T. C. Barker, J. C. McKenzie a John Yudkin (Llundain, 1966), tt. 94–113; T. C. Barker a John Yudkin, *Fish in Britain* (Llundain, 1971), *passim*.

101. [Robert Thomas], *Gwaith Ap Vychan* (gol. O. M. Edwards) (Llanuwchllyn, 1903), tt. 18–19.

102. R. E. Hughes ac Eleri Jones, 'Holism and reductionism in nutrition: life-span studies with mice', *Nutritional Reports International* 29 (1984), 1009–1016.

103. R. Elwyn Hughes ac Eleri Jones, 'A Welsh diet for Britain?', *British Medical Journal* (1979), i, 1145. Yr oedd, wrth gwrs, gyfnodau o gryn gyni a phrinder hefyd ac yn enwedig yn hanner cyntaf y ganrif – fel y disgrifiwyd gan Robert Thomas (Ap Vychan) yn ei hunangofiant.

104. John Rhys, 'Defnyddioldeb Rheil-ffyrdd Merthyr', *Yr Ymofynydd* 7 (1854), 41–6. Am fanylion am Rhys gweler R. Elwyn Hughes, *Nid am un harddwch iaith* (Caerdydd, 1990), tt. 96–8.

105. Dyfynnwyd yn E. A. Davies, 'Life in a nineteenth-century iron town – Merthyr Tydfil in 1850', *Glamorgan Historian* 12 (? 1980), 93–107. Rhaid, fodd bynnag, amau cywirdeb yr amcangyfrif a geir yn yr erthygl fod y pwrcasiad teuluol o gaws (dros 1.5 cilogram yr wythnos) yn fwy na theirgwaith eiddo'r cig (llai na 0.5 cilogram).

106. R. Elwyn Hughes, *Alfred Russel Wallace: gwyddonydd anwyddonol* (Caerdydd, 1997), tt. 173–4.

107. J. Burnett, *Plenty and want* (Llundain, 1966), tt. 97–8.

108. A. W. Fox, 'Agricultural wages in England and Wales during the last half century', *Journal of the Royal Statistical Society* 56 (1903), 273–348.

Tabl 1: Cymeriant bwyd yng nghastell Castell-nedd, Awst – Medi 1314

	protein (kg)	saim (kg)	egni (kcal $^{-6}$)
Cig eidion(8,250 kg)	1443	1800	20.6
Cig moch (420 kg)	59	132	1.42
Ŷd [fel blawd gwenith, 87%] (2,760 kg)	359	55	9.03
Blawd ceirch (545 kg)	68	47	2.19
Cwrw (1000 gal.= 4544 l.)	27	–	3.27
Gwin (c. 250 gal. = 1136 l.)	2	–	0.80
ychwaneger at y rhain:			
Pysgod, caws, menyn – dyweder:	150	150	3.00
cyfanswm	**2108**	**2184**	**40.31**

Cyfetyb hyn i 4843 o ddiwrnodau gwaith, hynny yw (gan dderbyn colled o c. 20% yn ystod prosesu a dosbarthu'r bwyd) i gymeriant dyddiol o c. 350 gram o brotein a thua 6600 cilocalori y pen.

[Cyfrifir y diwrnodau gwaith o'r data ar gyfer y milwyr a oedd yn bresennol yn y castell yn ystod y cyfnod 31 Gorffennaf–29 Medi 1314 ynghyd ag amcangyfrif o'r gweision a phersonél anfilitaraidd eraill a oedd yn bresennol, Hopkins (1988), op. cit., tt. 7, 41–4].

[cymhareb egni (kcal):protein (g) = 23. 2;
% kcaloriäu a gyflenwid gan saim = 43. 3]

Tabl 2: Storfeydd bwydydd yng Nghastell Caerffili

	protein (kg)	saim (kg)	egni (kcal^{-4})
Cig eidion (19,500 kg)	3413	4251	48.69
Cig mollt (800 kg)	117	248	2.66
Cig moch (2,520 kg)	353	791	8.52
Pysgod (c. 800 kg)	160	120	1.80
Ŷd (fel blawd gwenith, 87%) (20,700 kg.)	2693	413	67.73
Blawd ceirch/pilcorn (1606 kg.)	192	145	6.40
Ffa (21,600 kg.)	4666	259	60.5
Meslin (190 kg.)	35	3	0.51
Mêl (c. 1000 kg.)	4	–	3.00
Gwin (c. 3000 l.)	3	–	1.00
[Finegr (c. 3000 l.)]			
cyfanswm	**11,636**	**6230**	**200.8**

[Cymhareb egni (kcal):protein (g) = 17.3;
% kcaloriau a gyflenwid gan saim = 24.8]

Tabl 3: Lluniaeth Cymru yn 1861 ac yn 1991 (cymeriant dyddiol y pen)

	1861			1991		
	g/dydd	kcaloriau	protein (g)	g/dydd	kcaloriau	protein (g)
Blawd ceirch	46	184	6	2	8	0
Reis	13	47	1	1	4	0
Bara	903	1957	80	124	275	10
Tatws*	491	427	10	172	150	3.5
Llysiau**	18	4	0.5	172	40	4
Siwgr	26	102	0	28	110	0
Triog	5	13	0	1	3	0
Menyn	29	215	0	8	60	0
Margarin ac olew	-	-	-	13	95	0
Cig moch	37	130	5	14	50	2
Cig/esgyrn	13	43	2	131	309	20
Pysgod	17	38	3	20	45	4
Llaeth (ffres)	4	3	0	350	228	12
(sgim, enwyn)	340	112	12	6	4	0
Caws	37	150	10	14	51	4
Wyau	0	0	0	24	35	3
Ffrwythau***	2	1	0	111	39	1
Bisgedi, teisennau, grawnfwyd	-	-	-	213	703	13
Hufen ia, jeli, picl	-	-	-	20	17	1
Mêl, jam†	[10	30	0]	8	20	0
Cawl tun/paced	-	-	-	12	6	0
Te, Coffi	-	-	-	11	0	0
Cyfanswm		**3540**	**130**		**2252**	**78**

[Fitamin C (mg):* 59 (1861), 21 (1991); ** 2 (1861), 13 (1991); *** 1 (1861), 20 (1991).Cyfanswm 1861 = 62 mg.; 1991 = 54 mg].

† Amcangyfrif. Nis nodir gan Smith ond mae tystiolaeth arall yn awgrymu fod peth bwyta arnynt ac yn enwedig ar fêl.

D. S. Byddai'r cyfanswm am 1991 yn uwch na'r hyn a ddangosir am fod dadansoddiad MAFF yn seiliedig ar bwrcasiadau bwyd yn unig; byddai'r gwir ffigur rywfaint yn uwch na hyn o gynnwys prydau bwyd a gymerir oddi cartref.

Tabl 4: Data John Rhys ar gyfer Merthyr/Dowlais 1850 (cymeriant dyddiol y pen)

	g/dydd	kcaloriau a (% o'r cyfan)	protein (g)	fitamin C (mg)
Bara	389	841 (28)	35	0
Ymenyn	65	481 (16)	0	0
Cig	131	433 (15)	20	2
Caws	131	531 (18)	35	0
Tatws	389	338 (11)	8	58
[Llaeth, cwrw, wyau, siwgr etc*		350 (12)	15	2]
Cyfanswm		**2974**	**113**	**62**

* amcangyfrif

Bresych a thatws: agweddau ar hanes y sgyrfi yng Nghymru

Cyflwr patholegol yw'r sgyrfi (*scorbutus,* y llwg, y clefri poeth) sy'n digwydd o ganlyniad i brinder fitamin C (asid ascorbig) yn y corff. Ymddengys fod gan y rhan fwyaf o rywogaethau y gallu i synthesu fitamin C oddi wrth siwgrau lluniaethol syml, felly nid yw'r sgyrfi yn broblem iddynt. Mae dyn, fodd bynnag, ynghyd â nifer gyfyngedig o rywogaethau eraill, wedi colli'r gallu arbennig hwn yng nghwrs ei esblygiad ac y mae, felly, yn llwyr ddibynnol ar ffynonellau lluniaethol o'r fitamin. Pan na fydd y cyflenwad dietegol o fitamin C yn ddigonol, daw'r sgyrfi i'r amlwg ymhen ychydig fisoedd.

Yn absenoldeb fitamin C ni all y corff greu colagen – glycoprotein adeileddol sydd â rôl hanfodol yn y meinweoedd cyswllt, ac y mae modd 'egluro' nifer sylweddol (ond nid y cyfan) o nodweddion y sgyrfi yn nhermau diffyg, neu brinder, colagen. Fel hyn y disgrifiwyd y sgyrfi yng nghyfieithiad Hugh Jones, Maesglasau, o lyfr poblogaidd William Buchan *Domestic Medicine* yn 1832:

> Gellir adnabod y dolur hwn wrth flinder anarferol, syrthni, a diffyg anadl, yn enwedig ar ôl ymsymmudiad; braeniad y cig-danedd, ag sydd yn dueddol i waedu ar y cyffyrddiad lleiaf, anadl ddrewedig, mynych waedu o'r trwyn, crinelliad [= clecian] y cymmalau. Anhawsdra yn cerdded, weithiau

chwyddi a syrthiad ymaith y coesau ar ba rai yr
ymddengys brychni dulas, melyn neu liw arall; yr
wyneb yn fwyaf cyffredin a fydd wynlas neu o liw
plwm. Arwyddion eraill [yw] braeniad y dannedd,
gwaedlif neu arllwysiad gwaed o wahanol ranau o'r
corph, gweliau [= wlserau] crawnllyd a ffiaidd, poen
mewn amrywiol fannau ...[1]

Os deil y claf heb gyflenwad digonol o fitamin C, wedyn yn
ddieithriad bydd marwolaeth yn digwydd ymhen chwe mis neu
lai. Ar y llaw arall, y mae cymeriant beunyddiol o ryw 10 miligram
o fitamin C – cymaint ag a geir mewn oren bach (neu mewn
deilen o friallu, i'r sawl sydd â'u harferion bwyta yn eu tywys i'r
cyfeiriad hwnnw) – yn ddigon i amddiffyn y corff rhag y clefyd.[2]

Prif ffynonellau lluniaethol fitamin C yw llysiau a ffrwythau;
mae'n absennol, neu'n brin iawn, mewn cnau, grawn, cig, pysgod,
a chynhyrchion llaeth. Ac am fod fitamin C yn folecwl ansefydlog
iawn, y mae'n absennol hefyd mewn bwydydd sydd wedi eu sychu
neu wedi eu storio am gyfnod hir, ni waeth faint fyddai'r crynodiad
yn y bwydydd ffres. O wybod felly beth yw nodweddion
lluniaethol neu ddietegol dyn(es) neu gymuned y mae modd
proffwydo'n bur hyderus y tebygolrwydd fod y sgyrfi yn bresennol.
Ac o chwith hefyd, gall gwybodaeth am fynychder y sgyrfi mewn
cymuned daflu peth goleuni ar natur y lluniaeth. Mae hyn yn
bwysig wrth olrhain hynt y clefyd am ei fod yn ein galluogi i
ddefnyddio tystiolaeth anuniongyrchol mewn modd na fyddai'n
dderbyniol wrth drafod hynt a dosraniad clefydau eraill.

Rhaid bod y sgyrfi wedi bodoli erioed yn hanes dyn. Mae rhai
wedi awgrymu fod ysgrifenwyr cynnar megis Pliniws a Paulus
Aegineta wedi disgrifio'r cyflwr ond heb ei enwi nac ei ddynodi'n

glefyd ar wahan. Bid a fo am hynny, yn hanesyddol, cysylltir y sgyrfi yn bennaf â mordeithiau hir ac fe ddaeth i'r amlwg gyntaf ymhlith morwyr yn y bymthegfed ganrif. Y rheswm am hyn oedd bod technoleg, erbyn hynny, wedi dyfeisio mathau newydd o longau a allai aros ar y môr mawr am gyfnodau hirion. O ganlyniad, byddai dynion yn ymgymryd â mordeithiau a fyddai'n parhau am fisoedd yn hytrach nag am ddyddiau neu wythnosau'n unig – yn ddigon hir, yn aml iawn, i'w hamddifadu o bob cyflenwad lluniaethol o fitamin C (yn bennaf, ffrwythau a llysiau ffres). Daeth adroddiadau am effeithiau echryslon y sgyrfi ymhlith morwyr yn bur gyffredin; mae'r colledion a gofnodwyd yn ystod mordeithiau Carter, Hawkins, da Gama ac Anson yn wybyddus i bob hanesydd morwrol. Amcangyfrifwyd i'r sgyrfi fod yn gyfrifol, rhwng 1600 (pan ddaeth mordeithiau hirion yn lled gyffredin) a 1800 (adeg gweithredu argymhellion proffylactig James Lind) am dros filiwn o farwolaethau ymhlith morwyr – mwy na'r cyfanswm y gellid ei briodoli i glefydau morwrol eraill, brwydrau morwrol, a llongddrylliadau gyda'i gilydd.[3]

Ond nis cyfyngid i forwyr yn unig. Hyd at y Rhyfel Byd Cyntaf (1914) bu'r sgyrfi yn bresennol ymhlith trigolion y tir mawr hefyd ac yn enwedig ymhlith rhai megis milwyr, fforwyr arctig a grwpiau penodol eraill a oedd wedi eu hamddifadu dros dro o'u lluniaeth arferol. Digwyddai o dro i dro hefyd ymhlith aelodau cymunedau anfanteisiedig neu 'gaeëdig' mewn sefydliadau megis tlotai, carchardai ac ysbytai, lle na fu bob amser ddigon o bwyslais ar sicrhau cyflenwad digonol ac amrywiol o fwydydd ffres. Nid oes amheuaeth nad oedd yn lled gyffredin hefyd ymhlith y tlodion yn gyffredinol ac yn enwedig yn y rhannau gogleddol o Ewrop ac yn ystod gaeafau caled. Amcangyfrifir fod y sgyrfi wedi lladd mwy o bobl yng ngogledd Ewrop hyd at y bedwaredd ganrif ar bymtheg na'r un clefyd arall.[4]

Credir bellach fod math 'ysgafn' o'r sgyrfi (hypofitaminosis C) hefyd wedi taro'r boblogaeth o dro i dro, megis yn ystod cyfnodau gaeafol pan fyddai peth gostyngiad yn y cymeriant arferol o lysiau a ffrwythau ffres. Byddai'r rhan fwyaf yn gwella o'r math hwn o'r sgyrfi erbyn y gwanwyn ac fel y deuai mwy o fwydydd ffres i'r lluniaeth. Nid rhyfedd felly i'r sgyrfi fod yn destun cryn drafod ymhlith meddygon o'r unfed ganrif ar bymtheg ymlaen. Ond er hynny, cymharol brin yw'r cyfeiriadau uniongyrchol ato yng Nghymru yn ystod y cyfnod hwn.

Yr oesoedd cynnar

Heddiw, gellir defnyddio dulliau biocemegol i gadarnhau diagnosis o'r sgyrfi, yn bennaf trwy fesur crynodiad y fitamin C yng nghelloedd gwyn y gwaed. Ond hyd at tua 1940 rhaid oedd dibynnu ar ddiagnosis clinigol digon simsan o'r cyflwr, wedi'i gyplysu weithiau â gwybodaeth am luniaeth y claf fel tystiolaeth ategol. Mae hyn wedi cyfyngu rhywfaint ar ein gallu i ddamcaniaethu ynghylch pwysigrwydd y sgyrfi o bersbectif hanesyddol. Mae'r math o dystiolaeth archaeolegol 'wyddonol' y pwysir arni weithiau wrth asesu mynychder rhyw glefyd neu'i gilydd yn bur anfoddhaol yn achos y sgyrfi, a hyn am ddau reswm. Yn gyntaf, nid oes unrhyw nam esgyrnol patholegol y gellir yn ddibetrus ei briodoli i'r sgyrfi; mae'n anodd, er enghraifft, gwahaniaethu rhwng namau esgyrnol sgorbwtaidd (sgyrfaidd) a'r rhai sy'n digwydd o ganlyniad i gamfaethiad yn gyffredinol.[5] At hyn, oherwydd ei ansefydlogrwydd cemegol, nid oes modd mesur crynodiad y fitamin C mewn samplau o waed 'archaeolegol'. Ac yn ail, gyda golwg ar dystiolaeth luniaethol ategol, amhosibl yw cael darlun llawn o'r lluniaeth berthnasol trwy archwilio gweddillion ymgarthol; gall presenoldeb paill neu hadau yn yr ymgarthion gyfleu inni beth gwybodaeth am y ffrwythau a fu'n rhan o'r diet ar adeg arbennig ond ni fyddai'n dadlennu unrhyw wybodaeth am y cymeriant o ddail – y ffynhonnell gyfoethocaf o fitamin C ym myd natur o bell ffordd.

Cymharol brin yw'r wybodaeth am batrymau bwyta ac amodau byw yr oesoedd cynnar yng Nghymru. Ychydig iawn a wyddys am y gyfran o ddeunydd planhigol yn lluniaeth y 'casglwyr-helwyr' cynnar ac ni ellir ond dyfalu felly am statws ymborthegol y cymunedau 'cyn-Neolithig'. Bu ymgais i ddadlennu natur debygol y patrwm bwyta ymhlith y fath gymunedau trwy astudio lluniaeth gwahanol grwpiau o 'gasglwyr-helwyr' heddiw, megis *bushmen* y Kalahari, a chyrhaeddwyd at gymeriant dyddiol o ryw 392 miligram o fitamin C – tua chwe gwaith cymaint â'r lefel gyfatebol yng Nghymru heddiw.[6] Ond i ba raddau y gellir allosod (neu 'ôl-osod') yr hyn sy'n digwydd ym mhen arall y byd heddiw i'r sefyllfa yng Nghymru ddeng mil o flynyddoedd a mwy yn ôl, sy'n gwestiwn arall. A fodd bynnag, y mae modd dadlau fod defnyddio termau megis 'cyn-Neolithig' (neu 'cynamaethyddol') yn ddiystyr braidd o safbwynt Cymru fel uned ddiffinadwy, a'r boblogaeth y pryd hynny mor rhyfeddol o denau.

Gellir bod yn weddol sicr ynghylch un peth, sef bod newid sylweddol wedi digwydd i'r patrwm lluniaethol rywbryd yn ystod datblygiad y gymdeithas amaethyddol yng Nghymru, dyweder tua 4,000 C. C., er bod barn gymysg ymhlith archaeolegwyr gyda golwg ar raddoldeb y newid. Dibynnai cynheiliaid y cyfnod cynamaethyddol ar ddwy brif ffynhonnell o fwyd, sef cig a physgod (= yr *hela*), a bwyd planhigol (= y *casglu* neu'r *hel*) ond y mae cyfraniad cyfrannol y ddwy elfen hyn i'r lluniaeth yn fater o ddyfalu yn bennaf. Yn faethegol, fodd bynnag, gellid awgrymu fod y cymeriant o brotein (cig, pysgod, cnau) yn weddol uchel, er yn dra ysbeidiol weithiau ac yn adlewyrchu llwyddiant y gwahanol weithgareddau hela. Am y cyfraniad planhigol a'r cymeriant o fitamin C ni ellir bod mor bendant, am y gallai amrywio o'r naill ardal i'r llall ac o dymor i dymor. Byddai cnau a gwreiddlysiau yn gymharol brin eu fitamin C ond byddai cymysgedd o ddail a ffrwythau yn sicrhau cyflenwad digonol o'r fitamin.

Mae dail coed yn gyffredinol yn ffynhonnell gyfoethog o fitamin C[7] ac o gofio fod Cymru'r cyfnodau cynnar yn un fforest fawr, mae'n deg barnu fod dail coed wedi cyfrif am ran sylweddol o fwydlen y trigolion cynnar. Awgrymwyd fod i gnau cyll ran bwysig yn economi'r cyfnod cynamaethyddol;[8] a bwrw fod y trigolion cynnar hyn yn bwyta dail y gollen yn ogystal â'r cnau, ni fyddai unrhyw broblem o du'r sgyrfi gan fod dail coed cyll yn ffynhonnell gyfoethog iawn o fitamin C a byddai cnoi hanner dwsin o ddail bob dydd yn llawn digon i warchod y corff rhag y clefyd – er, i ba raddau y byddai'r gwarchod yn parhau yn ei rym dros dymor diddail y gaeaf sy'n gwestiwn arall.[9] Mae'n annhebyg felly i'r sgyrfi fod yn broblem ddwys yng Nghymru'r oesoedd cynnar er prinned y dystiolaeth uniongyrchol i'r perwyl hwn.

Ond daeth tro ar fyd yn sgil y newid (graddol ym marn rhai, ond yn gymharol sydyn yn ôl eraill[10]) i ddulliau hwsmona o fyw, a'r pwyslais bellach ar dyfu cnydau (grawnfwydydd yn bennaf) ac ar ddomesteiddio anifeiliaid. Canlyniad y newid hwn fyddai gostyngiad sylweddol iawn yn y cymeriant o gig a llysiau a chynnydd cyfatebol mewn bwydydd grawn – ac yn nes ymlaen, mewn cynhyrchion llaeth hefyd. Yn faethegol, hwn oedd y newid pwysicaf yn holl hanes Cymru – a heb fod yn llwyr er gwell ychwaith ym marn rhai. 'O safbwynt maethegol, gellid ystyried y cyfnod Neolithig fel cychwyn cyfnod camddefnyddio bwyd' oedd barn Brothwell;[11] adleisiwyd hyn gan Yudkin a ddaliai mai bwyd 'naturiol' dyn oedd bwyd y cyfnod cyn-Neolithig ac i ategu ei safbwynt bu'n ein hatgoffa fod modd olrhain cychwyn rhai o'r clefydau alergaidd pwysicaf – y rhai sy'n ymwneud â bwyta grawn ac ag yfed llaeth – yn ôl i'r newidiadau Neolithig.[12]

Roedd a wnelo'r newid Neolithig, a'r pwyslais bellach ar ddulliau amaethyddol o fyw, â chwestiwn fitamin C a'r sgyrfi hefyd. Fel yr eglurwyd uchod, roedd y cymeriant o fitamin C gan y corff dynol yn fwy na digon yn y cyfnodau cynamaethyddol. Ond o fabwysiadu dulliau amaethu o fyw, daeth dyn cyntefig i ddibynnu fwyfwy ar ddiet o rawn a llaeth. Deuai'r rhan helaethaf o'i galorïau lluniaethol bellach o rawniau megis y mathau cyntefig o wenith ac ni chynhwysai'r rhain fitamin C o gwbl, sefyllfa a allai beri newid sylfaenol ym mhatrwm biocemegol y corff.[13]

Ymddengys felly fod trigolion 'Cymru' yn y cyfnod ôl–4000 C.C. yn byw mewn cyflwr o hypofitaminosis C ysbeidiol ac o ganlyniad, fod presenoldeb y sgyrfi yn fygythiad real iawn. Gwir y deuir o hyd i weddillion ffrwythau mewn olion o'r Neolithig diweddar – megis yn Nhrelystan ym Mhowys – a'r awgrym fod y diet felly wedi cynnwys ffrwythau megis afalau ac eirin. Gwir hefyd fod Alcock wedi awgrymu fod rhai o'r llestri cegin 'Rhufeinig' a godwyd yn Ninas Powys, yn ymyl Caerdydd, yn dystiolaeth fod llysiau a ffrwythau yn rhan o'r diet yr adeg honno. Ond enghreifftiau ysbeidiol yw'r rhain. Am gryn gyfran o'r cyfnod cynnar y mae'n anodd iawn dweud faint yn union o ffrwythau a dail a oedd yn y diet.[14] Yn sicr, y mae'n amheus a oedd ar gael gyflenwad digonol o fitamin C ar hyd y flwyddyn i amddiffyn y boblogaeth rhag y sgyrfi.

Cofnodion ysgrifenedig

Byddid yn tybio ein bod ni ar dir rhywfaint yn llai sigledig wrth symud i'r cyfnod pryd y dechreuwyd cadw cofnodion ysgrifenedig am feddygaeth a meddyginiaethau ac am arferion cymdeithasol. Ond nid felly y bu. Yn un peth, ni chafodd y sgyrfi ei dderbyn fel afiechyd penodol y gellid ei ddiffinio'n glinigol tan yr unfed ganrif ar bymtheg. Ofer felly fyddai disgwyl gweld cyfeiriadau penodol ato cyn hynny. A fodd bynnag, at ei gilydd, addasiad neu gyfieithiad o'r corpws o ddeunydd meddygol a gylchredai ar draws Ewrop yn y canol oesoedd oedd y llawysgrifau meddygol Cymraeg cynnar. Cynhwysent gryn gyfran o ysgrifau a ddeilliai o Roeg a Rhufain – rhannau o Ewrop lle nad oedd y sgyrfi o bwys mawr oherwydd helaethrwydd y ffrwythau gwrthsgyrfi a dyfai yno. Ni ddeuir o hyd ychwaith yn y llawysgrifau meddygol Cymraeg i unrhyw gyfeiriadau 'ynghudd' y gellid, o'n golygfan oleuedig heddiw, eu hadnabod fel arwyddion tebygol o'r sgyrfi – megis y feddyginiaeth i sefydlogi dannedd ('for waggying of teth') y deuir o hyd iddi weithiau mewn llawysgrifau Saesneg o'r bedwaredd ganrif ar ddeg.[15]

Yr un mor anfoddhaol yw'r dystiolaeth sy'n deillio o'r disgrifiadau sydd ar glawr am arferion bwyta'r Cymry. Fel yr eglurir isod, ofer yw disgwyl cael unrhyw ddarlun cytbwys o arferion bwyta'r Cymry trwy astudio'r farddoniaeth Gymraeg gynnar –

ffynhonnell a ddyfynnir weithiau fel 'tystiolaeth' gadarn wrth drafod arferion cymdeithasol y cyfnod. Y mae, fodd bynnag, un eithriad diddorol i hyn, sef y cyfeiriadau yn *Canu Llywarch Hen* o'r nawfed ganrif at y planhigyn talsyth hwnnw, yr efwr (*Heracleum sphondylium*), ac at un o'i brif nodweddion, sef melystra'r coesau a'r gwreiddiau.[16] Roedd eraill yn y cyfnodau cynnar wedi sylwi ar botensial yr efwr fel bwyd. Hyd at yn gymharol ddiweddar, fe'i defnyddid mewn gwledydd megis Rwsia, Gwlad Pwyl a'r Alban un ai i wneud diod eplesedig neu i'w fwyta'n llysieuyn.[17] Yn ôl John Williams, meddyg lleol o gryn allu a gwybodaeth, byddai pobl Llanrwst ar ddechrau'r bedwaredd ganrif ar bymtheg yn bwyta'r blagur ifainc melys yn lle asparagws – ond odid yr unig enghraifft gofnodedig o lysieuyn gwyllt yn dal mewn bri fel bwyd yng Nghymru am dros fil o flynyddoedd.[18]

Ymddengys felly fod i'r efwr le o bwys yn lluniaeth y Cymry cynnar. Gall peth arwyddocâd berthyn i hyn gyda golwg ar hynt y sgyrfi yng Nghymru am fod crynodiad y fitamin C yn nail yr efwr yn bur uchel – rhyw 180 miligram ym mhob 100 gram, sy'n debyg i'r hyn a geir mewn cwrens duon, y cyfeirir atynt mor aml fel un o'r ffynonellau gorau.[19] Byddai cymeriant dyddiol felly o owns o ddail ffres yr efwr yn llawn digon i amddiffyn y corff rhag y sgyrfi. Tybed nad ydym wedi dibrisio lle'r 'chweg efwr', chwedl *Canu Llywarch Hen*, yn economi domestig y cyfnod?

Ond yn fwy cyffredinol, nid yw barddoniaeth y cyfnodau diweddarach yn rhyw ddadlennol iawn ynghylch ffynonellau fitamin C, nac, o ran hynny, ynghylch natur y diet yn gyffredinol. Nid ymddengys, yn hyn o beth, fod y math o ddicotomi symboledd cyflawn a geid mewn rhai ieithoedd wedi'i amlygu ei hunan yn y Gymraeg. Mae Jones wedi dangos fod 'cyferbynu maethegol' o'r fath wedi chwarae rhan bwysig yn llên yr Almaen lle bu tuedd ymwybodol i uniaethu'r dosbarth gweithiol â bwydydd bras a chyffredin, a'r haenau cymdeithasol mwyaf breintiedig â bwydydd coeth a dethol.[20] Ond yn y Gymraeg, darlun unochrog ac anghynrychioliadol a geid yn y farddoniaeth ac y mae Dhuibhne wedi dadlau fod yr un peth wedi digwydd yn y Wyddeleg hefyd.[21]

Gwir bod cynnyrch rhai beirdd yn gyforiog o gyfeiriadau at fwyta a bwydydd. Ond cerddi moliant i noddwyr breintiedig yw cyfran helaeth o'r rhain a phrin y dylid ystyried eu bod yn cyflwyno darlun cytbwys o'r patrwm bwyta ar draws y gymuned. Yn sicr, ni ellid eu cyfrif yn gynrychioliadol o fwyd y werin yn gyffredinol. Yn wir, y mae modd dadlau fel arall. Mae cyfystyru digonedd o ffrwythau â chyfoeth ac â safle breintiedig (megis y gwnâi Tudur Aled, er enghraifft, yn ei amryfal gyfeiriadau at y danteithion o ffrwythau ar fyrddau ei noddwyr, neu Iolo Goch yn ei gyfeiriadau niferus at y digonedd o lysiau yn nhai ei noddwyr[22]) yn awgrymu nad oedd ffrwythau a llysiau'n rhan o luniaeth bob dydd y Cymro cyffredin.

Mae ffynonellau eraill megis wedi ategu hyn ac y mae tystiolaeth o fwy nag un cyfeiriad yn awgrymu fod diet 'traddodiadol' y lliaws Cymreig yn seiliedig yn bennaf ar rawnfwyd a chynhyrchion llaeth, a bod hyn wedi parhau mewn bri am rai canrifoedd. Neu o leiaf, dyna beth mae'r dystiolaeth anecdotaidd am inni ei gredu. Yn ôl Gerallt Cymro yn y ddeuddegfed ganrif 'anifeiliaid a cheirch, llaeth, caws ac ymenyn' oedd yr ymborth;[23] adleisiwyd hyn (heblaw am y sôn am gig) ddwy ganrif yn ddiweddarach gan Higden a gyfeiriodd yn ei *Polychronicon* at luniaeth yn seiliedig ar fara haidd a cheirch, menyn, llaeth a chaws ynghyd â medd a chwrw.[24] Am ganrifoedd, y rhain oedd sylfaen y diet Cymreig yn gyffredinol ond bod peth amrywiaeth yng nghyfartaledd y gwahanol elfennau (ac yn enwedig yn natur y grawnfwyd) o'r naill ardal i'r llall, a'r amrywiadau hyn yn adlewyrchu i raddau helaeth iawn amodau byw cymunedau penodol ac amgylchiadau amgylchynol. Nodweddid rhai ardaloedd gan fara haidd neu fara rhyg[25] ac ar hyd yr arfordir bu peth bwyta ar bysgod. Disodlwyd y grawnfwydydd eraill gan wenith yn yr ardaloedd brasaf ond yn y rhai tlotaf byddai diet syml yn seiliedig ar gyfran uchel o geirch yn gyffredin.[26]

Nodweddid lluniaeth y boblogaeth yn gyffredinol gan brinder cig o bob math a chan lai na'r lefel ddymunol o lysiau a ffrwythau; diffyg ffrwythau o bob math oedd prif wendid Sir Benfro yn ôl George Owen yn ei *Description of Pembrokeshire* yn nechrau'r ail ganrif ar bymtheg – sylw a ategwyd gan H. P. Wyndham, ganrif a hanner yn ddiweddarach.[27] Anodd cytuno â'r awgrym fod hyn yn 'plain wholesome fare'.[28] 'Plain' efallai, ond prin ei fod yn 'wholesome'. Yn absenoldeb llysiau a ffrwythau o ffynonellau eraill dyma'r union fath o luniaeth a fyddai'n debygol o achosi'r sgyrfi ac yn enwedig ym misoedd hir y gaeaf. 'Scurvy and other physiological maladies, which could be corrected only by an element of fresh meat or vegetables in the diet, were rampant', meddai R. Alun Roberts am y cyfnod hwn, ond, yn anffodus, heb roi unrhyw dystiolaeth i ategu ei ddatganiad.[29]

Gerddi

Mae rhai wedi ceisio defnyddio gwybodaeth arddwriaethol i daflu rhagor o oleuni ar y sefyllfa gan dybio fod y llysiau a dyfid yn y gerddi yn ddrych i arferion bwyta cyfnodau penodol. Ond pur anfoddhaol yw hyn hefyd fel techneg ddadansoddol, yn bennaf am na wyddom hyd sicrwydd pa mor gyffredin oedd gerddi ymhlith gwerin Cymru'r canol oesoedd ac ar ôl hynny.[30] Gwyddys fod y gwahanol fathau o dai crefydd ar draws Ewrop bron bob amser yn cynnwys gardd lysiau ac nid oes unrhyw le i gredu na fyddai mynachlogydd ac abatai yng Nghymru hefyd yn dilyn yr un patrwm – er na ellir bod mor bendant bob amser ynghylch natur y gerddi hyn, na pha faint o lysiau a dyfid ynddynt.[31] Ymhlith y dosbarthiadau uwch bu tuedd erioed i gyfyngu'r gair 'gardd' i erddi addurniadol ac i berllannau adlonianol. Dyna'r math o ardd a drafodir gan Ffransis Payne yn ei astudiaeth o hanes yr ardd ym marddoniaeth Gymraeg.[32] Gardd lwyr addurniadol oedd gan Thomas Hanmer – ond odid yr enwocaf o arddwyr Cymru yn yr ail ganrif ar bymtheg – ac y mae'r disgrifiad o erddi Gwernyfed yn nechrau'r un ganrif yn awgrymu mai dyna oedd patrwm y 'gerddi mawr' yn ne Cymru hefyd.[33]

Gyda golwg ar fynychder y sgyrfi, fodd bynnag, y mae'r ardd lysiau yn anhraethol bwysicach nag unrhyw fath arall o ardd gan fod y cymeriant o lysiau yn allweddol i'r sefyllfa. Ond prin iawn yw'r dystiolaeth 'gadarn'. Oherwydd y cymhelliad y tu ôl i gryn gyfran o'r barddoni, yn anaml iawn y llwyddai testun mor anniddorol â gardd lysiau i danio dychymyg y beirdd. At hyn, sylweddolwyd ymhell cyn amser John Morris-Jones mai geiriau anfarddonllyd braidd yw 'nionod' ac 'erfin' a 'bresych' a'u tebyg.*

---

*Fel y darganfu Richard Newcombe, Archddiacon Meirionnydd, wrth lunio cerdd i ddiolch i'w gurad am rodd o gosyn yn 1839:

Yet the time is but short, and the task is not haws
For the delicate muse seldom feeds upon caws.

(D. Hughes, *Poems on various subjects* (Dinbych, 1865), t. 220)

Pe buasai barddoniaeth Gymraeg yn llai aruchel a sycophantig ei natur diau y byddai gennym o leiaf beth gwybodaeth am ddiet ac iechyd gwerin Cymru yn y canol oesoedd ac wedyn. Ond nid felly y bu ac erys cryn anwybodaeth ynghylch dau beth: yn gyntaf, pa mor gyffredin oedd gerddi llysiau ymhlith trwch y boblogaeth, ac yn ail (a derbyn fod o leiaf rai gerddi ar gael), pa lysiau'n union a dyfid ynddynt. Ac yn fwyaf arbennig efallai, a oedd bresych, llysieuyn allweddol yn hyn o beth, yn un ohonynt. Barn Gerallt Cymro *(c.* 1200) oedd fod perllannau a gerddi'n brin iawn yng Nghymru – 'Nid ydynt yn arfer nac o berllannau nac o erddi' ('non pomeris utuntur, non hortis'); adleisiwyd ei sylwadau bum canrif yn ddiweddarach gan eraill, megis Wyndham yn ei ddisgrifiad o luniaeth y Cymro cyffredin yn niwedd y ddeunawfed ganrif: '... chiefly ... rank cheese, oat bread and milk [and] in many mountain parishes even the cheap luxury of garden greens is unknown'.[34] Tanlinellwyd y cyndynrwydd ymddangosiadol hwn ar ran y Cymry i ymwneud â gerddi llysiau gan William Mavor y naturiaethwr yn ei ddisgrifiad o daith drwy Gymru yn 1805:

> Potatoes are raised in some abundance; but both here [ardal Dolgellau] and in other parts of Wales, I observed a most culpable inattention to horticulture in general. Even where the poor might have had gardens, or where they actually do enjoy this advantage, they wholly overlook it, through indolence or ignorance; and in the little enclosures round their cottages, we see nothing beyond a few potatoes, and often nothing but weeds; even the proverbial national leek is a rare plant. As for cabbages, carrots, turnips &c and all the little vegetable luxuries of labourers in other countries, they must be purchased or done without.[35]

Bwyd trwy hwsmona yn niwedd yr ail ganrif ar bymtheg (Joseph Blagrave, The epitome of the art of husbandry, *1685). Trwy ddefnyddio digonedd o dail (tom) llwyddodd Blagrave i gynhyrchu bresych anarferol o fawr – er mawr syndod i'r cymydog sydd yn y llun*

Ac megis wrth fynd heibio, mae'r cyfeiriad at 'bara o'r haidd a berwr rhi'/A dwfwr fu ymborth difri' gan Iorwerth ab Cyriog (bl. 1360)[36] yn dra awgrymog. Mae berwr y dŵr (*Rorippa nasturtium-aquaticum*) yn perthyn i'r un teulu botanegol â'r bresych (*Cruciferae*) ac y mae'n ffynhonnell dda o fitamin C. Bu iddo (yn wahanol i'r bresych) le o bwys yn natblygiad y cysyniad o blanhigion penodol wrthsgyrfiaidd er na ddaethpwyd i'w dyfu ar raddfa eang ar gyfer lluniaeth yng ngwledydd Prydain tan yn gymharol ddiweddar.[37] Nid yw'n debyg fod pyllau berwr ar gael yn Lloegr tan yr unfed ganrif ar bymtheg er bod cyfeirio atynt ar gyfandir Ewrop ymhell cyn hyn ac yn enwedig yn gysylltiedig â rhai o'r tai crefydd. Ymddengys fod sôn am *cressonnières* ar rai o afonydd Ffrainc mor bell yn ôl â'r ddeuddegfed ganrif ac y mae cyfeiriadau at hwsmona a chasglu berwr y dŵr yn gynnar yn hanes Iwerddon hefyd.[38] Llai cadarn yw'r dystiolaeth fod pyllau berwr ar gael yn rhai o'r tai crefydd cynnar yng Nghymru; awgrymodd Williams mai dyna oedd arwyddocâd enwau megis 'Pwll borro' ac 'Aberberw bwll' ym mhlwyf Tir Abad (a gellid ychwanegu 'Pentreberw' ar Ynys Môn) ac y mae Wade Evans wedi awgrymu mai *cresses* oedd y 'carices' a ddefnyddiwyd yn fwyd yn hanes Gwynllyw.[39] Bid a fo am hynny, erys gwir arwyddocâd berwr y dŵr, ynghyd ag eiddo llysiau cyffelyb eraill, o ran hynny, yn economi domestig y Cymry cynnar, yn gryn ddirgelwch. Rhaid oedd aros tan ddiwedd y ddeunawfed ganrif cyn cael cyfeiriad penodol at feithrin planhigion berwr y dŵr i'w bwyta, a hwnnw gan Edward Williams (Iolo Morganwg) yn ei nodiadau ar amaethyddiaeth Cymru.[40]

Nid problemau a gyfyngir i Gymru mo'r rhain. Mae gwahaniaeth barn ymhlith y rhai sydd wedi ceisio diffinio union arwyddocâd llysiau a gerddi llysiau yn economi'r oesoedd canol yn Lloegr hefyd. Cyfeiriodd Holinshed at y bri mawr a berthynai i erddi llysiau yn oes Elisabeth o'i gymharu (yn ei farn ef) â'r cryn esgeulustod arnynt yn ystod y cyfnod 1300–1500. Heriodd Amherst hyn, gan awgrymu fod Holinshed wedi gorliwio'r sefyllfa, fel rhan o'i ymdrech i ddyrchafu rhinweddau oes Elisabeth.[41] Awgrymodd Dyer fod cryn wahaniaeth rhwng diet y bendefigaeth ac eiddo'r werin bobl ond mai nodwedd y naill fel y llall oedd prinder llysiau ffres – y cyfoethogion yn eu dirmygu a'r tlodion un ai yn eu hanwybyddu neu yn methu â chael cyflenwad digonol ohonynt.[42] Mae Harvey, ar y llaw arall, wedi dadlau fod i lysiau le o bwys yng ngerddi'r oesoedd canol er iddo ddwyn ei dystiolaeth, yn bennaf, oddi wrth ddogfennau tai crefydd, manordai a chestyll – trigfannau haenau uchaf cymdeithas, sylwer, lle bu'r ffin rhwng llysiau meddyginiaethol a rhai lluniaethol yn un bur denau.[43] Daw i'r casgliad fod i lysiau le o bwys yng ngerddi'r cyfnod. Mae'n herio'r syniad fod gwahaniaethau dietegol pendant rhwng y gwahanol ddosbarthiadau yn yr oesoedd canol ac i ategu ei safbwynt dyfynna ddwy linell o'r *Feat of gardening (c.* 1350), ond odid yr ymdriniaeth Saesneg gynharaf i ddelio â garddio fel y cyfryw: 'Worts we must have, both to master and knave' – sy'n awgrymu i Harvey mai 'worts' (bresych, mae'n debyg) oedd 'the basic garden stuff consumed at all levels of society'.[44]

... a bresych

Gyda golwg ar fynychder y sgyrfi y mae'r cyfeiriad at 'worts' yn un tra diddorol. Credir mai math o fresych cyntefig oedd ystyr 'worts' erbyn y bedwaredd ganrif ar ddeg ac y mae'r cyfeiriadau cynnar hyn yn awgrymu fod i fresych le o bwys yn natblygiad garddwriaeth lysieuol gynnar.[45] Nid bod y dystiolaeth yn gyffredinol ddiamwys yn hyn o beth ychwaith; nid oes sôn am fresych, er enghraifft, yn *Hortulus* Strabo, ond odid y gerdd 'arddwriaethol' enwocaf i gyd.[46] Cyhoeddwyd y llyfr Saesneg cyntaf i drafod llysiau gardd yn unig yn 1599 gan Richard Gardiner, dilledydd o Amwythig. Er iddo grybwyll bresych, ynghyd â nifer o lysiau eraill, ar dyfu moron yr oedd ei bwyslais yn bennaf. Ond ymddengys mai llyfr ar gyfer gerddi'r boneddigion oedd hwn eto ac ni ddylid dehongli ei gyhoeddi fel arwydd fod lle o bwys i lysiau yn niet y bobl gyffredin. Yn wir, daw hyn yn eglur o'r penillion 'cyfarch' rhagymadroddol gan edmygydd, sy'n dechrau:

> The poore which late were like to pine
> and could not buy them breade;
> In greatest time of penury
> were by his labours fed.
> And that in reasonable rate
> when corne and coine were scant
> With Parsnep and with Carret rootes
> he did supply their want.

Felly, er bod hanes hir i deulu'r bresych yn natblygiad economi domestig Ewrop yn gyffredinol, erys cryn anghytundeb ynghylch ei bwysigrwydd yn ystod cyfnodau penodol yn hanes gwledydd Prydain.[47]

Teulu'r bresych (*Brassica spp.*), wrth gwrs, yw'r llysiau domestig gwrthsgyrfi *par excellence* – er na sylweddolwyd hyn hyd at ddechrau'r ugeinfed ganrif pryd y dyfeisiwyd dulliau biocemegol o fesur fitamin C. Ac fel y gŵyr pob garddwr, y mae ar gael sawl math o fresych sydd â'r gallu i oroesi'r gaeaf ac i wrthsefyll y math o dywydd oer a fyddai'n llwyr ddinistriol i lysiau gardd eraill. O'r holl lysiau gardd cyffredin nid oes yr un a ddaw o fewn tafliad carreg i'r *Brassicae* fel bwyd gwrthsgyrfiaidd; mae'r crynodiad o fitamin C yn nail bresych (rhyw 60 miligram ym mhob 100 gram) yn uwch o dipyn na'r crynodiad mewn llysiau gardd eraill a dyfid yr adeg honno, megis ffa (12), moron (7), nionod (12), cennin (15), a phys (20). Lle bynnag y tyfid bresych ar raddfa eang, bach iawn fyddai'r tebygolrwydd fod y boblogaeth yn dioddef o'r sgyrfi. Oni bai bod i fresych le canolog yn niet ein cyndeidiau y mae'n anodd dirnad o ble yn union y deuai eu cyflenwad o fitamin C. Gallai bwyta'n helaeth o aeron a ffrwythau gwyllt fod wedi sicrhau cyflenwad tymhorol o fitamin C ond prin yw'r dystiolaeth fod hyn wedi digwydd.[48] (Gweler hefyd y bennod 'Bwyta'n wyllt'.)

A dychwelyd at Gymru, ceir bod ambell gyfeiriad cymharol gynnar at yr ardd lysiau a hyd yn oed at dyfu bresych. Cyfeirir at y 'lluarth' (gardd lysiau) yng Nghanu Aneirin tua 600 O. C.[49] ac yn fwy diddorol, efallai, at 'ardd fresych' yn Llyfr Coch Hergest.[50] Byddai'r rhain yn cyfateb i'r 'wort gardens' ('kaleyards') yn Lloegr[51] ac i'r *koolhoven* a *kooltuinen* (= gerddi bresych) a geid yn yr oesoedd canol y tu allan i'r dinasoedd yn yr Iseldiroedd.[52] Ond annoeth cyffredinoli. Ymddengys fod 'gardd fresych' wedi dod ymhen amser i olygu 'gardd lysiau' yn gyffredinol. Dyna oedd cred Walters wrth lunio ei Eiriadur yn 1770 a chafwyd datblygiad cyffelyb yn Saesneg lle y defnyddir, hyd heddiw, y term 'cabbage patch' i ddisgrifio (yn ddilornus, ran amlaf) gerddi llysiau o bob math. Ar y llaw arall, y mae'r cyfeiriadau at fresych yn y Cyfreithiau Cymreig yn awgrymu fod iddo o leiaf beth arwyddocâd yn economi Cymru'r adeg honno a thybiodd William Rees fod bresych yn un o brif lysiau gerddi'r manordai.⁵³ Diddorol sylwi fod pethau rywfaint yn wahanol yn yr Alban lle bu cryn dystiolaeth i bwysigrwydd pendant y *kailyards* yn economi'r wlad – er mai milwyr Cromwell, yn marn Dr Johnson, a oedd yn gyfrifol am ddysgu'r Albanwyr sut i dyfu bresych.⁵⁴

Nid oes prinder cyfeiriadau dogfennol Cymreig (megis asesiadau rhent y gwahanol ystadau) at erddi bythynnod (a nifer ohonynt yn rhai reit sylweddol eu maint hefyd wrth yr hyn a ddeëllir wrth y term 'gardd' heddiw) ond, yn anffodus, yn anaml iawn y ceir manylion am y cnydau a gynhyrchid ynddynt.⁵⁵ Eithriad yn hyn o beth yw'r cyfeiriadau a geir yn llyfr Du Tŷ Ddewi o'r bedwaredd ganrif ar ddeg. Ceir yn hwnnw dri chyfeiriad at erddi lle tyfid bresych. Ar gyfer 'Trefdyn' dywedir '... mae yno ardd sy'n cynnwys 2 erw o dir, a'i chynnyrch blynyddol o afalau, cennin, bresych, llysiau a phethau eraill yw pum swllt' ac enwir yr un triawd (afalau, cennin a bresych) ar gyfer gerddi mewn dau le arall yn yr un esgobaeth ('Lawhaden' [Llanhuadain] a 'Lantefy').⁵⁶ Mae cysylltu afalau a bresych yn ddiddorol; dyna a wnaeth Bartholomaeus Anglicus yn ei *De proprietatibus rerum* gan ddyfynnu â chymeradwyaeth sylw Isidore mai bresych ac afalau oedd diet dyn yn y cyfnod cyn y Dilyw.⁵⁷

Cymhlethir ein gwybodaeth am y sefyllfa gan sawl ffactor. Yn un peth, mae'n amhosibl dweud i ba raddau y cyfatebai'r 'bresych' cynnar hyn (mwy na'r 'caboche' a'r 'coleworte' cynnar a dyfid yn Lloegr tua'r un adeg) i'r hyn a ddeëllir gan 'fresych' heddiw. Disgrifir pedwar math o fresych yn y llysieulyfr Cymraeg a briodolir i William Salesbury ond gan fod y gwaith hwnnw yn addasiad slafaidd o ddeunydd a gynhyrchwyd yn wreiddiol ar gyfer pobloedd cyfandir Ewrop ni ellir derbyn yn ddigwestiwn fod y pedwar math hyn o fresych ar gael yng Nghymru hefyd.[58]

Problem arall wrth geisio olrhain hynt bresych yng Nghymru, ac un na ellir ei hanwybyddu'n hawdd, yw diffyg cyfeiriadau at fresych yn y mannau hynny lle y disgwylid gweld hynny. Erbyn yr unfed ganrif ar bymtheg rhoddai'r prif lyfrau Saesneg ar arddio a hwsmoniaeth sylw dyladwy i fresych[59] er bod peth amwysedd ynghylch ei bwysigrwydd yn y cyfnodau cyn hynny.[60] Ond y mae John Prys yn y calendr amaethyddol yn ei *Yn y lhyvyr hwn* (1546) yn ei lwyr anwybyddu er iddo gynnwys digonedd o fanylion am lysiau gardd eraill megis ffa a phys a chennin a nionod.[61] Ar y llaw arall, y mae ei gydwladwr William Vaughan o'r Gelli Aur yn rhoi digon o sylw i fresych yn ei *Directions for health* yn niwedd yr un ganrif [62] ac nid oes amheuaeth nad oedd i fresych ymhell cyn hynny le o bwys yn economi rhannau eraill o Ewrop hefyd.[63] (Ac megis i gymhlethu'r sefyllfa ymhellach fyth, cafwyd gan John Worlidge yn yr ail ganrif ar bymtheg sylw i'r perwyl fod gerddi Cymru'r adeg honno yn llawn cennin a fawr ddim byd arall.[64])

Go denau a chymysglyd felly yw ein gwybodaeth fanwl am arferion bwyta'r Cymry hyd at, dyweder, yr ail ganrif ar bymtheg, ac yn enwedig gyda golwg ar y cymeriant o fresych neu lysiau cyffelyb. Ceir nifer o gyfeiriadau gogleisiol at 'siopau llysiau' yn y bymthegfed a'r unfed ganrif ar bymtheg – megis gan Tudur Aled yn ei awdl i Robert Salbri ('mawl gŵr hael') a chan Siôn Dafydd Rhys yn y rhagymadrodd i'w *Cambrobrytannicae Cymraecaeve linguae institutiones et rudimenta* yn 1592 – ond cyfeiriadau at lefydd lle y gellid prynu sbeisiau a'u cyffelyb oedd y rhain ac nid llysiau fel y deëllir y term heddiw.[65] Annisgwyl braidd, yng ngoleuni'r hyn a wyddom am arferion bwyta pendefigion Cymreig y cyfnod, yw cyfeiriad Huw Cae Llwyd (bl. 1500) at 'saig fawr lyseuog o fwyd' wrth restru'r danteithion a geid ar ford Ieuan ap Gwilym – ac ni ellir ond tybio fod hyn eto yn tanlinellu prinder cymharol bwyd llysieuol, hyd yn oed ymhlith y rhai breintiedig eu byd.[66]

Ychydig o sylw a gâi bresych yn y llawysgrifau coginio cynnar; eithriad prin yw'r cyfarwyddiadau at wneud cawl o fresych a nionod a chennin a geir mewn llawysgrif Saesneg o ddechrau'r bymthegfed ganrif,[67] er, rhaid cyfaddef fod prinder deunydd dogfennol yn ein llesteirio rhag unrhyw bendantrwydd yn hyn o beth. 'Meagre in quantity and uncertain in quality' oedd disgrifiad Colin Thomas o'r ffynonellau dogfennol am hwsmoniaeth y werin Gymreig yn y canol oesoedd – sefyllfa a barhaodd hyd at yr unfed ganrif ar bymtheg ym marn sylwebydd arall.[68] At ei gilydd, rhywbeth tebyg oedd y sefyllfa yn Lloegr hefyd, o ran hynny: '... regretfully, there is not much documentation describing the food of the humbler classes ... [and] nutritionists and social historians may be upset that the records of early alimentation are not equally explicit for all social levels ...' a dyfynnu sylwebydd diweddar.[69]

Ceir cyfeiriad diddorol yn llawysgrif Peniarth 147 sydd megis yn ategu'r gred fod llysiau gardd yn brin yng Nghymru'r canol oesoedd. Trafodir yno baratoi 'potes glas o lysiau'r garddau' sy'n awgrymu fod gerddi llysiau'n bodoli bryd hynny (ail hanner yr unfed ganrif ar bymtheg) *ond* y mae'r cyngor sy'n dilyn, sef bod modd defnyddio planhigion gwyllt megis dail hocys ac ati yn eu lle, yn awgrymu unwaith eto nad pethau a oedd o fewn cyrraedd pawb, hyd yn oed ymhlith y pendefigion, oedd llysiau gardd yn y cyfnod hwnnw.[70] Yn absenoldeb gwybodaeth gadarn i'r gwrthwyneb, y mae'n anodd felly osgoi'r casgliad fod diffyg llysiau yng Nghymru, ac yn enwedig ymhlith y rhai llai manteisiedig, hyd at, dyweder, y ddeunawfed ganrif; gellid disgwyl, o ganlyniad, y byddai'r sgyrfi (neu o leiaf, gwahanol raddau ohono) yn bresennol.

Yr ail ganrif ar bymtheg

Mae'r ail ganrif ar bymtheg yn allweddol bwysig yn hanes y sgyrfi yng Nghymru am ddau reswm. Yn gyntaf, daethpwyd i adnabod y sgyrfi fel clefyd penodol a diffinadwy, ac yn sgil hyn, i gydnabod ei bresenoldeb mewn cymdeithas. Yn ail, dechreuwyd tyfu tatws yng Nghymru, arferiad a fyddai, erbyn diwedd y ddeunawfed ganrif, wedi gweddnewid y patrwm bwyta ac, o ganlyniad, y cymeriant o fitamin C. Hyd yn oed heddiw, y mae cyfran sylweddol o'r boblogaeth yn dibynnu ar datws am y rhan fwyaf o'u fitamin C.[71] Heb amheuaeth, y mae'r daten gyffredin yn ganolog i unrhyw drafodaeth ar hanes y sgyrfi yng Nghymru.

Mae'n debyg mai'r llyfr printiedig cyntaf i ddelio'n benodol â'r sgyrfi fel endid glinigol oedd *De scorbuto, fel scorbutica passione, epitome* a ysgrifennwyd yn 1541 gan Johanus Ecthius (John Ecth), meddyg o'r Iseldiroedd; cynhwysai (a dyfynnu James Lind, yntau'n adnabyddus oherwydd ei waith arloesol ar y sgyrfi) 'The first description now [1753] extant of the scurvy by a physician'.[72] Fe'i dilynwyd, yn ystod yr hanner canrif ddilynol, gan ryw hanner dwsin o ymdriniaethau tebyg, y cyfan mewn Lladin ac yn deillio o gyfandir Ewrop (lle bu'r sgyrfi ar ei enbytaf) a chyda chryn elfen o groesfenthyca rhyngddynt.[73]

Rhaid oedd aros nes cyhoeddi llysieulyfr William Turner yn 1568 a chyfieithiad Saesneg Henry Lyte o *Cruydeboeck* Dodoens yn 1578 cyn gweld cyfeirio yn Saesneg at y sgyrfi. 'I have proved it my selfe that brooklyme [llysiau Llywelyn, *Veronica beccabunga*] is very good for a decease that reigneth much in Freseland called the Scourbuch', meddai Turner yn 1568.[74] 'Spoonworte [llysiau'r llwy, *Cochlearia spp*) ... is also a singular remedie against the disease of the mouth ... called by the Hollanders and Friselanders Scuerbuyck ...', adleisiodd Lyte ddeng mlynedd yn ddiweddarach[75] – y naill fel y llall yn awgrymu fod y sgyrfi un ai'n absennol neu heb ei adnabod yn iawn y pryd hwnnw yng ngwledydd Prydain.

Cafwyd ond odid un o'r disgrifiadau Saesneg cynharaf o'r clefyd gan Thomas Johnson yn ei fersiwn o lysieulyfr adnabyddus John Gerard yn 1633:

> ... this filthy, lothsome, heavy and dull disease, which is very troublesome and of long continuance. The gums are loosed, swolne, and exulcerate, the mouth greevously stinking; the thighs and legs are withall very often full of blew spots, not much unlike those that come of bruises; the face and the rest of the body is oftentimes of a pale colour, and the feet are swolne as in dropsie.[76]

Ategwyd y cyfeiriadau cynnar hyn yn y llysieulyfrau gan ddeunydd cyfatebol yn y llyfrau meddygol yn ystod yr ail ganrif ar bymtheg. Defnyddiodd Marchmont Nedham y *Bills of Mortality* (Llundain) i ddangos fod marwolaethau o'r sgyrfi wedi cynyddu o 5 yn 1630 i dros gant yn 1656.[77] Yn ôl Gideon Harvey, yn ei *The disease of London or a new discovery of the scorvey* (1675):

> Many years it [y sgyrfi] remained on that coast [Yr Iseldiroedd] before we were sensible of it here in

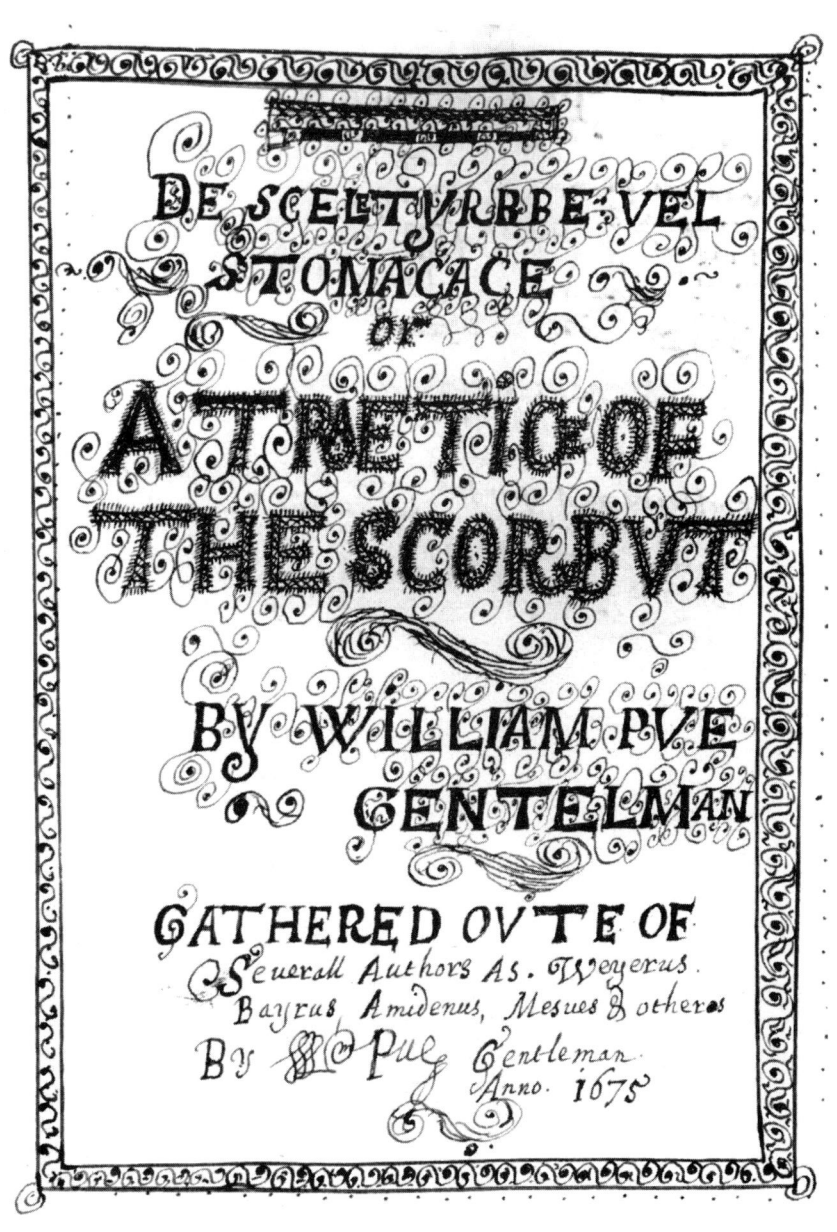

Dalen deitl llawysgrif Gwilym Puw ar y sgyrfi, 1675.
(LlGC Llsgr. 13167B, trwy ganiatâd Llyfrgell Genedlaethol Cymru)

> England: for there are many Physicians yet living who in the former part of their Practice had not so much as heard of the Name of this Disease, whereas within the last 20 or 30 years past it's grown very familiar amongst us.[78]

Yn ddiddorol iawn, tua'r adeg hon hefyd y cafwyd ond odid y cyfeiriadau cynharaf at y sgyrfi yng Nghymru – a'r rheiny gan Thomas Wiliems o Drefriw, offeiriad a meddyg wrth ei alwedigaeth, tra bu wrthi yn y cyfnod 1604–7 yn paratoi'r llawysgrif ar gyfer ei eiriadur arfaethedig *Thesaurus Linguae Latinae et Cambrobritannicae*. Ar gyfer y gair 'Britannica' cafwyd ganddo:

> Britannica, plin. Herba est foliis oblongis et nigris radice item nigra ... Gwyr dyscedig yr oes honn sy'n coeliaw mai'r lhyseun yma yw'r Cochlearia, y lhwylys sydh mor odidoc y iachau'r scorbut, clevyd newydh yn ein gwlad ni Cymru.[79]

Ac ar gyfer y gair 'Cochlearia, ond odid y mwyaf adnabyddus o'r llysiau gwrthsgyrfiol (*antiscorbutics*),[80] cafwyd 'lhwylys rhagorol yn iachau'r scorbut – clevyd newydd', a'r naill ddiffiniad fel y llall yn awgrymu mai'r un oedd y patrwm yng Nghymru ag yn Lloegr ac mai rywbryd yn nechrau'r ail ganrif ar bymtheg y daeth y sgyrfi i'r amlwg gyntaf.

Mae yma broblem am mai'r unig ffactor a allai ddylanwadu ar fynychder y sgyrfi yw natur y lluniaeth, ac yn fwy penodol, y cymeriant o fitamin C. Ond anodd meddwl am unrhyw newid sylweddol er gwaeth yn y patrwm bwyta yng Nghymru yn ystod y cyfnod dan sylw. Yr eglurhad mwyaf tebygol yw bod y sgyrfi wedi bodoli yng Nghymru erioed a bod y meddygon, am wahanol resymau, bellach wedi deffro i'r ffaith hon, ac o ganlyniad wedi ymfodloni ei gydnabod yn glefyd penodol ar ei ben ei hunan. Neu, fel y dywedodd Maynwaringe yn 1679 wrth gyfeirio at yr un sefyllfa yn Lloegr: 'That although the *Scurvy, eo nomine,* is not of long standing, and unknown to the ancient *Physicians* under that title ... yet the disease *in specie* is antique ... '[81] Hynny yw, rhaid derbyn mai adlewyrchu newidiadau diagnostig a nosologaidd oedd y cyfeiriadau ato fel 'clevyd newydh' a'i fod wedi bodoli (er, efallai yn amlygu gwahanol raddau o ddwyster) ymhell cyn hynny.

Bid a fo am hynny, o hynny allan derbyniai'r sgyrfi gydnabyddiaeth swyddogol – newid a adlewyrchid gan y sylw a dderbyniai bellach yn nhudalennau'r geiriaduron Cymraeg o ddechrau'r ail ganrif ar bymtheg ymlaen – ond heb fod rhyw lawer o gysondeb rhwng y gwahanol eiriaduron ar y dechrau. 'Scorbut' a gafwyd gan Thomas Wiliems [Lladin, 'scorbutus'], 'areith clafri' gan John Minsheu yn ei *Ductor in lingua* ... (1617) a 'clefrydd' gan Richard Lhoyd yn ei eiriadur llawysgrifol tua'r un adeg (BM Harley 1626). Nis cynhwyswyd gan Davies yn ei *Dictionarium Duplex* (1632).

Roedd Wiliems wedi cyfieithu 'cochlearia' (S. 'scurvy grass') yn 'lhwylys' ond 'llysiau'r llwy' a gafwyd gan Davies yn ei *Botanologium,* yr atodiad llysieuol i'w eiriadur, a'r naill air fel y llall yn gyfieithiad llythrennol o'r Lladin ac yn cyfeirio at ffurf y dail (cymharer â'r hen fersiwn Saesneg 'spoonwort'; hefyd, 'loffel-kraut' (Almaeneg) a 'herbe aux cuillers' (Ffrangeg)). 'Llwynlys' [= llwylys] a gafwyd yn rhestr Robert Davies o enwau blodau a argraffwyd yn fersiwn Johnson o lysieulyfr Gerard yn 1633 – rhestr sydd, at ei gilydd, yn debyg i *Botanologium* Davies (1632) er bod rhai gwahaniaethau pwysig. A 'llysiau'r llwy' felly a gafwyd yn y geiriaduron Cymraeg o hynny allan, megis gan Thomas Richards

(1759) a Thomas Evans (1809). Ond rywle ar hyd y daith fe gamgopïwyd 'llwy' yn 'llwg' a dyna esgor ar 'lysiau'r llwg' am *Cochlearia* ac yn sgil hynny, ar y term 'llwg' am y sgyrfi ei hunan.[82]

Yn ystod yr ail ganrif ar bymtheg hefyd y cafwyd y disgrifiad manwl cyntaf o'r sgyrfi gan Gymro ynghyd â manylion am achos penodol (tybiedig) o'r sgyrfi yng Nghymru. Alltud o Babydd yng ngwlad Sbaen oedd yr awdur, William/Gwilym Pue/Puw, ac yn aelod o deulu adnabyddus yng ngogledd Cymru. Fe'i ganwyd yn ystod chwarter cyntaf yr ail ganrif ar bymtheg, yn drydydd plentyn (o ddeuddeg) i Phylip Pue a Gaynor Gwyn o'r Creuddyn yng Ngwynedd. Ychydig a wyddom am fanylion ei fywyd heblaw ei fod yn perthyn i Urdd y Benedictiaid a'i fod yn berchen ar radd feddygol o'r Cyfandir. Mae ar gael yn y Llyfrgell Genedlaethol lawysgrif o eiddo Puw, yn ddyddiedig 1675, sy'n cynnwys dau draethawd ar y sgyrfi, sef *De sceletyrrbe fel stomace* ac *Another discourse of the scorbute*.[83] Mae'r ail draethawd yn addasiad o rannau o waith Thomas Willis *Tractatus de morbis convulsius et de scorbuto* ac fel y cyfryw ni pherthyn iddo unrhyw nodweddion arbennig.

Ond y mae'r traethawd cyntaf yn dra diddorol am sawl rheswm. Enwodd Puw naw 'awdurdod' y bu'n pwyso ar eu gwaith wrth lunio ei draethawd, ond ychydig, mewn gwirionedd, yw ei ddyled iddynt, ac eithrio un, sef 'Weyerus'. 'Weyerus' (Wierus) oedd Johann Wier/Weyer/Wyer (1515–1588), meddyg o'r Iseldiroedd a ddaeth yn adnabyddus oherwydd ei *De praestigiis daemonum,* ond odid y pwysicaf o'r gweithiau a gyhoeddwyd bryd hynny i wrthwynebu'r erlid ar wrachod. Yn 1567 cyhoeddodd Wierus ei *De scorbuto,* un o'r llyfrau cynharaf i ddelio'n benodol â'r sgyrfi. Y mae dros dri chwarter traethawd Puw yn gyfieithiad neu'n addasiad o lyfr Wierus. Yn 1622 cafwyd cyfieithiad Saesneg o lyfr

Wierus (*Discourse of the scorby translated out of Wyer's observations*) ond ymddengys mai'r fersiwn Lladin gwreiddiol a fu wrth benelin Puw wrth iddo baratoi ei fersiwn yntau.[84]

Mae'r traethawd cyntaf hefyd yn cynnwys disgrifiad o berson a oedd wedi dioddef o'r sgyrfi, yn ôl Puw, am y cyfnod tra annhebygol o dros ddeugain mlynedd. Aeth y claf hwn mor wan fel y bu raid iddo:

> ... come to his owne Native Ayre and Diet into that Parte of Great Brittayne called Cambria, to the English better knowne by the name which the Saxons imposed upon it – Wales ... The gentleman Hymsealfe Became a Student in This disease for His owne cure or if not a cure at least For His owne Ease. [85]

Mae tystiolaeth fewnol yn awgrymu mai Puw ei hunan oedd y 'gentleman hymsealfe' y disgrifir ei broblemau meddygol mor fanwl yn y traethawd. Ond y mae'n amheus iawn ai'r sgyrfi go iawn a'i blinai. Ceir gan Puw fanylion am nifer o feddyginiaethau a oedd, yn ei brofiad ef, yn dra llwyddiannus yn erbyn ei sgyrfi. Ond gwyddys bellach mai prin iawn, iawn fyddai'r crynodiad o fitamin C ynddynt a'u gwerth gwrthsgyrfiaidd yn gyfatebol fach.[86] At hyn, y mae natur gronig (hir-barhaol) y clefyd a ddisgrifir gan Puw yn codi problemau. Prin y gallai neb ddioddef o'r sgyrfi am ddeugain mlynedd. Un ai y byddai wedi gwella ymhell cyn hynny (o ganlyniad iddo droi at luniaeth a gynhwysai fitamin C), neu fe fyddai wedi hen farw.

Ond y mae'r ffaith fod Puw wedi ymdrafferthu llunio traethodau yn trafod y sgyrfi yn ddiddorol am ddau reswm. Yn gyntaf, y mae'n tanlinellu statws newydd y clefyd yng ngolwg meddygaeth y cyfnod yng Nghymru. Ac yn ail, y mae'n cychwyn mudiad a'i hamlygai ei hunan yn gynyddol yn ystod yr ail ganrif ar bymtheg, sef y duedd i ddefnyddio'r term 'sgyrfi' i gofleidio pob math o glefyd – ac yn enwedig y rhai a nodweddid gan anhwylderau'r croen ...

> It is yet sufficient Answer to patients when they enquire into their ailments to give this Return to a troublesome Enquirer, that their Disease is the Scurvy, they rest satisfied that they are devoured with a Complication of bad Symptoms ...[87]

meddai Edward Strother yn 1726. Ac yn 1765 cafwyd gan (Syr) John Hill ar ddalen deitl ei *The power of the water dock against the scurvy* ddyfyniad o waith Mattioli: 'If any one is ill, and knows not his Disease, Let him suspect the scurvy'.

Felly, nid am resymau clinigol y mae gwaith arloesol Puw yn arwyddocaol ond am ei fod yn ategu'r dystiolaeth o gyfeiriadau eraill fod ymwybyddiaeth o'r sgyrfi wedi brigo i'r wyneb yng Nghymru'r ail ganrif ar bymtheg. Paham, fel arall, y byddai meddyg o Gymro, yn alltud yng Ngwlad Sbaen ond â'r bwriad i ddychwelyd i Gymru, wedi ymdrafferthu llunio traethodau'n ymwneud â'r maes?

Ceir rhagor o oleuni ar y pwnc gan Gymro arall a fu'n trafod y sgyrfi ychydig flynyddoedd o flaen Puw, sef William Vaughan o'r Gelli Aur yn Nyfed. Gan Vaughan y ceir ond odid un o'r ymdriniaethau mwyaf gwerthfawr â'r clefyd yn ystod yr ail ganrif ar bymtheg. At ei gilydd, y mae ei ddull yn fwy gwyddonol nag eiddo Puw a'i feddyginiaethau (a seiliwyd, mae'n amlwg, ar brofiad

Vaughan ei hunan o'r clefyd) yn fwy tebygol o lwyddo. Ac yn wahanol i Puw, ni all fod unrhyw amheuaeth nad am y sgyrfi go iawn yr oedd Vaughan yn siarad.

Deuir o hyd i sylwadau Vaughan yn ei *The Newlanders cure ...* a gyhoeddwyd ganddo yn Llundain yn 1630. Mae'r llyfr yn cynnwys ymdriniaeth â phrofiadau Vaughan ei hunan a'i ymgais aflwyddiannus i sefydlu gwladfa Gymreig ('Cambriol') yn Newfoundland.[88] Rhydd gryn ofod i broblemau'r sgyrfi yno:

> The Disasters which hapned to my Lord Baltimore and his Colony the last Winter ... in our New-land Plantation by reason of the scurvy have mooved me to inserte some more Specifique Remedies against the disese, which not only in those Climates beares dominion, but likewise heere in England although hooded with other Titles ...[89]

Aeth Vaughan rhagddo i awgrymu fod dau beth yn bennaf cyfrifol am y sgyrfi, sef hinsawdd anffafriol (gwyntoedd, eira a rhew) ynghyd â bwyta bwydydd anaddas megis cig moch, pysgod, ffa, a phys. Ceir ganddo wedyn y datganiad 'we in Wales ... have lesse Snow and frosts than London and Essex' – sy'n awgrymu fod y sgyrfi, ym mhrofiad Vaughan, yn llai cyffredin yr adeg honno yng Nghymru nag yng nghyffiniau Llundain.[90] Mae'n argymell defnyddio sudd lemon a dail erfin i drin y sgyrfi – dwy feddyginiaeth, fel mae'n digwydd, a fyddai'n dra llwyddiannus am eu bod, ill dwy, yn cynnwys digonedd o fitamin C, er y byddai'r broses o ferwi'r dail erfin wedi dinistrio peth o'r fitamin:

> Or if they feare the Scurvy ... nowadayes too common, doe seize on them, they will not neglect in time to take the juyce of lemons [t. 51] ... A spoonfull of the Juyce of Lemon at a time will remove this Scurvy-baggage [t. 63] ... And to prevent the Scurvy, wee have tryed in New-foundland, that the tops and leaves of Turneps or Radish being boyled is a soveraigne helpe ... [t. 73]

Ni all fod unrhyw amheuaeth nad oedd Vaughan yn llawn ymwybodol o bresenoldeb y sgyrfi, gartre yng Nghymru yn ogystal ag yn hinsawdd erwin Newfoundland. Efallai mai'r darn mwyaf diddorol o'r *Newlanders cure* ... yw'r farddoniaeth wrthbabyddol a geir ganddo yn niwedd y llyfr – ond odid yr unig enghraifft mewn unrhyw iaith o gyffelybu credo crefyddol i'r sgyrfi. Dyna a geir gan Vaughan yn ei 'Description of the Catholicke Scurvy, ingendered by the mystery of iniquity ... ac sy'n cynnwys llinellau megis:

> As doth the former Scurvy beate
> For want of Sunne and Motions Heate
> Upon the Spleene, the Breathe and Skinne
> So doth that old and Scurvy sinne
> With purple spots go on to stayne
> Both Soule and Body, all for Gaine ... [91]

Tatws i bawb

Newidiwyd y sefyllfa yn niwedd yr ail ganrif ar bymtheg gan ffactor bwysig arall – dyfodiad tatws i Gymru. Erbyn diwedd y ganrif dechreuodd 'tatws' ymddangos yn y rhestrau hadau yn y catalogau garddio er mai fel 'newyddbeth' y tyfid hwy ar y dechrau.[92] Ond newidiwyd pethau'n gyflym ac ni all fod unrhyw amheuaeth nad y daten gyffredin oedd y ffactor luniaethol bwysicaf o dipyn gyda golwg ar ddosraniad a mynychder y sgyrfi yng ngwledydd gogledd Ewrop rhwng, dyweder, 1700 a 1850. Erys felly hyd heddiw ymhlith rhai cymunedau a grwpiau cymdeithasol.

Ymddangosodd y cyfeiriadau cynharaf at dyfu tatws yng Nghymru yn ystod y 1660au – gan Merret, er enghraifft, a soniodd yn ei *Pinax* am 'Battata ... Potatoes with white, and Ash-coloured flowr's, planted in many fields in Wales' – gwybodaeth gan ei gyd-naturiaethwr Edward Morgan o Fodysgallen, efallai.[93] Tua'r un adeg cyfeiriodd John Forster yn ei *Englands happiness increasd* (1664) at dyfu tatws yng Nghymru; hefyd, John Worlidge, ychydig flynyddoedd yn ddiweddarach, a ysgrifennodd amdanynt: 'Potato's ... an usual food ... may be propagated with advantage to poor People, a little ground yielding a very great quantity, as the many small *Welsh* Territories adjoyning the High-ways in those parts, planted with them, plainly demonstrate'.[94]

Rhaid cofio fod peth dryswch weithiau yn ystod yr unfed ganrif ar bymtheg rhwng dau fath o daten – ein taten gyffredin heddiw (*Solanum tuberosum*) a'r daten felys (*Ipomoea batatas*);[95] gall fod mai at y daten felys y cyfeiriai Merret am ei fod yn defnyddio'r term 'Battata' wrth ei disgrifio. Prisiwyd y daten felys yn uchel oherwydd ei alluoedd affrodisaidd tybiedig a gellir bod yn weddol sicr mai'r daten felys yw'r 'potato' y sonnir amdano (ynghyd â bwydydd affrodisaidd eraill) yn y penillion maswedd *A dietary for those who have weak backs* y deuir o hyd iddynt mewn llawysgrif a gysylltir ag enw Syr John Salusbury o Lewenni ac sy'n dwyn y dyddiad 1603:

> Good sir if you lack the strengthe in your back
> And wolde have a Remediado
> Take Eryngo rootes and marybone tartes
> Red wine and riche Potato.[96]

Mae'r bwydydd a enwir yng ngweddill y penillion – llymeirch, cimychiaid, afalau gwlanog, artisiog, ansiofau, llaeth asyn ac ati yn awgrymu fod y daten bryd hynny (beth bynnag oedd ei wir natur fotanegol) yn fawr mwy nag yn ddanteithfwyd affrodisaidd ar fyrddau'r cyfoethogion. Gellid tybio mai dyna, yn fras, oedd statws y ddau fath o datws yng Nghymru'n gyffredinol, o leiaf hyd at ddiwedd yr ail ganrif ar bymtheg.[97] Mae casgliad o ryseitiau Cymreig o ddechrau'r ddeunawfed ganrif yn cynnwys y cyfarwyddiadau 'How to stew pottatoes ... with pipins ... ginger, cynemon ... sugar and butter', sy'n cadarnhau'r dybiaeth fod tatws, yr adeg honno, yn dal yn flasusfwyd yn nhai'r boneddigion.[98] Ond os cywir cyfeiriad Worlidge (gweler uchod) at dyfu tatws wrth ymyl yr heolydd yng Nghymru, mae'n amlwg eu bod wedi dechrau ymddangos ar fwydlen y boblogaeth yn gyffredinol hefyd ymhell cyn diwedd y ganrif.

Erbyn hanner cyntaf y ddeunawfed ganrif, fodd bynnag, cafwyd adroddiadau go gadarn a awgrymai fod bwyta tatws wedi ymledu i'r bobl gyffredin mewn rhannau o Loegr yn ogystal ag yng Nghymru. Dyma sydd gan William Ellis i'w ddweud yn ei *The modern husbandman* yn 1742 – cyhoeddiad sydd hefyd, ac efallai am y tro cyntaf, yn crybwyll priodoleddau gwrthsgyrfiaidd tatws:

> It is now become common, even among Quality, to make Use of this Earth-apple [= tatws] as a Supper-food great Part of the Winter-season, by roasting them

in Embers, and eating them with butter and salt ... and
this because of the ... contrary Quality it has to the
Breeding of the Scurvy ... causes it to induce Repose.
[Another] way, as I remember, the Welch follow, very
much, in Caermarthenshire in particular, they bake
them with Herrings mixed with Layers of Salt, Pepper,
Vinegar, sweet Herbs and Water. Also they cut
Mutton in Slices, and lay them in a Pan, and on them
Potatoes and Spice, then another Layer of the same
with half a Pint of Water; this they stew, covering all
the Time with Cloths round the Cover of the Stew-
pan, an account it excellent Victuals.[99]

Cafwyd tystiolaeth fod tyfu tatws yn cyflym ennill tir ar Ynys Môn yn hanner cyntaf y ddeunawfed ganrif; cynhwysai dyddiadur William Bulkeley gyfeiriadau niferus at boblogrwydd tatws ymhlith y Cymry cyffredin ac y mae Edward Wynne o Fodewryd yn sôn am y 'gerddi tatws'.[100] Ymhlith meddiannau gwerthfawr 'melinydd Meirion' tua'r un adeg oedd ei 'ardd fwytatws'.[101] Erbyn diwedd y ganrif roedd tatws yr un mor boblogaidd yng ngogledd-ddwyrain Cymru hefyd: 'Every cottager has his potatoe garden, which is a great support; and was a conveniency unknown fifty years ago' ysgrifennai Thomas Pennant yn niwedd y ddeunawfed ganrif.[102] Nododd Lewis Morris mewn llythyr at ei frawd William ar 23 Ebrill 1760 ei fod 'wedi hau llawer o fwydatws ers dyddiau ac yn mynd i hau ynghylch pegaid Môn etto ...' (ond yn rhyfedd iawn, anwybyddwyd tatws gan William yn ei lawysgrif arddio (*c.* 1755) er rhoddi ystyriaeth fanwl i bob math arall o lysiau gardd.[103]) Ymddengys felly fod tyfu tatws wedi ymledu trwy Gymru benbaladr ymhell cyn diwedd y ganrif – rywfaint yn gynharach nag y mae Salaman wedi awgrymu yn ei *The history and social influence of the potato*. Ceir mynych gyfeiriadau at eu plannu a'u cynhaeafu yn nyddiadur Owen Thomas o Henllan, Sir Ddinbych, am y blynyddoedd o gwmpas 1750;[104] a chawn Lewis Morris yn cofnodi mai 'lloned padell ddarllo o gig eidion, a chig defaid, ag araits [moron] a thatws a phottes a phwding blawd gwenith ag ynghylch 20 alwyn o ddiod fain a thros ugain alwyn o gwrw' oedd y swper ar gyfer 45 o fedelwyr rhyg ar ei ystad ym Mhenbryn, Ceredigion yn 1760.[105]

Yr un oedd yr hanes yn y De. Yn ystod cyfnod y gaeaf 1731/2, prynodd Thomas Morgan o Lanedern, ger Caerdydd, ryw driphwys o datws bob wythnos a'u pris (wyth pwys am un (hen) geiniog) yn awgrymu nad pethau prin mohonynt bellach.[106] Ceir gan Edward Williams (Iolo Morganwg) ddisgrifiad o'r dull o dyfu tatws ym Morgannwg yn niwedd y ddeunawfed ganrif;[107] erbyn 1796 gallai ysgrifennu fod 'the cultivation of peas was formerly considerable but it has been almost banished out of the Country by that of potatoes'.[108] Cyffelyb oedd profiad Arthur Young wrth ymweld â rhannau o Ddyfed yn 1776; am gyffiniau Arberth, ysgrifennodd: 'The culture of potatoes increases much, more planted last year than ever known before. The poor eat them; and every cabbin has a garden with some in it'.[109] Ar Ionawr 9fed 1778 cwynai Daniel Walters, cyfaill mynwesol i Iolo Morganwg, fod rhywun wedi dwyn tatws o'i ardd yn y Bontfaen – yr hyn sy'n awgrymu ei bod yn arferiad yr adeg honno ym Morgannwg i adael y cnwd tatws yn yr ardd dros gyfnod y gaeaf.[110] Erbyn dechrau'r bedwaredd ganrif ar bymtheg gallai Donovan ysgrifennu 'The common food of the cottager [yn ne Cymru] appears to be potatoes, for the conveniency of rearing which, a scanty patch or strip of land is considered as a necessary appendage to every little habitation'.[111]

Yn anffodus, nid oes gennym ddata dibynadwy am y cymeriant beunyddiol o datws yng Nghymru nes cyrraedd ail hanner y bedwaredd ganrif ar bymtheg. Mae hynny o wybodaeth ag sydd gennym yn awgrymu fod y cymeriant yng Nghymru, er yn sylweddol uwch nag yn Lloegr, eto i gyd heb fod mor uchel ag mewn nifer o wledydd Ewropeaidd eraill megis Iwerddon neu'r Swistir lle yr oedd y cymeriant, ar gyfartaledd, rhwng chwech a deuddeg pwys y pen bob dydd.[112] Cafwyd awgrym gan David Davies yn 1795 fod gweithwyr amaethyddol mewn rhai ardaloedd yng ngogledd Cymru yn bwyta tua dau bwys y pen[113] ond rhaid oedd aros tan ail hanner y bedwaredd ganrif ar bymtheg cyn cael ateb gweddol ddibynadwy a hynny o ganlyniad i waith arloesol Edward Smith.[114] Yn ôl arolwg Smith yn 1863 rhwng pwys a dau bwys o datws y pen oedd y cymeriant dyddiol gan weithwyr a'u teuluoedd mewn gwahanol rannau o Gymru, a rhywbeth tebyg oedd yr amcangyfrif ar gyfer gweithwyr diwydiannol ym Merthyr Tudful ychydig flynyddoedd ynghynt.[115]

Sgil-effaith bwysicaf y newidiad hwn i gyfeiriad bwyta rhagor o datws oedd cynnydd yn y cymeriant o fitamin C. Gan fod tatws yn cynnwys rhyw 10–20 miligram o fitamin C ym mhob 100 gram, fe fyddai cymeriant dyddiol o bwys (454 gram) o datws yn cyflenwi'r corff â rhwng 40 a 100 miligram o'r fitamin bob dydd yn ôl oedran y tatws (mae'r fitamin C yn lleihau law-yn-llaw ag oedran y tatws) – mwy na digon i warchod y corff rhag y sgyrfi. Felly, yn ystod y cyfnod pryd y bu i datws le o bwys yn lluniaeth y Cymro cyffredin (dyweder, o 1750 hyd at yn gymharol ddiweddar) nid yw'n debyg fod neb yng Nghymru wedi dioddef o'r sgyrfi – heblaw am y rhai na fyddent yn bwyta digonedd o datws un ai o ddewis neu oherwydd prinder eithafol. Felly, gellir awgrymu'n weddol ffyddiog mai'r degawd 1770–80 oedd y cyfnod pan ryddhawyd pobl Cymru yn derfynol oddi wrth fygythiad y sgyrfi.

Cafwyd, yn nechrau'r bedwaredd ganrif ar bymtheg, adroddiad dadlennol o Jura, ynys oddi ar arfordir gorllewinol yr Alban, sydd, y mae modd awgrymu, yn adlewyrchu'r sefyllfa yng Nghymru i'r dim. Roedd lluniaeth y boblogaeth ynysiedig yno yn brin o lysiau ('the people want gardens to supply them with vegetables') a byddai 'inflammatory fevers' (a oedd, gellid tybio, yn cynnwys y sgyrfi) yn bur gyffredin ar yr ynys. Ond, a dyfynnu geiriau'r Athro Naturiaetheg ym Mhrifysgol Caeredin ar y pryd, 'Of late years, indeed, the cultivation of potatoes has greatly enlarged the proportion of their vegetable aliment; and, by pretty certain observation, has added greatly to the health of the people'.[116]

Cadarnheir hyn i ryw raddau gan ddeunydd llawysgrifol yn y Llyfrgell Genedlaethol. Mae yna sawl llawysgrif sy'n cynnwys casgliad o feddyginiaethau o sawl ardal ac o wahanol gyfnodau ond ychydig iawn ohonynt sy'n cyfeirio at y sgyrfi. Am y rhai cynharaf (cyn *c.* 1750) y mae hyn yn ddealladwy; lluniwyd nifer ohonynt cyn gwybod am y sgyrfi fel endid glinigol. At hyn, mi fyddai'r rhan fwyaf ohonynt yn adlewyrchu doethineb confensiynol y cyfnod, a'i bwyslais ar ffynonellau traddodiadol, yn hytrach nag ar gyflwr iechyd Cymru ar y pryd.[117] Ond y mae ambell gasgliad o'r 'cyfnod tatws' (hynny yw, o 1750 ymlaen) sy'n cynnwys, mae'n ymddangos, fwy na'r cyffredin o ddeunydd 'brodorol'. Mae'r llawysgrif gyfansawdd 4756B ('Llyfr meddyginiaeth Ann Griffiths')

Morbus Polyrhizos & Polymorphæus.

A TREATISE
OF THE
𝕾𝖈𝖚𝖗𝖇𝖞.

EXAMINING

The different Opinions and Practice, of the moſt ſolid and grave Writers, concerning the Nature and Cure of this Diſeaſe:

Evicting conſiderable Errors, in the Theory and Practice, and determining the whole matter from the lateſt Experiments, and beſt Obſervations.

With a true account of *Tobacco*, relating to this Diſeaſe.

The fourth Impreſſion corrected and augmented.

By *EVERARD MAYNWARINGE* Doctor in Phyſick.

Whereunto is annexed

Pharmacopœia Domeſtica.

LONDON.

Printed by *J. M.* and are to be ſold by *Peter Parker*, at the *Leg* and *Star* in *Cornhil*, againſt the *Royal Exchange*, 1679.

Llyfr Saesneg cynnar yn trafod y sgyrfi

yn gasgliad cynhwysfawr o gyfarwyddiadau o sawl cyfnod a chan sawl cyfrannwr. Mae'n cynnwys dros gant o wahanol feddyginiaethau a'r cyfan yn amlygu elfennau brodorol yn ogystal â dylanwad y ffynonellau traddodiadol. Eto i gyd, nid oes ymhlith y rhain ychwaith yr un sôn am y sgyrfi.

Daw tystiolaeth bellach o lyfr nodiadau John Harries, Cwrt y Cadno yn Nyfed yn nechrau'r bedwaredd ganrif ar bymtheg. Roedd Harries yn adnabyddus fel dewin gwlad a honnai fod ganddo'r ddawn i wella pob math o afiechyd dynol. Mae ar gael restr gynhwysfawr o'r holl afiechydon y byddai'n ymwneud â hwy, gan gynnwys rhai pur anghyffredin megis *plague, pemphigus, yellow fever, hydrocephalus* ond heb fod yno unrhyw sôn am y sgyrfi.[118] Nid oes unrhyw gyfeiriad at y sgyrfi ychwaith yn ei *Patients Day Books* am y cyfnod 1815–29.[119] Hyn oll sydd megis yn cadarnhau'r rôl gwrthsgyrfiaidd pwysig y gellir ei briodoli i datws yng Nghymru yn y cyfnod ôl-1750.

Sgyrfi heb fod yn sgyrfi

Ar y llaw arall, derbyniai'r sgyrfi gryn sylw yn nhudalennau'r cylchgronau Cymraeg yn ystod y bedwaredd ganrif ar bymtheg. Sut felly y mae cyfrif am hyn? Mae'r ateb yn gymharol syml. Erbyn diwedd y ddeunawfed ganrif roedd yr amhwyster ynghylch gwir natur y sgyrfi wedi dwysáu, ac yn enwedig ymhlith lleygwyr. Er mawr ddryswch i bawb, esgorwyd ar ddeuoliaeth terminoleg. Fel yr eglurwyd eisoes bu peth ansicrwydd ynghylch natur y sgyrfi erioed ac erbyn y bedwaredd ganrif ar bymtheg yr oedd y sefyllfa wedi gwaethygu'n sylweddol. Tanlinellwyd hyn gan Gilbert Blane, yntau'n feddyg pur flaenllaw yn hanes y sgyrfi. Honnodd Blane fod tuedd bellach (hynny yw, yn 1819) i ddefnyddio'r gair 'sgyrfi' i gyfeirio at ddau fath hollol wahanol o afiechyd – y sgyrfi go iawn (afitaminosis C) yn ogystal ag at glefydau'r croen yn gyffredinol nad oedd a wnelont ddim byd o gwbl â diffyg fitamin C:

> The term *scurvy* in the English language, and *scorbutus* in the general medical language of Europe, has been employed to denote, both cutaneous eruptions, and that disease which is … principally known by its appearance in ships which have been long at sea … [and for which] lemon and lime juice was well ascertained to be a certain cure …[120]

Am ryw reswm, gan y meddwl lleyg yn fwyaf arbennig y gwelwyd y duedd hon i ddisodli'r sgyrfi (*scorbutus*) gan 'ffug-sgyrfi' (anhwylderau'r croen o bob math). Yn wir, erbyn diwedd y ddeunawfed ganrif roedd y sgyrfi, ym meddwl rhai, yn gyfystyr ag anhwylderau'r croen yn unig. Dyna i chwi Edward Williams (Iolo Morganwg) yn cadw'n ofalus doriad o *Woodfalls Daily Journal* am Ebrill 17 1777 yn trafod 'The scurvy, scrophulas and all sorts of cutaneous disorders'.[121]

Ni all fod unrhyw amheuaeth nad rhyw fath o anhwylder dermatolegol ac nid y sgyrfi ei hunan oedd yr 'inveterate scurvy' a boenai'r meddyg Almeinig D. W. Linden pan ymwelai â Llandrindod yn 1754, ac a wellhawyd megis dros nos gan ddrachtiau o ddŵr y ffynhonnau yno.[122] Yr un oedd hanes Theophilus Jones yn Llanwrtyd yn 1732; gwellhawyd yntau o'r 'sgyrfi' trwy yfed yn helaeth o'r dyfroedd yno a thrwy hynny 'darganfod' rhinweddau ffynhonnau Llanwrtyd.[123] Tybid fod y 'dyfroedd sylffwr' yn arbennig o lesol yn hyn o beth, fel y pwysleisiwyd gan Williams yn ei ddadansoddiad o ddyfroedd Llandrindod yn 1817.[124] Ond llwyr amhosibl fyddai i'r sgyrfi (afitaminosis C) gael ei wella gan 'ddyfroedd meddyginiaethol' o unrhyw fath, ni waeth pa mor bwerus eu rhinweddau tybiedig mewn cyfeiriadau eraill. Bu'n hen draddodiad, wrth gwrs, fod darpariaethau sylffwr yn dda at drin anhwylderau'r croen[125] – yr hyn sy'n egluro presenoldeb sylffwr mewn cynifer o feddyginiaethau at 'sgyrfi' tybiedig. Sylffwr ('fflower Brwmstone') oedd sylfaen y 'Cyngor rhag y Scurvy' a geir yn llyfr nodiadau Michael Hughes yn ail hanner y ddeunawfed ganrif[126] a chan Lewis Morris yntau tua'r un adeg.[127] Meddyginiaeth dybiedig yn erbyn anhwylderau'r croen felly a gofnodwyd gan Morris ac mi fyddai'n llwyr aneffeithiol yn erbyn sgyrfi lluniaethol.

Am Thomas Jones yr almanaciwr, ni ellir bod mor bendant. Dywed yn ei *Almanac* am 1699 fod y 'llwyg' ('pedaseu hoff ganif Saesnaeg Candryll buaswn yn galw'r Dolur yma'n ysgyrfi') wedi'i flino ers dros dair blynedd.[128] Mae natur gronig ei anhwylder yn codi amheuon ynghylch ei wir natur am na fyddai neb a ddioddefai o'r sgyrfi yn gallu goroesi am gymaint â hynny o amser. Ar y llaw arall, mae Thomas Jones yn sôn am ei ddannedd yn siglo – symptom ategol go benodol mewn achosion o'r sgyrfi.

I ryw raddau y mae dull y Wasg Gymraeg o bortreadu'r sgyrfi yn adlewyrchu'r ddeuoliaeth derminolegol hon. Cafwyd ymdriniaeth safonol yn y llyfrau hynny y bu meddygon proffesiynol yn ymwneud â hwy, a'r cyfan yn unol â'r hyn a wyddid ar y pryd am y sgyrfi. Darlun cywir felly a gyflwynwyd yn y cyfieithiadau Cymraeg o lyfrau meddygol Buchan a Reece.[129] A phan fyddai meddygon proffesiynol yn cyfrannu deunydd i'r cylchgronau Cymraeg, darlun cywir a geid ganddynt hwythau hefyd. Enghraifft o hyn oedd yr ymdriniaeth â'r sgyrfi a gafwyd gan 'Meddyg' yn nhudalennau *Y Drysorfa* yn 1813 – er i'r awdur ddilyn syniadau cyfeiliornus Maynwaringe wrth honni mai 'chwiffio Tobacco' oedd un o brif achosion y sgyrfi.[130] Gresyn na fyddai cyhoeddiad anghyflawn W. E. Hughes *Y meddyg teuluaidd* (1841) – heb amheuaeth y llyfr meddygol Cymraeg mwyaf gwreiddiol a safonol ar y pryd – wedi goroesi i drafod y sgyrfi ond fe ddaeth i ben ar ôl dau rifyn yn unig.[131]

Ar y llaw arall, pur anfoddhaol oedd y deunydd 'lleyg' – yn ddisylwedd, yn anwyddonol ac, fel y crybwyllwyd eisoes, bron heb eithriad yn trafod y sgyrfi fel pe bai'n un o glefydau'r croen. Bu 'R. Cynwrig' o Gaernarfon yn holi yn nhudalennau *Y Goleuad* yn 1822 'am ryw un ag sydd yn gyfarwydd mewn Physygwriaeth ac yn deall natur clefydau, am roddi i mi gynghor a chyfarwyddyd tuag at wellhad fy afiechyd a elwir y Llwg (Scurvy)'.[132] Fis yn ddiweddarach cafwyd ateb 'I iachau y llwg'; cynghorwyd dioddefwyr o'r sgyrfi i gymeryd cymysgedd o ysglodion tormaenwydd, guiacum a licoris am gyfnod o chwech i ddeuddeg mis – 'A phawb fo dan yr unrhyw glwy/Iach, gwiwdeg, fo'nt gwedyn' – honiad llwyr ddisail am na fyddai'r un mymryn o fitamin C yn y cymysgedd. Dair blynedd yn ddiweddarach cafwyd argymhellion eraill, ond yr un mor ddiwerth, y tro hwn yn nhudalennau *Seren Gomer*.[133]

'Rwyf yn cael fy mlino yn ddirfawr gan yr ysgyrfi ...' meddai gohebydd yn *Y Drysorfa* yn 1835 a phedwar mis yn ddiweddarach (yn rhy hwyr os mai'r sgyrfi go iawn oedd ar y gohebydd!) mentrodd 'Crach-feddyg (Quack)' ei ateb: 'Wedi disgwyl i ryw feddyg neu gilydd ateb y gofyniad hwn ac heb weld yr un, anturiais wneud y sylwadau canlynol ar yr afiechyd ...' ac aeth rhagddo i argymell bwyta 'chwaneg o ffrwythau'r ddaear (cloron, maip, bresych etc), orens, lemon, berw'r dŵr, dail sgyrfi etc'[134] – cyngor ardderchog, fel mae'n digwydd, ar gyfer unrhyw un a fyddai'n dioddef oddi wrth y sgyrfi. Cafwyd llawer o wybodaeth ffug am natur y sgyrfi hefyd. Awgrymwyd mewn erthygl 'Ymborth Dyn' yn *Y Drysorfa'* am 1835 mai'r 'afiechyd mwyaf cyffredin ym Mrydain yw y llwg (scurvy)' a 'bod rhyw duedd o ohono yn y rhan fwyaf o deuluoedd',[135] dau ddatganiad nad oedd y naill na'r llall yn gyson â'r hyn a gredid am y sgyrfi, hyd yn oed yn nechrau'r bedwaredd ganrif ar bymtheg. Pur anfoddhaol ar y cyfan oedd yr ymdriniaeth a dderbyniai'r sgyrfi yn nhudalennau'r cylchgronau Cymraeg yn hanner cyntaf y ganrif ddiwethaf.

Sgyrfi'r sefydliadau

Nid nad oedd, o dro i dro, achosion dilys o'r sgyrfi yng Nghymru yn ystod y bedwaredd ganrif ar bymtheg. Gellid disgwyl dod ar draws y rhain, yn bennaf, ymhlith aelodau cymunedau cyfyngedig a chaeëdig (megis carchardai, tlotai ac ysbytai) yn hytrach nag ymhlith aelodau'r gymdeithas yn gyffredinol. Hyd yn oed heddiw, y mae safon faethegol rhai sefydliadau o'r fath yn syrthio'n brin o'r hyn a ddylai fod, yn bennaf oherwydd problemau coginio ar raddfa eang ynghyd ag anawsterau dosbarthu prydau – ac yn ystod y ganrif ddiwethaf, bid sicr, yr angen i fod yn ddarbodus wrth lunio bwydlen.[136]

Y maetholyn (*nutrient*) sydd fwyaf tebygol bob amser o 'ddioddef' o ganlyniad i orddarbodaeth a phroblemau dosbarthu yw fitamin C – y mwyaf ansefydlog o'r holl faetholion. Cofnodwyd nifer o achosion o 'sgyrfi sefydliadol' yn Lloegr yn ystod y bedwaredd ganrif ar bymtheg, megis yng ngharchardai Millbank (1822) a Pentonville (1847); dangosodd Baly mai'r cyflenwad diffygiol o datws oedd yn bennaf cyfrifol am bob achos o'r fath.[137] Tanlinellwyd pwysigrwydd tatws mewn adroddiadau am achosion o'r sgyrfi yn dilyn prinder tatws yn yr Alban yn 1846,[138] ac yn Iwerddon[139] a Lloegr yn 1847.[140] Roedd rhai sylwebyddion, mae'n amlwg, wedi gweld perthynas rhwng tatws a'r sgyrfi ganrif gron cyn i wyddoniaeth ddangos fod tatws yn ffynhonnell dda o fitamin C a bod fitamin C, yn ei dro, yn amddiffyn y corff rhag y sgyrfi.

Nid ymddengys fod sgyrfi sefydliadol wedi digwydd yng Nghymru i'r un graddau, efallai am fod y bwydlenni Cymreig yn cynnwys mwy o datws a llysiau na'r rhai cyfatebol mewn mannau eraill. Ystyriwch, er enghraifft, y sefyllfa yn nhlotai Cymru yn hanner cyntaf y bedwaredd ganrif ar bymtheg. Yn 1836 derbyniodd pob Bwrdd Gwarcheidwaid lythyr oddi wrth y Bwrdd Canolog (Adran Gartref) yn cynnwys manylion am chwe bwydlen posibl at ddefnydd y tlotai; gofynnwyd i'r gwarcheidwaid ddewis o'r chwech y fwydlen honno a fyddai'n fwyaf addas i'w defnyddio yn eu tloty. Wrth ddewis, roedd yn ofynnol i'r gwarcheidwaid gadw mewn cof 'the usual mode of living of the independent labourer of the district ... and on no account must the dietary of the workhouse be superior or equal to the ordinary mode of sustinence of the labouring classes of the neighbourhood'.[141]

Mae'r meddyg J. H. Thomas wedi disgrifio a dadansoddi lluniaeth Tloty (wyrcws) Pen-y-bont (Morgannwg) yn ystod y bedwaredd ganrif ar bymtheg.[142] Penderfynodd Pen-y-bont fabwysiadu'r un diet â Chaerfyrddin – un o'r chwe diet a gymeradwywyd gan y Bwrdd Canolog yn 1836. At ei gilydd, yr oedd hwn yn ymborth digon boddhaol er bod modd awgrymu fod y cymeriant o rai mwynau a fitaminau braidd yn isel. Byddai diet o'r fath wedi cynnwys rhyw 35 miligram o fitamin C y dydd – llawn digon i warchod y preswylwyr rhag y sgyrfi (a derbyn fod y dull o goginio'r bwyd a'i ddosbarthu yn foddhaol).

Ond newidiwyd y diet fesul ychydig a phrofwyd tuedd i gynnwys mwy o gig a bara a llai o datws – patrwm a allai fod yn fwy deniadol i'r preswylwyr. O ganlyniad, cafwyd gostyngiad yn y cymeriant o fitamin C. Yn ystod 1839 roedd y gymhareb bara:tatws yn Nhloty Pen-y-bont yn 0.63 a'r cymeriant o fitamin C yn 35 miligram. Yn 1855, roedd y gymhareb wedi codi i 2.5 a'r cymeriant o fitamin C, o ganlyniad, wedi syrthio i 16 miligram – lefel 'beryglus' o safbwynt y sgyrfi.[143] Yn wyrcws Caerdydd yn ystod y 1870au nid oedd y cymeriant beunyddiol o fitamin C ond yn 9 miligram. Eto i gyd, am a wyddys, nid oes cyfeiriad at achosion o'r sgyrfi yn nhlotai Caerdydd yr adeg honno – sydd yn anodd ei ddeall ac yn dipyn o ddirgelwch. (Rhaid cofio, fodd bynnag, fod cryn dystiolaeth fod angen pobl oedrannus (dros 80 oed) am fitamin C yn llawer llai nag eiddo rhai iau; gallai hyn gyfrif am absenoldeb y sgyrfi mewn sefyllfaoedd lle byddai'r cymeriant o fitamin C yn ein harwain fel arall i ddisgwyl gweld achosion.) Rhaid cofio hefyd ei fod yn bolisi gan y Llywodraeth yr adeg honno i argymell fod dietau'r tlotai, yn ogystal â rhai'r carchardai, yn ymdebygu rywfaint i'r 'sefyllfa leol'. Bu'r cymeriant o datws yng Nghymru ('y sefyllfa leol'), fel yn y gwledydd Celtaidd eraill, bob amser yn uwch na'r cymeriant yn Lloegr, a'r awdurdodau, o ganlyniad, yn fwy hael efallai wrth gynnwys tatws yn y fwydlen nag a awgrymir gan yr ystadegau.[144]

Gyda golwg ar y carchardai yng Nghymru, y mae tystiolaeth

fod y 'cyfaddasu lleol' hwn wedi digwydd, er bod cryn wahaniaethu yn hanner cyntaf y ganrif rhwng diet y naill garchar a'r llall. Derbyniai carcharorion Abertawe a Fflint bwys o datws y dydd yn 1837 – digon i gadw'r sgyrfi draw. Ond yn Nhrefaldwyn derbyniai'r carcharorion '1.5 lb of bread, no salt and nothing else' – diet a fyddai'n sicr o achosi'r sgyrfi yno ymhen ychydig fisoedd. Efallai i'r arolygwr carchardai sylwi ar hyn a nodi bod achosion o'r sgyrfi yno. Sut arall y gellir cyfrif am y sylw yn ei adroddiad 'I have recommended that this diet should be increased by the daily addition of vegetables'.[145] Bedair blynedd yn ddiweddarach cafwyd manylion ar gyfer rhagor o garchardai Cymru. Ond odid y mwyaf goleuedig o ran bwydo'r carcharorion yr adeg honno oedd carchar Caernarfon lle y cafwyd, yn 1840, gryn amrywiaeth ddyddiol, a'r fwydlen yn cynnwys bara, 'scouse', griwel, llysiau, cig moch, tatws, cawl penwaig a llaeth enwyn.[146] Mae modd cyferbynnu diet carchar Caernarfon â'r hyn a gâi carcharorion Rhuthin ac a ddisgrifir yn yr un adroddiad, sef pwys a hanner o fara, dau beint o griwel ac owns a hanner o gaws bob dydd – lluniaeth a fyddai'n sicr o arwain at achosion o'r sgyrfi. 'The surgeon thinks that the diet is scarcely good enough', meddai'r arolygwr yn ei adroddiad, a chan ychwanegu, am ryw reswm, 'Scurvy is unknown' – sylw sy'n anodd iawn ei dderbyn.[147]

Ceisiwyd dwyn rhyw elfen o gysondeb i'r sefyllfa yn yr 1850au. Argymhellodd y Llywodraeth ddiet safonol a chyffredinol ar gyfer y carchardai, sef (am wythnos): 10.5 pwys o fara, 12 owns o gig, 2 bwys o datws, ynghyd â pheth cawl a griwel – cyfuniad a fyddai wedi sicrhau cymeriant dyddiol o ryw 10 miligram o fitamin C yn unig, prin ddigon i warchod y corff rhag y sgyrfi.

Cydymffurfiwyd â'r argymhellion hyn yng ngharchardai Biwmaris, Aberteifi, Aberystwyth, Trefynwy a Brynbuga. Ond mewn eraill câi tatws le llawer pwysicach yn y diet – megis yn Aberhonddu, Rhuthin (ymddengys fod rhywun wedi gwrando ar sylwadau'r arolygwr yn 1841) a Chaerdydd, lle roedd y cymeriant dyddiol o datws yn agosáu at bwys y pen – digon i gyflenwi'r corff â 40 miligram o'r fitamin.[148]

Ymddengys fod y sefyllfa yn yr ysbytai rywfaint yn well er bod ambell enghraifft o gamweinyddu dietegol ac yn enwedig o du'r ysbytai meddwl. Mor ddiweddar â diwedd y bedwaredd ganrif ar bymtheg ymffrostiai awdurdodau'r Cyngor Sir yn Buckingham (Lloegr) eu bod wedi llwyddo i arbed cryn symiau o arian trwy weini tarten riwbob a dŵr (a dim byd arall) i ginio yn lle'r cig a llysiau arferol.[149] Nid ymddengys fod pethau cynddrwg yng Nghymru. Yn gyffredinol, sicrhawyd fod y cleifion yn derbyn digonedd o lysiau, er, pa un ai fel rhan o gynllun penodol i osgoi'r sgyrfi neu am fod llysiau'n rhatach i'w prynu na chig a bara y gwneid hyn, ni wyddys.[150] Ni chynhwysai adroddiadau blynyddol Ysbyty Brenhinol Caerdydd fanylion am glefydau'r cleifion tan 1866 ond o hynny tan 1872 ni chafwyd yr un achos o'r sgyrfi yno.[151] Cyhoeddwyd dadansoddiad o'r gyfradd marwolaethau ar gyfer Caerdydd yn ystod y cyfnod 1847–67 gan H. J. Paine, meddyg trwyddedig, yn nhudalennau'r *Cardiff and Merthyr Guardian* yn 1867. Bu farw 6,000 yng Nghaerdydd yn ystod y ddwy flynedd ar bymtheg hyn ond ni fu ond pump o achosion o'r sgyrfi – un yn 1855 a phedwar yn 1864.[152] At ei gilydd, felly, ychydig iawn o achosion o sgyrfi 'sefydliadol' neu 'gymunedol' a gofnodwyd yng Nghymru yn ystod y bedwaredd ganrif ar bymtheg – diolch yn bennaf, gellid mentro awgrymu, i'r cymeriant cymharol uchel o datws gan y rhan fwyaf o'r boblogaeth.

Achosion unigol

Nid nad oedd yna achosion unigol o'r sgyrfi ymhlith y boblogaeth yn gyffredinol yn digwydd o dro i dro. Ond yr oedd y rhain mor anarferol fel ag i deilyngu, yn amlach na pheidio, nodyn yn y wasg feddygol. Dyna i chwi, er enghraifft, Thomas Williams, meddyg teulu o Bwllheli, yn datgan yn y *Medical Times* yn 1847 (ar adeg pan oedd prinder tatws yn gyffredinol yng ngwledydd Prydain) fod '… a great many cases [of scurvy] have come under my notice … It generally begins with a soreness of the gums, a feeling of weakness … [and] arises from want of fresh vegetables'.[153] Diddorol sylwi fod Thomas Williams wedi priodoli'r sgyrfi (yn hollol gywir) i ddiffyg llysiau ffres a hynny'n ddigon pendant. Yn 1847 (ganrif ar ôl i James Lind, yn ei *Treatise on the Scurvy*, ddadlennu rôl hanfodol ffrwythau a llysiau) roedd yr 'arbenigwyr' eu hunain ymhell o fod yn gytun ynghylch gwir achos y sgyrfi a nifer ohonynt yn dal i'w briodoli i bob math o achos megis awyr afiach, oerfel, gormod o siwgr, ysmygu, gormod o gig hallt ac ati.[154] Lleisiodd Llywydd Coleg Brenhinol y Llawfeddygon yn 1838 y farn mai'r grefydd Babyddol, trwy orfodi pobl i fwyta pysgod wedi eu halltu ar hyd y flwyddyn, oedd un o achosion y sgyrfi.[155] Mae datganiad gwyddonol-gywir Williams felly yn un tra diddorol; diau ei fod wedi'i sylfaenu ar ei sylwadau personol ef ei hunan yn ystod cyfnod(au) o brinder tatws yng Nghymru. Diddorol nodi mai dyna'r adeg hefyd (1846) a welodd gyhoeddi gan Timmins ei *Traithawd ar drin tatws;* rheswm Timmins am wneud hyn oedd 'dyoddefiadau y tlodion a'r cyhoedd yn gyffredinol … oherwydd methdod y cnydau'.[156]

Tua'r un adeg, cafwyd yng Ngwent yr enghraifft fwyaf nodedig o'r sgyrfi yng Nghymru'r bedwaredd ganrif ar bymtheg.

Torrodd gweithiwr o'r enw John Jones ei goes a chafodd ei drin gan Lewis Redwood, meddyg i Weithfeydd Haearn Rhymni ar y pryd.[157] Er holl ymdrechion Redwood, bu farw Jones ymhen wyth wythnos. Awgrymwyd fod triniaeth Redwood wedi bod yn annigonol ac mai esgeulustod ar ei ran ef a oedd yn gyfrifol am farwolaeth annisgwyl Jones. Ond fe'i hamddiffynnodd Redwood ei hun trwy honni nad o ganlyniad i'r goes anafedig y bu farw Jones, ond oherwydd y sgyrfi, a'i ddull ef (Redwood) o drin y goes felly yn amherthnasol. Bu achos llys a chyhoeddodd y crwner: 'I exonerate you [Redwood] from all blame ... the evidence to the jury did not attribute the slightest blame to you in the treatment of the man's leg'. Cafwyd *post mortem* gan ddau feddyg annibynnol a chyhoeddwyd fod 'the body of John Jones ... presented the symptoms usually attending sea-scurvy ... we are of the opinion that he died of a disease commonly called sea-scurvy, the effect of several months deprivation of fresh vegetables ...'

Mae sylwadau Redwood ei hunan am yr achos yn ddadlennol:

> ... after some time he [Jones] became affected with the scurvy; the fracture which had been united, was found to be free again ... the patient ultimately died with no symptom of any disease but scurvy. Having never seen a case of death from this cause before – the disease being until lately very rare on land – I was anxious to have a *post mortem* ... I did what I could for him – supplied him with the proper medicine – wrote to the Board of Guardians, and spoke to him repeatedly and earnestly on the subject of the diet essential to his recovery [from a disease] scarcely ever seen on land (except now and again in prison) and

with which the country is now inundated in consequence of the failure and high price of the potato and from the time of the year being such as to prevent people's procuring fresh vegetables to substitute for it ...[158]

Mae datganiad Redwood ei fod heb weld achos o'r sgyrfi o'r blaen (er ei fod yn cydnabod fod y wlad bellach wedi'i boddi gan y clefyd) yn anodd ei gysoni â datganiad ei gymydog o feddyg, Dr Wakeman o Grughywel, ychydig wythnosau'n ddiweddarach. Dilornwyd sylwadau Redwood gan Wakeman a soniodd am 'the very numerous cases of scurvy &c &c both in my immediate neighbourhood [hynny yw 'in the Llangunnider [sic] parish'] and also at the iron works'.[159] Roedd Wakeman yn 55 oed adeg y digwyddiadau hyn a chanddo gryn brofiad meddygol (ef oedd meddyg Carnhuanawc a bu'n ei drin pan fu farw yn 1848).[160] Er y gwahaniaeth pwyslais, y mae tystiolaeth y ddau feddyg yn awgrymu'n glir fod y sgyrfi wedi brigo i'r wyneb yng Ngwent ar raddfa gymharol eang adeg y prinder tatws yn y 1840au.

Mae arwyddocâd cymdeithasol y prinder tatws yn y 1840au wedi derbyn cryn sylw mewn perthynas â'r Alban ac Iwerddon.[161] Ond, yn gyffredinol, bu tuedd i anwybyddu Cymru yn hyn o beth, efallai am nad ystyrid fod tatws yn bwysig yn economi domestig y Cymro cyffredin yr adeg honno. Ond y mae'r ffaith fod achosion o'r sgyrfi wedi eu cofnodi yn y gogledd yn ogystal ag yn y de o ganlyniad i'r prinder tatws yn awgrymu fod i datws le llawer mwy canolog yn yr economi nag a dybir yn gyffredinol. Hyd yn oed yn 1863, pan oedd y sefyllfa faethegol yng Nghymru wedi'i sefydlogi i raddau helaeth iawn a lluniaeth mwy cytbwys yn dechrau ennill y dydd, amcangyfrifodd Edward Smith fod y Cymro cyffredin yn dal i fwyta dros bwys o datws bob dydd (= $c.$ 40–70 miligram o fitamin C).[162]

Sylwadau cloi

Nid yw'n debyg fod unrhyw glefyd penodol wedi adlewyrchu natur y lluniaeth, ac yn anuniongyrchol, amodau cymdeithasol, yn dynnach na'r sgyrfi. Er hyn, pur fylchog yw ein gwybodaeth am ei hynt yng Nghymru, hyd yn oed yn y cyfnod ôl-1753 – y flwyddyn pryd y dadlennodd James Lind, yn ei *A treatise of the scurvy,* natur achosol y berthynas rhwng diffyg ffrwythau ffres a'r sgyrfi. Mae modd cyffredinoli ynghylch cyfnodau neilltuol yn ein hanes ond dyna'r cyfan. Nid tan yn gymharol ddiweddar y cafwyd tystiolaeth am ei fynychder yng Nghymru. Diau i lawer farw o'r sgyrfi – efallai, yng nghwrs y canrifoedd, mwy nag o'r un clefyd arall – ond am y rhesymau a drafodwyd eisoes, go annelwig yw ein gwir wybodaeth am hyn. Yn wahanol i'r ddarfodedigaeth, ni ellir rhestru nifer o enwogion (neu ddarpar-enwogion) a aeth yn ysglyfaeth iddo, efallai am mai ymhlith y tlodion a'r rhai anfanteisiedig y gwelid y sgyrfi ar ei fwyaf mileinig.

Un o'r ychydig rai y gellir mentro cynnig barn arno yn hyn o beth yw George Herbert (1593–1633), bardd Saesneg o dras Cymreig ac a fedrai beth Cymraeg hefyd ym marn rhai. Pur fregus fu iechyd Herbert erioed. Cyfieithiodd lyfr adnabyddus Cornaro *Trattiato 'della vita sobria* i'r Saesneg *A treatise of temperance and sobrietie,* efallai fel rhan o'i ymdrech i wella ei iechyd ei hunan. Roedd cyfarwyddiadau dietegol Cornaro yn weddol syml, sef (i) i osgoi bwyta ffrwythau a llysiau (ii) i fwyta bara, wyau, cig a chawl – dim byd arall a'r cyfan i bwyso llai na deuddeg owns. [163] Prin y gellid fod wedi dyfeisio rysáit a fyddai'n sicrach o arwain at y sgyrfi. Heblaw am yr ychydig fitamin C a ddeuai (efallai) o'r cig, dyma ddiet sy'n llwyr amddifad o'r fitamin a byddai'r sawl a benderfynai lynu'n gaeth wrtho yn weddol sicr o farw o'r sgyrfi ymhen ychydig fisoedd. Tybed felly nad marw o'r sgyrfi a wnaeth George Herbert – ynghyd ag unrhyw rai eraill a ddilynodd gyngor Cornaro a'i debyg.

Byddai arbrofion dietegol o'r fath yn gyfyngedig, wrth reswm, i'r sawl a allai fforddio (yn ddeallusol yn ogystal ag yn gyllidol) arbrofi gyda'u lluniaeth. Ni fyddai gan y rhan fwyaf o'r boblogaeth ddewis ond bwyta'r hyn a oedd yn gyson â'u hamgylchiadau ar y pryd. Byddai eu rhyddid i amrywio eu lluniaeth gyfled â'u statws cymdeithasol – a dyna ddiwedd arni. O ganlyniad, ni fyddai ganddynt ddewis ond syrthio'n ysglyfaeth i'r sgyrfi ar adegau 'anffafriol' yn eu hanes.

Cyfeiriodd hanesydd o Gymro yn ddiweddar at y cannoedd o Gymry a fu farw yn ystod y ddeunawfed ganrif a chyn hynny o ganlyniad i 'ddiffyg maeth a newyn'. Soniodd am 'rhygnu byw ar fwyd ... a oedd yn ddiffygiol mewn fitamin A ... B ... a D.' [164] Gall hyn oll fod yn wir, er, y tebygolrwydd yw y byddai person mewn cyflwr o gyni lluniaethol wedi marw o brinder caloriau/protein ymhell cyn i ddiffyg fitaminau A, B a D gael gafael arno. Ni soniwyd am ddiffyg fitamin C – ond odid y perygl maethegol mwyaf difrifol y gorfu i'r haenau cymdeithasol isaf ei wynebu yn y cyfnodau dan sylw. Ond yn baradocsaidd braidd, ni ddylid o angenrheidrwydd ddisgwyl gweld y sgyrfi yn ei fynegi ei hun ym mhob sefyllfa o brinder bwyd. Carbohydradau a phrotein sy'n prinhau pan fydd y cynhaeaf ŷd yn methu gan mai cyflenwi'r rhain yw prif gyfraniad grawnfwydydd (gwenith, ceirch, haidd, rhyg). Nid yw grawnfwydydd yn cynnwys fitamin C, felly ni fyddai prinder grawn yn cael unrhyw effaith ar y cymeriant o fitamin C. Yn wir – a dyma'r paradocs – gallai prinder grawnfwyd, trwy symbylu'r boblogaeth i droi at datws neu at blanhigion deiliog gwyllt am beth o'u cynhaliaeth, beri cynnydd yn y cymeriant o'r fitamin. Gwyddys fod hyn wedi digwydd mewn rhai cymunedau ar draws Ewrop ar adegau o gyni a phrinder bwyd ond, am ryw reswm neu'i gilydd, bu'r Cymry erioed yn gyndyn i newid eu patrwm bwyta yn hyn o beth hyd yn oed mewn cyfnodau o brinder grawn. Anodd dweud faint fu cost y geidwadaeth gynhenid hon iddynt yn nhermau'r cydbwysedd rhwng bywyd a marwolaeth.

Erbyn heddiw y mae pethau wedi gwella rhywfaint. Daeth lluniaeth y Cymry cyffredin yn fwy cytbwys ac yn fwy amrywiol ei natur. Lleihaodd y cymeriant o datws ond bu cynnydd cyfatebol mewn llysiau eraill. Law yn llaw â hyn gwelwyd cynnydd sylweddol yn ystod yr ugeinfed ganrif yn y gyfran o ffrwythau sitrws yn y lluniaeth – ffynhonnell arall o fitamin C. Bellach, y mae'r cymeriant o datws ymhlith y Cymry wedi syrthio i 6 owns (170 gram) y dydd, sy'n cyfateb i *c*. 20 miligram o fitamin C.[165] Yn ddiddorol, y mae'r cymeriant o datws ymhlith y Cymry yn dal yn uwch na'r cymeriant yn yr Alban (5.3 owns y dydd) ac yn Lloegr (4.8 owns y dydd). Hyd yn oed heddiw y mae tatws yn dal i gyflenwi'r corff â chyfran sylweddol o'i fitamin C ac y mae hyn yn arbennig o wir ymhlith y rhai isaf ar y raddfa gymdeithasol.

Y mae'n anodd gorbwysleisio, felly, y lle canolog sydd i rai planhigion penodol yn hanes y sgyrfi yng Nghymru – dail planhigion gwyllt yn y cyfnodau cynhanesyddol, bresych a'u tebyg yn y cyfnodau hanesyddol cynnar ac ar ôl hynny, a thatws rhwng y ddeunawfed ganrif a'r ugeinfed. Yn wir, oni bai am y cymeriant o fresych ar adegau arbennig, ac, yn fwyaf neilltuol efallai, y cymeriant o datws rhwng 1750 a 1900, y mae'n bur amheus pa nifer ohonom a fyddai ar ôl o gwbl i ddarllen hyn o hanes!

Cyfeiriadaeth a nodiadau

1. William Buchan (cyf. Hugh Jones), *Y meddyginiaeth deuluaidd* (Caernarfon, 1831), t. 412.

2. Mae cymeriant o 10 miligram o fitamin C (asid ascorbig) y dydd yn ddigon i amddiffyn y corff rhag y sgyrfi ond yr argymhelliad swyddogol yw 40 miligram, a mwy na hynny mewn rhai gwledydd (gweler *Dietary reference values for food energy and nutrients for the United Kingdom* (Llundain, 1991); R. Elwyn Hughes, 'Vitamin C' yn *The Cambridge world history of food* (Caergrawnt, 2000), cyfrol 1, tt. 754–63.

3. L. H. Roddie, *James Lind, founder of nautical medicine* (Llundain, 1951), tt. 48, 71–2.

4. Am fanylion am hynt y sgyrfi yn gyffredinol, gweler K. J. Carpenter, *The history of scurvy and vitamin C* (Caergrawnt, 1986); R. Elwyn Hughes, 'Scurvy' yn *The Cambridge world history of food* (Caergrawnt, 2000), cyfrol 1, tt. 988–1000.

5. S. Zivanovic, *Ancient diseases; the elements of palaeopathology*, cyf. L. F. Edwards (Llundain, 1982), tt. 118–21.

6. S. B. Eaton a M. Konner, 'Palaeolithic nutrition', *New England Journal of Medicine* 312 (1985), 283–9.

7. Gweler Eleri Jones ac R. E. Hughes, 'Foliar ascorbic acid in some angiosperms', *Phytochemistry* 22 (1983), 2493–9, 23 (1984), 2366–7. Cynnwys dail y fedwen (*Betula alba*), er enghraifft, dros 400 miligram o fitamin C ym mhob 100 gram – rhyw chwe gwaith cymaint (yn ôl y pwysau) â dail bresych a theirgwaith cymaint â chwrens duon.

8. A. G. Smith, 'The influence of mesolithic and neolithic man on British vegetation: a discussion', yn *Studies in the vegetational history of the British Isles*, gol. D. Walker a R. G. West (Caergrawnt, 1970), tt. 81–96.

9. Mae 100 gram o ddail coed cyll yn cynnwys 318 miligram o fitamin C (Jones a Hughes (1983), op. cit.).

10. Smith (1970), op. cit.

11. D. Brothwell, 'Disease, micro-evolution and earlier populatons ...' yn *Modern methods in the history of medicine*, gol. E. Clarke (Llundain, 1971), tt. 112–34.

12. J. Yudkin, 'Archaeology and the nutritionist' yn *The domestication and exploitation of plants and animals*, gol. P. J. Ucko a G. W. Dimbleby (Llundain, 1969), tt. 547–52.

13. R. Elwyn Hughes, *Carnitine: some nutritional and historical implications* (Basel, Y Swistir, 1992).

14. W. Britnell et al., 'The excavation of two round house barrows at Trelystan, Powys', *Proceedings of the Prehistory Society* 48 (1982), 133–201; L. Alcock, 'Some reflections on early Welsh society and economy', *Cylchgrawn Hanes Cymru* 2 (1964), 1–7; G. Dimbleby, *Plants and archaeology* (Llundain, 1987); F. A. Roach, *Cultivated fruits of Britain* (Rhydychen, 1985).

15. Gweler, er enghraifft, G. Henslow, *Medical works of the fourteenth century* (Llundain, 1897), t. 112, lle y ceir, mewn llawysgrif Saesneg o'r bedwaredd ganrif ar ddeg, feddyginaeth at sicrhau 'waggying teth'. Mae disgrifiad William Vaughan o'r Gelli Aur o foddion 'which shall fasten them ['loose teeth'], scowre the mouth and make sound the gummes' yn awgrymog iawn o driniaeth at y sgyrfi (William Vaughan, *Directions for health, naturall and artificiall* ... (Llundain, 1602), 7fed argraffiad (1633), t. 166). Mae digonedd o gyfeiriadau at broblemau'r dannedd yn y llawysgrifau meddygol cynnar (megis y pedwar a geir yn Hafod 16, llawysgrif Gymraeg o ddiwedd y bedwaredd ganrif ar ddeg) ond y mae'n debyg mai ymwneud â deintbydredd (caries) cyffredin y maent ac nid â'r llacrwydd dannedd sydd yn un o nodweddion y sgyrfi.

16. Ifor Williams, *Canu Llywarch Hen* (Caerdydd, 1935), tt. 26, 30; P. Ford, *Poetry of Llywarch Hen* (Berkeley, T. U. , 1974), tt. 28, 183, 209.

17. Gweler, er enghraifft, Hugh Davies, *Welsh Botanology* (Llundain, 1813), tt. 185–6; U. P. Hedrick, *Sturtevant's edible plants of the world* (Efrog Newydd, T. U.,1919/1972), t. 302.

18. John Williams, *Faunula Grustensis* (Llanrwst, 1830), tt. 90–91.

19. Jones a Hughes (1983), op. cit.

20. G. F. Jones, 'The function of food in mediaeval German literature', *Spectrum* 35 (1960), 78–86.

21. E. N. Dhuibhne, '"The land of Cokaygne": a Middle English source for Irish food historians', *Ulster Folklife* 34 (1988), 48–53.

22. Gweler, er enghraifft, D. J. Bowen , 'Beirdd a noddwyr y bymthegfed ganrif (Rhan II)', *Llên Cymru* 18 (1995), 221–56.

23. T. Jones, *Gerallt Cymro* (Caerdydd, 1938), t. 179.

24. C. Babington (gol.), *Polychronicon Ranulph Higden* ... (Llundain, 1865), t. 405. Ceir yn y *Polychronicon* hefyd gyfeiriad at duedd y Cymry i yfed gwin coch (t. 404) – peth annisgwyl braidd, o gofio, yn ôl hynny o wybodaeth sydd ar gael, mai gwinoedd mewnforiedig a yfid a chan y dosbarth uchaf yn unig. Tybed nad cyfeiriad sydd yma at ddiod griafol y Cymry? (Gweler y bennod 'Diodydd bonedd a gwreng'.) Wrth drafod lluniaeth Cymry cyffredin Meirionnydd yn y drydedd ganrif ar ddeg, dywedodd Jones-Williams: 'If we allow, as we must, that poultry, pork, fish and game (occasionally) supplemented the diet ['of meat and lactic

products'] and that cheese, eggs and milk, cabbages and leeks (in certain areas) and possibly honey were fairly plentiful ...' ond heb nodi ei ffynonellau (K. Jones-Williams, *The Merioneth Lay Subsidy Roll 1292–3* (Caerdydd, 1976), t. cxx).

25. R. Elwyn Hughes, y gyfrol hon, pennod 'Melltith y mallryg'.

26. ibid.

27. H. P. Wyndham, *A tour through Monmouthshire and Wales ... in 1774* (Llundain, 1781), 2ail argraffiad, t. 152.

28. D. J. Davies, *The economic history of South Wales prior to 1800* (Caerdydd, 1933), t. 47.

29. R. Alun Roberts, *Welsh home-spun: studies of rural Wales* (Y Drenewydd, 1930), t. 47.

30. Mae union statws gerddi llysiau yn Ewrop yn gyffredinol yn ystod yr oesoedd canol, ac yn wir hyd at y ddeunawfed ganrif o ran hynny, yn fater o anghytundeb a'r dystiolaeth berthnasol yn bur fylchog (gweler, er enghraifft, A. C. Zeven, 'On the history of the vegetable gardens in North-west Europe', *Botanical Journal of Scotland* 46 (1994), 605–10).

31. P. Meyvaert, 'The medieval monastic garden' yn *Medieval gardens*, gol. E. B. MacDougall (Washington, T. U., 1986), tt. 25–53; A. Amherst, *A history of gardening in England* (Llundain, 1895), tt. 1–29; E. M. Pritchard, *The history of St Dogmaels abbey* (Llundain, 1907), tt. 83, 115; S. W. Williams, *The Cistercian abbey of Strata Florida* (Llundain, 1889), tt. 177, ci. Amcangyfrifwyd fod rhai o erddi'r mynachlogydd yn cynnwys rhwng 200 a 300 o wahanol rywogaethau o blanhigion (gweler J. H. Harvey, adolygiad yn *Garden History* 11 (1983), 176–7) .

32. Ffransis Payne, 'Yr hen ardd Gymreig', *Lleufer* 11 (1955), 55–66.

33. Ivy Elstob, gyda rhagymadrodd gan E. S. Rhode, *The garden book of Sir Thomas Hanmer* (Llundain, 1933); G. J. Williams, 'Croeso i Wernyfed' [LlGC 13178B] *Llên Cymru* 8 (1964), 81–3. Gweler hefyd E. H. Whittle, 'The renaissance gardens of Raglan Castle', *Garden History* 17 (1989), 93–94. Am ymdriniaeth â gweithgareddau garddwr Cymreig arall (John Salusbury o Lewenni (1567–1612)) gweler R. T. Gunther, *Early British botanists and their gardens* (Rhydychen, 1922), tt. 238–41.

34. Jones (1938), op. cit., t. 202; H. P. Wyndham (1781), op. cit., tt. 151–2.

35. [William F. Mavor] *A tour in Wales ... in the summer of 1805* (Llundain, 1806), t. 83.

36. H. Lewis, T. Roberts ac I. Williams, *Cywyddau Iolo Goch ac eraill* (Bangor, 1925), t. 226. Bu tuedd erioed i gysylltu berwr y dŵr â bwyd main yr asgetig crefyddol (gweler A. T. Lucas, 'Irish food before the potato', *Gwerin* 4 (1960),

8–43). Dros dair canrif yn ddiweddarach, cafwyd gan William King yn ei ddychangerdd 'The art of cookery ...' (1712) ddisgrifiad o luniaeth tybiedig y Cymry cynnar sy'n cynnwys y llinellau: 'Their salading was never far to seek/ The poynant Water-grass or sav'ry leek' ['Water-grass' = berwr y dŵr] – hyn eto'n cyfleu'r gred ar ran rhai fod i ferwr y dŵr le o bwys yn lluniaeth y Cymry cynnar (William King, *The Art of Cookery in imitation of Horace's Art of Poetry* (Llundain [1712], 2il argraffiad) t. 85).

37. R. Elwyn Hughes, 'The rise and fall of the "antiscorbutics": some notes on the traditional cures for "land scurvy"', *Medical History* 34 (1990), tt. 52–64. Ceir awgrym gan Hagen fod nifer o enwau lleoedd yn Lloegr yn tanlinellu pwysigrwydd berwr y dŵr yn economi'r Eingl-Sacsoniaid (Ann Hagen, *A second handbook of Anglo-Saxon food and drink* (Norfolk, 1995), tt. 39–40).

38. D. Bois, *Les plantes alimentaires chez tous les peuples et a travers les ages* (Paris, 1927), cyfrol 1, t. 21; Hagen (1995), op. cit. Erbyn dechrau'r bedwaredd ganrif ar bymtheg roedd gan farchnata berwr y dŵr le pwysig yn economi sawl gwlad Ewropeaidd – ond am ryw reswm ni ddaeth yn boblogaidd iawn yng Nghymru (gweler, er enghraifft, P. Neill, *Journal of a horticultural tour through some parts of Flanders, Holland ... and France in the autumn of 1817* (Caeredin, 1823), tt. 489–90).

39. Williams (1889), op. cit., t. 120; A. W. Wade-Evans, *Vitae sanctorum Britanniae et genealogiae* (Caerdydd, 1944), t. 179: 'Carices fontanes erant illis in pulmentaria, dulces herbe ... ; cawn/cyrs fyddai'r cyfieithiad arferol o 'carices' ond hawdd deall penbleth Wade-Evans am na ellir dwyn i gof yr un math o gorsen/ cawnen Ewropeaidd sy'n fwytadwy.

40. LlGC 13147 A t. 86.

41. Amherst (1895), op. cit., tt. 131–2; J. Stannard, 'Alimentary and medicinal uses of plants' yn MacDougall (1986), op. cit., tt. 69–91. Ymddengys fod gennym fwy o wybodaeth am statws yr ardd lysiau yng nghyfnod clasurol Rhufain a Groeg nag amdani yng Nghymru'r canol oesoedd (gweler H. M. Leach, 'On the origins of kitchen gardening in the ancient Near East', *Garden History* 10 (1982), 1–16).

42. C. Dyer, 'English diet in the later middle ages' yn *Social relations and ideas; essays in honour of R. H. Hilton*, gol. T. A. Aston et al. (Caergrawnt, 1983), tt.191–216.

43. J. Harvey, 'Vegetables in the Middle Ages', *Garden History* 12 (1984), 89–91; T. MacLean, *Medieval English gardens* (Llundain, 1981), tt. 197–223.

44. Harvey (1984), t. 93; gweler hefyd A. Amherst, 'A fifteenth century treatise on gardening', *Archaeologia* 54 (1895), 157–72.

45. T. Comber, 'The etymology of plant names', *Transactions of the Historical Society of Lancashire and Cheshire* 29 (1877), 43–83. Mae Comber yn ein hatgoffa am

Ffalstaff a'r offeiriad Cymraeg, Syr Hugh, 'Good words (worts), good cabbage'.

46. R. Payne (gyda sylwadau gan W. Blunt), *Hortulus Walahfrid Strabo* (Pittsburgh, T. U., 1966).

47. Richard Gardiner, *Profitable instructions for the manuring, sowing, and planting of kitchen gardens* (Llundain, 1599); J. H. Harvey, 'The first English garden book', *Garden History* 13 (1985), 83–101. Gweler hefyd E. S. Rhode, *The old English gardening books* (Llundain, 1924), tt. 27–31; U. P. Hedrick (1919/1972), op. cit., tt. 113–20; Y. Lovelock, *The vegetable handbook* (Llundain, 1972), tt. 66–72.

48. Ni ddaeth na thatws na ffrwythau sitrws (dwy brif ffynhonnell fitamin C heddiw) i Gymru tan yn gymharol ddiweddar. O'r ffrwythau 'gwyllt', cynnwys afalau ryw 10 miligram o fitamin C ym mhob 100 gram. Gallasai'r griafolen (*Sorbus aucuparia*) fod wedi gwneud cyfraniad gwiw yn hyn o beth; mae 100 gram o'r aeron ffres yn cynnwys hyd at 60 miligram o'r fitamin ac y mae peth tystiolaeth i'w phwysigrwydd dietegol mewn rhannau o Gymru hyd at y ganrif ddiwethaf. (Gweler hefyd y bennod ' Diodydd bonedd a gwreng'.)

49. Ifor Williams, *Canu Aneirin* (Caerdydd, 1938), t. 31.

50. J. G. Evans, *The poetry of the Red Book of Hergest* (Llanbedrog, 1911).

51. Harvey (1984), op. cit., t. 96.

52. A. C. Zeven (1994), op. cit.

53. A. Rh. Wiliam, *Llyfr Iorwerth* (Caerdydd, 1960), t. 100; W. Rees, *South Wales and the March 1284–1415; a social and agrarian study* (Rhydychen 1927/ Caerdydd 1967), t. 135.

54. H. G. Graham, *The social life of Scotland in the eighteenth century* (Llundain,1899), tt. 179–81; M. Plant, *The domestic life of Scotland in the eighteenth century* (Caeredin, 1952), t. 68: '…most peoples' kitchen garden [yn y ddeunawfed ganrif] seem to have contained nothing much besides kale and perhaps gooseberries' – dau blanhigyn, fel mae'n digwydd, a fyddai wedi sicrhau cyflenwad digonol o fitamin C.

55. Y mae lluniau o'r cyfnod yn awgrymu fod gardd i bob tŷ yn y trefi mewn rhai parthau o Ewrop, fodd bynnag (F. Crisp, *Mediaeval gardens* (Llundain, 1924), platiau xcviii–cv am y sefyllfa yn yr Eidal) ac y mae cofnodion y *Domesday Book* yn tystio i hynafiaeth patrwm o'r un fath yn Lloegr. Yng ngogledd Cymru, ceir cyfeiriadau niferus at erddi Sir Fôn yn y bedwaredd ganrif ar ddeg yn adroddiad Johnde Delves (A. D. Carr, *The extent of Anglesey, 1352* (Dinbych, ?1976), tt. 177, 261). Mae dogfennau o Forgannwg yn nechrau'r ail ganrif ar bymtheg (lle cyfeirir at ugain o erddi ym maenor Llystalybont, deugain ym maenor Trecolwyn ac ati) yn awgrymu mai rhywbeth cyffelyb oedd y sefyllfa yn y rhan honno o Gymru hefyd. (J. P. Tubervill, *Ewenny Priory* (Llundain, 1901), t. 81.)

56. J. W. Willis-Bund (gol.), 'An extent of all the lands and rents of the Lord Bishop of St Davids ... made in the year 1326 ... usually called the Black Book of St Davids (BM Add MSS 34, 125), *Cymmrodorion Record Series No 5* (Llundain, 1902), tt. 73, 137, 169. Ymddengys fod gerddi llysiau go iawn yn bresennol yn y rhan fwyaf o fythynnod Cymru erbyn y ddeunawfed ganrif ond ni ellir ond dyfalu i ba raddau y byddai hyn wedi diwallu anghenion y boblogaeth am fitamin C yn y cyfnod cyn tatws.

57. Bartholomaeus Anglicus, *De rerum ... proprietibus* (Ffrancffwrt, 1601), t. 893, 'De olere ... pomis enim & oleribus nutriebantur homines, ante diluvium ...'

58. Ymdriniaeth Marcus Cato â'r bresych yn ei *De agri cultura* oedd prif ffynhonnell y wybodaeth draddodiadol am fresych ar hyd yr oesoedd canol ac wedyn. Mae'r disgrifiadau o'r pedwar math o fresych a geir yn llysieulyfr 'Salesbury' (I. Rh. Edgar, *Llysieulyfr Salesbury* (Caerdydd, 1997), t. 78) yn gyfieithiad llythrennol o ddisgrifiad Leonart Fuchs yn ei *De Historia Stirpium* ... (Basel, 1542), tt. 412–19, sydd, yn ei dro, yn hynod o debyg i ddeunydd cyffelyb gan Cato. (W. D. Hooper a H. B. Ash, *Marcus Porcius on agriculture* (Llundain, 1979), tt. 142–5.)

59. Barnaby Googe, *Foure bookes of husbandrie, collected by M. Condradus Heresbachius* ... (Llundain, 1586), tt. 56–7; Thomas Hill, *The gardener's labyrinth* (1577, adargraffiad Rhydychen 1987, gol. R. Mabey), tt. 129–31. Ar y llaw arall nid oes gan eraill, megis Blith a Hartlib, a ysgrifennai tua'r un adeg, unrhyw sôn am fresych.

60. Amherst (1895), op. cit.; T. H. Turner, 'Observations on the state of horticulture in England in early times, chiefly previous to the fifteenth century', *Archaeological Journal* (1848), 295–311.

61. [John Prys] *Yny lhyvyr hwnn* (1546), gol. J. H. Davies (Bangor/Llundain 1902), tt. [9–21].

62. William Vaughan (1633), op. cit., t. 52. Tyfid bresych gan Vaughan arall tua'r un cyfnod – Rowland Vaughan, un o Fychaniaid Brodorddyn (Swydd Henffordd) sy'n sôn am dyfu 'onyons, cabiges, carets' yn ei *Most approved and long experienced water-workes* ... (Llundain, 1610); adargraffiad newydd, gol. E. B. Wood, (Llundain, 1897), t. [158]. Ni lwyddwyd i ddod o hyd i gyfeiriad at dyfu bresych mewn gerddi yn Iwerddon cyn 1690 (Lucas (1960), op. cit.).

63. Eileen Power [cyf. a gol.], *The Goodman of Paris ... a treatise on ... domestic economy* [*c.* 1400] (Llundain, 1928); M. Ambrosoli, *The wild and the sown*, cyf. M. M. Salvatorelli (Caergrawnt, 1997), *passim*.

64. J. Woolridge [= John Worlidge], *Systema Horti-culture or the art of gardening*

(Llundain, 1688), t. 168 : 'Leeks ... the constant use of them by the Welsh, who propagate an abundance of them, insomuch that I have seen the greatest part of a Garden there stored with Leeks, and part of the remainder with Onions and Garlick'. Aeth Worlidge rhagddo i dynnu sylw at effaith hyn ar gorff y Cymro: 'Much Garlick is eaten in Wales and Scotland ... Welsh have Leekes ... and dedicate the Leek to their Saint David on his day ... and Aegyptianlike, some of them are known by their Magazine of Garlick-fumes, at a great distance.' Mae crynodiad y fitamin C mewn garlleg yn gymharol isel – rhyw 10 miligram ym mhob 100 gram. Aeth Worlidge rhagddo i gyferbynnu'r Cymry â'r Saeson yn hyn o beth, a'r Saeson yn fwy tebygol o dyfu bresych yn lle cennin: '[cabbages and coleworts] are in vulgar use in every place in England ... if there be a House without a Garden, or a Garden without a Caulwort, the Inhabitants ... will furnish themselves from the Market' (ibid, t. 175).

65. Garfield H. Hughes, *Rhagymadroddion 1547–1659* (Caerdydd, 1967), t. 67. Mae Sion Dafydd Rhys yn edliw i'r Cymry eu tuedd i adael i hen lawysgrifau gael eu defnyddio gan 'siopwrageddos i ddodi llyssieu sioppeu ynddynt'. Mae cyfeiriad Tudur Aled (bl. 1500) at 'powdr a llyssieu o'r siopau' hefyd yn awgrymu mai siop y sbeisiwr neu'r fferyllydd a olygir (T. Gwynn Jones, *Gwaith Tudur Aled* (Caerdydd/ Wrecsam/Llundain, 1926), cyfrol 1, t. 24.)

66. Leslie Harries, *Gwaith Huw Cae Llwyd ac eraill* (Caerdydd, 1953), t. 86. Yr un mor ddiddorol yw llinell Guto'r Glyn 'Lliwio sew [cawl, saws] â llysieuoedd', hyn eto'n awgrymu tuedd ar ran y boneddigion i ddefnyddio llysiau wrth baratoi cawl (J. Ll. Williams a I. Williams, *Gwaith Guto'r Glyn* (Caerdydd, 1939), t. 226).

67. Society of Antiquaries, *A collection of ordinances and regulations* ... (Llundain, 1790), t. 426.

68. Colin Thomas, 'Peasant agriculture in medieval Gwynedd: an interpretation of the documentary evidence', *Folk Life* 13 (1975), 24–37; Mathew Griffiths, 'The Vale of Glamorgan in the 1543 Lay Subsidy Returns', *Bwletin Bwrdd Gwybodau Celtaidd* 29 (1982), 709–47: '... to date there has been little investigation of the lives and social conditions of the majority of the inhabitants of the Welsh countryside ... the 98 per cent of the Welsh population which in the mid sixteenth century lay beneath the ranks of the upper gentry'.

69. Terence Scully, *The art of cookery in the Middle Ages* (Woodbridge, 1995), t. 7.

70. T. Gwynn Jones (1926), op. cit., t. xxiv.

71. *Household food consumption and expenditure* (Llundain, yn flynyddol). Ar gyfartaledd, ymhlith y rhai sy'n ennill y cyflogau mwyaf, y mae tatws yn cyfrif am lai nag ugain y cant o'r cymeriant dyddiol o fitamin C, ond ymhlith yr enillwyr isaf a'r di-waith, y mae tatws yn cyflenwi dros bum deg y cant o'r fitamin.

72. C. P. Stewart a D. Guthrie, *Lind's treatise on the scurvy* [1753] (Caeredin, 1953), t. 263.

73. Am hanes ysgrifau cynnar ar y sgyrfi, gweler Carpenter (1988), a Hughes (2000), op. cit.

74. W. Turner, *The first and second parts of the herbal* ... (Llundain, 1568), t. 123.

75. R. Dodoens, *A niewe herball or historie of plantes ... translated ... out of the French into English by Henry Lyte* (Antwerp, 1570), tt. 117–18.

76. J. Gerard, *The herball or generall historie of plantes (enlarged by Thomas Johnson)* (Llundain, 1633), tt. 401–2.

77. M[archmont]. N[edham]., *Medela medicinae; a plea for the free proffesion and a renovation of the art of physick* (Llundain, 1665), t. 38.

78. G. Harvey, *The disease of London or a new discovery of the scorvey* (Llundain, 1675), t. 211.

79. LlGC Lsgr. Peniarth 228. Bu cryn ddyfalu ar ran yr arbenigwyr ynghylch union natur y planhigyn a enwyd yn *Britannica* gan Pliniws. Yn draddodiadol, tueddid i dderbyn mai *Cochlearia* ydoedd (er enghraifft gan P. Pena ac M. De L'Obel yn eu *Stirpium adverseria nova* (Llundain, 1571), t. 121; D. Sennert, *De scorbuto tractatus* (Wittenberg, 1624), t. 161). Heriwyd hyn gan eraill, er enghraifft J. Wierus yn ei lyfr dylanwadol *De scorbuto tractatus* (1567 – ond a adargraffwyd yn Sennert (1624), op. cit., t. 341) a chan Abraham Munting a geisiai ddadlau yn ei *De vera antiquorum herba Britannica* ... (Amsterdam, 1681) o blaid *'Hydropathum nigrum'* [= *Rumex hydrolapathum,* tafol y dŵr]. Un peth sy'n amlwg, sef bod disgrifiad Pliniws o *Britannica,* a atgynhyrchir gan Wiliems yn ei eiriadur, yn bur annhebyg i'r llwylys, sy'n peri inni amau galluoedd botanegol Wiliems.

80. Hughes (1990), op. cit.

81. E. Maynwaringe, *Morbus polyrhizos & polymorphaeus. A treatise of the scurvy* (Llundain, 1679), 4ydd argraffiad, t. 150.

82. Ceir gan Sion Rhydderch yn ei *Geirlyfr Saesneg a Chymraeg* (1725) y gair 'llwyg'. Deuir o hyd i 'llwg' yn 'Owain llwg a'i un llygad' (Llanstephan 6: 1520), ond barn y diweddar R. J. Thomas oedd 'Anodd yw penderfynu a oes a wnelo'r llwg hwn â'r llwg (scurvy)' (Llythyr at R.E.H., 1973). Gweler hefyd yr ymdriniaeth â 'scribal errors' yn H. D. Merrit, *Fact and lore about old English words* (Rhydychen, 1954).

83. LlGC Lsgr. 4710B (dyddiad, 1676), a Llsgr. 13167B (Llanover E5; dyddiad 1674/5). Ymwneud â rhannau o 13167B ('Opera et miscellania Domini Gwiliellimi Pue Cambro Britannii M. B. ') yr ydys yn y nodiadau hyn.

84. R. Elwyn Hughes, 'A recusant contribution to medicine in Wales; Gwilym Pue, OSB and his De Sceletyrrbe ... or A traetice of the scorbut, 1675'

[yn Gymraeg], *Journal of Welsh Ecclesiastical History* 9 (1992), 20–36.

85. LlGC Lsgr. 13167B, t. 597.

86. Hughes (1990), op. cit.

87. E. Strother, *An essay on sickness and health* (Llundain, 1752), t. 150.

88. W. Vaughan, *The Newlanders cure ... and Newfound dyet to preserve the body sound and free from all diseases ... wherin are inserted general and speciall remedies against the scurvy ... and other grievous infirmities* (Llundain, 1630). Gweler hefyd Emyr Wyn Jones, *Bysedd cochion a'r Wladfa gyntaf* (Dinbych, 1998), tt. 39–77.

89. ibid, t. 67.

90. ibid, t. 69.

91. ibid, t. 112. Credid yn gyffredinol adeg Vaughan fod y ddueg yn ddiffygiol mewn achosion o'r sgyrfi; cyfeiria'r 'purple spots' [= petechiae] at gyflwr y croen yn y sgyrfi.

92. Er enghraifft, yng nghatalog William Lucas *c.* 1677 (J. Harvey, *Early gardening catalogues* (Llundain, 1972), t. 66).

93. C. Merret, *Pinax rerum naturalium Britannicarum ...* (Llundain, 1667), t. 14. Gweler hefyd C. E. Raven, *English naturalists from Neckham to Ray* (Caergrawnt, 1947), tt. 317–18.

94. J. Forster, *Englands happiness increased ...* (Llundain, 1664), tt. 2, 3: 'These roots [tatws] ... thrive and prosper very well in Ireland ... from whence they have been brought into Wales ...' Aeth Forster rhagddo ' The first and greatest Use of Potatoes is for the making of Bread ... every bushel will make as much Bread as a bushel of corn' (t. 5) ac y mae'n argymell eu plannu i'r perwyl hwn yn 'England, Wales and Ireland' (t. 12); Woolridge (1688), op. cit., t. 163.

95. Daethpwyd â'r daten felys o Feneswela i Loegr gan John Hawkins yn 1565; roedd eisoes ar gael yn Sbaen a Phortwgal o ganlyniad i fordeithiau Colwmbws. Mae'n cynnwys tua 25 miligram o fitamin C yn mhob 100 gram – rywfaint yn fwy na'r daten gyffredin. Am ymdriniaeth fanwl â lle'r daten felys yn llenyddiaeth y cyfnod a'i galluoedd affrodisaidd tybiedig, gweler R. N. Salaman, *The history and social significance of the potato* (Caergrawnt, 1949), tt. 424–33. Mae'n debyg mai at y daten felys y cyfeiriodd James Hart yn ei *The diet of the diseased* (Llundain, 1633, t. 45), wrth ddirmygu 'that out-landish root ... commonly called the Potato'. Am drafodaeth ddarluniedig ar y gwahanol fathau o 'datws' a oedd ar gael yn Ewrop yn nechrau'r ail ganrif ar bymtheg gweler John Parkinson *Paradisi in sole paradisus terrestris* (Llundain, 1629/ ffacs. Llundain, 1904), tt. 516–18. Am werth maethegol y daten felys gweler J. A. Woolfe, 'Sweet potato revisited', *B. N. F. Nutrition Bulletin* 17 (1992), 180–9. Gwreiddfwyd pwysig arall, ond un a gysylltir yn bennaf â rhannau o Affrica ac Asia, yw'r iam (*Dioscorea* spp). Yn ôl y cyhoeddiad *Gleanings*

from books on agriculture and gardening (Llundain, 1802, 2il argraffiad, t. 426),
'The yam is cultivated in most parts of Scotland and in North Wales' – ond ni welais gyfeirio at hyn yn unman arall.

96. R. T. Gunther, *Early British botanists and their gardens* (Rhydychen, 1922), t. 241.

97. G. Nesta Evans, *Social life in mid-eighteenth century Anglesey* (Caerdydd, 1936), t. 42; Salaman (1949), op. cit., 414–15.

98. LlGC 1579C, t. 471.

99. William Ellis, *The modern husbandman for the month of September* (Llundain, 1742), tt. 115, 118. Byddai'r bwyd Cymreig a ddisgrifiwyd gan Ellis (ysgaden/cig gwedder a thatws) yn lluniaeth digon cytbwys. Disgrifiwyd y dull Cymreig hwn o baratoi tatws ddwy flynedd yn ddiweddarach yn y llyfr coginio di-enw *Adam's luxury and Eves's cookery* (Llundain, 1744), t. 164. Cafwyd fersiwn hefyd yn y llyfr prin hwnnw *The cottage cook, or Mrs Jones's cheap dishes* (Llundain, 1750), t. 16 lle yr argymhellir berwi cymysgedd o ysgaden, tatws a dŵr mewn jar bridd. Tua'r un adeg, sylwodd Philip Miller yn ei *Gardeners dictionary* (Llundain,1743), 3ydd argraffiad, cyfrol 1, fod 'red and white Potatoes are ... at present ... one of the most common esculent Roots now in use ...'

100. Evans (1936), op. cit., tt. 181–2; Francis Jones, *Transactions of the Anglesey Antiquarian Society* (1940), t. 76. Tebyg oedd y sefyllfa yng nghylch Caerdydd – gweler 106 isod.

101. [Lewis Morris] *Diddanwch teuluaidd* (argraffiad Caernarfon, 1817), t. 202, 'Caniad melinydd Meirion'.

102. Thomas Pennant, *Tours in Wales* (Llundain, 1810), 2il argraffiad, cyfrol 1, t. 22.

103. J. H. Davies, *The letters of Lewis, Richard, William and John Morris* (Aberystwyth, 1909), cyfrol 2, t. 192; William Linnard a Robin Gwyndaf, 'William Morris of Anglesey: a unique gardening book and a new manuscript of horticultural interest', *Trafodion Anrhydeddus Gymdeithas y Cymmrodorion* (Llundain, 1979), 7–30. Diddorol nodi fod naturiaethwr arall o'r un cyfnod – Gilbert White y Sais – eisoes yn tyfu tatws yn ei ardd yn y 1750au. Yn ei ddyddiadur garddio ar gyfer Mawrth 28 1758 dywed ei fod newydd blannu 59 o datws hadyd (Gilbert White, *Garden Kalendar 1751–1771*, gol. J. Clegg (Llundain, 1975), t. 58).

104. E. D. Jones, 'Llyfrau cofion a chyfrifon Owen Thomas 1729–1775', *Cylchgrawn Llyfrgell Genedlaethol Cymru* 16 (1969/70), 43–60, 148–62, 381–93.

105. J. H. Davies (1909), op. cit., t. 242. Tua'r un adeg, gallai William Borlase sgrifennu am y sefyllfa gyfatebol yng Nghernyw: 'The potatoe is still a more useful root, now everywhere cultivated ... grateful to the rich, the support of the poor, and most salutary to both' (William Borlase, *The natural history of Cornwall*

(Rhydychen, 1758), t. 89).

106. Gweler 'Commonplace book Thomas Morgan' yn J. H. Matthews (gol.), *Cardiff Records* (Caerdydd, 1898–1905), cyfrol 2, tt. 444–508).

107. Edward Williams (Iolo Morganwg), LlGC Llsgr. 13138 (Llanover C51), t. 176. Yn ôl Williams dylid gorchuddio'r 'hadau' tatws ag eithin wrth eu plannu 'with a hoe or Welsh shovel'.

108. Edward Williams (Iolo Morganwg), LlGC Llsgr. 13147A, t. 99 (dyddiad 1796). Cafwyd tystiolaeth gyffelyb am y sefyllfa yn un o siroedd y gororau – Swydd Henffordd – tua'r un adeg ond, yn ddiddorol, bresych ac nid pys a ddisodlwyd gan datws yn y gerddi yno: '... yn [1770] the potato was unknown to the peasantry of Herefordshire, whose gardens were then almost exclusively occupied by different varieties of cabbage' (dyfynnwyd gan G. W. Johnson, *The potato: its culture, uses and history* (Llundain, 1847), t. 13–14).

109. The editor [Arthur Young], 'A tour in Wales &c', *Annals of Agriculture* 8 (1787), 31–87. Dywedir am 'Mrs Watkins of Glamorganshire' a fu farw'n 110 oed yn 1790, ei bod, am y 30 mlynedd olaf o'i bywyd, wedi bwyta dim byd ond tatws (J. Easton, *Human longevity* (Caersallog, 1799), t. 234).

110. I. Davies, *A certaine schoole* (Y Bontfaen, 1967), tt. 365, 371.

111. E. Donovan, *Descriptive excursions through South Wales* (Llundain, 1805), cyfrol 1, t. 386.

112. A. Young, *A tour in Ireland* (Llundain, 1780), 2il argraffiad, cyfrol 2, tt. 119–20 [*c.* 13 pwys y pen bob dydd]; [?John Sinclair] *Report of the Board of Agriculture ... [on] potatoes* (Llundain, 1795), tt. 71, 101–2 [*c.* 10 pwys]; John Walker, *Essays on natural history* (Caeredin, 1808), t. 621 [*c.* 6 pwys ar gyfer Iwerddon a'r Alban]; C. Woodham-Smith, *The great hunger* (Llundain, 1962), t. 179 [14 pwys].

113. David Davies, *The case of the labourers in husbandry* (Llundain, 1795), tt. 188–91.

114. R. Elwyn Hughes ac Eleri Jones, 'Edward Smith a bwyd y Cymro', *Y Gwyddonydd* 18 (1980), 56–9.

115. [John Rhys] 'Traethawd ar ddefnyddioldeb rheilffyrdd Merthyr, yn cynnwys y Taf a Nedd', *Yr Ymofynydd* 7 (1854), 41–6. Gweler hefyd Johnson (1847), op. cit., t. 166 lle y dywedir fod y cymeriant o datws gan y Cymry 'yn bwys y pen bob dydd, o leiaf'. Rhyw bwys a chwarter y pen bob dydd oedd y cymeriant o datws gan dlodion Canolbarth Lloegr yn 1830 yn ôl y Parchedig James Thomas Law, Canghellor Caerlwytgoed ar y pryd (J. T. Law, *The poor man's garden* (Llundain, 1830), t. 6).

116. Walker (1808), op. cit., t. 235.

117. Er enghraifft, LlGC Llsgrau 5932 a 8500B.

118. LlGC Llsgr. Cwrt Mawr 97A.
119. LlGC Llsgr. 11703E (Pant-Coy 3).
120. G. Blane, *Elements of medical logick* ... (Llundain, 1821), 2il argraffiad, t. 216.
121. [Edward Williams (Iolo Morganwg)] LlGC 13138A (Llanover C51), t. 188.
122. D. W. Linden, *A treatise on the three medicinal mineral waters at Llandrindod...* (Llundain, 1756), t. iv. Ceir un o'r cyfeiriadau Cymreig cynharaf at y sgyrfi fel anhwylder dermatolegol gan y botanwgwr Samuel Brewer yn ei daith drwy Gymru yn 1727, ac yntau'n lletya ym Mangor ar y pryd: 'Thos Price brought me ... *Aster maritimus tripolium dictus* [= *Aster tripolium*] which is called in Welch Scyrfy gwrw i.e. the male scurvy, which is very commonly used here, with very good success, by them that have the Scurvy or other such *breaking out* [myfi biau'r italeiddio] (H. A. Hyde, 'Samuel Brewer's diary', *Supplement to Report of Botanical Society and Exchange Club for 1930* (1931), 1–30). Mae *Aster tripolium* yn dwyn tebygrwydd arwynebol i *Cochlearia officinalis* ac y mae'r ddau blanhigyn ar gael yn yr un cynefin – felly'r dryswch.
123. S. J. Evans (gol.), *Drych y prif oesoedd* (Bangor/Llundain, 1902), t. xx; [John Pryse] *Pryse's handbook to the Radnorshire & Breconshire mineral springs* (Llanidloes, c. 1880), tt. 173–5.
124. Richard Williams, *An analysis of the mineral waters of Llandrindod in Radnorshire, South Wales with observations upon the diseases to which they are applicable* (Llundain, 1817), t. 112–21.
125. R. T. Gunther (gol.), *The Greek herbal of Dioscorides* (Efrog Newydd, 1959), t. 644; H. Rackham, *Pliny: natural history with an English translation in ten volumes* (Llundain, 1956), cyfrol IX, t. 391 (Llyfr XXV, ll. 176).
126. LlGC Llsgr. Ych. 15C, t. 191 [194].
127. LlGC 604D, Lewis Morris, commonplace book, t. 168. Sylfaen rysáit Morris oedd sylffwr a thriog – darpariaeth a ddefnyddid mor ddiweddar â 1940 yn ardal Rhaeadr Gwy i 'buro'r gwaed'. Tybid (ac fe dybir o hyd mewn rhai cylchoedd) fod 'gwaed amhur' yn ei amlygu ei hun yn feflau a brychni ar y croen ac y byddai sylffwr, fel yn yr achosion o 'sgyrfi dermatolegol', yn symud hyn. Cafwyd meddyginiaethau cyffelyb, ond yn seiliedig ar sylffwr a mêl, mewn llawysgrif o ddechrau'r bedwaredd ganrif ar bymtheg hefyd (LlGC 708B).
128. Thomas Jones, *Almanac 1699*, t. A1.
129. Buchan (1831), op. cit., loc. cit.; Richard Reece, *Yr hyfforddwr meddygol* (Merthyr Tydfil, 1816), tt. 248–52.
130. 'Meddyg', 'Arwyddion y llwg (scorbutus or scurvy)', *Trysorfa* 2 (1813),

393; Maynwaringe (1679), op. cit., tt. 70–85.
131. R. Elwyn Hughes, *Llyfrau ymarferol echdoe* (Pen-tyrch, 1998), t. 35.
132. 'R. Cynwrig', *Y Goleuad* 2 (1822), tt. 354, 384.
133. 'Dyngarwch', 'Llwg (scurvy)', *Seren Gomer* 8 (1825), 145.
134. *Y Drysorfa* 5 (1835), 242, 366.
135. 'Ymborth dyn', *Y Drysorfa* 5 (1835), 279.
136. V. J. Johnston, *Diet in workhouses and prisons 1835–1895* (Efrog Newydd/Llundain, 1985). Am gymhariaeth rhwng bwyd ysbytai Cymru heddiw a'r sefyllfa gyfatebol ganrif a hanner yn ôl, gweler E. Jones, R. E. Hughes a H. E. F. Davies, 'Intake of vitamin C and other nutrients by elderly patients receiving a hospital diet', *Journal of Human Nutrition and Dietetics* 1 (1988), 347–53.
137. W. Baly, 'On the prevention of scurvy in prisoners, pauper lunatic asylums etc', *London Medical Gazette (new series)*, 1 (1843), 699–703.
138. R. Christison, 'Account of scurvy as it has lately appeared in Edinburgh ...', *Monthly Journal of Medical Science* 8 (1847), 1–22.
139. J. O. Curran, 'Observations on scurvy as it has lately appeared throughout Ireland ...', *Dublin Quarterly Journal of Medical Science* 4 (1847), 83–134.
140. T. Shapter, 'On the recent occurrence of scurvy in Exeter and the neighbourhood', *Medical Gazette* (1847), Mai 21, 945–8.
141. Parliamentary Papers, *Second report of Poor Law Commissioners,* 29 (1836), tt. 56–9.
142. J. H. Thomas, 'Ymborth tlodion y wyrcws yn Ne Cymru yn y bedwaredd ganrif ar bymtheg', *Y Gwyddonydd* 27 (1989), 34–8.
143. ibid; cyfrifiadau yn seiliedig ar hwn.
144. Thomas (1989), op. cit.; E. A. Benjamin, 'Of paupers and workhouses', *Cylchgrawn Cymdeithas Hynafiaethwyr Ceredigion* 10 (1985), 147–53.
145. *Reports from Commissioners: Inspectors of prisons – Great Britain, second report* (Llundain, 1837), 32, tt. 713–17.
146. *Sixth report of the inspectors* [of] *prisons of Great Britain, Southern and Western district* (Llundain, 1841), Accounts and papers 4, t. 188.
147. ibid, t. 193.
148. *Parliamentary Papers 32: Sixteenth report of the inspectors of prisons in Great Britain* (Llundain, 1856), tt. 182–9.
149. Andrew Scull, *The most solitary of afflictions: madness and society in Britain 1700–1900* (Yale/Llundain, 1993), tt. 312–13.
150. *Nineteenth annual report of the Glamorganshire and Monmouthshire Infirmary and Dispensary, Cardiff, for the year ending 1855* (Caerdydd, 1856).
151. ibid, *36th annual report* (Caerdydd, 1873), t. 23.

152. H. J. Paine, 'Table showing annual mortality of Cardiff for the period 1847–66', *Cardiff and Merthyr Guardian,* dydd Gwener, Gorffennaf 5 1867, t. 6.

153. Thomas Williams, 'On scurvy', *Medical Times* 16 (1847), 242–3.

154. Carpenter (1986), op. cit.

155. A. Carlisle, *Practical observations on the preservation of health and the prevention of disease* (Llundain, 1838), t. 16.

156. A Timmins, *Traithawd ar drin pytatws* (Caernarfon, 1846).

157. Roedd Redwood yn aelod o deulu adnabyddus o Drebefered yn Mro Morgannwg. Rhodd gan ei dad, Thomas Redwood, oedd y safle ar gyfer capel Bethesda'r Fro. Ei frawd, Theophilus Redwood, oedd Llywydd cyntaf Cymdeithas y Dadansoddwyr Swyddogol (G. A. Thomas a J. D. R. Thomas, 'Theophilus Redwood', *Y Gwyddonydd* 11 (1973), 35–40).

158. Ceir adroddiad o'r achos llys, ynghyd â gohebiaeth Redwood, yn y *Cardiff and Merthyr Guardian,* Mehefin 10 1847. Daliodd Redwood i weithio fel meddyg yn Rhymni hyd nes ei farw, yn 73 oed, yn 1882 (*London and Provincial Medical Directory* (Llundain, 1883), t. 1376).

159. Llythyr oddi wrth P. R. Wakeman, *Cardiff and Merthyr Guardian,* Gorffennaf 3 1847. Roedd Peter Ryder Wakeman yn ddeunaw mlynedd yn hŷn na Redwood, yn ysgrifennydd lleol i'r *New Sydenham Society* a chanddo gryn brofiad fel meddyg teulu (*London and Provincial Medical Directory* (Llundain, 1863)). Mae ei honiad fod y sgyrfi yn gyffredin iawn yn ardal Crughywel (o bob man!) yn hanner cyntaf y bedwaredd ganrif ar bymtheg yn ddadlennol, a dweud y 'lleiaf.

160. Jane Williams, *The literary remains of the Rev. Thomas Price (Carnhuanawc)* (Llanymddyfri, 1854).

161. Salaman (1949), op. cit.; J. McPartlin, 'Diet, politics and disaster', *Proceedings of the Nutrition Society* 56 (1997), 211–23.

162. Hughes a Jones (1980), op. cit.

163. T. S., *Hygiasticon: or the right course of preserving life ... in Latin by Leonard Lessius ...* [hefyd] *A treatise of temperance and sobrietie ... by Lud. Cornarus. Translated into English by Mr George Herbert* (Caergrawnt, 1634), 2il argraffiad, t. 19.

164. Geraint H. Jenkins, *Hanes Cymru yn y cyfnod modern cynnar 1530–1760* (Caerdydd, 1983), t. 15.

165. *Household food consumption and expenditure 1991* (HMSO, Llundain, 1992), tt. 94–5.

Melltith y mallryg:
hanes rhyg yng Nghymru

Sing a song of sixpence
A pocket full of rye ...
(rhigwm plant Saesneg)

Mae digon o ryg a chyflawnder o geirch
A golwg ardderchog ar ychain a meirch
(o'r fugeilgerdd 'Rhys Llwyd' gan J. Cadvan Davies, 1883)[1]

Yn ystod y 1920au cynnar cafwyd dadl ddiddorol yn nhudalennau'r *Economic Journal*. Roedd Thorold Rogers wedi awgrymu yn ei lyfrau mai gwenith fu'r prif rawnfwyd erioed yn Lloegr. Cydnabu fod adeg pan oedd peth mynd ar geirch yn y rhannau gogleddol o Loegr, ond at ei gilydd, ychydig iawn o haidd a llai byth o ryg a dyfid yn Lloegr erioed yn ôl Rogers. Yr unig eithriadau oedd cyffiniau Caergrawnt a Rhydychen lle tyfid peth rhyg ar un adeg, ond yn gyffredinol, yr oedd rhyg, yn ei farn ef, wedi peidio â bod yn gnwd pwysig mor bell yn ôl â chanol y bymthegfed ganrif.[2]

Heriwyd syniadau Rogers an William Ashley a honnai fod rhyg, ar un adeg, wedi bod â rhan bwysig yn economi Lloegr a dyfynnodd ddeunydd gan nifer o awdurdodau i ategu ei honiadau. Yn ôl Ashley bu adeg pan mai rhyg oedd y prif rawn yn Lloegr; wedyn, dadleuai Ashley, daeth cyfnod pan gafdd bara rhyg ei raddol ddisodli gan fara a baratowyd trwy ddefnyddio cymysgedd o flawd rhyg a blawd gwenith, a hyn yn arwain, yn ei dro, at fara gwenith yn unig.[3] Ymhen y flwyddyn, fodd bynnag, atebwyd Ashley gan fab Rogers (A. G. L. Rogers) a gefnogodd ddadleuon ei dad gan awgrymu fod Ashley wedi camddehongli peth o'r dystiolaeth.[4]

Â'r sefyllfa yn Lloegr yr oedd a wnelo'r dadleuon hyn. Pe buasai'r sefyllfa yng Nghymru dan yr ordd diau y buasai natur y drafodaeth yn dra gwahanol. Canys ni waeth am y sefyllfa yn Lloegr, ni all fod unrhyw amheuaeth nad oedd gan ryg, a bara a gynhwysai ryg, le pwysig, er anwadal efallai, yn economi rhannau sylweddol o Gymru – a hyn hyd at yn gymharol ddiweddar mewn rhai parthau. Mae pwysigrwydd rhyg i garfan sylweddol o'r boblogaeth Gymreig gynt (y boblogaeth wledig yn fwyaf arbennig) yn dra diddorol o safbwynt dietegol. Mae hefyd yn codi ystyriaethau am y berthynas rhwng natur y lluniaeth a mynychder mallrygedd (ergotedd, *ergotism*) – y clefyd a'i hamlygai ei hunan o dro i dro ar gyfandir Ewrop o ganlyniad i gymeriant o ryg a oedd yn heintiedig â ffwng arbennig (y mallryg).

Ymddengys fod rhyg (*Secales cereale*), fel y gweddill o'r prif rawnfwydydd o ran hynny, wedi esblygu o fersiynau gwyllt. Mae'r berthynas esblygiadol rhwng *S. cereale* ac aelodau eraill o'r un genws (*S. montanum* a *S. sylvestre*) yn aneglur ond credir mai'r is-rywogaeth wyllt *S. Vavilovii* yw hynafiad ein rhyg modern ac mai yn nwyrain Twrci y digwyddodd y newid.[5] Yn wir, hyd at y ddeunawfed ganrif credai nifer o 'arbenigwyr' mai math o wenith oedd rhyg ac y byddai pob math o wenith yn troi'n rhyg pe digwyddai i amgylchiadau (megis ansawdd y pridd) fod yn anffafriol. Dyna i chwi Barnaby Googe yn ei gyfieithiad ac addasiad o lyfr hwsmonaeth Heresbach yn yr unfed ganrif ar bymtheg yn datgan

(gan ddyfynnu o Columella): 'Wheat ... after the third sowing changeth to Rie ...'[6] a thebyg oedd barn Thomas Moffet (tad 'Little Miss Moffet'!) tua'r un cyfnod: 'Rye seemeth to be nothing but a wild kind of wheat, meet for Labourers, Servants and Workmen ...'[7] (Ac megis wrth fynd heibio, diddorol sylwi ar adlais cyfoes i hyn yn Llyfr Ecsodus (9, 32) lle trawsnewidiwyd y 'rhyg' gwreiddiol yn 'geirch' yn y cyfieithiad newydd!)

Mae'r anallu hwn ar ran nifer o sylwebyddion cynnar i wahaniaethu'n eglur rhwng y ddau fath o rawnfwyd (gwenith a rhyg) wedi cymylu, i ryw raddau, wir arwyddocâd maethegol rhyg yn y cyfnodau cynnar. Cymhlethwyd y sefyllfa ymhellach fyth gan duedd i drafod y gwahanol fathau o rawnfwyd gyda'i gilydd dan y term cyfansawdd 'ŷd'. Perthynai'r un llacrwydd ystyr yn aml iawn i ysgrifenwyr Saesneg hefyd wrth iddynt ddefnyddio'r gair 'corn' – megis, er enghraifft, Leland yn ei deithiau trwy Gymru yn 1536.

Ychydig iawn o dystiolaeth archaeolegol sydd fod rhyg wedi bod yn bwysig yn oesoedd 'cyn-hanes' Prydain – mwy nag yng ngwareiddiadau cynnar Groeg a Rhufain ychwaith o ran hynny.[8] Cafwyd peth tystiolaeth mewn rhai lleoedd (megis Caerllion) fod peth mewnforio ar ryg i Brydain o'r Cyfandir yn ystod yr Oes Haearn a bod peth tyfu arno yma hefyd yn ystod y cyfnod Rhufeinig.[9] Ond rhaid oedd aros am rai canrifoedd cyn cael tystiolaeth anwadadwy o'i union le yn economi Cymru.

Yn ôl y drydedd gyfres o *Trioedd Ynys Prydain,* Coll fab Collfrewi fu'n gyfrifol am ddod â gwenith a haidd i Brydain 'lle nid oedd namyn Ceirch a Rhyg cyn hynny'. Mae lle i gredu, fodd bynnag, mai ffrwyth dychymyg Edward Williams (Iolo Morganwg) oedd y fersiynau o'r trioedd sy'n cynnwys y cyfeiriadau at ryg,[10] ond, fel y cawn sylwi isod, mae'r ffaith fod Williams wedi defnyddio rhyg yn ei ffugiad ynddo'i hun yn beth arwyddocaol. Ceir ond odid y cyfeiriad dilys cynharaf at bwysigrwydd amaethyddol rhyg yn y Cyfreithiau, lle y cyfeirir ato wrth bennu gwerth buwch odro.[11]

Y mae tystiolaeth ddogfennol hefyd sy'n awgrymu fod rhyg, erbyn y bymthegfed ganrif, yn rhan o'r economi lleol yng Nghymru ond y mae'n amheus a fu erioed yn gyffredinol bwysicach na'r grawnfwydydd eraill, hyd yn oed yn yr oesoedd cynnar. Er enghraifft, y mae arolygon ystâd ar gyfer ardaloedd yn ne Cymru yn hanner cyntaf y bedwaredd ganrif ar ddeg wedi dadlennu fod peth tyfu ar ryg yno ond ar raddfa lawer llai na gwenith a cheirch.[12]

Bwyd y werin bobl fu rhyg erioed – yng Nghymru megis mewn rhannau eraill o Ewrop hefyd o ran hynny – 'rie-meall, to make breade for the poore' chwedl cofnodion domestig o Loegr yn niwedd yr unfed ganrif ar bymtheg.[13] Diwerth felly yw troi at gyfeiriadau 'llenyddol' (megis y gwahanol fathau o ganu moliant) sydd yn ffynhonnell werthfawr wrth drafod arferion bwyta'r dosbarth uchaf yn gyffredinol. Ond gellir defnyddio'r dystiolaeth farddonol o chwith megis i gryfhau'r dybiaeth fod bwta bara rhyg yn arferiad nid anghyffredin ymhlith y rhai llai breintiedig yng Nghymru ar un adeg. Ceir nifer o gyfeiriadau gan y beirdd at fara can/gwyn ar y byrddau yn nhai'r uchelwyr. Yn ei awdl yn canmol llys Dafydd ap Thomas, offeiriad o'r Faenor, ceir gan Dafydd Nanmor (bl. 1450) y llinellau:

> Mae cost llu yno, mae ciste llawnion
> O doreth gwenith yn dorthe gwynion.[14]

Yr awgrym clir yw bod bara gwyn (hynny yw, bara gwenith a

baratowyd drwy ddefnyddio blawd a oedd heb gynnwys y bran a'r bywyn) yn fwyd anghyffredin a ymylai ar fod yn foethusrwydd – fel arall, ni fyddai diben yn y byd ei enwi fel deunydd a adlewyrchai gyfoeth a statws y bendefigaeth. Y casgliad rhesymegol yw mai math arall o fara a fyddai gan y boblogaeth yn gyffredinol, bara a oedd heb fod yn fara gwyn. Nis enwyd, ond gallasai fod yn fara gwenith cyflawn, yn fara haidd neu yn fara rhyg – neu, o ran hynny, yn fara a gynhwysai gymysgedd o fwy nag un math o rawn. (Gallai rhesymu cyffelyb egluro paham mai gwenith a 'bara' ceirch a enwir yn y Cyfreithiau fel rhan o'r 'dawnfwyd' (y dreth fwyd) – nid yw hyn yn golygu o angenrheidrwydd mai'r ddau fara hyn, a'r ddau hyn yn unig, fu cynhaliaeth y werin bobl yn gyffredinol trwy Gymru.)[15]

Mae peth sôn am ryg yn yr ysgrifau meddygol cynnar hefyd. Fe'i henwir, er enghraifft, mewn cynifer â naw o'r meddyginiaethau a ddisgrifir yn y llawysgrif feddygol 'Hafod 16'. Gellir cyferbynnu hyn â'r ymdriniaeth gymharol dila a dderbyniai rhyg gan y prif 'draddodiadau' meddygol a lifai ar draws Ewrop o gyfnod i gyfnod. Hawdd deall hyn. Ychydig iawn o sylw a roddwyd i ryg gan Bliniws a'i ddilynwyr, mwy na chan olynwyr Galen na'r gwahanol addasiadau o ddeunydd Ysgol Salerno. Go denau hefyd oedd y sylw a roddwyd i ryg yn y llysieulyfrau cyfandirol cynnar.[16] Ar y llaw arall, ceir sawl cyfeiriad ato yn rhai o'r llawysgrifau Eingl-Sacsonaidd cynnar ac yn enwedig mewn cyfarwyddiadau sut i wneud gwahanol fathau o bowltis. Dyma un o'r rhain; daw o lawysgrif o'r bedwaredd ganrif ar ddeg o dde Lloegr (Harleian 2378) a cheir mwy neu lai'r un feddyginiaeth yn y llawysgrif Gymraeg 'Hafod 16' o'r un cyfnod:

Harleian 2378:
For a brynning festr – Take clere hony and rye-flour and medle it well to-geder and bake there a koket [torth fach] as harde as though may, and ley it to the hole; and when it is moiste, do it awey and ley on an-othere to.[17]

Hafod 16:
Rac y gressawc – kymer gann [blawd] rye a mel gloew a gwna deissen a dot yn ar y tylle, a phan vo reit, symut honno a dot wrthaw arall.[18]

Rhaid derbyn fod lluniwyr y llawysgrifau meddygol cynnar wedi benthyca'n helaeth oddi wrth ffynonellau 'clasurol'[19] ond rhaid derbyn hefyd eu bod weithiau wedi cynnwys peth deunydd 'gweddilliol' hefyd – y cyfraniad 'brodorol' fel petai, ynghyd ag addasiadau lleol o'r deunydd benthyg. Mae modd awgrymu felly fod y cyfeiriadau at ryg yn syrthio i'r categori olaf hwn a'u bod yn adlewyrchu safle ac argaeledd rhyg yn economi gwledydd Prydain yn gyffredinol yn yr oesoedd canol ac yn economi Cymru'n fwyaf arbennig.

Yn fwy arwyddocaol efallai yw'r sylw a roddir i ryg gan John Prys yn 1546. Mae'r calendr eglwysig yn llyfr Prys *Yny lhyvyr hwnn* (1546) yn cynnwys nifer o droednodiadau amaethyddol sy'n dynodi, fesul mis, waith yr amaethwr ar hyd y flwyddyn. Mae i ryg le canolog yn y nodiadau hyn ac os gwir yr awgrym mai deunydd gwreiddiol Prys ei hunan ydynt, ac yn adlewyrchu'r sefyllfa yn ei ran ef o Gymru (Powys) yr adeg honno, rhaid derbyn fod i ryg, felly, le o bwys yno yn yr unfed ganrif ar bymtheg.[20]

Mae'r llysieulyfr o ail hanner yr unfed ganrif ar bymtheg a briodolir i William Salesbury yn cynnwys adran ar ryg. At ei gilydd y mae'r

A Juſt
NARRATIVE,
OR,
ACCOUNT
Of the Man whoſe
Hands and *Legs rotted off:*
In the Pariſh of
KINGS-SWINFORD,
IN
STAFFORD-SHIRE,
Where he died, *June* 21. 1677.

Carefully Collected by
JA. ILLINGWORTH, B. D.
An Eye and Ear-Witneſs of moſt of the material Paſſages in it.

LONDON:
Printed by *A.C.* for *Henry Brome,* at the Gun at the Weſt-end of St. *Pauls,* 1678.

Llyfryn yn disgrifio achos tebygol o fallrygedd (ergotedd) adran hon yn addasiad o ddeunydd y deuir o hyd iddo yn llysieulyfr Lladin Leonard Fuchs ond y mae'n cynnwys ambell gyffyrddiad Cymreig hefyd. Mae'n awgrymu fod rhyg Cymru yn aml iawn yn aeddfedu yn arafach na 'rhyg Fuchs' ac y mae'n nodi'r effaith andwyol a gafodd haf gwael 1555 ar y cynhaeaf rhyg yn Llewenni [Dinbych]; er hyn, ni wyddai'r awdur am yr un ardal 'yng Nghymru na Lloegr yn dwyn rhyg heb dail na gwrtaith mor rhagorol â thir plas Lleweni'.[21]

Y ddeunawfed ganrif

Erbyn yr ail ganrif ar bymtheg mae'r dystiolaeth yn cryfhau fod rhyg yn gnwd gweddol bwysig mewn rhai ardaloedd yng Nghymru. Mae ar gael, er enghraifft, gyfeiriad at fferm yn ymyl Wrecsam lle y tyfid, ar ddechrau'r ail ganrif ar bymtheg, lawer mwy o ryg nag o'r un math arall o rawn,[22] ac ar ystâd Syr William Morus, Clenennau yn 1609, defnyddiwyd mwy o ryg nag o wenith.[23] Mae'n amlwg oddi wrth ddyddiaduron Robert Bulkeley fod i ryg le o bwys yn economi domestig rhannau o Ynys Môn yn hanner cyntaf yr ail ganrif ar bymtheg; 'we reape rie' ysgrifennodd ar 8 Awst a 'sowed a kibin ... o Rie' ar Ebrill 5ed [24] a chafwyd cyfeiriadau at storfeydd o ryg ar ystadau Robert Salesbury yn Ninbych yn 1601.[25] Yn niwedd yr un ganrif ysgrifennai Celia Fiennes, wrth ddisgrifio'r cnydau a dyfid ar y gororau yn siroedd Amwythig a Henffordd, '... they have much rye [here] ... which I found very troublesome in my journeys, for they would not own they had any such thing in their bread but it so disagrees with me as always to make me sick ...'[26] Tua'r un adeg awgrymwyd gan ohebwyr Edward Lhuyd, wrth ateb ymholiadau ar gyfer ei *Parochialia,* mai ychydig o ryg a gâi ei dyfu yn ne Cymru a'i fod yn bwysicach yn y parthau gogleddol. Nis enwyd, er enghraifft, yn yr adroddiadau o leoedd yng nghyffiniau Pen-y-bont (Morgannwg) a Chastell-nedd a Chaerfyrddin. Ond rhyg oedd y prif rawn yn rhai o'r ardaloedd gorllewinol a mwy gogleddol megis Llandysul a Llanfair-ym-Muallt.[27] Tua'r un adeg, cafwyd gan Henry Rowlands, sylwebydd amaethyddol treiddgar a gofalus, sawl cyfeiriad at dyfu rhyg yn Ynys Môn yn ei *Idea Agriculturae,* a sgrifennwyd yn nechrau'r ddeunawfed ganrif. Sylwodd Rogers, yn ei deithiau trwy Gymru yn niwedd yr ail ganrif ar bymtheg, fod rhyg yn gyffredin yn Sir Fflint; a chynhwysai Cyfrifon Castell y Waun yn nechrau'r ddeunawfed ganrif nodyn i'r perwyl fod dau fesur a hanner o ryg wedi eu pwrcasu i wneud 'household bread'.[28]

Trwy ddefnyddio data gan Smith ('the most authoritative eighteenth-century work on the subject'[29]) y mae modd cymharu'r gwahanol fathau o fara mewn gwahanol rannau o Brydain ganol y ddeunawfed ganrif (Tabl). Gwelir mai yng Nghymru y bu'r cymeriant uchaf o ryg – er bod lle i amau dilysrwydd ystadegau Smith o sylwi fod ceirch yn llwyr absennol ym mwydlen Cymru a hyn yn groes i'r hyn a gofnodwyd gan sylwebyddion eraill o'r un cyfnod.[30] Mae bob amser yn bosibl, wrth gwrs, fod Smith wedi anwybyddu'r cymeriant o geirch gan y Cymry am nad ystyriai fod cynhyrchion ceirch aneplesedig i'w cyfrif yn fara go iawn. (Am mai cymharol ychydig o'r protein glwten sy'n bresennol mewn blawd ceirch nid oes modd ei ddefnyddio i baratoi bara yn yr un modd â'r grawnfwydydd eraill.) Roedd Richard Pococke o'r un cyfnod yn ddigon diamwys ei farn am yr angen hwn i wahaniaethu rhwng bara go iawn a'r cynhyrchion ceirch; yn ei adroddiad o'i daith trwy ogledd Cymru yn 1751 meddai: 'before

I leave Wales I shall mention two or three remarkable things ... in these mountainous parts they have little corn growing but oates, rye and some barley; they live chiefly on oaten *cake*, rye *bread*, milk and cheese ...'[31] (myfi sy biau'r italeiddio).

Cafwyd adroddiad 'anecdotaidd' arall o'r un cyfnod – y tro hwn yn Gymraeg – gan D[avid]. T[homas]. yn ei benillion *Hanes tair sir ar ddeg Cymru* (1750) sy'n nodi'n fanwl y mathau o fara a oedd mewn bri yn y gwahanol siroedd ganol y ddeunawfed ganrif ac sy'n cadarnhau'r dystiolaeth o gyfeiriadau eraill.[32]

Cyfyngid rhyg bellach, yn ôl y gerdd, i ganolbarth Cymru – i Sir Faesyfed ('Pob math ar ŷd sydd yn hon yma/nd Bara Rhyg yw'r ymborth amla'); i Sir Drefaldwyn ('Pob ŷd rhywiog, rhyg sydd amlaf/Gwenith nawsaidd ei phen isaf'); i Sir Aberteifi ('Caws, ymenyn a chawl erfin/Ceirch mân a haidd a rhygau dibrin'); ac i Sir Frycheiniog ('Haidda gwenith, part o Rygau,/Caws a menyn sydd mewn mannau'). Yn y gweddill o'r siroedd, gwenith, ceirch a haidd oedd y cnydau; am Sir Fynwy dywedwyd 'Pob ŷd ond rhyg sy'n hon yn tyfu/A'r bara gwenith gorau yn Nghymru' – sylw a ategwyd gan Edmund Jones chwarter canrif yn ddiweddarach, '... there are many Corn-fields, but more of Oats than of Wheat and Barley', a dim sôn am ryg.[33]

Erbyn diwedd y ddeunawfed ganrif y mae modd troi at ffynonellau mwy dibynadwy am dystioaeth, rhai ohonynt yn adroddiadau wedi eu dyfeisio'n benodol i ddod o hyd i wybodaeth am gyflwr amaethyddiaeth yng ngwledydd Prydain. Gan Arthur Young y cafwyd nifer o adroddiadau manwl am dde Cymru yn niwedd y ddeunawfed ganrif ond nid oes ynddynt yr un cyfeiriad at ryg fel un o'r prif gnydau.[34] Cyhoeddodd Young hefyd, yn ei *Annas of Agriculture* yn 1790, atebion i holiadur a anfonwyd ganddo at nifer o ohebwyr mewn gwahanol rannau o Brydain; cynhwysai'r holiadur gwestiynau'n ymwneud yn benodol â lle grawnfwydydd yn yr economi lleol. Cyhoeddodd atebion oddi wrth rai o'i ohebwyr yng Nghymru – megis Turnor o Aberystwyth a Panton o Ynys Môn, ond at ei gilydd, ychydig o sôn am ryg sydd ynddynt.[35] (Ond yr un Turnor, fel cyd-awdur adroddiad i'r Bwrdd Amaeth yn 1794, a ddywedodd am Sir Aberteifi 'There is also in the upper part of the county, a considerable quantity of rye'.[36])

Cafwyd adroddiadau mwy gwrthrychol am bwysigrwydd rhyg yn economi Cymru yn y Cyfrifebau Amaethyddol am 1800 ac yn y Cyfrifebau Aceri-dan-gnydau am 1801. Perthyn gwendidau ystadegol a methodolegol amlwg i'r rhain ond er hynny maent yn cyfleu inni syniad cyffredinol o'r ardaloedd lle y parheid i dyfu rhyg yn nechrau'r bedwaredd ganrif ar bymtheg. At ei gilydd, mae'r darlun yn weddol eglur. Gwelir mai gwenith, bellach, yw'r prif rawnfwyd yn ne Cymru (ac mewn rhai mannau, yr unig un) ond y mae ei bwysigrwydd yn lleihau fel y symudir i'r gogledd, lle y disodlir ef gan fara haidd yn bennaf, ac i raddau llai, gan 'fara' ceirch. Ond yr oedd rhai ardaloedd lle yr oedd rhyg yn dal mewn bri, a'r rhain yn y canolbarth yn bennaf. [37]

Mae Thomas wedi dadansoddi'r data ar gyfer y Cyfrifebau Aceri-dan-gnydau a cheir ganddo fapiau sy'n dangos cyfartaledd y gwahanol fathau o ŷd a dyfid ar draws Cymru yn 1801. Erbyn hynny (1801) yr oedd rhyg wedi'i gyfyngu'n bennaf i rannau o'r canolbarth ac mewn dwy ardal yn unig y cyfrifai am fwy nag ugain y cant o'r cyfanswm ŷd, sef yn y rhan honno o Faesyfed a ffiniai â Brycheiniog, ac ar ucheldiroedd Maldwyn.[38] Yn wir, y mae patrwm dosraniad rhyg David Thomas (1963) yn adlewyrchu i'r dim yr hyn a gafwyd ar gân gan y David Thomas arall yn 1750.

Cadarnhawyd hyn gan Walter Davies (Gwallter Mechain) yn ei nodiadau ar daith trwy'r canolbarth yn 1802: '... the crops on the hills between Rhaiadr and Llanidloes astonish me. Oats exuberant – wheat and rye not despicable.'[39]

Cafwyd sylw ymhellach ar ryg gan Davies yn ei *General view of the agriculture and domestic economy of North Wales* a gyhoeddwyd gan y Bwrdd Amaeth yn 1813:

> That this grain was formerly cultivated upon a much larger scale than at present is very obvious. Brown, or common family bread, whether made of wheat or of a mixture of wheat and barley, we still call 'bara-rhyg' or 'rye-bread' and the finer kind of wheaten bread we call 'bara-cann-rhyg' or 'white rye bread'. These terms were very proper when first imposed, when most of our ancestors fermented bread was made of rye, and their unfermented bread of oatmeal.[40]

Roedd sylwadau Davies, fel mae'n digwydd, yn adleisio'r hyn a gafwyd gan John Minsheu ddwy ganrif ynghynt yn ei eiriadur *Ductor in linguas* ... (Llundain, 1617) lle cyfieithwyd 'browne bread' yn 'bararhug alius bara trwyddo'. Hawdd deall felly paham yr oedd Edward Williams wedi gorseddu rhyg fel y grawnfwyd cysefin Cymreig wrth ffugio rhai o'r Trioedd (gweler uchod). Cafwyd enghraifft gyffelyb gan Peter Roberts yn ei *The Cambrian popular antiquities* ... yn 1815. Wrth gyfieithu rhai penillion o *Polychronicon* Ranulph Higden (bl. 1300), yr hyn a gafwyd gan Roberts am y ddwy linell sy'n disgrifio bwyd y Cymry gynt oedd 'Round flat oat-cakes, or cakes of rye/ (Seldom of wheat), their need supply'. Ond yr hyn a oedd gan Higden yn ei fersiwn gwreiddiol oedd 'Nam panem hordeacum/Edit et avenaceum/latum, rotundum, tenuem ... /Raro frumento vescitur ...' – hynny yw, heb fod unrhyw sôn am ryg. Diau y teimlai Roberts mai iawn oedd cywiro anwybodaeth Higden am wir natur bara'r Cymry gynt trwy osod rhyg yn lle haidd.[41] Mae'r ffaith fod Williams a Roberts, ill dau, wedi dewis rhyg yn icon i gynrychioli'r bywyd Cymreig traddodiadol yn tanlinellu'r lle pwysig a oedd i ryg, yn eu barn hwy, yn natblygiad economi domestig y Cymry.

Un a oedd yn bleidiol iawn i fara rhyg oedd Benjamin Thompson (Count Rumford). Yn ei draethawd pwysig *Of food, and particularly of feeding the poor* (1796), ysgrifennai, 'The prejudice in this island against bread made of Rye, is the more extraordinary, as in many parts of the country no other kind of bread is used'.[42] Gellir bod yn weddol ffyddiog mai un o'r ardaloedd hynny oedd rhannau o Gymru. Barn Collins oedd mai yng Nghymru ac yng ngogledd Lloegr yn unig yr oedd rhyg yn bwysig ym Mhrydain erbyn 1801, ac ni chyfrifai fod y cymeriant yng Nghymru yn fwy na 5% o'r cyfanswm grawnfwydydd.[43] (Ac megis wrth fynd heibio, dylid sylwi mai anghywir fyddai derbyn mai rhyg ar gyfer gwneud bara yn unig oedd y cyfan o'r rhyg a dyfid yng Nghymru; yn ail hanner y ddeunawfed ganrif cyfeiriodd Smith at y meintiau nid ansylweddol o ryg a ddefnyddiwyd gan y tanerdai ac i fwydo moch,[44] ac yn niwedd yr un ganrif sylwodd John Keys o Benfro mai gwellt rhyg oedd ei ddewis-ddefnydd ef at wneud cychod gwenyn.[45]) Byddai'r cyfartaledd a ddefnyddiwyd i wneud bara hefyd yn amrywio o gyfnod i gyfnod; pan fyddai'r cynhaeaf yn gyffredinol wael byddai tueddi droi at rawnfwydydd 'llai derbyniol' (megis rhyg) i wneud bara a hyd yn oed i ddefnyddio rhyg pydredig – digwyddiad a allai fod o gryn arwyddocâd, fel y cawn drafod isod.

Machlud rhyg

Felly, y mae'r patrwm yn weddol eglur. Bu adeg pan oedd rhyg yn gnwd pwysig ar draws Cymru gyfan heblaw efallai am yr eithafion deheuol. Hyd yn oed am gyffiniau Caerdydd, gallai Leland nodi yn 1536 '… [there] is good rye, barly and otes, but little whete'.[46] Ond cafodd ei raddol ddisodli gan rawnfwydydd eraill yn ystod y ddeunawfed ganrif – gan geirch a haidd yn bennaf yn y gogledd a chan wenith yn y de. Nid oes amheuaeth na fu rhyg, cyn hynny, yn gnwd pwysig ac yn enwedig yn y canolbarth a'r gogledd. Wrth drafod hwsmonaeth Sir Fflint yn 1794, sgrifennodd Kay: 'About 50 yrs ago, rye was more generally cultivated than either wheat or barley but is now totally in disuse'.[47]

Digwyddasai'r un newid yn Lloegr ond ynghynt, a bu'r patrwm yno yn bur anwastad. Mor gynnar â diwedd y drydedd ganrif ar ddeg ni chyfrifai rhyg ond am ryw dri y cant yn unig o'r cyfanswm grawnfwyd ar diroedd Abaty Beaulieu.[48] Ond 'Much used in Bread, almost throughout this Realme though more plentifull in some places than in others …' meddai Thomas Cogan am ryg yn ei *Haven of health* yn niwedd yr unfed ganrif ar bymtheg.[49] Ymhell cyn diwedd y ddeunawfed ganrif, roedd gwenith wedi dechrau disodli rhyg bron ym mhob rhan o Loegr: 'Rye and barley bread, at present, are looked upon with a sort of horror, even by poor cottagers … ' ysgrifennai Walter Harte, sylwebydd gwybodus ar faterion amaethyddol, am y sefyllfa yn Lloegr yn 1764.[50] Adleisiwyd ei sylwadau gan David Davies ychydig flynyddoedd yn ddiweddarach, yntau'n sgrifennu am y sefyllfa yn Lloegr: 'Our lands have been so much improved that wheat is as common now as rye and barley were formerly'.[51] Bu a wnelo ansawdd y tir gryn dipyn â'r newid hwn – ac yn enwedig yn Lloegr, a'r amaethyddiaeth yno, at ei gilydd, yn fwy 'goleuedig' nag yng Nghymru a'r ffermwyr yn fwy parod i wella ansawdd y tir. Tueddid i dyfu rhyg yn y parthau hynny lle na fyddai llawer o lewyrch ar wenith; gallai rhyg wrthsefyll amgylchiadau hinsoddol anffafriol ac amodau asidaidd yn well na'r mathau eraill o ŷd. 'Rye would be a very valuable crop for those who are too idle to improve their farms by proper cultivation; for a tolerable crop of it may be obtained under circumstances, and in situations, where no other grain would thrive' oedd barn Owen Owen Roberts o Fangor yn 1836.[52]

Erbyn y ddeunawfed ganrif, felly, y duedd yng Nghymru oedd i dyfu rhyg yn y gorllewin a'r gogledd yn hytrach nag ar y tiroedd brasach megis Bro Morgannwg lle y byddai gwenith yn brif gnwd a rhyg heb fod o unrhyw arwyddocâd arbennig. Fel y datblygwyd dulliau o wella ansawdd y tir, felly hefyd y gwelwyd graddol ddisodli rhyg gan wenith; yr ardaloedd mwyaf 'goleuedig' felly a welai'r newid hwn gyntaf. Er hyn, ni all fod unrhyw amheuaeth nad oedd rhyg yn dal yn gnwd cynhaliol pwysig i rai yn y canolbarth yn ail hanner y ddeunawfed ganrif – yn bennaf efallai o ganlyniad i gyndynrwydd amaethwyr o Gymry i addasu eu patrwm hwsmonaeth i syniadau newydd.[53]

Heblaw am y gwellhad yng nghyflwr y tir a dulliau mwy goleuedig o amaethu, cyfunai nifer o ffactorau eraill i sicrhau fod rhyg, erbyn diwedd y ddeunawfed ganrif, wedi diflannu oddi ar gyfran helaeth o dir Cymru fel un o'r prif gnydau ŷd at wneud bara.[54] Am sawl rheswm, byddai torth o flawd rhyg yn llai derbyniol gan drwch y boblogaeth na bara gwenith. Mae rhyg yn cynnwys llai o'r protein glwten na gwenith ac y mae hyn yn dylanwadu – er gwaeth, ym marn rhai – ar ansawdd y bara, gan greu torth sy'n surach ei blas na bara gwenith ac yn llai ysgafn. I oresgyn hyn buwyd o'r dyddiau cynnar yn cymysgu blawd rhyg â blawd arall – ran fynychaf, â blawd gwenith – i wneud torth 'gymysg'. Gelwid y cymysgedd hn yn 'faslin' *(myncorn)* a'r blawd cyfatebol yn 'ganrhyg'. Roedd Bryant wedi sylwi ar hyn yn niwedd y ddeunawfed ganrif: 'About a century past, Rye made the principal bread of the common inhabitants here [gwledydd Prydain] ... It is still used in Wales in conjunction with wheat ...'[55] (Bu'n destun trafod ymhlith amaethwyr ar un adeg ai wrth eu hau neu ynteu ar ôl eu cynaeafu, y dylid cymysgu'r ddau fath o rawn.)

Sylwyd o'r cychwyn cyntaf hefyd fod bara rhyg yn cael effaith ryddhaol ar y corff a byddai rhai yn cael hyn yn annymunol. 'It keepeth the body loose', meddai William Vaughan o'r Gelli Aur yn niwedd yr unfed ganrif ar bymtheg[56] a phwysleisiwyd yr un peth gan Arbuthnot yn ei *Essay of aliments* ganrif a hanner yn ddiweddarach[57] – rhagredegwyr teilwng, ill dau, i'r pwyslais presennol ar fwyta cynhyrchion rhyg fel ffynhonnell o ffibr lluniaethol; gwyddys bellach mai rhyg, o'r holl rawnfwydydd, sydd uchaf ei grynodiad o ffibr lluniaethol.[58]

At hyn, y mae torth ryg yn dywyllach o ran ei lliw na mathau eraill o fara – bron na ellid dweud fod rhai samplau o fara rhyg yn ymylu ar fod yn ddu. Oddi ar adeg y Rhufeiniaid a'u *panis sordidus* bu cryn bwyslais gan rai ar y gwahaniaeth cymdeithasol rhwng bara gwyn a bara brown.[59] Yn yr oesoedd canol byddai natur ei fara beunyddiol yn aml iawn yn adlewyrchu safle cymdeithasol person. Mae'r cyfeiriad at 'fara bwrdd tal' a geir mewn cerdd o Forgannwg gan Tomas ab Ieuan ap Rhys (rhywbryd tua 1550) a'r sôn parhaus am 'fara gwenith/gwyn' fel icon cymdeithasol yn y canu moliant yn gyffredinol, yn tanlinellu hyn.[60] Bu'r symudiad hwn oddi wrth bethau duon (a gysylltid â phechod ac ag amhurdeb ac â'r ochr annymunol i fywyd) ac i gyfeiriad pethau gwynion (arwydd o burdeb) yn ffactor ddylanwadol wrth i fara rhyg (brown tywyll) gael ei ddisodli gan fara gwenith cyflawn (brown golau) ac wedyn gan fara gwenith gwyn. Wrth grynhoi'r cyfan mewn traethawd eisteddfodol yn 1890, crybwylldd Charles Ashton ffactor achosol bosibl arall yn hanes machlud rhyg yng Nghymru:

> Hyd o fewn dechreuad yr haner olaf o'r ganrif, ni wyddai ond ychydig o'r boblogaeth am … fara gwyn. Defnydd y bara a fyddai rhyg, neu haidd, neu 'myncorn', sef rhyg a gwenith yn gymysg … Fe'n hysbysir fod y cymysgedd hwn yn gwneuthur bara rhagorol, gwell bara, meddir nag a wnelai'r un ohonynt ar ei ben ei hun. Yr oedd llawer o ryg yn cael ei hau yn amser ein teidiau; a thyfai ar dir uwch nag a wnelai yr un grawn arall. Ond pan ddiddymwyd Treth yr Ŷd yn 1849, a phan y daeth cymaint o wenith tramor i'r farchnad, aeth hau rhyg o arferiad.[61]

Cwblhawyd y symudiad cymdeithasol-faethegol hwn yn Lloegr erbyn canol y bedwaredd ganrif ar bymtheg pan ddisodlwyd bara gwenith cyflawn gan fara gwenith gwyn. 'Rye is yet much used for bread in poor countries, but the use of it must be held as a mark of an inferior civilisation', ysgrifennai Donaldson yn 1847.[62] Amlygwyd yr un patrwm disodlol yng Nghymru ond rywfaint yn ddiweddarach. (Diddorol sylwi fel y mae'r ugain mlynedd diwethaf wedi tystio i newid i'r cyfeiriad arall a bara gwenith cyflawn, ac i raddau llai, cynhyrchion rhyg hefyd, yn disodli bara gwyn ymhlith haenau mwyaf elitaidd y gymdeithas Gymreig.)

Mallrygedd (ergotedd)

Ar gyfandir Ewrop bu'r hanes rywfaint yn wahanol. Hyd at yn gymharol ddiweddar rhyg oedd y prif fath o ŷd a dyfid dros rannau helaeth o ogledd Ewrop – ac fe erys felly o hyd mewn rhai parthau. O dro i dro cafwyd adroddiadau o'r 'parthau rhyg' am afiechyd blin y gellid ei gysylltu'n ddi-os â'r cymeriant o ryg – neu, a bod yn fanwl gywir, â'r cymeriant o fara a gynhwysai flawd rhyg a oedd yn heintiedig â'r ffwng *Claviceps purpurea*.[63] Byddai grawn o'r rhyg heintiedig hwn yn duo ac yn chwyddo i ffurfio mallrygyn (yr *ergot*) – gronyn du tua'r un faint â'r gronynnau ŷd eu hunain – a gallai cymeriant o ormod o ryg mallrygaidd (ergotaidd) arwain at gyflwr patholegol echrydus a enwyd yn nes ymlaen yn *ergotism* (mallrygedd, ergotedd). Mae lle i gredu mai'r un cyflwr oedd hwn â'r *ignis sacer* a'r *Saint Anthony's Fire* a gofnodwyd droeon yn y llyfrau meddygol hyd at y ddeunawfed ganrif.

Ymddengys fod mallrygedd yn ddigwyddiad lled gyffredin ar gyfandir Ewrop ar adegau neilltuol yn ei hanes ac y mae rhai o'r disgrifiadau o'r clefyd yn bur echrydus. Byddai'n ei amlygu ei hunan ar ddwy ffurf. Cyfeirid at y math cyntaf fel 'mallrygedd madreddol' (*gangrenous ergotism*); digwyddai o ganlyniad i wenwyniad cronig gan alcaloidau sy'n bresennol yn yr ergot ac arweiniai at fadredd yn y coesau a'r breichiau. Byddai'r dioddefwyr, o ganlyniad, yn aml iawn yn colli eu bysedd, bysedd eu traed a hyd yn oed eu breichiau a'u coesau.[64] (Llun) Tybid bod y cyflwr yn ddigon o fygythiad i iechyd y boblogaeth yng ngwledydd Prydain mor ddiweddar â dechrau'r bedwaredd ganrif ar bymtheg fel ag i deilyngu disgrifiad mewn 'gwyddoniadur domestig' Saesneg yn 1822:

When bread, which contains this rye [rhyg ergotaidd] is eaten, an uneasy sensation is experienced in the feet ... the hands and feet are also violently contracted and the limbs appear out of joint with a variety of other distressing and convulsive symptoms ... when a large quantity of poisonous rye is eaten the patient is unable to move or support himself ... gangrene shows itself in all its horror, and rises to the knees ... sometimes the gangrene renders it necessary that amputation of the limb should be effected.[65]

Bu nifer o adroddiadau yn y cylchgonau gwyddonol yn ystod y bedwaredd ganrif ar bymtheg am bobl a oedd wedi colli rhai o'u bysedd ar ôl bwyta bara rhyg heintiedig, er, yn rhyfedd iawn, nid ymddengys fod achosion o'r fath wedi eu cofnodi yng Nghymru. Yn ystod y 1920au adroddwyd fod nifer o achosion o fallrygedd madreddol wedi digwydd yng nghyffiniau Manceinion a Lerpwl, yn bennaf ymhlith Iddewon a oedd wedi bwyta bara rhyg heintiedig.

Nodweddid yr ail fath o fallrygedd yn bennaf gan symptomau newrolegol ac fe'i henwyd yn fallrygedd confylsaidd neu dystonig. Byddai hwn yn fersiwn mwy llym ac, yn amlach na pheidio, ni pharhâi ond am gyfnod cymharol fyr. Yn ystod pwl o'r ail fath hwn o fallrygedd byddai'r claf yn amlygu nifer o symptomau yn deillio o nam(au) newrolegol megis confylsiynau, iselder ysbryd, lledrithiau, rhithdybiau a gwahanol fathau o seicosis.[66] Wrth reswm byddai'r ail fath hwn yn lled anodd ei ddiffinio a'i adnabod. Drueni hyn, canys, fel yr awgrymir isod, gallai ei fynychder yng Nghymru fod o gryn arwyddocâd hanesyddol.

Bach iawn o drafod a fu ar fallrygedd yn Lloegr tan ganol y ddeunawfed ganrif pan gyhoeddwyd nifer o adroddiadau perthnasol yn *Philosophical Transactions* y Gymdeithas Frenhinol, er bod lle i gredu fod yr afiechyd yn bresennol yn Lloegr – o bosib ar raddfa gymharol fach – ymhell cyn hynny.[67] Yn wir, y mae Matossian wedi awgrymu mai achosion o fallrygedd oedd y gwahanol fathau o 'dwymyn' a ddisgrifiwyd mor fanwl gan feddygon megis Huxham ganol y ddeunawfed ganrif.[68] Yn ddiwedddar, darganfuwyd samplau o fallryg ffosiliedig yn yr Alban – gwlad lle na fu rhyg erioed â lle amlwg yn ei heconomi.[69] Gan fod y cymeriant o ryg gymaint yn uwch yng Nghymru nag yn yr Alban, ac o gofio fod cyfnodau o gynaeafau gwael wedi digwydd, a'r rhyg, o ganlyniad, bron yn sicr o fod wedi'i heintio gan y ffwng achosol, y mae'n bur debyg felly fod mallrygedd wedi digwydd yng Nghymru hefyd ar adegau penodol.

Cafwyd adroddiad o gyffiniau Abertawe yn 1802 sydd megis yn cofleidio'r ddau fath o fallrygedd. Wrth drafod *Lolium temulentum* (efrau) a oedd, fe honnid, yn gyffredin yn y meysydd gwenith a haidd yn Mhenrhyn Gŵyr, cafwyd gan awdur anhysbys yn *The Swansea guide* y frawddeg ddadlennol hon: '… if mixed with wheat and the bread eaten new, it will occasion giddiness and mortification of the limbs'.[70] Gwir fod hadau efrau'n wenwynig i ddynion ond ar y llaw arall y mae'r cyflwr a ddisgrifir yma'n hynod o debyg i fallrygedd a gwyddys fod *Claviceps purpurea* – y ffwng sy'n gyfrifol am y mallryg – yn gallu ymosod ar wenith a glaswelltiau eraill yn ogystal â rhyg. Tybed nad achosion o'r mallryg oedd yr hyn a gofnodwyd ym Mhenrhyn Gŵyr ddechrau'r bedwaredd ganrif ar bymtheg? Bid a fo am hynny, mae'n debyg mai'r epidemig diweddaraf o fallrygedd ar raddfa eang oedd hwnnw a ddigwyddodd yn ne Ffrainc yn 1935 ymhlith nifer o bentrefwyr a oedd wedi bwyta bara a gynhwysai flawd 'ergotaidd'; amlygodd y dioddefwyr holl symptomau mallrygedd clasurol gan gynnwys rhithweledigaethau a drychiolaethau.[71]

Yr hyn sydd wedi cymhlethu'r sefyllfa'n hanesyddol, yn Lloegr yn ogystal ag yng Nghymru, yw anawsterau ynghylch y derminoleg. Yr enw Saesneg mwyaf cyffredin ar fallrygedd oedd 'Saint Anthony's Fire' – term a ddefnyddid weithiau i gyfeirio at erysipelas hefyd. Yn arwynebol, y mae peth tebygrwydd rhwng y ddau gyflwr ond gwyddys erbyn heddiw eu bod, o ran eu hachos a'u natur, yn ddau gyflwr hollol wahanol. Nid yw'r un o'r ddau lyfr 'poblogaidd' a gyfieithwyd i'r Gymraeg yn nechrau'r bedwaredd ganrif ar bymtheg (llyfrau Buchan a Reece) yn gwahaniaethu rhwng erysipelas (y fflamwydd) a mallrygedd – nac yn y Saesneg gwreiddiol nac yn y fersiynau Cymraeg ychwaith.[72] Mae'n debyg mai John Mills, yn ei gyfieithiad Saesneg o lyfr hwsmonaeth Duhamel du Monceau yn 1759, oedd y cyntaf i gyflwyno'r gair 'ergot' i ddarllenwyr Saesneg: 'As I know of no word in our language answering to what is meant here by the French word *ergot*, I must retain it'.[73] Aeth rhagddo i ddisgrifio achosion o fallrygedd yn Ffrainc:

> ... gangrene, which mortifies the extreme parts of the body, so that they fall off, almost without causing any pain, and without hemorraghy. The Hotel-Dieu at Orleans has many of these miserable objects, who had scarce anything more remaining than the bare trunk of the body ...

Mae niwlogrwydd ac ansicrwydd y derminoleg gynnar wedi creu problemau yn y Gymraeg hefyd ac yn enwedig wrth geisio dilyn hynt mallrygedd yng Nghymru trwy bwyso ar y llawysgrifau meddygol cynnar. Fel y crybwyllwyd eisoes, y mae cyfartaledd sylweddol o'r deunydd lled-feddygol hwn yn gyfieithiad neu'n addasiad o rannau o'r corpws mawr o ddeunydd meddygol a gylchredai yn Ewrop ar y pryd a dylanwad y ffynonellau traddodiadol yn drwm arno. Er hyn, y mae'n deg tybio i'r detholwyr/addaswyr fod yn ymwybodol o'r sefyllfa benodol yng Nghymru wrth lunio eu cyfarwyddiadau ac er bod y meddyginiaethau eu hunain, at ei gilydd efallai, yn adlewyrchu'r dylanwadau 'clasurol', gallai'r dewis o bynciau a drafodid gynrychioli'r sefyllfa yng Nghymru.

Perthyn peth diddordeb i'r gair 'iddw(f)' yn hyn o beth. Digwydd, er enghraifft, deirgwaith yn y llawysgrif feddygol ganoloesol 'Hafod 16' lle y cafodd ei gyfieithu'n *gangrene* mewn fersiwn argraffedig;[74] cynigiodd Davies *erysipelas* ar ei gyfer yn ei *Dictionarium Duplex* yn 1632. Mae'r sylw a dderbyniai yn awgrymu ei fod yn gyflwr gweddol arwyddocaol ond y mae'n amheus ai at erysipelas y cyfeirid. Y mae cyd-destun nifer o'r cyfeiriadau llawysgrifol yn awgrymu'n gryf mai'r mallrygedd madreddol a olygir yn hytrach na'r fflamwydden; ystyriwch, er enghraifft, y disgrifiadau '... gwewyr iddw yn rhwymo aelodau dyn hyd na allo eu hestyn' a 'rhag yr iddw oer mewn troed neu aelodau eraill'.[75]

Mae'n lled debyg felly fod mallrygedd yn bresennol yng Nghymru'r Oesoedd Canol ac am beth amser wedyn – fel y buasid yn disgwyl ar adeg pan dyfid rhyg at fara ar raddfa gymharol eang a phan fyddai'r amodau hinsoddol yn aml iawn yn ffafriol iawn i ymlediad y mallryg. Nid anfuddiol yn hyn o beth yw cyfeirio at *The Castel of helthe* (Thomas Elyot, 1539) a'r cyfieithiad Cymraeg *Castell yr iechyd* (Elis Gruffydd, *c.* 1542). Yn y fersiwn Saesneg gwreiddiol y mae Elyot yn rhestru'r bwydydd hynny a allai (yn ei dyb ef) greu 'thycke juice' yn y corff ac a fyddai felly, yn unol â doethineb confensiynol y cyfnod, yn rhai i'w hosgoi. Y cyntaf yn ei restr yw 'Rye breadde' a'r ail yw 'muste', sef (fel y diffiniwyd ef gan Turner tua'r un cyfnod): '[wine] ... that is but latelye made or pressed out of the grapes'.[76] Ond ymddengys fod Gruffydd wedi camddeall pethau ac wedi trafod y ddau fel petaent yn un sylwedd, gan eu cyfieithu yn 'bara o ryg gwedd llwydo' – sef 'musty bread'.[77] Mae hyn ynddo'i hunan yn beth od; deuir o hyd i'r cyngor i beidio ag yfed *mustum* yn y ffynonellau clasurol (digwydd yn y corpws Salernaidd – *'provocat urinam mustum, cito solvit et inflat'*[78]) ac y mae'n rhyfedd o beth os nad oedd Elis Gruffydd yn gwybod am hyn, ac yntau â'r fath ddiddordeb mewn materion meddygol.

Ond nid y camddehongli ystyr sydd o'r pennaf diddordeb yn gymaint â'r ffaith fod Gruffydd, mae'n ymddangos, yn llawn gyfarwydd â phobl yn bwyta bara rhyg a oedd, yn ôl pob tebyg, yn heintiedig â'r mallryg (= 'wedi llwydo'). Mewn adran gyfagos y mae Elyot drachefn yn anghymeradwyo bwyta 'rye breadde'; cyfieithiad Gruffydd yw 'barra o ryg du' – hyn eto'n ddisgrifiad sy'n awgrymog iawn o ryg sy'n heintiedig â'r mallryg.

Ond i'r graddau y bu lleihad ym maint y cnydau rhyg, felly hefyd y byddai mallrygedd clasurol yn mynd yn gyfatebol lai cyffredin, hyd nes iddo ddod, erbyn y ddeunawfed ganrif, yn gyflwr pur anghyffredin. Ond ni fyddai diflaniad mallrygedd clasurol (a nodweddid yn bnnaf gan fadredd yn y breichiau a'r coesau) yn golygu fod y rhyg gweddilliol bellach yn llwyr ddi-ddylanwad. Cafwyd awgrym o fwy nag un cyfeiriad yn ddiweddar fod cymeriant cymharol isel o ryg heintiedig yn gallu dylanwadu ar y corff mewn ffordd dra llechwraidd, gan achosi'r math confylsiynaidd (newrolegol) o fallrygedd ond heb beri i symptomau clasurol y math madreddol (a fyddai'n ganlyniad i gymeriant uwch o ryg heintiedig) eu hamlygu eu hunain.

Mallrygedd ac ymddygiad

Yn ddiweddar hefyd, daethpwyd i ddeall natur wenwynig yr ergot. Cynnwys nifer o alcaloidau sydd o gryn arwyddocâd ffarmacolegol – yr ergotaminau. Gall rhai o'r rhain beri fasogyfyngiad (*vasoconstriction* – culhau o'r pibellau gwaed) a hyn, yn ei dro, yn amharu ar lifeiriant y gwaed i rannau neilltuol o'r corff. Amddifadu'r meinweoedd o'u cyflenwad gwaed yw achos y madredd mewn achosion o fallrygedd madreddol. (Dyna, yn ei hanfod hefyd, sy'n cyfrif am natur erthylogenig yr ergotaminau.) Mae sylweddau eraill yn bresennol yn y mallryg a gellir defnyddio echdyniad o rai ohonynt i drin migrên. Mae rhai o'r sylweddau newroffarmacolegol hyn yn dwyn perthynas gemegol agos ag LSD a gallai hyn gyfrif am y symptomau newrolegol a seiciatryddol a ganfyddid mewn rhai achosion o'r math 'confylsiynaidd' o fallrygedd.[79] Byddai union natur a dwyster y mallrygedd felly yn dibynnu ar y cyfartaledd o'r gwahanol ergotaminau a fyddai'n goroesi'r broses bobi (bara); gallai gwahanol ddulliau o baratoi bara oddi wrth flawd rhyg heintiedig, trwy ddinistrio amrywiol gyfartaleddau o'r sylweddau gwenwynig, gynhyrchu amrediad cyfatebol o symptomau newrolegol a seiciatryddol.

Mae lle i gredu, felly, fod mallrygedd newrolegol wedi bod yn llawer mwy cyffredin ar adegau neilltuol nag a dybir yn gyffredinol, er na sylweddolwyd hyn ar y pryd. Ni ddylid llwyr ddiystyru'r posibilrwydd, er enghraifft, fod rhai achosion o hysteria ymledol ar raddfa eang i'w priodoli i bresenoldeb gwenwyn y mallryg yn gweithredu mewn dull lled-lechwraidd – a dwyster y cyflwr yn dibynnu yn bennaf ar faint o ryg heintiedig a fyddai yn y lluniaeth.

Mae achosion o hysteria ymledol o gryn ddiddordeb i seiciatryddion a seicolegwyr ac y mae sawl un, o dro i dro, wedi cyfeirio ein sylw at y tebygrwydd ymddangosiadol rhwng rhai mathau o hysteria torfol ymledol a'r digwyddiadau a nodweddai ambell gyfnod o gyffroi crefyddol.[80] Yn ddiweddar, bu ymgais i estyn y drafodaeth i gynnwys mallrygedd fel un o'r ffactorau achosol posibl yn rhai o'r diwygiadau crefyddol hyn ac yn enwedig yn yr achosion hynny a nodweddid gan elfen gref o'r math o symptomau a gysylltir â mallrygedd newrolegol – hysteria, rhithweledigaethau, confylsiynau a symudiadau plyciol.

Mae Matossian, yn hyn o beth, wedi trafod yn fanwl le mallrygedd mewn nifer o ffenomenau cymdeithasol yn y Taleithiau Unedig. Mae wedi delio'n arbennig ag achos enwog 'Gwrachod Salem' a hefyd, ac yn fwy manwl, â'r diwygiadau crefyddol a adwaenid fel 'Y Deffroad Mawr' ('The Great Awakening') – diwygiadau yn y parthau hynny o'r wlad lle'r oedd rhyg yn gnwd pwysig. Gwelai gryn debygrwydd rhwng digwyddiadau o'r fath a nifer o nodweddion mallrygedd. Cyrhaeddodd y Deffroad Mawr ei anterth yn niwedd 1741 yn y rhanbarth honno o'r Taleithiau Unedig a elwid yn Lloegr Newydd. Cadwai'r Parchedig Stephen Williams o Fassachusetts ddyddiadur manwl am y digwyddiadau a dyfynnodd Matossian rannau o'r dyddiadur i ategu ei damcaniaeth fod cysylltiad posibl rhwng y Deffroad a mallrygedd:

> ... before ye Sermon was done there was a great
> moaning & crying out throughout ye whole house –
> what shall I do to be Sav'd – oh, I am going to Hell ...
> the shrieks and crys were percing and Amazing ...
> there were considrably shakeing & trembling before ye
> revivle was finished ... out in ye yard I found my own
> Son John Speaking freely ... I spoke to him – but he
> seemed beyond himself ...[81]

Byddai eraill yn dioddef gan ffitiau dirdynnol neu byliau o symudiadau plyciol – y *jerks,* chwedl sylwebyddion cyfoes. Ceir adroddiadau am deuluoedd cyfain yn amlygu symptomau a oedd yn llwyr gyson â'r hyn a wyddys am fallrygedd newrolegol a hyn, cofier, ar adeg pan oedd rhyg yn un o'r cnydau cynhaliol pwysicaf yn Lloegr Newydd. Barn Matossian oedd bod eglurhadau seicolegol yn annigonol i esbonio ffenomenau 'diwygiadol' o'r fath ac mai priodol felly fyddai ystyried ffactorau cyfrannol eraill ac, yn fwyaf arbennig, mallrygedd.

Yn ddiweddarach yn yr un ganrif cafwyd adroddiadau am ddiwygiadau cyffelyb yng nghyffiniau Kentucky lle'r oedd y trigolion, unwaith eto, yn ddibynnol ar ryg am gyfran helaeth o'u lluniaeth. Teithiodd y Parchedig Barton Stone yno o Bourbon County i weld drosto ef ei hunan y digwyddiadau rhyfedd y clywsai gymaint o sôn amdanynt; cyflwynodd ei brofiadau mewn llythyr at ei gyfeillion gartre:

> The scene ... baffled description. Many, very many, fell
> down as men slain in battle and continued for hours
> together in an apparently breathless and motionless state,
> sometimes for a few minutes reviving and exhibiting

symptoms of life by a deep groan or a piercing shriek or by a prayer for mercy, feverntly uttered ... [82]

O blaid y ddamcaniaeth fod a wnelo mallrygedd â'r symudiadau plyciol a'r ymddygiad cynhyrfus a amlygid yn y seremonïau crefyddol (ac mewn rhai achosion, a gyfyngid iddynt) mae Matossian wedi nodi (i) fod effeithiau'r mallryg ar y corff yn ysbeidiol, gan ddiflannu a dychwelyd bob yn ail; (ii) i'r hysteria fod ar ei amlycaf yn yr achosion hynny a ddigwyddai ddiwedd yr haf – hynny yw, pan fyddai'r rhyg wedi'i gynaeafu a gwenwyndra'r mallryg (ergot) felly ar ei gryfaf; (iii) y byddai cymundeb yn rhan o rai gwasanaethau a'r bara cymun, o reidrwydd, yn cynnwys peth blawd rhyg.[83]

Nid dyna ddiwedd y stori o bell ffordd. Ddwy ganrif yn ddiweddarach yn ystod epidemig o fallrygedd yn ne Ffrainc yn 1951 cofnodwyd fod y dioddefwyr 'yn synhwyro hyd waelod eu bod fod marwolaeth yn agosau ... ond er hynny, yn teimlo'n afresymol o hapus a dedwydd ... gan siarad yn ddibaid am oleuadaeth ac am gael eu meddiannu gan deimladau ysgubol o ewfforia a thangnefedd ...'[84]

Mae hyn oll yn codi cwestiwn diddorol. A chofio bod Cymru hefyd, hyd at yn gymharol ddiweddar, yn wlad a chanddi le pwysig i ryg yn ei heconomi, a oes dystiolaeth fod mallrygedd wedi dylanwadu o dro i dro ar ddatblygiad a natur y gymdeithas Gymreig mewn modd cyffelyb?

Yn sicr, nid oes prinder disgrifiadau o sefyllfaoedd yng Nghymru sy'n gyffelyb i'r rhai a ddefnyddiwyd gan Matossian yn ei hymdriniaeth â digwyddiadau crefyddol yn America. Mae Huw Edwards wedi'n hatgoffa ni am enghraifft gynnar o *enthusiasm* crefyddol sy'n syrthio'n dwt i'r categori hwn, sef disgrifiad Gerallt Cymro o'r dawnsio torfol gorffwyll y bu'n dyst iddo ar fwy nag un achlysur yn Eglwys y Santes Eluned yn Aberhonddu:

> ... [gwelir] yma ddynion neu ferched, yn awr yn yr eglwys, yn awr yn y fynwent ... yn syrthio'n ddisymwth ar y ddaear, ac ar y dechrau fel petaent wedi eu dwyn i berlewyg ac yn llonydd, yna yn neidio i fyny'n sydyn, fel petaent wedi eu gyrru i orffwylledd ...[85]

Ganrifoedd yn ddiweddarach bu eraill yn pwyso ar ddisgrifiadau cyffelyb i ddilorni ymddygiad y Methodistiaid cynnar – megis yr hyn a gafwyd yn nhudalennau'r *Cambrian Register* yn 1796:

> Persuading themselves that they are involuntarily actuated by a divine impulse, they become intoxicated with this imagined inspiration, and utter their rapture and their triumph with such wildness and incoherence – with such gesticulation and vociferation – as set all reason and decorum at defiance ... men and women indiscriminately, cry and laugh, jump and sing, with the wildest extravagance ... their dress becomes deranged ... the hair dishevelled ... their raptures continue till spent with fatigue of mind and body, the women are frequently carried out in a state of apparent insensibility.[86]

Nid oes prinder enghreifftiau eraill. Disgrifiodd Thomas James yr hyn a ddigwyddodd yn ardal Aberedwy (Maesyfed) yn 1743: '... nes oedd y gwaeddi am yr Iesu mor uchel, fel ag i foddi fy llais i; yr oedd amryw yn ymdreiglo ar y llawr dan arwyddion amlwg o ddrylliad calon'. Yn nes i'r de, yn Nhrecastell yn 1783, cafodd y gweinidog, y Parchedig Ll. Llewelyn, anhawster i gladdu un o'r aelodau 'gan gymaint y canu a'r canmol a'r neidio ar lan y bedd a'r gweinidog druan yn llwyr gredu fod y bobl wedi colli eu synhwyrau'.[87] Ysbardunwyd un sylwebydd yng Nghymanfa Llanwenarth (Gwent) yn 1793 i osod ei argraffiadau ar gân:

> Ofnadwy yw'r nwydau niweidiol a'r neidio
> Sy'n mhlith rhai crefyddwyr, gan fudr ynfydio.
> Mor wyllt yw eu campau, fy ngwallt ar fy nghopa
> A wrycha gan ddychryn, bob gronyn mi gryna.[88]

Ond efallai mai un o'r hanesion mwyaf diddorol yn hyn o beth oedd yr hyn a ddigwyddodd yn ardal Rhaeadr ym Maesyfed yn ail hanner y ddeunawfed ganrif pan oedd John Thomas yn gweinidogaethu yno yn yr Hen Gapel.

Ganol y ddeunawfed ganrif, fel y ceisiwyd dangos uchod, yr oedd rhyg yn dal yn un o'r prif gnydau yn ardal Rhaeadr. Hyd yn oed yn nechrau'r bedwaredd ganrif ar bymtheg daliai'n bwysig yn y cylch fel y datgelir gan y cyfrifebau 'aceri-dan-gnydau' a grybwyllwyd eisoes. Yr adeg honno, o ryw 600 o blwyfi yng Nghymru, yr oedd yna chwech lle y daliai rhyg i gyfrif am dros 20% o'r cyfanswm ŷd. Roedd y rhain i gyd, sylwer, yn y canolbarth, a phedwar ohonynt yn ffinio â thref Rhaeadr (Llanwrthwl 23%, Llanhir 24%, Saint Harmon 20%, Nantmel 22%).[89] Cadarnhawyd hyn gan Samuel Ireland a gyfeiriodd yn 1797 at y 'sour milk and black [= rye] bread' y bu raid iddo ei fwyta yn un arall o'r plwyfi ffiniol (Llangurig).[90] Mor ddiweddar â 1875 gellid ysgrifennu am y plwyf olaf hwn (Llangurig): 'The principal cereals raised are wheat (in the low grounds), barley, oats and rye, the latter being the more common. The rye is mixed with wheat and forms what is locally known as *muncorn,* from which a pleasant and healthy bread is made.'[91] Felly, ni all fod unrhyw amheuaeth nad oedd rhyg yn gnwd o bwys yn economi domestig ardal Rhaeadr yn ail hanner y ddeunawfed ganrif a bod cryn fwyta ar fara rhyg yno o ganlyniad.

Nodweddid y cyfnod rhwng 1768 a 1778 gan dywydd gwael cyson ac, o ganlyniad, gan nifer o gynaeafau gwael.[92] Dyma'r math o dywydd gwlyb a allai'n hawdd arwain hefyd at y mallryg mewn rhyg. Mae digonedd o dystiolaeth fod parodrwydd pobl i gynnwys ŷd pydredig neu heintiedig yn eu lluniaeth yn cynyddu law-yn-llaw â phrinder lluniaeth. A dyna a ddigwyddodd, mae modd awgrymu, yn ystod y cyfnod hwnnw yng nghylch Rhaeadr Gwy.

Dyna'r cyfnod hefyd pryd yr oedd John Thomas yn ei anterth yn pregethu yn eglwysi Annibynnol Rhaeadr a'r cylch ac yn nodi yn ei ddyddiadur enghreifftiau o ymddygiad pur annisgwyl ar ran rhai o'i wrandawyr:

> 1768: ... daeth Saly [ei chwaer-yng-nghyfraith] i'n gweled ... ac fel yr oeddwn yn llefaru ar y Sul yn y *Cae-bach* hithau gafodd ergyd nes oedd yn gweled, neu, yn tybied bod y ty yn troi oddi amgylch, ac yn cael gwaith sefyll ar ei thraed fel y cyfaddefodd wedi hynny.

> 1769: ... byddai amryw yn torri allan mewn llef wedi eu dwysbigo ac eraill yn bendithio'r Arglwydd, canu a gweddïo, a llefaru bob un wrth ei gymydog a phobl y byd yn synnu ...

1770 (?) ... yma'r aeth y rhai tanllyd allan dan foliannu a llamu ar y beili tua'r ysgubor, lle y buasent yn cael ambell wledd o'r blaen ... a thorodd eraill allan yn yr un modd, yna y rhai oedd allan a ddaethant i mewn, fel dau dan ynghyd, fel y gorfu arnaf ddistewi a'u gadael hwy i ganu, canmol gweddïo a llefaru cyn ymadael.[93]

Y duedd gyffredinol fyddai priodoli ymddygiad pobl Rhaeadr yr adeg honno i ymateb ysbrydol ar eu rhan hwy i bregethu grymus John Thomas ac i ddylanwad ei emynau. Gall hyn fod. Ond y mae, wrth gwrs, bosibilrwydd arall. Gorchwyl diddorol fyddai i rywun, ryw ddiwrnod, archwilio'r holl ddata perthnasol gyda golwg ar ddadlennu'n llawnach natur y cydberthyniad rhwng y ffenomena corfforol a meddyliol a amlygir adeg diwygiad a lle rhyg yn yr economi lleol.

Cyfeiriadaeth a nodiadau

1. Bu sawl cais i ddehongli ystyr symbolaidd y rhigwm Saesneg hwn. Un awgrym yw fod y 'pocedaid o ryg' yn cyfeirio at ryw fath o ddegwm a delid mewn grawn, yr hyn sy'n awgrymu fod i ryg safle o bwys yn Lloegr gynt (gweler, er enghraifft, I. Opie a P. Opie, *The Oxford dictionary of nursery rhyme* (Rhydychen, 1952), tt. 394–5; cymharer hefyd ag A. Rh. Wiliam, *Llyfr Iorwerth* (Caerdydd, 1960), t. 85). Disgrifio'r sefyllfa yn ardal Abergele/Colwyn yn hanner cyntaf y bedwaredd ganrif ar bymtheg y mae John Cadvan Davies, mewn cerdd fuddugol yn Eisteddfod Caerdydd, 1884.

2. J. E. T. Rogers, *Six centuries of work and wages* (Llundain, 1884), 9fed argraffiad (190), tt. 59–60.

3. W. Ashley, 'The place of rye in the history of English food', *Economic Journal* 31 (1921), 285–308.

4. A. G. L. Rogers, 'Was rye ever the ordinary food of the English?' *Economic Journal* 32 (1922), 119–24.

5. D. Zohary a M. Hopf, *Domestication of plants in the Old World* (Rhydychen, 1993), 2il argraffiad, tt. 64–73.

6. C. Heresbach, *Foure bookes of husbandrie ... newly Englished and increased by Barnabe Googe* (Llundain, 1586), t. 27v.

7. T. Moffet, *Health's improvement ... corrected and enlarged by Christopher Bennet* [1655] (Llundain, 1746), t. 329.

8. L. A. Moritz, *Grain-mills and flour in classical antiquity* (Rhydychen, 1958).

9. Dorian Williams, 'Grawn llosg a'u cyfraniad i hanes yr ydau', *Y Gwyddonydd* 15 (1977), 4–12.

10. O. Jones, E. Williams a W. O. Pughe, *The Myvyrian archaiology of Wales* (Dinbych, 1879), t. 406. Gweler hefyd G. J. Williams, *Iolo Morganwg a chywyddau'r ychwanegiad* (Llundain, 1926), t. 157; R. Bromwich, 'Trioedd Ynys Prydain; the Myvyrian "third series"', *Trafodion Anrhydeddus Cymdeithas y Cymmrodorion* (1968), 299–338, (1969), 127–56.

11. Gweler, er enghraifft, Wiliam (1960), op. cit.

12. R. I. Jack, 'Farming techniques: Wales and the Marches' yn *The agrarian history of England and Wales,* cyfrol 2, *1042–1350* (Caergrawnt, 1988), tt. 412–96.

13. Dyfynnwyd yn *Domestic life in England by 'The editor of "The family manual and servant's guide"'* (Llundain, 1835), t. 192.

14. T. Roberts ac I. Williams, *The poetical works of Dafydd Nanmor* (Caerdydd, 1923), t. 54.

15. S. Minwel Tibbott, 'Bara ceirch a rhai bwydydd eraill', *Amgueddfa* 20 (1975), 3–27; cyflwyna'r erthygl hon y thesis mai ceirch oedd y prif rawnfwyd yng Nghymru o'r cychwyn cyntaf hyd at y bedwaredd ganrif ar bymtheg.

16. Gweler, er enghraifft, H. Rackham, *Pliny, natural history* (Llundain, 1950), cyfrol V, t. 278; S. De Renzi, *Collectio Salernitana* (Napoli, 1851); L. Thorndike, *The herbal of Rufinus* (Chicago, 1946).

17. G. Henslow, *Medical works of the fourteenth century* (Llundain, 1899), t. 103. Mae'r fersiwn Saesneg yn peri inni amau cywirdeb Jones (gweler isod) yn dehongli hyn fel meddyginiaeth i drin 'pocks'.

18. I. Jones, 'Hafod 16 (A mediaeval Welsh treatise)', *Etudes Celtiques* 7 (1955–9), 297.

19. Morfydd E. Owen, 'Meddygon Myddfai; a preliminary survey of some medieval medical writing in Welsh', *Studia Celtica* 10/11 (1975–6), 210–33.

20. [John Prys] *Yny lhyvyr hwnn y traethir* ... (Bangor/Llundain 1546/1902), gol. J. H. Davies; Geraint Gruffydd, *Bwletin y Bwrdd Gwybodau Celtaidd* 23 (1969), 113, 'The [agricultural instructions] may well have been Prise's own work since there is nothing in them that corresponds at all closely to ... likely sources'. Ar y llaw arall, y mae'r cyfarwyddiadau'n cynnwys manylion am gnydau na fuont, hyd y gellir barnu, yn nodweddiadol o hwsmonaeth Cymru'r cyfnod hwnnw – 'coliander' (= coriander, *Coriandrum sativum)*, 'sitrulis' (= melon dŵr, *Cucumis citrullis*) a 'gwrds'. Ni thrafodir y rhain gan William Vaughan o'r Gelli Aur yn ei *Directions for health* yn nes ymlaen yn yr un ganrif. Yn rhyfedd iawn, ni chyfeiria Prys at nifer o fwydydd llysieuol digon cyffredin a drafodir gan Vaughan – moron, erfin, eirin Mair – yr hyn oll sy'n codi'r cwestiwn i ba raddau yr oedd sylwadau Prys yn adlewyrchu'r sefyllfa gyfoes yng Nghymru, neu a oeddynt yn enghraifft arall eto o'r 'mindless copying of sterile formulae' a nodweddai gymaint o ysgrifennu o'r cyfnod. (Linda E. Voigts biau'r ymadrodd; gweler ei 'Anglo-Saxon plant remedies and the Anglo-Saxons', *Isis* 70 (1979) 250–68.)

21. I. Rh. Edgar (gol.), *Llysieulyfr Salesbury* (Caerdydd, 1997), t. 145; Leonhart Fuchs, *De historia stirpium* ... (Basel, 1542), t. 767.

22. F. T. Emery, 'The farming regions of Wales' yn *The agrarian history of England and Wales 1500–1640,* gol. J. Thirsk (Caergrawnt, 1967), cyfrol 1V, t. 132.

23. *Archaeologia Cambrensis, original documents* 1, cviii.

24. H. Owen, 'The diary of Bulkeley of Dronwy, Anglesey, 1630–1636', *Transactions of the Anglesey Antiquarian Society* (1937), 26–172 *passim.*

25. W. J. Smith, 'Three Salesbury mansions in 1601', *Bwletin y Bwrdd Gwybodau Celtaidd* 15 (1954), 293–302.

26. C. Fiennes, *The illustrated journals of ... c. 1682– c. 1712* (Llundain, 1982), gol. C. Morris, t. 165.

27. E. Lhuyd, *Parochialia* ... *atodiad, Archaeologia Cambrensis* Gorffennaf 1911.

28. [K. Rogers] *An historical account of Mr Rogers three years travels over England and Wales* (Llundain, 1694), t. 114; W. M. Myddleton, *Chirk Castle Accounts 1660–1753* (Manceinion, 1931), t. 450, nodyn ar gyfer Mawrth 22 1722.

29. E. J. T. Collins, 'Dietary change and cereal consumption in Britain in the nineteenth century', *Agricultural History Review* 23 (1975), 97–115.

30. [Charles Smith] *Three tracts on the corn-trade and corn-laws* (Llundain, 1766), 2il argraffiad. Mae cynifer o gyfeiriadau gan eraill at bwysigrwydd bwydydd ceirch yng Nghymru fel bod rhaid derbyn mai camgymeriad (neu 'gamddehongliad' o'r math a ddisgrifir yng nghorff yr erthygl) yw honiad Smith. Gweler, er enghraifft, Vaughan (1633), op. cit., t. 19, 'Oaten Bread [is] much used in Wales'; T. Venner, *Via recta ad vitam longam* (1660), t. 23, 'Bread [is made] of Oates in Wales'; J. Lawrence, *A new system of agriculture* (1726), t. 101, ' In Wales most of the Bread the ordinary people eat is made of Oats'; J. Houghton, *Husbandry and trade improv'd* (1727), cyfrol 2, tt. 294–5, 'In the mountainous parts of Wales ... most of the bread the ordinary people eat, are oatcakes ... ' Gweler hefyd Tibbott (1975), op. cit. Am feirniadaeth o ddeunydd Smith gweler hefyd E. J. T. Collins (1975), op. cit.

31. J. J. Cartwright (gol.), 'The travels through England of Dr Richard Pococke ... volume 1', *Camden Society* (1888), t. 238.

32. D[avid]. T[homas]., *Hanes tair sir ar ddeg Cymru* (Amwythig [1750]).

33. Edmund Jones, *A geographical, historical, and religious account of the parish of Aberystruth: in the county of Monmouth* (Trefecca, 1779), t. 39.

34. [Arthur Young] *A six weeks tour, through the southern counties of England and Wales* (Llundain, 1768); idem, 'A tour in Wales', *Annals of Agriculture* ... 8 (1787), 31–88.

35. David Turnor, 'Replies to circular letter on the corn trade', *Annals of Agriculture* ... 13 (1790), 448–53; hefyd Paul Panton, ibid 14 (1790), 405–10.

36. T. Lloyd a [D.] Turnor, *General view of the county of Cardigan* (Llundain, 1794), t. 25.

37. W. E. Minchinton, 'The agricultural returns of 1800 for Wales', *Bwletin y Bwrdd Gwybodau Celtaidd* 21(1964), 74–93.

38. David Thomas, *Agriculture in Wales during the Napoleonic wars* (Caerdydd, 1963), tt. 68–70.

39. LlGC 1755 Bii, 14/19 – dyddiaduron Walter Davies.

40. Walter Davies, *General view of the agriculture and domestic economy of North Wales* (Llundain, 1813), tt. 192–5.

41. P. Roberts, *The Cambrian popular antiquities* ... (Llundain, 185), tt. [5], 8. Cyfieithiad Trevisa (*c.* 1400) o'r llinellau yw: 'they eteth brede, colde and hote / Of barliche and of oote/ Broode cakes, round and thinne/ ... Seelde they eteth

brede of whete ... '; fel yn y gwreiddiol, cyfeiria at haidd, ceirch a gwenith yn unig. Rhyfedd na soniodd Higden am fara rhyg o gwbl o gofio ei fod yn byw (mae'n debyg) yng Nghaerllion ac felly'n ddigon cyfarwydd, fe ellid tybio, ag arferion bwyta'r Cymry. Gweler C. Babington (gol.), *Polychronicon Ranulphi Higden* ...(Llundain, 1865), cyfrol 1, tt. 404–5.

42. Benjamin (Count) Rumford, *Essays, political, economical and philosophical* (Llundain, 1797), 3ydd argraffiad, cyfrol 3, t. 298.

43. Collins (1975), op. cit. Gweler hefyd C. Patersen (gol. A. Jenkins), *Bread and the British economy c. 1770–1870* (Aldershot, 1995).

44. Smith (1766), op. cit., t. 142.

45. J. Keys, *The antient bee-master's farewell* ... (Llundain, 1796), t. 32.

46. L. T. Smith (gol.), *The itinerary in Wales of John Leland in or about the years 1536–1539* (Llundain, 1906), t. 17.

47. G. Kay, *General view of the agriculture of North Wales* [Flint] (Caeredin, 1794), t. 10.

48. S. F. Hockey, 'The account-book of Beaulieu Abbey', *Camden Series* IV, cyfrol 16 (1975), t. 25.

49. T. Cogan, *The haven of health* (Llundain, 1612), 3ydd argraffiad, tt. 26–7.

50. [Walter Harte] *Essays on husbandry* (Llundain, 1764), Traethawd 1, t. 176.

51. D. Davies, *The case of labourers in husbandry* (Llundain, 1794), t. 30.

52. O. O. Roberts, *Hints on agricultural economy as the antidote to agricultural distress* (Llundain, 1838), t. 87.

53. R. Elwyn Hughes, *Alfred Russel Wallace: gwyddonydd anwyddonol* (Caerdydd, 1997), tt. 33–6, 162–82.

54. Defnyddid rhyg (ynghyd â grawnfwydydd eraill, a thatws) i wneud 'bara rhyfel' yn ystod cyfnod o brinder yn y Rhyfel Byd cyntaf (W. H. Beveridge, *British food control* (Llundain, 1928), tt. 106–7), ond yn gyffredinol, roedd rhyg wedi colli ei bwysigrwydd yn hwsmonaeth Cymru ymhell cyn hyn. Prisiau ar gyfer gwenith, haidd a cheirch yn unig a gyhoeddwyd yn yr adroddiadau am farchnadoedd Cymru a gyhoeddid yn y cylchgronau Cymraeg yn hanner cyntaf y bedwaredd ganrif ar bymtheg (gweler, er enghraifft, *Yr Haul* (1835) yn fisol).

55. C. Bryant, *Flora diaetica* (Llundain, 1783), tt. 330–1. Cyfeiriodd Pliniws at yr arferiad o gymysgu rhyg â gwenith mor bell yn ôl â'r ganrif gyntaf O.C. – 'cymysgir gwenith ag ef [rhyg] i leihau ei chwerwder' (*admiscetur huic far ut mitiget amaritudinem*) (H. Rackham (gol. /cyfrol), *Pliny Natural History* (Llundain, 1950), cyfrol 5, t. 278.

56. W. Vaughan, *Directions for health* ... (Llundain, 1633), 7fed argraffiad, t. 18.

57. J. Arbuthnot, *An essay ... of aliments* (Llundain, 1756), 4ydd argraffiad, t. 50.

58. B. Holland, I. D. Unwin a D. H. Buss, *Cereals and cereal products – the third supplement to Widdowson & McCance* (Nottingham, 1988). Cynnwys 100 gram o

blawd rhyg ryw 12 gram o ffibr, o'i gymharu â 9 ar gyfer blawd gwenith a 6 am flawd ceirch.

59. R. A. McCance ac E. W. Widdowson, *Breads white and brown; their place in thought and social history* (Llundain, 1956).

60. 'Hopcyn' [L. J. Hopkin James]a 'Cadrawd' [T. C. Evans], *Hen gwndidau, carolau a chywyddau* (Bangor, 1890), t. 21. Gweler hefyd G. J. Williams, *Traddodiad llenyddol Morgannwg* (Caerdydd, 1948), t. 118.

61. Charles Ashton, 'Bywyd gwledig yn Nghymru', *Cofnodion a chyfansoddiadau buddugol Eisteddfod Bangor 1890* (Lerpwl, 1892), tt. 36 –92.

62. J. Donaldson, *The cultivated plants of the farm* (Llundain, 1847), t. 26.

63. Am hanes y mallryg yn Ewrop gweler G. Barger, *Ergot and ergotism* (Llundain, 1931); J. G. Fuller, *The day of St Anthony's fire* (Llundain, 1969); M. K. Matossian, *Poisons of the past* (Yale, 1989) – llyfr darllenadwy iawn ond yn llwyr anwyddonol yn ei duedd i briodoli pob math o ddigwyddiadau hanesyddol i fallrygedd.

64. Barger (1931), op. cit., tt. 30–1; J. J. Cranley et al., 'Impending gangrene of four extremities secondary to ergotism', *New England Journal of Medicine* 269 (1963), 727.

65. James Jennings, *The family cyclopaedia* ... (Llundain, [1822]), 2il argraffiad, t. 957.

66. Barger (1931), op. cit., tt. 31–9.

67. *Philosophical Transactions [of the Royal Society]* (Llundain), 52 (1761), 523–33; ibid 55 (1765), 106–26.

68. M. K. Matossian, 'Mold poisoning: an unrecognised English health problem, 1550–1800', *Medical History* 25 (1981), 73–84.

69. W. E. Boyd, 'Rye and ergot in the ancient history of Scotland', *Antiquity* 60 (1986), 45–7.

70. [J. Oldsworth et al.] *The Swansea guide* ... (Abertawe, 1802), t. 183.

71. Fuller (1969), op. cit.

72. William Buchan, (cyf. Hugh Jones), *Y meddyginiaeth deuluaidd* (Caernarfon, 1831); Richard Reece, *Yr hyfforddwr meddygol* (Merthyr, 1816).

73. Duhamel du Monceau, *A practical treatise of husbandry* ... [cyf. John Mills] (Llundain, 1759), tt. 105–6. Gweler hefyd Henry Phillips, *History of cultivated vegetables* (Llundain, 1822), 2il argraffiad, cyfrol II, tt. 151–62.

74. Jones, (1955–9), op. cit., 7: 46–75, 270–339; 8: 66–97, 346–93.

75. T. Lewis, *A Welsh leech book* (Lerpwl, 1914), tt. 31, 54.

76. Thomas Elyot, *The castel of helthe* ... (Llundain, 1539), t. 15r; William Turner, *A new boke of the natures and properties of all wines* (Llundain, 1568), t. Bii r.

77. Elis Gruffydd, *Castell yr iechyd,* gol. S. Minwel Tibbott (Caerdydd, 1969), t. 26.

78. De Renzi (1852), op. cit., cyfrol 1, t. 452.

79. L. G. Goodwin, 'Poisonous plants and fungi' yn *Oxford textbook of medicine,*

gol. D. J. Weatherall et al. (Rhydychen, 1987), 2il argraffiad, cyfrol 1, tt. 91–2.

80. Huw Edwards, *Cylch cyflawn* (Dinbych, 1994), tt. 87–110; cynnwys lyfryddiaeth werthfawr i holl faes 'hysteria heintus'.

81. M. K. Matossian, *Poisons of the past* (Yale, 1989), tt. 126–7.

82. J. M. Massey a E. W. Massey, 'Ergot, the "jerks" and revivals', *Clinical Pharmacology* 7 (1984), 99–105.

83. M. K. Matossian, 'Religious revivals and ergotism in America', *Clinical Medicine* 16 (1978), 185–92.

84. Fuller (1969), op. cit., t. 62.

85. Edwards (1994), op. cit., tt. 87–8; gweler hefyd T. Jones, *Gerallt Gymro, hanes y daith trwy Gymru* (Caerdydd, 1938), tt. 30–1.

86. 'Cymro', 'Cursory remarks on Welsh tours or travels', *Cambrian Register* 2 (1796), 421–54.

87. John Hughes, *Methodistiaeth Cymru* (Wrecsam, 1856), cyfrol 3, tt. 315–6, 351.

88. [B. Francis] *Seren Gomer* 36 (1853), 526.

89. D. Williams, 'The acreage returns of 1801 for Wales', *Bwletin y Bwrdd Gwybodau Celtaidd* 14 (1950/1), 54–68, 139–54.

90. S. Ireland, *Picturesque views on the river Wye* ... (Llundain, 1797), t. 8.

91. E. Hamer a H. W. Lloyd, *The history of the parish of Llangurig* (Llundain, 1797), t. 15.

92. J. M. Stratton, *Agricultural records A. D. 220–1977* (Llundain, 1978), tt. 81–2.

93. John Thomas, *Rhad ras* (gol. J. Dyfnallt Owen) (Caerdydd, 1949), tt. 102–4.

Tabl: Cymeriant o wahanol rawnfwydydd yn y ddeunawfed ganrif (seiliedig ar Smith, 1766) (nifer o bobl yn bwyta'r gwahanol fathau o ŷd)

	Gwenith	Haidd	Rhyg	Ceirch	% yn bwyta rhyg
Cymru	29,344	127,584	113,521	–	42
Lloegr	3,544,513	583,013	746,390	594,226	15
Llundain	1,866,405	36,741	185,976	–	9
Gogledd Lloegr	283,996	37,196	285,382	285,986	32

[Dull Smith o gyrraedd at y boblogaeth oedd trwy luosi'r nifer o dai gan chwech; mae ei ddull o gyflwyno ei ddata hefyd yn llai na boddhaol – mae'n awgrymu, er enghraifft, fod pob person yn bwyta un math yn unig o rawnfwyd.]

Diodydd Bonedd a Gwreng: tair diod y Cymry

Mae'r corff dynol yn colli, ar gyfartaledd, ryw 2.5 litr (tua 4.5 peint) o ddŵr bob dydd – y rhan fwyaf ohono yn y troeth (wrin) a'r gweddill yn y chwys a'r ymgarthion a thrwy'r croen a'r ysgyfaint. Rhaid i'r corff, felly, dderbyn cyflenwad digonol o ddŵr yn lle'r colledion cyson hyn. Gall person normal fyw am chwe wythnos heb fwyd – ac y mae adroddiadau am rai sydd wedi goroesi am gyfnodau llawer mwy na hyn. Ond prin iawn yw'r adroddiadau am bobl sydd heb gyflenwad o ddŵr yn byw am fwy na phum neu chwe diwrnod – ac am lai na hyn pan fo'r gwres amgylcheddol yn uchel.

Daw peth o'r dŵr sydd yn y corff o ganlyniad i ocsidiad bwydydd – dŵr o darddiad cemegol yw hwn. Daw peth o'r bwydydd hynny sydd eisoes yn cynnwys cyfran sylweddol o ddŵr, megis ffrwythau a llysiau sydd, ar gyfartaledd, yn cynnwys rhyw saith deg y cant o ddŵr. Ond daw'r rhan helaethaf o dipyn o'r dŵr sydd yn y corff o'r gwahanol ddiodydd sy'n rhan o'r lluniaeth beunyddiol.

'Before the Deluge Mankind drank nothing but Water, and they lived to a far greater Age than those which came after' oedd barn Daniel Duncan, meddyg Ffrengig yn nechrau'r ail ganrif ar bymtheg.[1] Bid a fo am hynny, ychydig iawn o bobl sydd bellach yn cymryd eu hylif lluniaethol ar ffurf dŵr *per se*, er bod ambell eithriad. Dywedir fod y Malagasi, cyn iddynt gael eu llygru gan arferion oddi allan, wedi arfer yfed dŵr pur yn unig, neu, ambell waith, dŵr â thamaid o gig ynddo.² Y mae rheolau neu arferion cymdeithasol yn gallu gweithredu o blaid dŵr ac yn erbyn, dyweder, diodydd meddwol – megis sy'n digwydd weithiau dan gyfarwyddyd daliadau crefyddol. Ond eithriadau yw'r rhain ac yn gyffredinol nid yw yfed dŵr plaen ei hunan erioed wedi apelio at y rhan fwyaf o'r hil dynol. At hyn, y mae dŵr amrwd, yn aml iawn, yn llai diogel yn facteriolegol na'r diodydd y gellid eu darparu ohono.

Un o nodweddion cynharaf gwareiddiad felly oedd tuedd i ddyfeisio dulliau dymunol o gymryd dŵr i mewn i'r corff. 'I do not know or hear of any Nation that hath Water only for their drink, except the japanois, and they drink it hot too, but we may say, that what ever beverage soever we make, either by brewing, by distillation, percolation or pressing, it is but Water first', meddai James Howell, y Cymro llengar hwnnw o'r ail ganrif ar bymtheg, mewn llythyr yn trafod diodydd.³ Felly hefyd Thomas Knight, meddyg o Gaernarfon, yn 1731:

> ... now a-days instead of water (which was the greatest Part of the Drink in the Antidiluvian World and very congenial to the temper of Man) we drink the same Element impregnated with the Particles of the Grape, Barley or Sulphur, which are very pernicious if commonly used and especially to excess.⁴

Yn fras, y mae tair ffordd o droi dŵr yn hylif mwy yfadwy. Gellir troi at hylifau naturiol eraill sy'n seiliedig ar ddŵr, megis sudd ffrwythau, llaeth, neu ddiodydd a ddarperir o laeth (megis llaeth enwyn neu'r gwahanol ddarpariaethau o laeth sur y deuir ar

The Hauen of Health. 221

ingender ill humours. Yet it is best after Christmas and about Lent. That Cyder which is made of pure Peares, (commonly called Pery) being drunke after winter, is like in taste to a small white or Rhenish wine, but it differeth much in operation.

Pery.

Of Whey. Chap. 220.

The sixth sort of drinke vsually is Whey, the nature whereof I haue declared before in the Chapter of Milke. And thus much more will I adde, that if it be clarified, it is passing good for such as haue hot stomackes, or hot Liuers, especially in May, and for them that be costiue. And if you would vse it to coole the liuer, then boyle it in Endiue, Succorie, Violet leaues, Harts-tong, Sorrell, Dandelion. And if you would vse it for an itch, or breaking out, then boile it in Fumitorie, Scabious, Liuerwort, Hop leaues. Also Fumitorie and Agrimony boyled in clarified Whey, and often vsed do not onely kill an itch, but also preserue the Liuer from corruption. You must boile it to the halfe, and then straine it & drinke it fasting, and fast two houres after it.

Whey for an hot Liuer.

Whey for an itch.

Of Metheglin. Chap. 221.

The seuenth kinde of drinke is Metheglin, which is most vsed in Wales, and in the Marches of Wales. It is made of hot herbes, Honie and water. And if any list to make it, he may take of all sorts of garden herbes a handfull or two, and let them boyle in twise so much water as he would make Metheglin, and when it is boyled to the halfe, and cooled and strained from the herbes, then take to euery two galons of the water, one galon of Honie. Let it boyle well and scum it cleane, then put it vp into some vessell, and put Barme vpon it, and let it stand three or foure daies, then clense it vp as you do Beere or Ale,

How to make Metheglin.

Thomas Cogan yn trafod meddyglyn yn ei The haven of health *(argraffiad 1612)*

eu traws ymhlith rhai pobloedd bugeiliol). Gellir paratoi trwyth o sylweddau sy'n trosglwyddo blas arbennig, a mwy derbyniol, i'r dŵr (megis wrth baratoi te neu goffi). A gellir defnyddio'r dŵr fel cyfrwng ar gyfer prosesau eplesu sydd, yn y modd hwn, yn ei droi'n doddiant gwan o alcohol.

Mae'r pwyslais a osodir ar y gwahanol ddulliau hyn yn dibynnu ar sawl ffactor – argaeledd defnyddiau crai y gellid eu defnyddio un ai i newid blas y dŵr neu fel sylfaen i'r prosesau eplesu, cyflwr masnachol y wlad *vis-a-vis* mewnforion (megis wrth drafod te neu goffi), a phatrymau cymdeithasol ac arferion yfed. O'r rhain, argaeledd y defnyddiau crai fu'r ffactor hanesyddol bwysicaf erioed ac yn enwedig yn ystod y cyfnodau cynnar. I baratoi diodydd alcoholaidd (i nifer sylweddol o bobl, y dull mwyaf dymunol o yfed dŵr) rhaid cael deunydd sy'n gyfoethog un ai mewn siwgr(au) (sylfaen y broses eplesu) neu mewn sylweddau y gellid eu troi'n siwgr (megis starts). Nid rhyfedd felly fod cynifer o'r diodydd traddodiadol yn seiliedig un ai ar wahanol fathau o ŷd (ffynhonnell starts) neu ar fêl (ffynhonnell siwgrau) neu ar gyfuniad o'r ddau.

Yn ystod y ganrif bresennol y mae patrwm diodydd Cymru wedi cydymffurfio, i raddau helaeth iawn, ag eiddo Lloegr, er bod, ar un adeg, beth gwahaniaeth rhwng y ddwy wlad ym manylion y patrwm. Hyd at yn gymharol ddiweddar yr oedd y cymeriant o de ymhlith y Cymry yn gyson uwch na'r te a yfid gan drigolion Lloegr, a'r cymeriant o goffi a choco yn gyfatebol lai. Yn niwedd chwe degau'r ugeinfed ganrif roedd y cymeriant o de yng Nghymru tua 25% yn fwy na'r cymeriant yn Lloegr a'r cymeriant o goffi ychydig mwy na'r hanner; ugain mlynedd yn ddiweddarach bron nad oedd unrhyw wahaniaeth rhwng y ddwy wlad – enghraifft arall, mae'n debyg, o'r ffordd y mae Cymru wedi colli cyfran helaeth o'i hunaniaeth yn ystod ail hanner y ganrif.[5] (Tabl) Ceir awgrym weithiau fod mân wahaniaethau yng nghymeriant bwydydd neilltuol yn enynnol (etifeddol) eu tarddiad – yn yr achos hwn, fod y Cymry wedi etifeddu cryfach chwaeth am de na'r Saeson. Ond y mae'r ffaith fod y gwahaniaeth wedi diflannu fel yr âi'r prosesau unffurfio rhagddynt, a bod hyn wedi digwydd yn ystod cyfnod cymharol fyr, yn awgrymu mai ffactorau cymdeithasol a oedd yn bennaf cyfrifol am y gwahaniaeth gwreiddiol rhwng y patrymau.

Fodd bynnag, patrwm tra gwahanol a fodolai hyd at ddechrau'r bedwaredd ganrif ar bymtheg. Yfid cymharol fach o ddiodydd 'estron' megis te a choffi – 'modish liquors so much in vogue with Persons of the higher Rank and more polite Conversation' chwedl Thomas Curteis yn 1704[6] – yng ngwledydd Prydain yn gyffredinol cyn 1800. O ganlyniad, gorfu i'r boblogaeth ddibynnu llawer mwy ar ddiodydd brodorol. Bu i fir (a chyn hynny, i gwrw) le pwysig yn economi domestig y cyfnod, nid bob amser fel cyfrwng sbloet a chyfeddach ychwaith, ond fel rhan naturiol o'r lluniaeth beunyddiol. Amcangyfrifir fod y cymeriant beunyddiol o gwrw gan bobloedd Cymru a Lloegr (gan gynnwys plant) yn niwedd yr ail ganrif ar bymtheg ymhell dros beint y pen; awgrymwyd fod y cymeriant uchel o gig a physgod wedi eu halltu yn rhannol gyfrifol am hyn.[7]

Yng Nghymru'r adeg honno yr oedd yfed sylweddol hefyd ar wahanol gynhyrchion llaeth – yn bennaf, llaeth enwyn a glastwr. Roedd peth mynd ar faidd hefyd – er, wrth reswm, byddai'r cyflenwad o faidd yn dibynnu ar ba mor aml y byddid yn paratoi caws. 'Poore people in the mountaynes of Wales ... drinke no other drinke and are exceedinge healthy, long lives, vigorous and well complexioned', meddai'r meddyg Gwilym Puw yn 1675. Nid oedd pawb o'r un farn, fodd bynnag, ac yn ystod y bedwaredd ganrif ar bymtheg cafwyd sawl cân yn dilorni maidd – diod y gweision fferm yn aml iawn:

> Maidd i frecwast,
> Maidd i ginio,
> Maidd i swper,
> Os na chaf ddiwedd ar y meiddach
> Fe wna hala'm corff yn afiach

canai gwas fferm anfodlon ei fyd o Ddyfed.[8]

Bu gan bron bob gwlad Ewropeaidd ei diod(ydd) leol ei hunan yr adeg honno.[9] Erbyn heddiw nid yw'r rhan fwyaf o'r diodydd 'cenedlaethol' hyn ond yn droednodiadau yn nhudalennau'r llyfrau hanes – neu yn bacedi ar silffoedd y siopau 'bwydydd iach'. Gellir cyfeirio yn hyn o beth at dair diod eplesedig sydd â chysylltiadau penodol Gymreig. Buont mewn bri ar wahanol adegau (ac am wahanol resymau) yn hanes cenedl y Cymry ond erbyn heddiw (heblaw mewn ambell gilfach wledig neu yng ngheginau'r diodwneuthurwyr mwyaf ymroddedig) maent wedi llwyr ddiflannu oddi ar ein bwydlen genedlaethol. Y tair yw bragod (neu 'bragawd'), meddyglyn, a diod griafol. Roedd gan bob un o'r tair le o bwys yn economi Cymru ar adegau arbennig.

Bragod

Cynnyrch cwrw a mêl oedd bragod. Mae'n debyg mai math o fragod oedd yr hocsied o 'Gwrw Cymreig wedi'i felysu â mel' (... fit melle dulcôratum) a hawliwyd gan Eglwys Caerwrangon oddi ar rai o diroedd y gororau yn y cyfnod Eingl-Sacsonaidd.[10] Cyfeirir ato hefyd mewn barddoniaeth Gymraeg o'r drydedd ganrif ar ddeg ymlaen; ac yng Nghyfreithiau Hywel Dda ceir awgrym ei fod yn cael ei gyfrif yn goethach diod na chwrw.[11] Sonnir yn chwedl Culwch ac Olwen am ddefnyddio mêl o'r ansawdd gorau posibl i baratoi bragod i'r wledd.[12] Efallai mai un o'r cyfeiriadau mwyaf adnabyddus at fragod yw llinell o waith Guto'r Glyn yn disgrifio prif rinweddau llys Dafydd ap Tomas ap Dafydd yn ail hanner y bymthegfed ganrif, 'Brau gig, bara gwyn a bragod brigwyn'.[13] Trwy osod bragod megis yn yr un categori â bara gwyn (a hyn ar adeg pan fyddai trwch y boblogaeth yn bwyta bara 'brown') fe ategir yr hyn a awgrymir yng Nghyfreithiau Hywel parthed safle cymdeithasol bragod. Yr hyn oedd bara gwyn i fara brown, dyna oedd bragod i gwrw.

Ceir cyfeiriadau cymharol gynnar at fragod gan eraill hefyd – megis gan Rhys Goch Eryri, hefyd yn y bymthegfed ganrif.[14] Cynhwysai William Salesbury y gair 'bragot' yn ei eiriadur yn 1547, yn ogystal â 'bir', 'kwrwf', 'medd' a 'meddyglyn' ond heb gynnig cyfystyr Saesneg. Ymledodd dylanwad bragod i Loegr; yn *John Russell's boke of nurture* yn y bymthegfed ganrif, cyfeirir yn y darn 'A fe[a]st for a Franklen' at gwblhau'r wledd â 'Spiced cakes and wafers worthily with bragod and mead ...'[15] a cheir gan Chaucer yn *The miller's tale* ddisgrifiad o atyniadau gwraig y saer sy'n cynnwys y llinell 'Hire mouth was sweete as bragot or the meeth'.

Ceir cyfeiriad Saesneg cynnar arall at fragod mewn cyfieithiad o lyfrau adnabyddus Palladius ar hwsmoniaeth. Cafwyd gan Palladius drafodaeth ar y gwahanol ddulliau o gadw (preserfio) gellyg a'r weithred olaf yn un o'r prosesau a ddisgrifiwyd ganddo oedd gosod y gellyg mewn gwin – 'deinde in sapa, vel passo, vel dulci vino mersa custodiunt' ('wedyn, byddent yn eu cadw mewn *passum* neu mewn *sapa* neu mewn gwin melys').[16] Mae peth ansicrwydd am wir natur y ddau win a enwir ond yn ôl yr *Oxford Latin Dictionary* math o win resins oedd *passum* a gwin newydd wedi'i gryfhau trwy ferwi oedd *sapa*. Pan aethpwyd ati yn y bymthegfed ganrif yn Lloegr i baratoi fersiwn Saesneg o weithiau Palladius yr hyn a gafwyd ar gyfer y cyfarwyddiadau at breserfio gellyg oedd ' in bragot then or wyne or meeth hem kepe'.[17]

Hynny yw, yr oedd y cyfieithydd yn tybio fod bragod a medd yn cyfateb i'r ddau win Rhufeinig – sy'n awgrymu fod bragod heb fod yn anadnabyddus yn Lloegr yn hanner cyntaf y bymthegfed ganrif. (Eglurhad arall wrth gwrs yw mai rywle yng Nghymru neu gan Gymro yn Lloegr y paratowyd y cyfieithiad.) Yr un mor ddiddorol oedd cyfieithiad Thomas Owen (Cymro Cymraeg o Ynys Môn) o'r un darn bedair canrif yn ddiweddarach. Ni wyddai Owen am fodolaeth y cyfieithiad cyntaf a'r hyn a gafwyd ganddo ef oedd… 'they then keep them in sapa, or in passum, or in sweet wine'.[18] Ni chroesodd ei feddwl y gallai bragod gyfateb i un o'r gwinoedd cynnar – yr hyn oll sy'n awgrymu fod bragod a medd, erbyn dechrau'r bedwaredd ganrif ar bymtheg, wedi llwyr golli eu harwyddocâd cymdeithasol yng Nghymru. Bid a fo am hyn, y duedd yw derbyn mai cynnyrch cynhenid Cymreig oedd bragod yn y lle cyntaf ac i rai y mae'r gair ei hunan yn ategu hyn.

Ceir cyfarwyddiadau cynnar sut i wneud bragod yn llyfr Thomas Cogan, *The haven of health* (1584):

> Take three or foure gallons of good Ale, or more, as you please, two daies or three after it is cleansed, and

put it into a pot by it selfe, then draw forth a pottel therof, and put to it a quart of good English Hony, and set them over the fire in a vessell, and let them boyle fair and softly, and alwsies as any froth ariseth, scumme it away and so clarifie it; and when it is well clarified take it off the fire and let it coole, and put thereto of Pepper a penyworth, Cloves, Mace, Ginger, Nutmegs, Cinamon, of each two penny worth beaten to powder, stir them well together & set them over the fire to boyle againe a while, then being Milke-warme, put it to the rest, and stirre all together, & let it stand for two or three daies, and put barme upon it, and drink it at your pleasure.[19]

Cafwyd cyfarwyddiadau cyffelyb, ond yn fwy manwl, gan Hugh Plat yn ei *The jewel house of nature* yn 1653 ond bod Plat wedi ychwanegu licoris a chardamon at y sbeisiau a enwyd gan Cogan.[20] Yn rhyfedd iawn, nid yw Cogan (na Plat ychwaith, o ran hynny) yn crybwyll unrhyw gysylltiadau Cymreig wrth drafod bragod; mae hyn braidd yn annisgwyl gan ei fod yn ystyried meddyglyn, a drafodwyd ganddo yn yr un llyfr, yn ddiod nodweddiadol Gymreig. Yn gydradd â llyfr Cogan o ran ei bwysigrwydd fel arweinlyfr i fywyd iach yn niwedd yr unfed ganrif ar bymtheg oedd llyfr William Vaughan o'r Gelli Aur, *Directions for health, naturall and artificiall*. Ceir ambell gyffyrddiad Cymreig gan Vaughan – megis ei gyfeiriad at boblogrwydd bara ceirch yng Nghymru a'i sylwadau ar waith Madog yn darganfod America. Ond er bod ganddo adrannau sylweddol yn trafod gwahanol ddiodydd (gan gynnwys, er enghraifft, gyfarwyddiadau manwl sut i wneud medd) eto i gyd nid yw yn unman yn cyfeirio at fragod, nac, o ran hynny, at feddyglyn ychwaith.[21] Yr hyn oll sy'n awgrymu efallai fod bragod wedi dod yn llawer llai pwysig yn economi domestig y Cymry mor gynnar â diweddd yr unfed ganrif ar bymtheg.

Ond rhaid bod bragod wedi dal yn ei fri, mewn rhai rhannau o Gymru fodd bynnag, am o leiaf ganrif arall. Ceir gan Worlidge yn ei *Dictionarium rusticum* ... yn 1717 y sylw a ganlyn: 'Bragget, a Drink made of Honey and Spice, much used in Wales, Cheshire and Lancashire'.[22] Ganrif yn ddiweddarach fe'n hysbysir gan David Hughson [= David Pugh, cefnder i Edward Pugh, yr arlunydd o Ruthin ac awdur *Cambria depicta*] fod:

> This Ancient British Liquor, called bragget, is still made by a few respectable families, chiefly in Wales; from which we [hynny yw Hughson] have been favoured with an admirable method of preparing it. The original Welsh name is Bragod; from which has been formed that of bragget or braggot, for it is found both ways in the few old dictionaries and other books where it occurs, and simply defined as a drink consisting of honey and spices. Were this correct it could only be considered as the Welsh appelation of mead or metheglin: but according to our information, bragget implies a combination of malt liquor with honey and spices.

Aeth Hughson rhagddo i roi ond odid y cyfarwyddiadau mwyaf manwl a argraffwyd erioed at wneud bragod.[23] At ei gilydd, y mae cyfarwyddiadau Hughson yn hynod o debyg i ddull Cogan dros ddwy ganrif ynghynt. Ond o hynny ymlaen, prinhau y mae'r cyfeiriadau at fragod yng Nghymru. Cyfeiriwyd ato gan Bevan yn 1838 ('in some parts of Wales the refuse [honey]-combs are brewed with malt, spices & etc and the produce is called *Braggot* a name derived from the old British words *brag* and *gots,* the former signifying malt, the latter *honey-comb*')[24] ond nid oes sôn amdano yn llyfr coginio Lady Llanover nac yn y llyfrau coginio Cymraeg a gyhoeddwyd yn ystod y bedwaredd ganrif ar bymtheg.[25]

Roedd diwedd y ddeunawfed ganrif a rhan gynta'r bedwaredd ganrif ar bymtheg yn gyfnod aur i'r diwydiant ymwelwyr yng Nghymru a nifer sylweddol o'r 'teithwyr talog' hyn wedi gadael adroddiadau pur fanwl am eu teithiau ac am natur ac arferion y Cymry brodorol. Ceir ganddynt ddisgrifiadau pur fanwl am natur lluniaeth y Cymry yr adeg honno ond prin yw'r cyfeiriadau at fragod. Rhaid derbyn felly fod ei gyfraniad i economi domestig y wlad wedi darfod erbyn diwedd y ddeunawfed ganrif; yn wir, y mae lle i amau a fu iddo erioed unrhyw arwyddocâd economaidd y tu allan i gylchoedd breintiedig llysoedd y canol oesoedd – ac y mae awgrym clir fod ei 'safle' yn y fan honno yn is nag eiddo medd ond, er hynny, yn uwch na chwrw.[26]

Anodd cyfrif am godiad a machlud bragod. Mae'n bosibl mai newid yn y 'chwaeth gymdeithasol' fu'n rhannol gyfrifol am ei ddisodli gan ddiodydd eraill. Mae'n debyg fod ystyriaethau masnachol a'r gost o'i baratoi hefyd yn ffactor, a hyn yn ei dro yn dibynnu, yn bennaf, ar argaeledd (neu brinder) mêl. Gan fod y ganran o fêl mewn bragod (tua 10%) yn sylweddol lai na'r crynodiad mewn medd (rhwng 30% a 40%), y mae'n dra phosibl fod bragod wedi ennill ei blwyf yn y cyfnodau hynny a nodweddid gan leihad yn y cyflenwad o fêl neu pan fyddai cynnydd yn y gymhareb poblogaeth:mêl. Deuai cyfnod pan na fyddai'r cyflenwad o fêl yn ddigon i gynnal paratoi bragod hyd yn oed, a phryd hynny fe ddarfu.

Meddyglyn

Ar hyd yr oesoedd y mae medd wedi derbyn cryn sylw gan sylwebyddion o bob disgyblaeth – gan gymdeithasegwyr, gan faethegwyr, a chan anthropolegwyr fel ei gilydd a thuedd gan bawb i briodoli iddo ryw arwyddocâd arbennig.[27] Ceir gan Bliniws ddisgrifiad o 'hydromel' sy'n dangos yn glir fod y broses o wneud diod oddi wrth fêl a dŵr yn un hen iawn. Cyfatebai hydromel Pliniws i'r medd a ddaeth ymhen amser yn adnabyddus trwy Ewrop benbaladr. 'Hydromel, sive decoctio ex aqua & melle' yw'r diffiniad yng ngeiriadur meddygol Stephen Blanchard (1683) a 'hydromel' a geir ar gyfer 'medd' yng ngeiriadur John Davies (1632) hefyd.

Gellir derbyn felly fod medd, o'i ddyddiau cyntaf, yn doddiant eplesedig o ddŵr a mêl, er bod peth dryswch ynghylch y derminoleg. Ceir gan Columella (bl. 70 O. C.) ond odid un o'r disgrifiadau cynharaf sut i wneud 'aqua mulsa' – a gyfieithwyd yn 'fedd' gan Curtius yn 1745 ond yn 'honey-water' gan gyfieithwyr mwy diweddar.[28] 'Medd syml a wneir yn y modd hwn: cymer beint o fêl a phedwar cymaint o ddŵr pur a berwa hwynt ar dân diog oni ddarfod i'r sgym dreulio a mynd yn ddisgym' oedd y cyfarwyddiadau a gafwyd yng nghyfieithiad Elis Gruffydd o *Gastell yr iechyd* Thomas Elyot (c. 1540).[29] Roedd i fedd le amlwg mewn llenyddiaeth Gymraeg gynnar – yn y Mabinogi, yn y Cyfreithiau Llys (lle yr oedd gan y gwneuthurwr medd safle arbennig), ac yn y canu cynnar fel rhan o dâl milwr. Cyfeiriai'r beirdd droeon at y 'feddgell' – rhan o'r seler a neilltuid at storio medd.[30] Bu medd hefyd, ar adegau arbennig, yn symbol haniaethol o statws ac anrhydedd.[31]

Yn anffodus, y mae amled y cyfeiriadau at fedd yn y canu cynnar yn gallu peri inni orbwysleisio ei wir arwyddocâd fel cyfansoddyn lluniaethol – hyd yn oed ymhlith yr haenau cymdeithasol hynny y bu'r farddoniaeth Gymraeg gynnar yn ddrych gweddol gywir o'u harferion. Yn hyn o beth, y mae llawer o ffeithiau dietegol oer am fedd wedi eu cuddio gan gaddug o ramantiaeth fodern. Byddai rhaid yfed yn weddol helaeth ohono cyn y gellid dechrau sôn am fedd yn disodli ffynonellau eraill o egni. Ac am y dybiaeth fod medd yn gymorth i filwyr wrth iddynt baratoi i frwydro, byddai bwyta *Mars Bar* yn cyflenwi'r corff â llawn cymaint o egni â llond cornaid o fedd. Am ei bwysigrwydd yn economi dietegol y werin bobl ni ellir felly ond dyfalu. Dibynnai'r cyflenwad o fedd ar argaeledd mêl a bylchog iawn, ysywaeth, yw ein gwybodaeth am le gwenyn a mêl yn economi'r Cymry yn yr oesoedd cynnar.[32] Prin y gellir derbyn barn Walter Davies am y cyfnodau cynnar 'when almost every hollow oak was an apiary'[33] er, ar y llaw arall, y mae peth tystiolaeth fod cyflenwad go sylweddol o fêl ar gael ar adegau – megis y can galwyn (*c*. 500 cilogram) o fêl 'gwyllt' (hynny yw, mêl o nythod gwyllt yn y coed (bydafau)) yr oedd gweision Aberpergwn (Castell-nedd) wedi eu dwyn oddi ar Ieuan Gethin yng nghanol y bymthegfed ganrif,[34] y 1300 cilogram ar gyfer rhyw ddwsin o ddynion yng Nghastell Dryslwyn ar ddiwedd y bedwaredd ganrif ar ddeg, a'r 4000 cilogram a storiwyd yng Nghastell Caerffili yn nechrau'r un ganrif.[35]

Ond mae'n bur annhebyg fod mêl erioed wedi ennill unrhyw arwyddocâd creiddiol yn economi Cymru, a'r hinsawdd Gymreig gymaint yn llai ffafriol i ffyniant gwenyn nag eiddo rhannau eraill o'r byd. Mae ystyriaethau meintiol hefyd o bwys. A derbyn mai rhwng deuddeg a phymtheg pwys ar gyfartaledd fyddai cynnyrch cwch neu nyth yr adeg honno a bod rhaid cael rhyw bum pwys neu fwy o fêl at bob galwyn o ddŵr i wneud medd, fe welir fod angen miloedd ar filoedd o gychod gwenyn i sicrhau hyd yn oed gyflenwad cymedrol iawn o fedd drwy gydol y flwyddyn.[36] Cyffyrddodd Seebohm â'r broblem hon bron ganrif yn ôl pan ddangosodd y byddai angen dros saith mil o alwyni o fedd ar gyfer blwyddyn o wledda yn llys y tywysog yng Ngwynedd – hynny yw, cynnyrch tair mil o gychod gwenyn ar gyfer anghenion y bendefigaeth yn unig.[37] Byddai sicrhau cyflenwad digonol o fedd ar gyfer byddin o filwyr yr un mor anodd. Diddorol sylwi fod y brenin Edward wedi sicrhau cyflenwad o 50,000 o alwyni o win o Ffrainc ar gyfer ei fyddina yn erbyn yr Albanwyr;[38] petai wedi trefnu iddynt yfed medd yn lle gwin, byddai gofyn cael cynnyrch dros 20,000 o gychod neu nythod gwenyn.

Anodd credu felly fod medd erioed wedi bod yn ddiod gyffredin ymhlith y werin Gymreig. I'r gwrthwyneb, mae pob ystyriaeth yn awgrymu ei fod yn gynnyrch cymharol brin a brisid yn uchel oherwydd ei statws cymdeithasol a symbolaidd. Mae aml gyfeiriadau William Llŷn at wŷr mawr yn dosrannu medd yn pwysleisio hyn: 'gwr mawr a gar roi medd' ac 'er mawl i roi aur a medd'.[39] Prin y buasid wedi cyfeirio at fedd yn y modd hwn pe buasai'n gyffredin ar fyrddau'r boblogaeth yn gyffredinol. Anodd peidio â chytuno â Melfyn Williams yn ei astudiaeth *Y fêl ynys* pan ddywed 'Felly, yr unig ddyfarniad y gallaf ei roi yw mai dim ond gan yr Uchelwyr yn y Llysoedd yr oedd medd a mêl mewn bri. Mae'n bur debyg fod y cynhyrchion gwerthfawr hyn allan o gyrraedd y werin bobl yn gyfan gwbl.'[40] Er hyn, bu cred ar un adeg mai medd oedd prif ddiod Cymru am ganrifoedd lawer hyd nes i hwsmonaeth ŷd (haidd yn fwyaf arbennig) ddod yn weddol

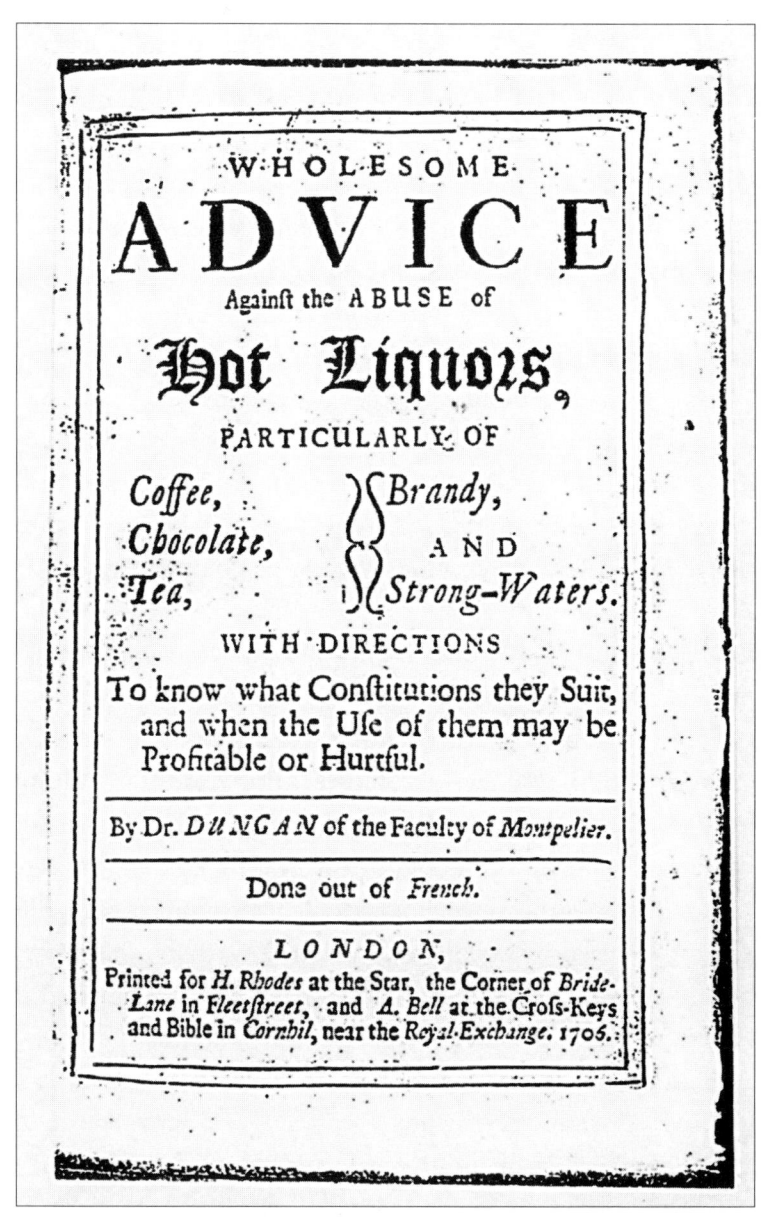

Un o nifer o lyfrau a gyhoeddwyd yn nechrau'r ddeunawfed ganrif yn beirniadu'r duedd i yfed diodydd poeth yn lle'r rhai oer traddodiadol

gyffredin a hyn, yn ei dro, yn agor y drws ar fragu cwrw.[41] Ond gwyddys bellach fod bragu cwrw (weithiau o wenith) wedi digwydd yng Nghymru er adeg y Rhufeiniaid, o leiaf.[42] Felly, nid yw'r darlun yn un eglur o bell ffordd.

Mae'n debyg i fedd aros yn ddiod i'r pendefigion am gryn gyfnod ond fe'i disodlwyd yntau ymhen amser gan y gwahanol winoedd mewnforiedig. Er hyn, daliai ambell deulu i baratoi medd hyd at yn gymharol ddiweddar – yn y Gogledd yn ogystal ag yn y De, ond eithriadau oedd y rhain. Mae Crane a Walker wedi cyhoeddi manylion am y dull o wneud medd a ddefnyddiwyd gan deulu o Landriddyd (Bro Morgannwg) yn 1800[43] a phrofodd Edward Pugh, yr arlunydd, fedd yng Nghwm Penmachno tua'r un adeg.[44] Hyd yn oed yn yr oes bresennol deuir o hyd i ambell un sy'n dal i baratoi medd.[45]

Er na pherthynai dim byd neilltuol Gymreig i fedd, eto i gyd esgorodd ar ddiod arall a ddaeth ymhen amser, yn ôl pob tystiolaeth, yn ddiod nodweddiadol Gymreig. Meddyglyn oedd honno. Yn ei hanfod, medd sy'n cynnwys nifer amhenodol o sbeisiau a pherlysiau yw meddyglyn. Mae'r cyfarwyddiadau Galenaidd at fyw'n iach a geir ymhlith cynghorion 'Meddygon Myddfai' yn y Llyfr Coch yn awgrymu fod tair diod ar arfer ymhlith y Cymry yr adeg honno – medd, cwrw a meddyglyn.[46] Wrth gymharu'r testun Cymraeg â rhai cyfatebol sydd wedi goroesi yn Lladin ac yn Eingl-Sacsoneg, ceir mai 'cervisa [a] metus' ac 'ale and mede' sy'n cyfateb i 'cwrw' a 'medd' y Gymraeg ond yn cyfateb i 'meddyglyn' ceir yn y fersiwn Lladin 'electuarium' – sy'n awgrymu mai fel moddion at drin clefydau neu wendid corfforol y dyfeisiwyd hi yn y lle cyntaf.[47] Nid oes amheuaeth, er hynny, na ddaeth yn boblogaidd wedyn fel diod fwy cyffredin. Ymddengys mai cyffelyb oedd hanes y ddiod ganoloesol 'halwei' yn Iwerddon.[48] (Bu awgrym unwaith mai Cymro o'r enw Mathew Glin a ddyfeisiodd feddyglyn yn y lle cyntaf ac mai ar ei ôl ef y'i henwyd.[49] Ond derbynnir bellach mai'r ddwy elfen 'metheg' [meddyg = medicus] a 'llyn' [hylif, diod] yw gwir darddiad y gair, hyn eto'n awgrymu mai fel moddion y'i defnyddid hi gyntaf.)

Dywed Elis Gruffydd yn *Castell yr Iechyd,* 'Meddyglyn – a wneir yn fwyaf ac yn amlaf o fewn tir Cymru yr hwn sydd â'i natur yn wresocach o lawer na medd oherwydd anian y cyfryw lysiau o'r maes ac o'r siopau ac arferir o'u berwi yn y mêl a'r liquor'[50] – yr hyn oll sy'n cadarnhau'r gred mai medd a driniwyd â llysiau a pherlysiau oedd meddyglyn o'r cychwyn cyntaf. Gwahaniaethir yn *Castell yr iechyd* rhwng 'medd sympl' a wneid o ddŵr a mêl yn unig a 'medd compownd'[= meddyglyn] a wneid o ddŵr a mêl a llysiau siop [= sbeisiau, perlysiau].[51]

Cadarnheir tarddiad Cymreig meddyglyn gan Cogan yn niwedd yr unfed ganrif ar bymtheg yn ei lyfr *The haven of health,* lle mae'r bennod 'Of metheglin' yn cynnwys y sylw ei fod 'most used in Wales and in the Marches of Wales'.[52] (Llun) Adleisiwyd hyn gan Hartlib yn ei *Legacy of husbandry* (1655) lle y dywedir am feddyglyn: 'It's true that in Herefordshire and Wales, there is some quantity of this liquor made' ond brysiodd i ychwanegu 'but for want of good cookery it's of little worth, but usually of a browne colour of an unpleasant taste ...[53]

Nid felly Syr Jonas Mo[o]re, ysgrifennwr ac *entrepreneur* o'r unfed ganrif ar bymtheg. Bu'n hael ei ganmoliaeth i feddyglyn, 'This soveraign liquor ... excelleth all wines [and] is the best thing in the world for the prolongation of life' ac i gyfiawnhau'r honiadau hyn, cyfeiriodd at:

... the Ancient Britains [y Cymry], who have all along been addicted to Meath [medd] and Metheglin and than whom no People in the World have mor Clear, Beautiful and Healthful Bodies; of whose Metheglin Lobel writeth thus *Cambricus ille potus Methegloest altera liquida & Limpida Streptentrionis Theriaca*. The British [Welsh] Metheglin, says he, is a sort of liquid and clear Treacle of the North ... [54]

Aeth More rhagddo i gyfeirio at hoffter y frenhines Elisabeth (hithau o dras Cymreig) o feddyglyn, gymaint felly fel ag iddi drefnu fod paratoi casgenaid ohono bob blwyddyn ac yn unol â'i rysáit neilltuol hi ei hunan. Gan fod manylion y rysáit hwn wedi syrthio i ddwylo More, mae'n ei gyflwyno i'w ddarllenwyr:

Take a Bushel of Sweet-Briar-leaves, as much of Thyme, half a Bushel of Rosemary-leaves & a peck of Bay-leaves, and having well washed them boil them in a Copper of fair Water, let them boil the space of half an hour or better, & then pour out all the Water and Herbs into a fat, and let it stand until it be but Milk warm, then strain the Water from the Herbs, and take to every gallon of Water, one Gallon of the finest Honey, and beat it togethr for the space of an Hour, and then let it stand two days, stirring it wel twice or thrice a day, then take the Liquor and boil it again, and skim it as long as there remains any Scum, when it is clear put it into a Fat as before and let it stand to Cool. You must have in readiness a Kive of new Ale or Beer, which as soon as you have emptied [it] suddenly, presently put in the Metheglin and let it stand three Days a Working, and then Tun it up in barrels, tying at every Tap-hole, by a Pack-Thread, a little Bag of beaten Cloves and Mace, to the value of an Ounce. It must stand half a Year before it be Drank.[55]

Ond nid oes amheuaeth nad yn y llyfr coginio cynnar hwnnw *The closet of the eminently learned Sir Kenelme Digbie ...* (1669) y cafwyd yr ymdriniaeth fwyaf cynhwysfawr o ddigon â meddyglyn.[56] O'r 142 o ryseitiau sydd yn llyfr Digbie y mae 46 yn disgrifio sut i wneud gwahanol fathau o feddyglyn (ac y mae 44 o'r gweddill yn ryseitiau at wneud gwahanol fathau o fedd). Ymddengys oddi wrth ymdriniaeth Digbie fod gan nifer helaeth o deuluoedd pendefigaidd Lloegr eu dulliau arbennig eu hunain o baratoi meddyglyn; pur ychydig o wahaniaeth oedd rhyngddynt mewn gwirionedd ac ambell un o'r ryseitiau mor benagored fel ag i fod yn llwyr ddiwerth, megis hwnnw a oedd yn dechrau 'take all sorts of herbs, that you think are good and wholesome ...' Ond yn rhyfedd, nid oes gan Digbie yr un rysáit gan deulu pendefigaidd o Gymru; nid yw'n sôn yn unman am unrhyw gysylltiad rhwng meddyglyn a Chymru a hyn er bod Syr John Wynn o Wydir wedi cyfeirio yn ei 'Hanes' at un o'i hynafiaid yn paratoi meddyglyn yn y bymthegfed ganrif.[57]

Dibynnai natur a blas y meddyglyn ar y math o berlysiau a sbeisiau a ychwanegwyd ato. Mae ar gael o'r unfed ganrif ar bymtheg restr o dros gant o sylweddau blasu y gellid eu defnyddio wrth baratoi meddyglyn.[58] Gallai meddygon fanteisio ar hyn trwy ddyfeisio meddyglyn meddyginiaethol yn unol â'u syniadau therapyddol eu hunain. Mae gan William Salmon, meddyg o'r ail ganrif ar bymtheg, dri gwahanol rysáit am feddyglyn yn ei *Family-dictionary or household companion* (1696) a'r tri yn gwahaniaethu o ran natur y sylweddau 'therapyddol' a ychwanegwyd.[59] Tybed ai am ei fod yn feddyg, neu am ei fod yn Gymro, y cynhwysodd Thomas Wiliems ei gyfarwyddiadau arbennig ef ei hunan am feddyglyn yn ei eiriadur llawysgrif yn 1608? Byddai'n ddiddorol cael gwybod.

Erbyn diwedd yr ail ganrif ar bymtheg cyfyngid meddyglyn (fel diod) i 'Lithuania, Muscovy [= Rwsia] &c' er bod peth mynd arni o hyd mewn mannau eraill fel meddyginiaeth, yn ôl Thomas Curteis, Ficer Wrothen yn ne Lloegr.[60] Yn sicr, erbyn diwedd y ganrif y mae tystiolaeth gref fod meddyglyn yn cyflym golli ei le. Mae cyfrannwr i *Museum rusticum* yn 1764 yn disgrifio ei ddull ef o wneud medd; mae'n anghymeradwyo tuedd rhai i ychwanegu sbeisiau a pherlysiau – hynny yw, nid yw'n gweld angen gwahaniaethu bellach rhwng medd a meddyglyn; yn wir, nid yw'n defnyddio'r gair meddyglyn o gwbl.[61] Er hyn, daliai meddyglyn i gael enw da – ar air os nad ar weithred – mewn rhai cylchoedd am nifer o flynyddoedd eto. Honnodd awdur llawlyfr iechyd yn 1830 fod trigolion Cymru yn dal i yfed meddyglyn ar raddfa eang.[62] Ond anodd credu hyn ac anodd dod o hyd i unrhyw dystiolaeth ategol.

Mae'r un cwestiwn yn codi felly ag yn achos medd. I ba raddau y bu meddyglyn erioed yn ddiod gyffredin yng Nghymru y tu allan i dai rhai boneddigion ac efallai gan rai meddygon at ddibenion meddyginiaethol? Anodd gwybod. Dau beth a filwriai yn erbyn paratoi meddyglyn ar raddfa eang oedd cost a phrinder mêl ac argaeledd y sbeisiau a'r perlysiau angenrheidiol – a'r rheidrwydd i fewnforio nifer ohonynt o wledydd eraill. Fel y crybwyllwyd eisoes ychydig o wybodaeth *feintiol* sydd gennym mewn gwirionedd am y cyflenwad o fêl yng Nghymru ar hyd yr oesoedd. Bu cryn ddamcaniaethu ynghylch casglu mêl o nythod gwenyn gwyllt cyn adeg hwsmonaeth reoledig ond ychydig o ffeithiau oer sydd. A fodd bynnag, byddai cymaint yn dibynnu ar ffactorau eraill megis yr hinsawdd a natur yr amgylchfyd planhigol ar y pryd. Fel yr awgrymwyd eisoes, y mae'r pwysigrwydd a briodolid i fêl yn yr oesoedd canol yng Nghymru, a'r cyfeiriadau at safle'r gwneuthurwr medd yn y Cyfreithiau Llys, yn tanlinellu gwerth mêl, a hyn, yn ei dro, y mae modd awgrymu, yn adlewyrchu ei brinder at ddefnydd y boblogaeth yn gyffredinol.

Nodweddid dechrau'r bedwaredd ganrif ar bymtheg gan ddatblygiadau amaethyddol a dueddai i filwrio yn erbyn gweithgareddau ymylol megis cadw gwenyn, ac yn fuan wedyn, yn sgil datblygiadau technolegol, daeth siwgr yn llawer rhatach ac ar gael i bawb, a hyn, i raddau helaeth iawn, yn gostwng y galw am fêl. Law yn llaw â hyn gwelwyd cynnydd syfrdanol yn ail hanner y bedwaredd ganrif ar bymtheg yn y cymeriant o de a choffi a llai o alw felly am ddiodydd mwy esoterig a thrafferthus i'w paratoi.

Diod griafol

Hon yw'r ddiod a baratoir o aeron coch y griafolen (y gerddinen) – *Sorbus aucuparia*. Fel cynifer o ffrwythau gwyllt eraill y mae ffrwyth y griafolen yn cynnwys peth siwgr ynghyd â digonedd o furum 'naturiol' ar ei chroen i sicrhau eplesiad heb fod rhaid ychwanegu na burum na siwgr allanol. O'r holl ddiodydd a yfid yng Nghymru ar hyd yr oesoedd ond odid nad hon yw'r un fwyaf 'Cymreig' ac ar sawl cyfrif yr un fwyaf diddorol hefyd.

Ond camgymeriad fyddai tybio fod diod griafol yn gyfyngedig i Gymru. Cafwyd yn *Georgica* Fyrsil nodyn sy'n awgrymu nad arferiad diweddar mo'i pharatoi hi ychwaith, '... et pocula laeti fermento atque acidis imitantur vitea sorbis' (*Georgica* III, 379–80) [... gan ddefnyddio criafol surion a burum i ddynwared sudd y winwydden].[63] Cyfeiriodd ysgrifenwyr diweddarach, megis

Nonnius yn ei lyfr maethegol adnabyddus *De re cibaria* at nodyn Fyrsil,[64] ond er hyn nid ymddengys fod diod griafol wedi ennill unrhyw boblogrwydd cyffredinol, heblaw yn rhai o'r parthau hynny a oedd megis ar gyrion gwareiddiad a lle byddai defnyddiau crai eraill ar gyfer diodydd yn brin neu'n gostus. Ffactor bwysig arall oedd fod y griafolen yn gallu goroesi mewn ardaloedd llwm a mynyddig lle na welid ond odid yr un goeden ffrwythau arall. Erbyn dechrau'r ugeinfed ganrif, yn ôl un awdurdod, cyfyngid diod griafol i bum ardal o'r fath – Latfia, Sweden, Kamchatk (Siberia), Ucheldiroedd yr Alban a Chymru.[65]

Nid ymddengys felly fod diod griafol wedi ennill unrhyw boblogrwydd cyffredinol yng ngwledydd Prydain. Ond ni all fod unrhyw amheuaeth am ei phresenoldeb yng Nghymru lle bu cyfeirio cyson ati, ac yn enwedig yn y parthau gogleddol, hyd at ddiwedd y bedwaredd ganrif ar bymtheg. Nodir ei phoblogrwydd yng Nghymru gan John Ray (naturiaethwr, a chyfaill i Edward Lhuyd) yn ei *Catalogus plantarium Angliae* yn 1677[66] ac y mae nifer sylweddol o'r llyfrau taith niferus (gan Saeson, gan mwyaf) a ymddangosodd yn niwedd y ddeunawfed ganrif ac ar ddechrau'r bedwaredd ganrif ar bymtheg yn cynnwys cyfeiriadau at y ddiod neilltuol hon. 'Infused in water, the berries make an acid drink, somewhat resembling perry, which is much used in Wales by the poor, who call it diod-graviole, or ciavole[!] drink', chwedl Loudon yn 1838.[67] Tystiodd Thomas Pennant yn niwedd y ddeunawfed ganrif fod 'The Sorbus aucuparia, or mountain ash, is frequent in these parts [ardal Conwy a Llanrwst]. The poorer sort of people make a drink, called diodgriafol, by infusing the berries in water'.[68]

Chwarter canrif yn ddiweddarach sylwodd Bingley, naturiaethwr o Sais, ar blant yng nghyffiniau Llyn Gwynant

Tair Diod y Cymry

'*Gwaedu'r fedwen*' *o* Curiosities of nature and art in husbandry and gardening [Abbé de Vallemont], (Llundain, 1707)

(Gwynedd) yn casglu aeron y griafolen i wneud diod griafol 'by merely crushing the berries, and putting water to them, which, after remaining a fortnight is drawn off for use. The flavour [is] ... somewhat like that of perry – sylw a 'fenthyciwyd' wedyn gan eraill megis Samuel Leigh yn ei *Guide to Wales and Monmouthshire* yn 1831.[69] Tua'r un cyfnod yr oedd teithiwr arall wedi sylwi ar yr un peth yn ne Cymru – fod 'dodrigriafel' (*sic*) yn rhan bwysig o luniaeth y bobl gyffredin.[70] Gwir fod nifer o'r teithiwyr hyn wedi 'benthyca' peth o'u deunydd oddi wrth sylwadau teithwyr blaenorol ond y mae eraill y mae'n rhaid eu hystyried yn ffynonellau primaidd a mwy dibynadwy – megis Walter Davies yn ei adroddiadau ar gyfer y Bwrdd Amaeth.[71] Yn ôl un sylwebydd o Lwydlo roedd yn arferiad gan y Cymry i ychwanegu peth mêl at eu diod griafol i felysu'r 'highly intoxicating drink' hwn.[72]

Ar y llaw arall, ni chyfeiriwyd ati o gwbl gan y naturiaethwr Alfred Russel Wallace yn ei ymdriniaeth gynhwysfawr ag arferion Cymry Cwm Nedd yn niwedd y 1840au, sy'n peri inni dybio fod defnyddio diod griafol, yn ne Cymru fodd bynnag, yn gyfyngedig erbyn hynny i rai ardaloedd yn unig.[73]

Cyfraniad maethegol diodydd Cymru

Anodd diffinio union le'r tair diod hyn yn economi Cymru ar hyd y canrifoedd, yn bennaf oherwydd prinder deunydd dogfennol perthnasol. Yn gyffredinol, y mae cryn anghydbwysedd a diffyg gwrthrychedd yn y dystiolaeth hanesyddol a chymaint o'r deunydd (canu moliant, cyfrifon ystadau ac ati) yn ymwneud yn bennaf, os nad yn llwyr, ag arferion yr haenau mwyaf breintiedig mewn cymdeithas, a chryn gyfran o'r gweddill (adroddiadau teithwyr a'u tebyg) yn dystiolaeth lwyr anecdotaidd ei natur. O ran hynny, mae'n amheus faint o wir werth 'hanesyddol' y dylid ei briodoli i'r canu moliant a chynifer o'r beirdd ymgreiniol hyn â thuedd fwriadol i fethu gwahaniaethu rhwng ystyr symbolaidd a ffeithiau celyd. Fe'n gadewir ni â 'thystiolaeth' sydd bron yn llwyr anecdotaidd neu'n argraffyddol ei natur – prin iawn yw'r math o ddata meintiol a gyfrifir yn ddeunydd crai y method gwyddonol. Nid problem a gyfyngir i Gymru yn unig mo hon. Mae haneswyr maetheg yn Lloegr yn aml iawn yn ymddiheuriadol o niwlog ynghylch arferion yfed y bobl yn gyffredinol gan awgrymu fod yno hefyd (fel yng Nghymru) ddigonedd o ddeunydd 'ansylweddol' am arferion yfed y dosbarthiadau uchaf ond fawr iawn o dystiolaeth galed am y dosbarthiadau is.

A derbyn y cyfyngiadau hyn, gellir gwneud rhai sylwadau perthnasol. Nid ymddengys fod modd diffinio cyfnodau neilltuol a nodweddid gan ryw un ddiod arbennig yn unig; nid ymddengys fod i ddiodydd eplesedig Cymru y math o batrwm disodlol a welir mewn ambell gymuned arall lle mae'r naill ddiod, ar adeg benodol yn hanes y gymuned, yn cymryd lle diod(ydd) arall. Yn wir, i'r gwrthwyneb, y mae peth tystiolaeth fod nifer o ddiodydd Cymru wedi cydoesi'n gymdeithasol o gyfnodau cymharol gynnar. Mae'n debyg mai arwahanrwydd a cheidwadaeth gysefin y cymunedau Cymreig ar hyd yr oesoedd oedd yn bennaf cyfrifol am hyn.

Mor bell yn ôl â'r bymthegfed ganrif sylwodd Dafydd Nanmor fod modd dod o hyd i bum diod gyda'i gilydd ar fyrddau Syr Dafydd ap Thomas, offeiriad o'r Faenawr – cwrw, bragod, medd, 'llyn meddygon' [meddyglyn] a gwin[74] a Sion Brwynog, 'run fath, yn sôn yn un o'i gerddi am 'gwin, meddyglyn, bragod, bir [a] chwrw'.[75] Cyffelyb oedd neges bardd o Forgannwg yn yr unfed ganrif ar bymtheg a honnodd mai 'pum rhyw ddiod [sydd] – cwrw a bragod, gwin coch a gwin, meddyglyn'.[76] Yn ôl James Howell 'Besides Ale and Beer, the natural drink of part of this Isle may be said to be metheglin, Braggot, and Mead, which differ in strength according to the three degrees of comparison'.[77]

Diau fod y patrwm hwn yn wir am haenau uchaf y gymdeithas Gymreig. Ond fel y pwysleisiwyd eisoes, am y boblogaeth yn gyffredinol ni ellir cyffredinoli i'r fath raddau. I gynhyrchu medd a meddyglyn ar raddfa sylweddol rhaid fyddai wrth gyflenwad sylweddol o fêl ac fel y crybwyllwyd eisoes, er bod peth tystiolaeth fod heidiau o wenyn gwyllt yn fwy cyffredin yng Nghymru'r oesoedd cynnar na heddiw, eto i gyd, ni wyddys ond ychydig iawn mewn gwirionedd am le gwenyna yn economi'r wlad yn gyffredinol.[78] Am fod bragod yn cynnwys llai na deg y cant o fêl, o'i gymharu â rhyw ddeg ar hugain y cant neu fwy mewn medd a meddyglyn, y mae'n bur debyg mai amnewidyn am fedd a meddyglyn fyddai bragod pan fyddai'r cyflenwad o fêl yn llai na'r disgwyl. Cwynodd Hartlib yn hanner cyntaf yr ail ganrif ar bymtheg fod prinder difrifol o wenyn yng ngwledydd Prydain yn gyffredinol.[79]

Cymhlethwyd y sefyllfa ymhlith y bobl gyffredin (a oedd, hyd at yn gymharol ddiweddar, i gyd yn byw mewn cymunedau gwledig) gan gyflenwad o laeth a'i sgil-gynhyrchion megis llaeth enwyn, glastwr [llaeth neu laeth sgim wedi'i deneuo â dŵr] a maidd. Bu bragu cwrw hefyd yn digwydd ar raddfa gymharol eang mewn rhai cymunedau er, unwaith eto, y mae'n amheus a oedd hyn mor gyffredin ymhlith y werin yn gyffredinol ag yr arweinir ni i gredu weithiau. Yn ôl William Williams (un o'r sylwebyddion mwyaf craff a dibynadwy) ychydig iawn o drigolion

Gwynedd yn 1800 fyddai'n bragu cwrw am yr ystyrient mai gwastraff fyddai defnyddio ŷd i'r perwyl hwn a digonedd o laeth neu o laeth enwyn ar gael.[80] Cyffelyb oedd disgrifiad Edward Pugh wrth gyfeirio at ffermwyr mynydd Meirionnydd tua'r un cyfnod: '... ale not being in their bill of fare, and milk and water allaying their taste just as well ... The luxury of ale-brewing is confined to the more wealthy farmers'.[81]

At ei gilydd felly, mae'n debyg fod y patrwm diodydd yng Nghymru yn cydymffurfio â'r hyn a geid mewn gwledydd eraill yn gyffredinol – y dosbarthiadau mwyaf breintiedig yn cael yfed gwin a diodydd 'coeth' eraill (medd, yng Nghymru'r oesoedd cynnar) tra byddai'r werin bobl yn gorfod dibynnu ar wahanol fathau o gwrw cartre, llaeth a'i sgil-gynhyrchion, a darpariaethau y gellid eu paratoi o ffrwythau'r maes.* Nid nad oedd peth cymylu ar y rhaniad hwn mewn ambell gyfeiriad. Prin bod y werin yn cyfranogi o ddiodydd y dosbarthiadau 'uwch' ond y mae digonedd o enghreifftiau o ddiodydd 'gwerinol' yn cael eu hyfed yn nhai'r boneddigion – er mai fel diodydd meddyginiaethol y gwneid hyn yn aml iawn. Priodolai Gwilym Puw o'r Creuddyn rinweddau iachusol arbennig i maidd a llaeth enwyn a glastwr a bu eraill o fân uchelwyr y Gogledd yn yfed 'glasedoore' i adfer eu nerth ar ôl diwrnod o waith.[82]

Cyfran gymharol fach o'n hangenion maethegol angenrheidiol (caloriau, protein, fitaminau a mwynau) a gyflenwir gan ddiodydd.

---

* Drylliwyd y patrwm gorsimplistig hwn yn ystod y bedwaredd ganrif ar bymtheg gan newid go sylfaenol yn yr arferion yfed yn gyffredinol, sef y duedd i droi fwyfwy i gyfeiriad diodydd twym a hyn, yn aml iawn, yn groes i gyngor ambell feddyg ac ambell bregethwr anghydffurfiol hefyd. Hyd at hynny, diodydd oer, at ei gilydd, a yfid gan y Cymry, gwreng yn ogystal â bonedd .

Bach iawn fyddai eu cyfraniad at brotein lluniaethol (y mynegai gorau o werth maethegol diet) ac eithrio yn achos y sawl a yfai'n helaeth o laeth. Ym marn rhai sylwebyddion, ychydig iawn o bysgod/cig a fwyteid gan y Cymro cyffredin hyd at, dyweder, ail hanner y bedwaredd ganrif ar bymtheg ac i'r fath rai gallai'r protein sy'n bresennol mewn cynhyrchion llaeth (ac eithrio, i raddau, faidd) fod yn bur bwysig. Ond go dila, ar y cyfan, fyddai cyfraniad diodydd at yr angen am egni (caloriau/*megajoules*). Cynhwysai peint o gwrw neu fir ryw 200 o galoriau – llai na'r ddegfed ran o'r 2,500 caloriau sydd eu hangen bob dydd – ac mewn cymunedau llai datblygedig gallai'r angen beunyddiol fod yn sylweddol uwch na hyn. Byddai gwerth caloriffig y cynhyrchion mêl (bragod, medd, meddyglyn) yn uwch nag eiddo cwrw, gan ddibynnu ar (i) faint o fêl a ddefnyddiwyd i baratoi'r ddiod (llai, er enghraifft, i wneud bragod nag i wneud medd) a (ii) pa gyfran o'r mêl a fyddai heb ei heplesu ar ddiwedd y broses – po fwyaf y gyfran o fêl aneplesedig, mwyaf i gyd y gwerth caloriffig. Mae pwys o fêl pur yn cynnwys rhyw 1,300 o galoriau ond y mae casglu mêl a'i droi'n ddiod yn ddull drud a llafurus o gostrelu egni.

Ond gallai arwyddocâd maethegol arall berthyn i un o'r diodydd hyn. Un o'r prif broblemau maethegol yng ngwledydd Prydain hyd at y ddeunawfed ganrif (ac ar ôl hynny mewn rhai cylchoedd) oedd y sgyrfi (y llwg, afitaminosis C) (gweler y bennod 'Bresych a thatws'). Achosir y sgyrfi gan ddiffyg fitamin C (asid ascorbig) yn y lluniaeth a hyd nes i datws ddod yn rhan sefydlog o'r bwyd beunyddiol (tua diwedd y ddeunawfed ganrif), pur isel fuasai'r cymeriant o fitamin C gan drwch y boblogaeth, a'r sgyrfi, o ganlyniad, yn ei amlygu ei hunan o dro i dro.[83] Cafwyd ambell awgrym fod gan ffrwyth y griafolen briodoleddau gwrthsgyrfiaidd

– megis gan John Ray yn ail hanner yr ail ganrif ar bymtheg a chan Wilson ryw ganrif a hanner yn ôl[84] – a hyn, wrth gwrs, flynyddoedd lawer cyn gwybod dim byd am y berthynas rhwng fitamin C a'r sgyrfi neu faint o'r fitamin sy'n bresennol mewn gwahanol ffrwythau.

Priodol felly yw gofyn i ba raddau y byddai'r ddiod griafol Gymreig yn gwarchod y boblogaeth rhag y sgyrfi. Mae aeron y griafolen yn ffynhonnell o fitamin C; o'u dadansoddi ceir bod 100 gram (tua 3.5 owns) o'r deunydd ffres yn cynnwys rhwng 64 a 102 mg o'r fitamin, a'r union faint yn dibynnu'n bennaf ar gyflwr aeddfedrwydd yr aeron (gweler yr atodiad i'r erthygl hon). Gellir cymharu hyn â'r 150–200 mg sydd mewn cwrens duon a'r 50 mg sydd mewn orennau (dwy o'r ffynonellau gorau) ac â'r 20 mg mewn mwyar duon a'r 2–8 mg sydd mewn afalau.[85] Mae angen cymeriant beunyddiol o ryw 10–20 mg o fitamin C i warchod y corff rhag y sgyrfi (er mai 40–60 mg yw'r argymhelliad swyddogol),[86] felly, gallai cyflenwad dyddiol o ddwy owns o aeron y griafolen ddiwallu'r angen hwn o'u bwyta'n amrwd neu wrth yfed y sudd ffres. Mae lle i gredu fod trigolion ucheldiroedd yr Alban wedi arfer bwyta'r aeron amrwd o leiaf hyd at ddiwedd y ddeunawfed ganrif;[87] y mae adroddiadau llai dibynadwy i'r perwyl fod hyn wedi digwydd yng Nghymru hefyd[88] ond y tebygolrwydd yw mai troi'r aeron yn ddiod a wnâi'r Cymry yn bennaf.

Gan fod fitamin C yn folecwl tra ansefydlog y mae trafod yr aeron mewn unrhyw ffordd – hyd yn oed trwy baratoi math o jeli ohonynt – yn peri colled sylweddol yng nghrynodiad y fitamin. Mae'r holl dystiolaeth yn awgrymu nad fel aeron amrwd y byddid yn bwyta ffrwyth y griafolen yng Nghymru ond fel gwin eplesedig (diod griafol). Un o anfanteision cyffredinol eplesu yw ei fod yn broses sy'n dinistrio fitamin C. Mae hyn yn arbennig o wir wrth baratoi diod griafol ac y mae bron y cyfan o'r fitamin C yn diflannu yn ystod yr eplesiad.[89] Mae'n bur annhebyg felly y byddai diod griafol wedi gwneud unrhyw gyfraniad o bwys at atal y sgyrfi yng Nghymru er mor ddeniadol y posibilrwydd.

Ac megis wrth fynd heibio, y mae'n rhyfedd fod y Cymry wedi eu cyfyngu eu hunain i ddiod griafol yn bennaf wrth baratoi gwinoedd o ffrwythau'r maes a'u bod wedi dangos cyn lleied o fenter wrth ddyfeisio diodydd o gynnyrch planhigion gwyllt eraill. Gwir fod y bedwaredd ganrif ar bymtheg yn dyst i gyhoeddi nifer o lawlyfrau Cymraeg at baratoi 'gwinoedd cartre' a bod traddodiad mewn ambell ardal o wneud gwinoedd o blanhigion megis dail danadl poethion a ffrwyth yr ysgawen ond prin bod hyn wedi digwydd yng Nghymru ar yr un raddfa â pharatoi diod griafol.[90] Mae modd cyferbynnu Cymru yn hyn o beth â gwledydd eraill megis Lloegr ac Iwerddon. Cofnodir fod y Gwyddelod yng nghyffiniau Dulyn, er enghraifft, erbyn dechrau'r bedwaredd ganrif ar bymtheg wedi dyfeisio cryn ddwsin o ddiodydd eplesedig yn seiliedig ar gynnyrch gwyllt y maes.[91]

Gellir cyfeirio'n benodol yn hyn o beth at y nodd (sudd) a geir trwy 'waedu' rhai coedydd ac yn fwyaf arbennig y goeden fedwen (*Betula spp.*) Mae'r nodd hwn yn gyfoethog iawn mewn siwgrau eplesadwy ac mewn sawl gwlad (gan gynnwys yr Alban, Iwerddon a Lloegr) bu'n arferiad yfed y nodd amrwd neu ei ddefnyddio i baratoi diod eplesedig.[92] Cafwyd cyfarwyddiadau manwl gan awduron o'r ail ganrif ar bymtheg ymlaen sut i baratoi diod fedw a pharheid i gyfeirio ati yn y llyfrau coginio a bragu hyd at hanner cyntaf y bedwaredd ganrif ar bymtheg.[93] Teitl llyfr diodydd John Worlidge yn 1676 oedd *Vinetum Britannicum: or a treatise of cider and such other wines and drinks that are extracted from all manner of fruits growing in this kingdom ... and also the right method of making metheglin and birch-wine.*[94] Yn ei ymdriniaeth gymharol â rhinweddau gwahanol ddiodydd, cyfeiriodd Curteis yn 1704 yn arbennig at ddiod ysgawen a hefyd at ddiod fedwen, a baratowyd o 'the lachrymae of Birch-trees'.[95] Rhaid felly fod diod fedw yn weddol adnabyddus yn Lloegr ar un adeg. Mor ddiweddar â dechrau'r bedwaredd ganrif ar bymtheg bu planhigfa o goed bedw yn Neuadd Overton, Swydd Derby, yn unig swydd i gyflenwi nodd at wneud diod fedw.[96]

Ond prin iawn yw'r dystiolaeth fod diod fedw wedi bod ag unrhyw ran o gwbl yn economi domestig y Cymry.[97] Ceir ambell gyfeiriad ati yma ac acw ond ymwneud â choginio esoterig ac anghynrychioliadol y tai mawrion y mae'r rhain.[98] Nid yw Edward Williams (Iolo Morganwg) yn cyfeirio ati yn y rhestrau o 'Native fruits of Glamorgan' a 'Wild vegetable productions of culinary use' yn ei *History of Glamorgan* arfaethedig yn 1806 er bod ganddo nodyn ar ddiod griafol.[99] Yn wir, nid oes ganddo'r un awgrym yn unman fod diod fedw erioed wedi bod yn rhan o luniaeth bob dydd y bobl gyffredin.

A'r fedwen yn rhannu'r un math o amgylchfyd â'r griafolen[100] ac yng Nghymru, o leiaf, yn un o'r coed mynydd mwyaf cyffredin, a lle pwysig iddi yn llên gwerin y wlad,[101] y mae'n rhyfedd nas defnyddid i baratoi diod eplesedig fel mewn gwledydd eraill. Ai am nad ystyrid fod angen diod arall at ddiod griafol y bu hyn? Neu a oedd yna gyndynrwydd i 'glwyfo' a gwaedu coeden y perthynai elfennau o gysegredigrwydd iddi ym meddwl y Cymry? Neu, tybed, nad yr hyn a geir yma mewn gwirionedd yw enghraifft arall eto o geidwadaeth draddodiadol a diffyg dyfeisgarwch y Cymry?

Cyfeiriadaeth a nodiadau

1. Dr [Daniel] Duncan, *Wholesome advice against the abuse of hot liquors, particularly of coffee, chocolate, tea, brandy and strong-waters. Done out of French* (Llundain, 1706), t. 47.

2. E. R. Emerson, *Beverages past and present* (Efrog Newydd, 1908), cyfrol 1, t. 180. Gweler hefyd N. Horrebow, *The natural history of Iceland* (Llundain, 1758), t. 111 lle y trafodir hoffter trigolion Ynys yr Iâ am ddŵr pur er mai *syre* oedd eu prif ddiod.

3. James Howell, *Epistolae Ho-Elianae*, gol. J. Jacobs (Llundain, 1890), t. 450.

4. Thomas Knight, *A vindication of a late essay on the transmutation of blood* (Llundain, 1731), t. 136.

5. Yn seiliedig ar *Ministry of Agriculture, Fisheries and Food: Household food consumption and expenditure* (Llundain, yn flynyddol), am y cyfnod dan sylw.

6. [Thomas Curteis] *Essays on the preservation and recovery of health ... wherein ... wines ... malt-drink, hops, cyder, artificial wines, coffee, tea, & C... are impartially examined* (Llundain, 1704), t. 98.

7. K. Thomas, *Religion and the decline of magic* (Llundain, 1978), tt. 21–2. Ceisir gwahaniaethu yn yr erthygl hon rhwng 'cwrw' (S. *ale*) a fragwyd heb ychwanegu hopys, a 'bir' (S. *beer*), diod ddiweddarach, sy'n cynnwys hopys, ond dylid pwysleisio bod y ffin rhyngddynt heb fod bob amser yn un lwyr absoliwt. Am drafodaeth ar y symiau mawr o halen a ddefnyddid yr adeg honno i halltu cig a physgod, gweler yr erthygl 'Dysgl bren a dysgl arian'.

8. Canmolir rhinweddau 'glastwr' yn ogystal â maidd gan Gwilym Puw o'r Creuddyn yn ei *Traetice of the scorbut* yn 1675 (R. Elwyn Hughes, 'A recusant contribution to medicine in Wales' [yn Gymraeg], *Journal of Welsh Ecclesiastical History* 9 (1992), 20–36). Am ymdriniaeth â'r rhigymau 'gwrth-feiddaidd' gweler Brythonydd, 'Old rhymes and Welsh diet', *Bye-Gones* c.n. 8 (1903–4), 79–80.

9. E. R. Emerson (1908), op. cit., *passim*. Mae gan J. Worlidge yn ei *Vinetum Britannicum or a treatise of cider* (Llundain, 1691), 3ydd argraffiad, tt. 1–11 grynodeb o wahanol ddiodydd ar draws y byd o bersbectif yr ail ganrif ar bymtheg.

10. J. Bickerdyke, *The curiosities of ale and beer* (Llundain, *c.* 1889), t. 32.

11. A. Rh. Wiliam, *Llyfr Iorwerth* (Caerdydd, 1960), tt. 13, 34 ac eraill. Cyfrifid fod costrelaid o fragod yn gyfwerth â hanner costrelaid o fedd ond â dwy o gwrw.

12. D. Ifans a Rh. Evans, *Y Mabinogi* (Llandysul, 1980), t. 90; J. G. Evans (gol.), *Y Mabinogi o Lyvyr Gwyn Rhydderch* (Pwllheli, 1907), t. 241.

13. J. Ll. Williams ac I. Williams, *Gwaith Guto'r Glyn* (Caerdydd, 1939), t. 37.

14. H. Lewis, T. Roberts ac I. Williams, *Cywyddau Iolo Goch ac eraill* (argraffiad newydd) (Caerdydd, 1937/1972), t. 291.

15. F. J. Furnivall, *Early English meals and manners: John Russell's boke of nurture* (Llundain, 1869/1931), t. 55.

16. M. Gesner, *Scriptores rei rustica* ... (Leipsig, 1735), t. 923.

17. Barton Lodge (gol.), *Palladius on husbandry, from the unique MS of about 1420 A. D.* (Llundain, 1873), t. 79.

18. T. Owen, *The fourteen books of Palladius Rutilius Taurus Aemilianus, on Agriculture* (Llundain, 1807), t. 137.

19. Thomas Cogan, *The haven of health* (Llundain, 1612), ?3ydd argraffiad, tt. 230–1. Ceir crynodeb o syniadau Cogan gan James Mackenzie yn ei *The history of health* (Caeredin, 1758), lle cyfeirir at Thomas Cogan fel 'Thomas Morgan'.

20. Hugh Plat, *The jewel house of art and nature* (Llundain, 1653), tt. 64–5.

21. [William Vaughan] *Directions for health, naturall and artificiall* ... (Llundain, 1633), 7fed argraffiad.

22. [John Worlidge] *Dictionarium rusticum, urbanicum & botanicum* ... (Llundain, 1717), 2il argraffiad [81].

23. D. Hughson [Pugh], *The new family receipt-book* (Llundain, 1817), tt. 364–5.

24. E. Bevan, *The honey-bee* ... (Llundain, 1838), t. 286.

25. Gweler y bennod 'Llyfrau coginio Cymraeg'.

26. A. Rh. Wiliam, (1960), op. cit.

27. Gweler, er enghraifft, M. Toussaint-Saimat, *A history of food*, cyf. A. Bell (Rhydychen, 1992), tt. 34–7; G. R. Gayre, *Wassail! In mazers of mead* (Llundain, 1948); C. Lévi-Strauss, *From honey to ashes*, cyf. J. A. D. Weightman (Llundain, 1973).

28. [M. C. Curtius] *L. Junius Moderatus Columella of husbandry in twelve books* ... (Llundain, 1745), t. 517; E. S. Forster ac E. H. Heffner (cyf.), ... *Columella on agriculture and trees* (Llundain, 1929), cyfrol 3, tt. 212–3.

29. E. Gruffydd, *Castell yr iechyd,* gol. S. Minwel Tibbott (Caerdydd, 1969), t. 84.

30. Er enghraifft, Lewis, Roberts a Williams (1937/1972), op. cit., t. 290 (Siôn Cent 'I wagedd ac oferedd y byd').

31. I. Williams et al., *Canu Llywarch Hen* (Caerdydd, 1935), t. 183; Marged Haycock, 'Medd a mêl farddoni', yn M. E. Owen a B. F. Roberts (gol.), *Beirdd a thywysogion* (Caerdydd/Aberystwyth, 1996), tt. 39–59.

32. E. Crane a P. Walker, 'Evidence on Welsh beekeeping in the past', *Folk Life* 23 (1984/5), 21–48; K. A. Allsop a J. B. Miller, 'Honey revisited: a reappraisal of honey in pre-industrial diets', *British Journal of Nutrition* 75 (1996), 513–20.

33. Walter Davies, *General view of the agriculture and domestic economy of North Wales* (Llundain, 1813), t. 348.

34. Argraffwyd 'Cywydd y bydafe' gan Ieuan Gethin yn *Llansteffan 6*; gweler hefyd D. Rh. Phillips, *The history of the Vale of Neath* ([Castell-nedd] 1925), tt. 475–6.

35. P. Webster, 'Dryslwyn Castle' yn J. R. Kenyon a R. Avent (gol.), *Castles in Wales and the Marches* (Caerdydd, 1987), tt. 89–104; W. Rees, *Caerffili Castle and its place in the Annals of Glamorgan* (Caerffili, 1971), t. 84.

36. Yn seiliedig ar amcangyfrif John Keys o Benfro, ond odid yr enwocaf o'r gwenynwyr Cymreig (J. Keys, *The antient bee-master's farewell* (Llundain, 1796), t. 60).

37. F. Seebohm, *The tribal system in Wales* (Llundain, 1904), t. 168.

38. C. Bullock-Davies, *Menestrelorum Multitude* (Caerdydd, 1978), t. xvi.

39. J. C. Morrice, *Barddoniaeth William Llyn* ... (Bangor, 1908), t. 30.

40. Melfyn R. Williams, *Y fêl ynys* (Pontypridd a Lerpwl, 1972), t. 12.

41. R. V. French, *Nineteen centuries of drink in England* (Llundain, *c.* 1890), t. 3; J. C. Loudon, *An encyclopaedia of agriculture* (Llundain, 1831), 2il argraffiad, t. 1176. Gwelodd Loudon debygrwydd rhwng y patrwm 'disodlol' tybiedig hwn a'r hyn a ddigwyddodd yng Ngwlad Pwyl dros yr un cyfnod.

42. G. R. J. Jones, 'Post-Roman Britain' yn *The agrarian history of England and Wales* (Caergrawnt, 1972), cyfrol 1, ii (gol. H. P. R. Finberg), t. 365. Er hyn, mae'n anodd gwybod i ba raddau y digwyddai bragu cwrw ymhlith y Cymry cyffredin; mae peth tystiolaeth fod cwrw yn dal yn ddiod gymharol brin yng Nghymru yn ystod y cyfnod hwn (gweler, er enghraifft, J. Bickerdyke (1889), op. cit., t. 31.) Cyfeiriodd Guto'r Glyn (bl. 1450) yn un o'i ganeuon at 'Cwrw iach o frig *ceirch* y fro' (myfi sy biau'r italeiddio) (Williams a Williams (1939), op. cit., t. 12).

43. Crane a Walker (1984/5), op. cit., t. 40.

44. Edward Pugh, *Cambria depicta* (Llundain,1816), t. 412.

45. S. Minwel Tibbott, *Amser bwyd* (Amgueddfa Werin Cymru, 1974), t. 81. Yn ôl W. H. Williams (1844–1905), bu peth yfed ar fedd yn ardal Brynaman (Dyfed) yn hanner cyntaf y bedwaredd ganrif ar bymtheg: 'Yr oedd y sefydliad a elwid *cwrw bach* neu *y meth* yn beth digon cyffredin ar hyd y gymdogaeth yr adeg honno. Gelwid ef yn *gwrw bach* am mai diod wan, fain, lled ddiniwed – cwrw o waith tŷ ... a weithid yno. Weithiau paratoid *medd* neu *meth*, fel y gelwid ef yn ein cymdogaeth ni, yn lle cwrw am ei fod yn fwy respectabl na chwrw, ac efallai yn fwy meddwol hefyd na'r cwrw bach' ([John Jenkins (Gwili)] *Adgofion Watcyn Wyn* (Merthyr/Caerdydd 1907), t. 5).

46. P. Diverres, *Le plus ancien texte des meddygon Myddveu* (Paris, 1913), tt. 62–8.

47. E. Wickersheimer, 'Textes medicaux Chartrains ...' yn *Science, medicine and history,* gol. E. A. Underwood (Llundain, 1953), cyfrol 1, tt. 164–76; G. Henslow, *Medical works of the fourteenth century* (Llundain, 1899), tt. 63–5.

48. E. N. Dhuibhne, '"The land of Cokaygne": a Middle English source for

Irish food historians', *Ulster Folklife* 34 (1988), 48–53.

49. Mae golygydd y *Cambrian Visitor* [Elijah Waring] (1 (1813), tt. 461–2) yn priodoli'r gred hon i ddatganiad gan R.B. yn ei *The history of the Principality of Wales* (1695), t. 126.

50. Elis Gruffydd (1969), op. cit., t. 84. Nid ychwanegiad gan Gruffydd yw'r cyfeiriad at feddyglyn a Chymru. Yr hyn a geir gan Elyot yn y fersiwn gwreiddiol yw 'Metheglyn, whiche is moste used in Wales ... (Thomas Elyot, *The castel of helthe (1539)*, t. 36r. Yn ôl Lewis Morris (1701–65), 'meddyglyn' oedd yr enw Cymraeg gwreiddiol ar *Daucus carota* (moron gwyllt), a hyn am y defnyddid pennau'r blodau wrth baratoi'r ddiod (LlGC 604D, t. 21).

51. Elis Gruffydd (1969), op. cit., Cyfeiriwyd at feddyglyn fel 'compound mead' gan Francis Bacon hefyd yn ei waith *Sylva sylvarum* a gyhoeddwyd yn 1627 wedi marw'r awdur: 'They also use in Wales, a Compound Drink of *Mead*, with Herbs and Spices', (Francis [Bacon], Lord Verulam, *Sylva sylvarum or a natural history in ten centuries ... published by William Rawley*. The ninth and last edition (Llundain, 1670), t. 182.

52. Cogan (1612), op. cit., t. 221.

53. S. Hartlib, *Legacy of husbandry* (Llundain, 1655), 3ydd argraffiad, tt. 52–3. Robert Child biau'r sylw a ddyfynnir, mewn llythyr at Hartlib.

54. J[onas]. More, *Englands interest* (Llundain, 1705), 3ydd argraffiad, tt. 146–7. Roedd Lobel (Mathias de l'Obel, 1538–1616) yn gyd-awdur (â Pierre Pena) ar un o'r llysieulyfrau enwocaf erioed – eu *Stirpium adverseria nova* (1570); mae'r cyfeiriad at feddyglyn fel 'theriaca' yn cadarnhau'r dybiaeth mai fel moddion y defnyddid ef gyntaf yng Nghymru (gweler G. Watson, *Theriac a mithridatium, a study in therapeutics* (Llundain, 1966)).

55. ibid, tt. 144–5. Cafwyd yn union yr un cyfarwyddiadau gan wenynydd o Gymro (Edward Bevan) dros ganrif yn ddiweddarach ond bod ganddo '75°F' yn lle'r 'milk-warm' a gafwyd gan More (Bevan (1838), op. cit., tt. 289–90).

56. K. Digbie, *The closet of the eminently learned Sir Kenelme Digbie ... wherein is discovered several ways for making metheglin ... &C* (Llundain, 1669), tt. 1–111.

57. John Wynn, *The history of the Gwydir family and memoirs*, gol. J. Gwynfor Jones (Llandysul, 1990), t. 42.

58. F. A. Filby, *A history of food adulteration and analysis* (Llundain, 1934), t. 108.

59. William Salmon, *The family-dictionary* (Llundain, 1696), 2il argraffiad, tt. 205–7.

60. Curteis (1704), op. cit., tt. 84–5. Cyffelyb oedd barn Francis de Valangin yn ei *A treatise on diet ...* (Llundain, 1768), t. 133.

61. 'A rusticated student', 'On a method of making mead', *Museum rusticum et commerciale* 2 (1764), 87–8.

62. 'An old physician', *Health without physic* (Lundain, 1830), t. 158.

63. P. Maronis Vergili, *Bucolica et georgica; introduction and notes by T. E. Page* (Llundain, 1963), t. 322. Ond cyfieithiad C. S. Lewis yn ei fersiwn ef yw 'rough cider'.

64. L. Nonnius, *De re cibaria* (Antwerp, 1645), 2il argraffiad, t. 105.

65. U. P. Hedrick, *Sturtevant's edible plants of the world* (Efrog Newydd, 1972), t. 473.

66. J. Ray, *Catalogus plantarum Angliae* ... (Llundain, 1677), 2il argraffiad, tt. 278–9.

67. J. C. Loudon, *Arboretum et fruticetum Britannicum* (Llundain, 1838), cyfrol 2, t. 917.

68. T. Pennant, *Tours in Wales* [1773] (Llundain 1838), cyfrol 2, t. 316.

69. W. Bingley, *Excursion to North Wales* (Llundain, 1814), t. 265. Cafwyd sylwadau cyffelyb gan eraill yn nes ymlaen yn y ganrif, megis yn *Leighs' guide to Wales and Monmouthshire* (Llundain, 1839), 4ydd argraffiad, t. 5: 'The peasantry in some parts of Wales gather the berries of the mountain-ash, and brew from them a liquor which they call *diod griafol*. Its flavour bears some resemblance to that of perry'.

70. J. Evans, *Letters written during a tour through South Wales* (Llundain, 1804), tt. 435–6; hefyd o'r De, Prichard, mewn nodyn atodiadol i'w gerdd 'The mountain ash of Llwyn-y-Neath': 'A liquor is brewed from the berries of the Mountain Ash in Wales, called *Diod Griafol,* by only crushing and putting in Water; after standing a night it is fit for use' (T. J. Ll. Prichard, *Welsh Minstrelsy* (Llundain, 1824), t. 304.

71. Walter Davies, *General view of the agriculture and domestic economy of North Wales* (Llundain, 1813), t. vii.

72. T. A. Knight, *A treatise on the culture of the apple & pear* (Llwydlo, 1801), t. 179.

73. A. R. Wallace, *My life* (Llundain, 1905), cyfrol 1, tt. 206–22. Ceir cyfieithiad Cymraeg o sylwadau Wallace yn R. Elwyn Hughes, *Alfred Russel Wallace: gwyddonydd anwyddonol* (Caerdydd, 1997).

74. T. Roberts ac I. Williams, *The poetical works of Dafydd Nanmor* (Caerdydd, 1923), t. 54.

75. T. H. Parry-Williams, *Canu rhydd cynnar* (Caerdydd, 1932), t. 341. Ceir cyfeiriad at fragu medd yn ogystal â chwrw wrth asesu'r tollau yn Nefyn (Gwynedd) yn y bymthegfed ganrif (E. A. Lewis, *The mediaeval boroughs of Snowdonia* (Llundain, 1912), t. 56).

76. L. J. H. James ('Hopcyn') a T. C. Evans ('Cadrawd'), *Hen gwndidau, carolau a chywyddau* (Bangor, 1910), t. 11.

77. Howell (1890), op. cit., t. 451.

78. Gweler N. Lloyd ac M. E. Owen, *Drych yr oesoedd canol* (Caerdydd, 1986), tt. 163–5.
79. Hartlib (1655), op. cit.
80. W. Williams, *Observations on the Snowden mountains* ... (Llundain, 1802), t. 8.
81. Pugh (1816), op. cit.
82. Hughes (1992), op. cit.; B. E. Howells, *A calendar of letters relating to North Wales* (Caerdydd, 1967), t. 49.
83. R. E. Hughes, erthyglau 'Vitamin C' a 'Scurvy' yn *The Cambridge world history* of food (Caergrawnt, 2001) ; hefyd, y bennod 'Bresych a thatws' yn y llyfr hwn.
84. Ray (1677), op. cit.; J. M. Wilson (gol.), *The rural cyclopaedia* (Caeredin, 1848), cyfrol 1, t. 260.
85. B. Holland et al., *McCance and Widdowson's 'The composition of foods'* (Caergrawnt, 1991), 5ed argraffiad.
86. Gweler y bennod 'Bresych a thatws'.
87. J. Lightfoot, *Flora Scotica* (Llundain, 1777), cyfrol 1, t. 257. (Ceir yn y llyfr hwn ddarluniau o nifer o blanhigion gan Moses Griffiths ond nid yw'r griafolen yn un ohonynt.)
88. Hedrick (1972), op. cit.; C. P. Johnson a J. E. Sowerby, *The useful plants of Great Britain* (Llundain, *c.* 1862), t. 103.
89. Gwaith anghyhoeddedig gan yr awdur; gweler yr atodiad i'r erthygl hon.
90. R. Elwyn Hughes, *Llyfrau ymarferol echdoe* (Pen-tyrch, 1998), *passim*.
91. J. Rutty, *An essay towards a natural history of the county of Dublin* (Dulyn, 1772), cyfrol 1, *passim*.
92. Rutty (1772), op. cit.; Emerson (1908), op. cit.; Johnson a Sowerby (1862), op. cit., t. 241.
93. Er enghraifft, J. Evelyn, *Silva, or a discourse of forest-trees* ... (Llundain, 1706), 4ydd argraffiad, t. 97; T. Green, *The universal herbal* (Llundain, [1842]), cyfrol 1, t. 169.
94. Bu copi o'r llyfr prin hwn yn ogystal â chopi o lyfr prin arall – *The compleat distiller* gan W. Y-Worth (1705) – ymhlith llyfrau diwinyddol a Chymraeg y Parchedig Jonah Bowen Evans, Ficer Saint Harmon yn unigeddau Maesyfed (a rhagflaenydd Francis Kilvert yno) rhwng 1845 a 1876 (LlGC 23056D). Diau fod peth bragu a distyllu wedi digwydd mewn ambell ficerdy diarffordd hyd at yn gymharol ddiweddar yn y ganrif.
95. [Curteis] (1704), op. cit., tt. 5–6.
96. J. C. Loudon, *An encyclopaedia of agriculture* (Llundain, 1831), t. 1153.
97. Ceir sylw wrth fynd heibio gan Walter Davies yn ei *General view of the*

agriculture and domestic economy of South Wales (Llundain, 1815), cyfrol 1, t. 244 i'r perwyl fod 'wine [is made] of its vernal juice or sap' a dyna'r cyfan. Ceir cyfarwyddiadau sut i wneud 'gwin bedwen' gan Evan Evans yn ei *A duoglot guide for making temperance wines* ... [sic] (Jones, Pontfaen, 1838), tt. 86–9 ond gall fod mai adlewyrchu'r sefyllfa Seisnig oedd Evans (gweler Hughes (1998), op. cit., tt. 28–9). Cyngor William Vaughan o'r Gelli Aur i'r tlodion, pan fyddai brag *malt* at wneud cwrw yn rhy ddrud, oedd iddynt baratoi diod trwy fragu pennau grug y mynydd a'i melysu â licoris (Vaughan (1663), op. cit., t. 21.

98. Ceir rysáit am 'Birch wine' mewn llawysgrif o ddiwedd y ddeunawfed ganrif sy'n dwyn yr arysgrif 'Eliz. Pryce her Book'. Argymhellir defnyddio 30 pwys o siwgr (neu ugain cwart o fêl) ar gyfer pob ugain galwyn o nodd bedw (LlGC 1643B, t. 14). Cyfeirir at wneud diod fedwen hefyd yn llyfr cyfrifon Robert Myddleton (Y Waun) yn 1720 ond heb roi manylion (W. M. Myddleton, *Chirk Castle accounts 1660–1753* (Manceinion, 1931), t. 418).

99. LlGC 13116B, tt. 440–6.

100. Cyplysodd Pliniws y griafolen â'r fedwen, o ran eu hamgylchfyd, yn ei *Hanes byd natur*: 'Gaudet frigidis sorbus, sed magis etiam betulla' ('y mae'r griafolen yn ymhyfrydu mewn llefydd oer, a'r fedwen yn fwy byth') (Pliny, *Natural history*, cyf. H. Rackham (Llundain, 1945), cyfrol IV, Llyfr XVI, 11, 74).

101. Gweler, er enghraifft, J. G. Evans (gol.), *The black book of Carmarthen* (Pwllheli, 1906), t. 47 lle y cyfeirir yn un o'r caneuon Cymraeg cynharaf oll at goed bedw yn tyfu yn Nyffryn Gwy, Pumlumon a Dinas Mawddwy.

Atodiad: Gwerth maethegol diod griafol

Mesurwyd crynodiad y fitamin C (asid ascorbig) mewn wyth sampl o aeron y griafolen wyllt (*Sorbus aucuparia*) o gyffiniau Caerdydd. (Disgrifir y methodoleg yn Eleri Jones ac R. E. Hughes, 'Foliar ascorbic acid in some angiosperms', *Phytochemistry* 22 (1983), 2493–9.) Cafwyd fod y crynodiad yn amrywio rhwng 64 a 102 mg. ym mhob 100 gram o aeron ffres. Y cwestiwn a godai wedyn oedd faint o'r fitamin C hwn fyddai ar gael mewn diod griafol gan fod prosesau eplesu'n arfer bod yn ddinistriol i'r fitamin. Gan fod y diweddar Gwilym R. Jones wedi cyfeirio at rinweddau tybiedig y griafolen yn ei gerdd 'Rhof fawl i'r griafolen' ysgrifennais ato ynghylch hyn a chael ganddo enwau nifer o bobl yng nhylch Dinbych a oedd yn dal i baratoi diod griafol. Bu un o'r rhain (Mrs R. D. O. Williams, Pen-rallt, Llansannan) yn ddigon caredig ag anfon samplau i Gaerdydd i'w dadansoddi. Achosai'r lliw naturiol a oedd yn bresennol yn y samplau gryn broblem yr adeg honno wrth geisio mesur y fitamin C ond trwy ddefnyddio offer a ddyfeisiwyd gan dri o'm cydweithwyr (y Doctoriaid Emyr Davies, Eleri Jones a Bleddyn Thomas) llwyddwyd i oresgyn y problemau. Cafwyd, fel y disgwylid, fod bron y cyfan o'r fitamin C wedi'i ddinistrio yn ystod y prosesau eplesu ac aeddfedu.

Hefyd, paratowyd gennym yng Nghaerdydd sampl o ddiod griafol yn unol â chyfarwyddiadau'r meddyg John Williams o Lanrwst (J. Williams, *Faunula Grustensis* (Llanrwst, 1830), t. 98) – a'r un oedd y canlyniad. Cefais gymorth fy nghydweithiwr Mr R. J. Hurley MSc i fesur crynodiad yr alcohol yn y sampl olaf hwn a chyrraedd ateb o 1.9%; gellir cymharu hyn â 4% mewn seidr a rhyw 10% mewn gwahanol fathau o win. Felly, pur ddiwerth yn faethegol fyddai diod griafol – yn isel mewn caloriäu ac yn brin o fitamin C.

Tabl: Cymeriant o de a choffi yn nhair gwlad y Deyrnas Unedig rhwng 1965 a 1988 (owns pob person yr wythnos)

		Yr Alban	Cymru	Lloegr
1965	Te	2.45	2.77	2.40
	Coffi	0.18	0.18	0.55
1969	Te	2.00	3.12	2.55
	Coffi	0.42	0.31	0.55
1977	Te	1.94	2.10	2.07
	Coffi	0.41	0.47	0.48
1983	Te	1.75	2.33	2.06
	Coffi	0.52	0.46	0.71
1988	Te	1.65	1.82	1.60
	Coffi	0.70	0.58	0.70

Seiliedig ar *Household food consumption and expenditure* (Gweinyddiaeth Amaeth, Pysgod a Bwydydd, Llundain, 1965 –1988).

Bwyta'n wyllt: cynhaliaeth o fyd natur

A phan nid oeddynt yn cael ychwaneg yn y gerddi, yr oeddynt yn mynd at lysiau gwylltion, y rhain nid oeddynt yn gynefin â hwy o'r blaen.

Rhosier Smyth, 1615

Adeg y rhyfel byd diwethaf bu cryn bwyso ar y boblogaeth i ddefnyddio hyd eithaf eu gallu y bwydydd hynny y gellid eu cynhyrchu gartref. Gwelwyd cryn ymledu ar y gyfundrefn randirol ac anogwyd pawb gan y Llywodraeth i droi eu lawntiau yn erddi tatws fel ag i leihau'r angen i fewnforio nwyddau. Ac yr oedd miloedd yng Nghymru yn ufudd i'r apeliadau hyn. Awgrym arall, er yn llai 'swyddogol' efallai, oedd y dylid ystyried troi at fyd natur i weld beth yn union y gallai'r bywyd gwyllt o'n hamgylch ei gynnig inni yn fwydydd. Cof gen i i'm tad ymateb yn wresog i'r awgrymiadau hyn – er, rwy'n lled amau (neu am gredu, fodd bynnag) mai ei dueddiadau ymchwiliol a dyfeisgar oedd yn gyfrifol am hyn yn hytrach nag unrhyw ymdeimlad gwladgarol. Caem ddail dant y llew yn gymysg â letus ar ein platiau salad. Byddem yn gwisgo menig wrth hel pennau danadl poethion ifainc i'w berwi yn lle sbinais – a'u blas rhywbeth yn debyg hefyd. Ac ar un achlysur bythgofiadwy, cawsom fwyta brechdanau porfa (glaswellt) i swper. Ond unwaith yn unig y bu hyn. Y brechdanau porfa oedd yr arbrawf dietegol lleiaf llwyddiannus ar fwydrestr fy nhad – er, yn ddigon diddorol, flynyddoedd yn ddiweddarach bûm yn dyst i ymdrechion Norman Pirie yn Rothamstead i echdynnu'r protein o laswellt a'i drosi'n fwyd yn uniongyrchol er mwyn osgoi'r broses wastrafflyd o'i sianelu trwy'r fuwch neu'r ddafad.[1]

Roedd casglu planhigion ac anifeiliaid gwyllt yn un o brif nodweddion dyn cyntefig – mae pawb yn gyfarwydd â'r cyfeiriadau at y cymunedau 'hel a hela' cynnar a'r duedd i fyw yn ôl y dydd cyn bod unrhyw sôn am ddiwyllio na thir nac anifeiliaid. Ond hyd yn oed yn y cyfnodau cynnar hynny daeth yn amlwg i'n cyndeidiau fod rhai planhigion ac anifeiliaid yn fwydydd mwy derbyniol na'i gilydd; mae'n debyg mai yn y cyd-destun hwn y cododd yr angen i wahaniaethu rhwng gwahanol blanhigion – dechreuad y wyddor fodern o Fotaneg systematig. Mae llwythau a phobloedd llai soffistigedig heddiw yn dal i fwyta'n helaeth o gynnyrch byd natur – prin bod dewis ganddynt yn absenoldeb dulliau effeithlon amaethyddiaeth fodern a chynnyrch y diwydiant bwydydd modern. Mae nifer o anthropolegwyr wedi syllu'n edmygus ar y wedd arbennig hon o 'noble savage' Rousseau, ac y mae rhai, yn eu brwdfrydedd i hyrwyddo'r cysyniad fod bwyd naturiol bob amser yn iachach na bwyd 'gwneuthuredig', wedi addasu rhai o ryseitiau'r pobloedd cyntefig hyn ar gyfer ein 'gwareiddiad' mwy goleuedig presennol.[2]

Mae eraill, a chanddynt ryw fath o 'ôl-ddoethineb' anwyddonol, wedi awgrymu fod modd defnyddio patrymau lluniaethol rhai o'r llwythau hyn heddiw fel allwedd i'r math o fwyd a fu'n cynnal ein hynafiaid ni ein hunain yn y cyfnodau cyn-neolithig. Bid a fo am hynny, un peth sy'n amlwg – po agosaf y mae pobl neu gymuned yn byw at 'fyd natur' mwyaf yn y byd fydd yr amrywiaeth o fwydydd (planhigol ran fynychaf) yn eu lluniaeth – heblaw, wrth gwrs, yn yr ardaloedd hynny a nodweddir gan brinder bywyd planhigol yn gyffredinol, megis gwledydd pegwn y gogledd. Mae astudiaethau gwyddonol o luniaeth rhai o'r pobloedd 'llai gwareiddiedig' hyn wedi tanlinellu pa mor eang y mae'n rhaid iddynt daflu eu rhwydau wrth ddal planhigion ac anifeiliaid at eu bwyta. Mae gwaith clasurol Yanovsky ar blanhigion lluniaethol Indiaid gogledd America ac astudiaeth Quin o arferion bwyta llwyth y Pedi yn ne Affrica yn enghreifftiau o astudiaethau o'r fath o ddwy ran wahanol o'r byd – a'r ddwy yn tanlinellu i ba raddau y gall bwydydd o'r gwyllt ein cynnal ni pan fo raid.[3] Defnyddiai'r Pedi (yn nechrau'r 1950au, beth bynnag) ryw saith ar hugain o blanhigion a ffrwythau gwyllt, tri ar ddeg o wahanol fathau o bryfed, deg ar hugain o adar a thros ddeg ar hugain o anifeiliaid ac ymlusgiaid eraill yn ffynonellau bwyd.

Hyd yn oed ymhlith Escimos gogledd Alasca, mewn rhan o'r byd nad yw helaethrwydd planhigion yn un o'i phrif nodweddion, cofnodwyd yn 1965 ryw ddeg ar hugain o blanhigion y cesglid eu dail neu aeron neu wreiddiau i'w defnyddio'n fwydydd.[4] Fel y mae cyflwr technolegol neu safon amaethyddiaeth yn codi, disgyn a wna cyfartaledd y lluniaeth a gyflenwir gan 'fwydydd gwyllt'; ymhlith cymuned o arddwyr-helwyr ym Mhapua Gini Newydd yn 1975 tua deg y cant yn unig o'r egni lluniaethol a gyflenwid erbyn hynny gan fwydydd gwyllt – er bod y rhain yn dal yn uchel o ran y nifer o wahanol rywogaethau a gynaeafid – sef deuddeg rhywogaeth o blanhigion, dros ugain o anifeiliaid ac adar gwylltion a rhyw bymtheg o bysgod ac ymlusgiaid.[5]

Llais profiad ar hyd y cenedlaethau sy'n gyfrifol am batrwm y planhigion a gesglir yn y gwahanol gymunedau hyn. Mae empeiriaeth arbrofol wedi sefydlu patrwm sy'n ymwrthod â phlanhigion gwenwynig yn ogystal â'r rhai sydd â blas annymunol; at ei gilydd, nodweddir planhigion derbyniol gan gyfuniad o faethlonrwydd, derbynioldeb blasusol a diwenwyndra. O ganlyniad, mae 'statws maethegol' bwydydd y cymunedau hynny sy'n dibynnu un ai'n llwyr neu'n rhannol ar gasglu planhigion gwyllt yn weddol uchel – fel y dangoswyd pan wnaethpwyd dadansoddiad maethegol o ryw 300 o fwydydd 'gwyllt' sy'n rhan o luniaeth yr aboriginiaid Awstralaidd. [6] Nid na fu'r arbrofi empeiraidd hwn heb ei beryglon. Roedd yna bris i'w dalu. Mae hanes maetheg yn frith gan adroddiadau am farwolaethau'n digwydd o ganlyniad i arbrofi â bwydydd anaddas.

Am gyfnod, bu'r arferiad o ddefnyddio planhigion gwyllt yn cyd-redeg â defnyddio cynnyrch gerddi, ac nid ymhlith y tlodion a'r anfanteisiedig yn unig y digwyddai hyn. Cafwyd cyfeiriad cynnar at yr arferiad yn y llawysgrif Gymraeg ganoloesol *Peniarth 147* lle yr argymhellir defnyddio llysiau gwyllt i wneud cawl pan na fyddai digonedd o lysiau gardd ar gael (gweler y bennod 'Dysgl bren a dysgl arian'). Cynhwysai fersiwn Gaeleg o *Regimen Sanitatis* Salerno o ddechrau'r unfed ganrif ar bymtheg ddeunydd nas ceid yn y fersiwn gwreiddiol, gan gynnwys rhestr o ryw ddeg o blanhigion gwyllt y gellid eu defnyddio i wneud 'cawl haf '.[7] Trafod rhinweddau gwahanol fwydydd oedd amcan Thomas Cogan wrth gyhoeddi *The haven of health* yn 1596, a hyn yn bennaf ar gyfer myfyrwyr Rhydychen; cynhwysai ymdriniaeth â rhyw ddwsin o blanhigion gwyllt y gellid, yn ei farn ef, eu defnyddio er mantais mewn gwahanol fathau o botes, ac yn eu plith eurinllys (*Hypericum spp.*), hocys cyffredin (*Malva sylvestris*), llysiau Cadwgan (*Valeriana officinalis*), llygad y dydd (*Bellis perennis*) a danadl poethion (*Urtica dioica*).[8] Yn ei *Acetaria* (1699) disgrifiodd John Evelyn dros saith deg o blanhigion gwyllt y gellid eu defnyddio'n fwyd ynghyd â chyfarwyddiadau sut i'w casglu a'u coginio; ganrif yn ddiweddarach, disgrifiodd Bryant yn ei *Flora Diaetetica* dros bedwar ugain o blanhigion y gellid defnyddio eu dail mewn salad neu mewn potes a thros ddeg ar hugain y gellid defnyddio rhannau eraill ohonynt (coesau, blagur ac ati) i'r un perwyl. [9] A chynhwysai llyfr bach William Salisbury *The cottager's companion ... to instruct the industrious poor ... in the art of cottage gardening* (Llundain, 1817) atodiad yn disgrifio 44 o blanhigion gwyllt y gellid eu defnyddio yn y gegin – dail dant y llew mewn salad, blagur helyglys ifanc (*Epilobium* spp.) yn lle asparagws, dail danadl poethion wedi'u berwi yn lle llysiau, gwreiddiau dail arian (*Potentilla anserina*) yn lle panas; a dail y rhwyddlwyn (*Veronica sp.*) 'o fynyddoedd Cymru' wedi eu sychu yn lle te. Ac yn ei *Cottager's Manual* (Llundain, 1840, t. 6) cyfeiriodd J. C. Loudon at yr arferiad cyfandirol (Ewropeaidd) o ddefnyddio gwreiddiau dant y llew (*Taraxacum officinalis*) yn lle aeron coffi a dail gwahanol blanhigion – megis *Veronica* spp, eirin duon bach (*Prunus spinosa*) a'r rhosyn coch gwyllt (*Rosa canina*) yn lle dail te.

Rhywbeth cyffelyb oedd y patrwm mewn sawl gwlad Ewropeaidd arall hyd at yn gymharol ddiweddar.[10] Yn Iwerddon, er enghraifft, cofnodwyd gan Rutty yn ei *A natural history of the county of Dublin* (1772) dros hanner cant o blanhigion gwyllt yr arferai'r bobl gyffredin eu defnyddio, rhai ohonynt mewn cawl (megis llau'r offeiriad (*Galium aparine*), corn carw'r môr (*Crithmum maritimum*), marddanhadlen wen (*Lamium album*), bresych y cŵn (*Mercurialis annua*)); eraill mewn salad (megis blodyn y gog (*Cardamine pratensis*), llwylys cyffredin (*Cochlearia officinalis*), dant y llew (*Taraxacum officinalis*) (ar ôl ei berwi i waredu'r chwerwder), a'r hocysen gyffredin (*Malva sylvestris*)); ac eraill (megis briallu (*Primula vulgaris*), cedw gwyllt (*Sinapis arvensis*), gludlys codrwth (*Silene vulgaris*) a danadl poethion (*Urtica dioica*)) i'w berwi yn lle bresych.

Defnyddid rhai planhigion mewn dulliau unigryw – megis y tanclys (*Tanacetum vulgare*) mewn pancos, a'r feidiog lwyd (*Artemisia vulgaris*) fel sylfaen i stwffin gŵydd. Gellid gwneud teisennau o saets y waun (*Salvia pratensis*) drwy ei ffrio'n gymysg â blawd, hufen a wyau ac yn ôl un rysáit yr oedd modd gwneud melysfwyd arbennig o egroes (*Rosa canina*) drwy adael iddynt bydru ac wedyn eu cymysgu gyda siwgr. Am y feillionen wen (*Trifolium repens*) meddai Rutty: '… much eaten by the ancient Irish before the introduction of potatoes, giving them strength and firmness'.[11] Rhywbeth cyffelyb oedd y sefyllfa yn rhai o rannau anghysbell yr Alban; cyfeiriodd John Walker, naturiaethwr a diwinydd o Gaeredin, at hyn yn 1808, gan ganmol yn arbennig yn hyn o beth y rhywogaethau hynny a dyfai yno ar lan y môr.[12]

Ond braidd yn siomedig yw'r darlun i'r sawl sydd am ddadlennu enghreifftiau Cymreig cyfatebol – sydd yn beth rhyfedd ac ystyried yr amrywiaeth eang o fwyd gwyllt sydd yng Nghymru a'r cyfnodau o gyni a phrinder y bu raid i'r trigolion eu hwynebu o dro i dro. Ceir cyfeiriad mewn llawysgrif a gopïwyd gan Thomas ap Ieuan o Langrallo yn niwedd yr ail ganrif ar bymtheg at gasglu 'llawer o lysieuau, rai o'r maes, rai o'r garddau a'u berwi mewn golchonach fal pair Ceridwen …' ond cyfeirio at arferion tafarnwyr y dydd yn difwyno eu cynnyrch trwy ychwanegu pob math o sothach yn ystod y broses fragu y mae'r bardd a phrin y gellid dehongli hyn fel awgrym fod y boblogaeth yn gyffredinol yn pwyso ar blanhigion gwyllt am gynhaliaeth ategol.[13]

OBSERVATIONS

ON SUCH

NUTRITIVE VEGETABLES

AS MAY BE SUBSTITUTED IN THE
PLACE OF

ORDINARY FOOD,

IN TIMES OF SCARCITY.

EXTRACTED FROM THE FRENCH OF
M. PARMENTIER.

Fas est vel ab hoste doceri.

LONDON:
PRINTED FOR J. MURRAY, FLEET-STREET.

MDCCLXXXIII.

Dalen deitl i'r cyfieithiad o lyfr Parmentier

Ac er bod gan Edward Lhuyd gwestiynau digon penodol yn cyfeirio at ddiet ac at hynodion neilltuol o fyd natur yn yr holiadur ar gyfer ei gyhoeddiad arfaethedig ar naturiaetheg Cymru, eto i gyd, ychydig iawn iawn o wybodaeth berthnasol a gafwyd yn yr adrannau hyn gan ei ohebwyr ar hyd ac ar led Cymru. Cofnodwyd fod saffrwn yn tyfu'n helaeth yn ymyl y Fenni a bod traeth Baglan ym Morgannwg yn lle da ar gyfer 'eringoes' (celyn y môr, *Eryngium maritimum*) – i'w werthu yn Llundain, yn bennaf, yn ôl gohebydd Lhuyd.[14] Defnyddid gwreiddiau'r eringo gynt fel tonig affrodisaidd, a'r blagur ifainc fel llysieuyn yn lle asparagws. Fe'i gwerthid yn y siopau i'r diben hwn wedi'i gandïo (siwgro). Hyd at ddechrau'r bedwaredd ganrif ar bymtheg cafwyd yn y llyfrau coginio gyfawyddiadau sut i baratoi gwreiddiau'r 'eringo' yn y modd hwn trwy eu trochi mewn siwgr berwedig ac y mae'n debyg mai i'r diben hwn yr allforiwyd y planhigion o Gymru i Lundain yn y ddeunawfed ganrif.[15]

Ond dyna'r cyfan am gasglu planhigion at fwydydd a gafwyd gan Lhuyd a oedd, er yn naturiaethwr proffesedig, eto i gyd â mwy o ddiddordeb mewn pobl a physgod nag mewn blodau a bwydydd. A'r un mor denau yw'r dystiolaeth oddi ar law sylwebyddion eraill y gellid disgwyl, efallai, y byddent wedi cyflwyno gwybodaeth ar y pen hwn – megis Lewis Morris o Ynys Môn yn ail hanner y ddeunawfed ganrif. Yn nechrau'r bedwaredd ganrif ar bymtheg cafwyd cyfeiriadau at blanhigion a oedd yn rhan o luniaeth y Cymry yr adeg honno gan ddau awdur o naturiaethwyr – gan Hugh Davies yn ei *Llysieuiaith Gymreig* (1813) a chan John Williams yn ei *Faunula Grustensis* (1830) ond pur wasgaredig ac arwynebol oedd eu sylwadau hwythau ac yn ymwneud yn bennaf â rhinweddau ffarmacolegol tybiedig y planhigion yn fwy nag â'u lle fel ychwanegiadau dietegol.[16]

Mae'n debyg mai'r cyfeiriad mwyaf cynhwysfawr at yr arferiad hwn yng Nghymru yw'r rhestr o 'Wild vegetable productions of culinary use' a gofnodwyd gan Edward Williams (Iolo Morganwg) ar gyfer ei ran arbennig ef o Gymru (Bro Morgannwg) tua'r un amser â llyfr Rutty.[17] Rhagflaenir y rhestr hon gan enwau 19 o 'Native fruits of Glamorgan' sy'n cyfeirio, ymhlith pethau eraill, at baratoi diodydd oddi wrth ffrwyth y griafolen a'r mwyar a defnyddio mês i wneud bara a hefyd coffi. Yn sicr, roedd gan Williams farn uchel o werth ffrwythau'n gyffredinol gan gynnwys y rhai gwyllt. Bron na ellir ystyried ei ymwneud parhaus â choed afalau yn obsesiwn seicolegol. Yn y dyddiadur o'i deithiau trwy Faesyfed yn 1802 ceir ganddo'r sylw a ganlyn: 'May I never be cursed with riches but if I possessed a large estate I would plant apples, pears, plums cherries &c in all the road hedges that the traveller's mouth might be moistened and his palate gratified as he passed along'.[18] Mae'r rhestr 'Wild vegetable productions ...' yn cynnwys 15 eitem a ddefnyddid yr adeg honno, yn ôl Williams, gan drigolion cyffredin Morgannwg. Dyma hwy yn y Saesneg gwreiddiol: 'Samphire; sea cale of various sorts; laver; wild rape gathered in the spring for greens; water cresses; wild spinage or mercury; nettles early in the spring as greens; alisanders used as greens and pot herbs; wild mustard, by many prefered (sic) to the cultivated; sea purslane; meadow purslane; meadow sorrel and often wood sorrel; stone cresses, a very good sallat; rhamsons used as greens by some; mushrooms.'

Faint yn union o goel y gellir ei roi ar ddilysrwydd y rhestr hon mae'n anodd dweud. Byddai dangos fod ei hoff werin yn dal mewn cymundeb ymarferol â'i hamgylchfyd naturiol yn ategu syniadau rhamantaidd Williams am ei tharddiad a'i thras ac y mae'n dra phosibl ei fod, i'r perwyl hwn, wedi gorbwysleisio'r wedd hon ar ei gweithgareddau. At hyn, ychydig o ffydd y gellir ei roi yng ngwybodaeth fotanegol Williams yn gyffredinol ac ni ellir bob amser fod yn hollol sicr at ba blanhigion y mae'n cyfeirio.[19]

Er iddo drafferthu llunio'r rhestr a grybwyllir uchod nid ymddengys fod Williams wedi gosod cymaint â hynny o bwys ar y gweithgarwch hwn wrth drosglwyddo ei syniadau i eraill. Yn ei ymdriniaeth go fanwl â lluniaeth pobl gyffredin Morgannwg, a baratowyd ganddo i ateb ymholiad gan Walter Davies, nid yw'n sôn o gwbl am unrhyw fath o ddibyniaeth, ni waeth ba mor achlysurol neu ansylweddol, ar fwydydd o fyd natur. Yn ôl Williams, bara, caws, tatws, llaeth, cwrw a the oedd y cyfan.[20] Defnyddiwyd cyfran o ddata Williams gan Walter Davies (Gwallter Mechain), ei gyflogwr anfoddog ar y pryd, yn ei *Domestic economy of South Wales* a gyhoeddwyd ar ran y Bwrdd Amaeth yn 1815[21] ond, unwaith eto, prin iawn yw'r cyfeirio at fwydydd naturiol. Yn yr adran 'Provisions' (cyfrol II, tt. 291–314) cyfeirir at ddau 'natural product' yn unig – corn carw'r môr (*Crithmum maritimum*), a ddefnyddid fel picl, a bara lawr (*Ulva* sp.). Mae'r adran 'fences' yn llyfr Davies (tt. 224–53) yn cynnwys manylion am 62 o wahanol goed yn seiliedig yn bennaf, mae lle i dybio, ar ddeunydd gan Edward Williams. Cyfeirir at wneud gwin o ffrwyth y griafolen (*Sorbus aucuparia*) a'r ysgawen (*Sambucus nigra*) ac o sug y fedwen (*Betula alba*) ond dyna'r cyfan. Yn y chwaer-gyfrol gan Davies, *Agriculture and domestic economy of North Wales,* nid oes unrhyw sôn am fwydydd naturiol heblaw am un cyfeiriad cynnil at ffrwythau'r griafolen – yn ddiddorol iawn, i'w bwyta'n amrwd ac nid i wneud gwin.[22]

Ychydig o dystiolaeth sydd, felly, fod pwyso ar gynnyrch natur am gyflenwad o fwyd erioed wedi bod yn rhan o fywyd normal y Cymry yn ystod y cyfnodau 'hanesyddol'. Mae modd dadlau mai dyna a ddisgwylid – wedi'r cyfan holl 'ddiben' y chwyldroad Neolithig oedd creu cymunedau a fyddai, o ganlyniad i gynaeafu cnydau dan amodau rheoledig a dofi anifeiliaid at gynnal dyn, yn annibynnol bellach ar y dull gwastrafflyd (o safbwynt defnyddio egni) o gasglu bwydydd o'r gwyllt.[23] Er hyn, hyd at ddechreuad y bedwaredd ganrif ar bymtheg byddai defnyddio bwydydd gwyllt i ychwanegu at y cyflenwad o fwydydd eraill yn ddigwyddiad reit gyffredin mewn nifer o wledydd ar draws Ewrop, fel y dangoswyd uchod yn achos Iwerddon. Ni ellir felly ond cyferbynnu'r parodrwydd hwn ar ran y Gwyddelod ac eraill i ddefnyddio cynnyrch y meysydd a'r caeau yn eu lluniaeth beunyddiol â'r sefyllfa gyfatebol yng Nghymru tua'r un adeg. Wrth reswm, byddai'r duedd hon i gyfeiriad byd natur yn llawer amlycach ar adegau o gyni neu brinder bwyd – megis pan fyddai clefyd yn lladd anifeiliaid neu gnydau (megis malltod tatws) neu pan fyddai'r cynhaeaf yn methu o ganlyniad i dywydd gwael. Ond nid oes tystiolaeth fod hyn ychwaith wedi digwydd yng Nghymru, sydd yn dipyn o ddirgelwch o ystyried y cyfnodau o gryn gyni a nodweddai ddechrau'r bedwaredd ganrif ar bymtheg. Rhaid cofio, fodd bynnag, fod peth amharodrwydd seicolegol i arddel a chofnodi gweithgareddau casglu bwydydd gwyllt am y cysylltid hwy ran amlaf â'r tlodion ac â'r rhai a oedd ar reng isaf yr ysgol gymdeithasol. Nid yw'r dystiolaeth (neu'r diffyg tystiolaeth), felly, yn llwyr ddilychwin ei natur.

Sylwer mai am 'fwydydd' gwyllt yn hytrach nag am blanhigion gwyllt y sonnir yma a hyn am fod anifeiliaid gwylltion hefyd yn rhan o'r hafaliad. Bu traddodiad di-dor ymhlith y Cymry o ddefnyddio anifeiliaid gwyllt i ychwanegu at y cyflenwad o fwyd – cwningod ac adar a physgod yn bennaf – ond lleihau a wnâi'r arferiad dan bwysau'r broses 'ymwareiddio' a'r lleihad yn un meintiol yn ogystal ag yn ansoddol. Erbyn y bedwaredd ganrif ar bymtheg ychydig iawn o deuluoedd a ddibynnai bellach ar ddod o hyd i gwningen neu ddalfa o bysgod am eu dogn wythnosol o brotein. Bu peth newid hefyd ym mhatrwm y mathau o adar a fwyteid ar hyd y canrifoedd a neb ers blynyddoedd bellach (am a wyddys, fodd bynnag) yn dal adar megis y fwyalchen – neu hyd yn oed y frân – ar gyfer eu bwyta.

Yr unig fwyd anifeiliol gwyllt sydd wedi cyrraedd safle o bwys a diddordeb yn hanes y Cymry ydyw cynnyrch gwenyn – mêl. Nid oes amheuaeth nad oedd cryn fynd ar gasglu mêl gwyllt o nythod gwenyn mewn rhannau o Gymru ymhell cyn i'r arferiad diweddarach o gadw gwenyn mewn cychod ddod i rym; defnyddid term arbennig 'bydaf' i ddisgrifio nythod o wenyn gwyllt. Ceir cyfeiriad diddorol o'r bymthegfed ganrif mewn cywydd gan Ieuan Gethin o Glyn Nedd at weision ei gymydog yn dwyn mêl o fydafau ar dir Ieuan a sonnir am ladrata cymaint â chan galwyn – cynnyrch cant neu fwy o nythod gwyllt (a derbyn fod galwyn o fêl yn pwyso rhyw 15 pwys a bod modd cynaeafu rhyw 10–15 pwys o fêl o bob nyth), sy'n awgrymu fod efallai peth gwir yn y gosodiad fod Cymru, yr adeg honno, yn wlad a oedd yn llifo gan laeth a mêl. Er hyn, ychydig o dystiolaeth sydd fod Cymru yn gyffredinol erioed wedi cyfiawnhau llinell Dafydd Nanmor fod ar un achlysur 'naw can myrdd yn cowain mêl'.[24] (Gweler hefyd yr erthygl 'Diodydd bonedd a gwreng'.)

Mae nifer o ffactorau yn dylanwadu ar y math o blanhigion

gwyllt a ddewisir gan gymuned sy'n derbyn rhan o'i chynhaliaeth trwy fwyta planhigion gwyllt.[25] Wrth reswm, byddai cymuned a gâi'r gyfran helaethaf o dipyn o'i chynhaliaeth o gnydau neu gynhyrchion amaethyddiaeth yn llawer llai parod i fwyta'n wyllt ac yn fwy cysetlyd wrth ddewis bwydydd o fyd natur. Byddai troi at blanhigion gwyllt yn y fath amgylchiadau yn digwydd o ganlyniad i gymhellion eilradd megis rhesymau cosmetig neu efallai i ddwyn elfen o amrywiaeth i'r ddiet. Yn y fath amgylchiadau gallai blas neu olwg y planhigion gwyllt fod yn bennaf pwysig. Ond pan fyddai troi at fyd natur yn digwydd oherwydd prinder bwyd a'r ffynonellau arferol yn annigonol i gynnal y gymuned, gellid disgwyl gweld patrwm gwahanol yn ei amlygu ei hunan. Yn y fath sefyllfa byddid yn dewis planhigion oherwydd eu maethlonrwydd tybiedig (hynny yw, eu gallu i gyflenwi starts (egni) neu brotein), ac o ganlyniad, gwelid troi at ffynonellau na fuasent â lle yn yr economi arferol. Hynny yw, nid cynyddu cymeriant y 'planhigion ategol' y byddid, ond troi at rai hollol newydd.

Fel y dangoswyd uchod, traddodiad go wan sydd gan Gymru yn hyn o beth. Gallai sawl ffactor fod wedi cyfrannu at hyn. Mae'n bosibl (ond yn bur annhebyg) fod y cyfnodau o gyni a phrinder wedi digwydd yn llai aml yng Nghymru nag mewn gwledydd eraill a'r pwysau i droi at fyd natur gymaint â hynny'n llai. At hyn, ychydig iawn o amser fyddai ar gael gan ddosbarth gweithiol Cymru'r gorffennol i ymroi i chwilio am fwydydd gwyllt – proses a all fod yn weithgarwch gwastrafflyd iawn o safbwynt egni, fel y mae astudiaethau anthropolegol mewn gwahanol rannau o'r byd wedi dangos. Ac os yw'r diffyg menter ac amharodrwydd i arbrofi a briodolir mor fynych i'r Cymry yn beth real iawn, gallai hyn hefyd fod yn ffactor arwyddocaol. Ni ddylid ychwaith ddiystyru'r ffaith fod rhai bwydydd 'gwyllt' yn waharddedig, nid oherwydd unrhyw ddiffyg maethegol neu wenwyndra ond am resymau cosmetig megis blas cas (yn bennaf, oherwydd presenoldeb taninau) neu am fod anhawster i'w troi'n ffurfiau bwytadwy. Mewn rhai cymunedau mae rhai bwydydd anifeiliol yn waharddedig am resymau diwylliannol – megis y gwaharddiad rhannol ar fwyta cig a fodolai yn y Gymru babyddol, ac agwedd yr Iddewon at gig moch. Am resymau seicolegol, nid yw gwaharddiadau 'gwrthblanhigol' mor gyffredin o bell ffordd, heblaw ymhlith rhai cymunedau 'annatblygedig'.

Wedi dweud hyn oll, rhaid cydnabod fod yna nifer o blanhigion sydd wedi dal sylw'r Cymry ac wedi ennill eu lle fel bwydydd atodol, er bod y cyfeiriadau atynt yn gyfyngedig i gyfnodau arbennig ac weithiau i leoliadau neilltuol hefyd. Trafodaf chwech o'r rhain – yr efwr, ffrwyth y griafolen, danadl poethion, gwreiddiau'r tegeirian, corn carw'r môr a mês.

Yr efwr (*Heracleum sphondylium*)

Perthyn i deulu'r *Umbelliferae* y mae'r efwr. Mae'n bresennol ym mhob sir yng Nghymru (dywedir mai dyna yw ystyr yr 'efwr' yn 'Dinefwr'), yn blanhigyn a nodweddir gan ei flodyn 'ymbarel' gwyn, ei daldra (gall gyrraedd chwe throedfedd), a chan ei goes gau. Tybir mai oherwydd hoffter anifeiliaid ohono y cafodd yr enwau Saesneg *cow parsnip* a *hogweed*. Perthyn i'r un teulu botanegol â'r foronen a'r banasen – dau blanhigyn sydd wedi hen ennill eu plwyf ymhlith y llysiau bwytadwy. Ac ar un adeg dyna oedd hanes yr efwr hefyd – yn wir, ymddengys mai hwn yw'r planhigyn cyntaf y mae gennym gyfeiriadau at ei nodweddion maethegol yn y

Gymraeg. Ceir sawl cyfeiriad at yr efwr yn y farddoniaeth Gymraeg gynnar ac yn enwedig yn y gerdd gynnar honno a gysylltir ag enw Llywarch Hen, a nifer o'r cyfeiriadau hyn yn cyfeirio'n benodol at ei felystra neilltuol (sydd i'w briodoli i'r swcros sy'n bresennol).[26] Mae dail yr efwr yn ffynhonnell dda o fitamin C hefyd a gallasai felly amddiffyn y corff rhag y sgyrfi mewn cyfnodau 'anodd' – pwnc a drafodir yn fanwl mewn man arall (gweler y bennod 'Bresych a thatws').

Mae peth tystiolaeth fod pobloedd eraill heblaw'r Cymry wedi defnyddio'r efwr fel bwyd ond ymddengys mai'r coesau a'r gwreiddiau a ddefnyddid amlaf – y rhannau hynny o'r planhigyn a fyddai'n cynnwys y melystra ond nid y fitamin C. Yn ôl Johnson [1862] gellid defnyddio'r pennau ifainc yn fwyd gan eu trin yn yr un ffordd ag asparagws a chyfrifid mewn rhannau o Rwsia fod y sylwedd melyn siwgraidd a ddeilliai o'r coesau wrth eu sychu yn gryn ddanteithfwyd,[27] er, yn ôl Thomas Pennant, byddai'n rhaid defnyddio 36 pwys o'r coesau i gynhyrchu pedwar owns o siwgr.[28] Yn Lithwania, distyllid gwirodyn o'r coesau, weithiau'n gymysg ag aeron llus duon bach (*Vaccinium myrtillus*). Mae'r banasen (*Pastinaca oleracea*), y 'felysaf' o wreiddlysiau Cymru, yn cynnwys hyd at 10% o siwgr; teg felly tybio fod yr efwr yn cynnwys o leiaf gymaint â hynny cyn y byddai'r gwreiddyn a'r coesau amrwd yn ganfyddadwy felys.

Prin iawn yw'r dystiolaeth fod yr fwr wedi dal i gyfrannu at fwydlen y Cymry. Eithriad yw'r sylw a geir gan John Williams, gwyddonydd a meddyg o Lanrwst, yn ei *Faunula Grustensis* (1830, t. 90) i'r perwyl fod y pennau ifainc yn felys iawn a bod modd eu bwyta yn lle asparagws. Rhyfedd yr esgeuluso hwn ar blanhigyn a allai fod yn ffynhonnell werthfawr o fitamin C, melystra ac egn.

Mae'n dwyn i gof sylw Johnson amdano: 'It is one of the many plants ... that might be often usefull employed, if our peasantry were more generally instructed in the qualities and possible applications of our wild herbs'.[29]

Gall fod eglurhad am yr esgeulustod hwn. Mae nifer o aelodau eraill o deulu'r *Umbelliferae* yn perthyn yn weddol agos i'r efwr ac hawdd iawn y gallai llygaid dibrofiad eu camgymeryd am yr efwr ei hunan. Yn eu plith y mae nifer sy'n cynnwys alcaloidau tocsig ac sydd, o ganlyniad, yn wenwynig i ddynion yn ogystal ag i anifeiliaid. Pennaf ymhlith y rhain yw'r gegid (*Conium maculatum*), sydd gyda'r mwyaf gwenwynig o holl blanhigion gwyllt Cymru; hefyd y gauberllys (*Aethusa cynapium*), sydd wedi achosi gwenwyndra mewn dynion a oedd wedi camgymryd y gwreiddiau am radis.[30] Tybed nad oherwydd hyn, y methiant ar ran y werin anfotanegol i wahaniaethu rhyngddo ac aelodau gwenwynig o'r un teulu, y methodd yr efwr â chyrraedd unrhyw statws parhaol ymhlith 'bwydydd gwyllt' y Cymry a hyn er iddo gael dechreuad mor addawol yn llys Llywarch Hen?

Y griafolen *(Sorbus aucuparia)*

'Rhof fawl i'r griafolen' oedd teitl y gerdd gan Gwilym R. Jones ond prin y sylweddolai'r bardd fod yma goeden a fu â rhan arwyddocaol iawn yn hanes parhad cenedl y Cymry ar adeg dyngedfennol yn ei hanes. Mae digonedd wedi'i ysgrifennu am yr holl hanesion mytholegol sydd wedi amgylchynu'r griafolen gydol ei hanes, megis ei gallu i greu amddiffynfa rhag ysbrydion drwg. Bu iddi le arbennig yn llên gwerin y Cymry a rhai yn olrhain ei dylanwad tybiedig yn hyn o beth yn ôl i gyfnod y derwyddon.[31]

Nid heb reswm digonol y priodolwyd y pwerau goruwchnaturiol hyn i'r griafolen. Gan fod yr aeron yn ffynhonnell dda o fitamin C y mae'n dra thebyg bod y griafolen, ar adegau arbennig yn hanes y Cymry, wedi eu hamddiffyn rhag y sgyrfi, ac o ganlyniad wedi ennill iddi ei hunan yr enw o fod yn goeden arbennig.

O'r holl ffrwythau gwyllt, aeron y griafolen fyddai'r fwyaf tebygol o wneud hyn – a hyn am nifer o resymau. Mae crynodiad y fitamin C yn aeron y griafolen yn uwch nag eiddo ffrwythau gwyllt eraill Cymru, mae'r aeron yn aros ar y coed tan yn hwyr yn yr hydref, ac y mae natur asidaidd yr aeron (i'w phriodoli i asid malig yn bennaf) yn gwarchod y fitamin C rhag diflannu fel sy'n digwydd yn y rhan fwyaf o ffrwythau meddal wrth iddynt aeddfedu a heneiddio. Gwyddys fod bwyta aeron amrwd y griafolen (er eu natur chwerw) wedi digwydd mewn sawl gwlad hyd at yn gymharol ddiweddar: '… the highlanders [o'r Alban] often eat them when thoroughly ripe', meddai Lightfoot yn 1777 ac yn ôl Sturtevant yn 1887 câi'r aeron aeddfed eu bwyta mewn nifer o wledydd Ewropeaidd gan gynnwys Cymru, yr Alban a Sweden. Bu adroddiadau hefyd am ddefnyddio'r aeron sych i baratoi blawd i wneud bara ar adegau o brinder corn.[32] Daethpwyd o hyd i hadau'r griafolen, ynghyd â rhai a berthynai i ffrwythau eraill, mewn carthffosiaeth ddomestig o'r canol oesoedd yn Norwy; ond, yn annisgwyl braidd, prin iawn yw olion o'r fath yng ngwledydd eraill Ewrop – maent yn llawer llai cyffredin, er enghraifft, nag olion aeron yr ysgawen (*Sambucus nigra*).[33]

Anodd cyfrif am natur ddetholus a chyfyngedig y griafolen yn hyn o beth a phaham y mae Cymru yn un o'r lleoedd prin hynny lle y'i defnyddid hi fel bwyd (neu ddiod) atodol hyd at yn gymharol ddiweddar. I ryw raddau y mae'r griafolen yng Nghymru yn cymryd y lle a briodolir i'r ysgawen mewn gwledydd eraill. Mae William Borlase yn ei *Natural history of Cornwall* yn 1758 yn disgrifio pwysigrwydd yr ysgawen ymhlith pobl Cernyw lle y defnyddid y blagur ifainc i wneud picl a'r aeron (fel yng Nghymru heddiw) i baratoi sudd a gwin – ffaith a danlinellir, yn ôl Borlase, gan fynychder yr elfen 'scawen' mewn enwau lleoedd megis Boscawen, Tresgaw a Lescawen (t. 225). Ond nid yw yn unman yn cyfeirio at ddefnyddio'r griafolen i'r un diben.

Yng Nghymru, fodd bynnag, y griafolen oedd â lle o anrhydedd – yn fwyaf arbennig oherwydd y ddiod griafol a baratoid oddi wrth yr aeron aeddfed. Parhaodd diod griafol yn un o'r diodydd traddodiadol Cymreig hyd at yn gymharol ddiweddar; yn wir, bron na ellid ei ystyried yn hyn o beth yn ddiod frodorol sy'n unigryw i Gymru ymhlith gwledydd Prydain. Trafodir arwyddocâd hyn yn fanwl mewn pennod arall ('Diodydd bonedd a gwreng') felly nid oes angen ymhelaethu yma. Dim ond crybwyll mai dyma blanhigyn gwyllt arall sydd bron â llwyr ddiflannu fel bwyd atodol.

Danadl poethion (*Urtica dioica*)

Perthyn y danadl poethion i deulu'r *Urticaceae,* teulu sy'n cynnwys rhyw 500 o rywogaethau. O'r rhain, y ddanhadlen (ll. danadl poethion, dynad) yw'r un fwyaf cyffredin, ac yn sicr yr un fwyaf adnabyddus, yng Nghymru. Tyfant ym mhobman ac yn arbennig lle mae'r cyflenwad o nitrogen yn uchel, yr hyn sy'n cyfrif am eu presenoldeb mewn mannau neilltuol megis ar domenni gwastraff neu yn union o dan nythod crychyddion. Mae sawl nodwedd o'r planhigyn wedi hawlio sylw'r werin ar hyd yr oesoedd – ei allu i bigo gan ddioddefwyr o'r gwynegon (crydcymalau) a'i natur ffibraidd gan wneuthurwyr defnydd o wahanol fathau.

Ond fe'i defnyddid hefyd fel bwyd, ac yn enwedig y pennau ifanc yn y gwanwyn. Digwyddodd hyn mewn sawl gwlad Ewropeaidd hyd at yn gymharol ddiweddar; yn yr Alban fe'i defnyddiwyd fel llysieuyn yn lle bresych a hefyd wrth baratoi cawl.[34] Cafwyd ond odid y cyfeiriad penodol cynharaf at ddefnyddio danadl fel bwyd yng ngwledydd Prydain gan Cogan yn ei *Haven of health* yn 1584. Wedi trafod llysiau'r ardd, aeth Cogan rhagddo i ddweud am y ddanadlen: 'After all garden herbes used in the kitchin, I will speake somewhat of the nettle, that gardeners may understand what wrong they do in plucking it out as a weede ... Cunning Cookes at the spring of the yeare when Nettles first bud forth can make good pottage with them ...'[35]

Yn gyffredinol, fodd bynnag, ychydig iawn o sylw a dderbyniai'r danadl yn y llyfrau coginio, hyd yn oed y rhai Saesneg a gyhoeddwyd yn unswydd er budd y tlodion. Eithriad oedd Alexis Soyer, cogydd mwyaf adnabyddus canol y bedwaredd ganrif ar bymtheg. Roedd Soyer yn ymwybodol iawn o natur haeniedig y gymdeithas Seisnig a chynlluniodd ei lyfrau coginio i adlewyrchu hyn. Ysgrifennodd ei *Gastronomic regenerator* (1846) ar gyfer 'the higher class of epicures' a'i ddilyn yn 1849 gan y *Modern housewife* ar gyfer y dosbarth canol. Wedyn, yn 1855 cyhoeddodd ei *A shilling cookery for the people* – ar gyfer 'Y Bobl' chwedl Soyer – a'i gyflwyno, yn briodol iawn, i'r Arglwydd Shaftesbury. Yn y cyhoeddiad olaf hwn yn unig y cafwyd sylwadau Soyer ar rinweddau'r danadl ynghyd â rysáit gweddol gyflawn at eu coginio.

Danadl: Golchwch hwy'n drwyadl, eu draenio, a'u gosod mewn digonedd o ddŵr berwedig ynghyd â pheth halen. Berwch hwy am ugain munud neu fwy, eu draenio a'u malu ar ford bren. Bwytewch hwy fel y maent, neu, rhowch hwy mewn padell ynghyd â pheth halen a phupur a darn bach o fenyn (neu ychydig saim a grefi). Neu, ychwanegwch (ar gyfer pob pwys o ddanadl) ddwy lond lwy de o flawd, wythfed ran o beint o laeth sgim, llond llwy de o siwgr a gweini fel hyn neu gydag wyau wedi'u potsio.[36]

Ychydig flynyddoedd yn ddiweddarach cafwyd cyfarwyddiadau cyffelyb yn y llyfr bach *How to cook* (Llundain, [1872]) gan T. L. Nichols, meddyg ymgymwysedig ac ysgrifennwr proliffig ar bynciau yn ymwneud â gwahanol agweddau ar iechyd. Yn gyfuniad o brofiad a gwybodaeth wyddonol reit oleuedig ac yn chwaer-gyfrol i'w lyfr blaenorol *How to live on sixpence a day*, cynhwysai'r llyfr y rysáit a ganlyn ar gyfer danadl poethion (t. 49): 'Golchwch a sychwch y danadl a'u gosod mewn digonedd o ddŵr berwedig ynghyd â pheth halen. Berwch hwy am ryw ugain munud, wedyn dreiniwch hwy a'u gweini fel sbinais neu gyda saws yn cynnwys llaeth sgim, menyn, siwgr, halen a phupur'. Methais weld unrhyw rysáit ar gyfer danadl poethion yn y llyfrau coginio Cymraeg cyfatebol o'r ganrif ddiwethaf.

Fel y gellid disgwyl efallai, gweithgarwch arall a roddai beth sylw i fwyta danadl – a hyn o ddechrau'r bedwaredd ganrif ar bymtheg hyd at yn gymharol ddiweddar – oedd cigwrthodiaeth. Cynhwysai George Nicholson (1803) ddanadl yn yr un categori â bresych a sbinais, gan argymell eu berwi a'u trochi mewn menyn toddedig; rhywbeth tebyg oedd awgrym Albert Broadbent, cigwrthodwr amlwg arall, gan mlynedd yn ddiweddarach.[37]

Ysgrifennodd dwy lysieuwraig o ganol y bedwaredd ganrif ar

bymtheg am eu profiadau yn profi pryd o ddynad berwedig – Anne Pratt yn Saesnes a Caroline Wilkinson, Cymraes o gyffiniau Abertawe.[38] Meddai Wilkinson, aelod o gylch Llanofer ac awdures llyfr bach botanegol tra deniadol a Chymreigaidd ei naws,[39] wrth drafod arferion bwyta'r werin (y 'peasantry'), '... the young shoots, when boiled are eaten with meat ... and are said to resemble asparagus in flavour, though I will not pretend that I could ever discover the similarity'.[40] Mae sylwadau Wilkinson yn brawf digonol fod bwyta pennau'r dynad yn digwydd ymhlith y werin yng Nghymru ganol y bedwaredd ganrif ar bymtheg – ond i ba raddau, mae'n anodd dweud.

Heblaw am lyfr Wilkinson, ychydig o sylw a roddwyd mewn gweithiau printiedig i hanes y dynad yng Nghymru. Cafwyd cyfeiriad botanegol-amheus at 'flawd [= paill] dynad' yn Llyfr Taliesin o'r bedwaredd ganrif ar ddeg ond dyna'r cyfan hyd at yn gymharol ddiweddar.[41] Yr oedd ryseitiau am wneud gwin (neu 'gwrw') dynad yn y rhan fwyaf o'r llyfrau coginio yn ystod y bedwaredd ganrif ar bymtheg, gan gynnwys nifer o'r rhai Cymraeg – ac yn ddiweddar, yn sgil twf y mudiad 'bwydydd naturiol' ailgyneuwyd y diddordeb yn yllysieuyn cyffredin ond dirmygedig hwn.

Mae pob un o'r sylwebyddion hyn wedi tanlinellu'r gred fod y ddanhadlen yn llysieuyn maethlon iawn, ond, er hyn, ychydig iawn o sylw a roddwyd i'r posibilrwydd o'i dyfu yn yr ardd yn lle, dyweder, sbinais. Anodd deall hyn (os nad oedd ei natur 'pigol' yn gyfrifol) am y byddai gyda'r planhigyn hawsaf i'w 'ddofi' ac yn ymateb yn dda i wrteithio detholus. Diau, ymhen amser, trwy fridio detholus, gellid fod wedi codi mathau di-bigol hefyd. Planhigyn gwyllt arall a esgeuluswyd gan y Cymry?

Rai blynyddoedd yn ôl, gwnaethpwyd nifer o astudiaethau yng Nghaerdydd i ailasesu gwerth maethegol danadl poethion. Casglwyd rhai degau o sacheidiau ohonynt ar wahanol adegau o'r flwyddyn (gall gwerth maethegol planhigion amrywio'n dymhorol) o ardaloedd Caerdydd a Bro Morgannwg. Dadansoddwyd y dail yn gemegol i gyrraedd at asesiad o'u gwerth maethegol. Hefyd, paratowyd powdr danadl trwy sychu'r dail ffres a'u malu'n fân. Defnyddiwyd y powdr hwn i baratoi bisgedi y gellid mesur eu heffaith ar dwf a ffyniant anifeiliaid a hefyd i asesu pa mor dderbyniadwy fyddai bwyd danadl i ddynion. Cafwyd canlyniadau diddorol. Fel y disgwylid, darganfuwyd fod dail danadl yn ffynhonnell dda o brotein, o fitamin C ac o ffibr – yn wir, roedd y cynnwys nitrogen [= protein] gyda'r uchaf o nifer o blanhigion gwyllt a archwiliwyd. Byddai hyn oll o blaid argymell defnyddio danadl yn ychwanegiad 'naturiol' at ein lluniaeth arferol – neu yn sicr, yn ddadl o blaid ei dyfu'n fasnachol i'w ddefnyddio mewn bwydydd anifeiliaid. Yn wyddonol, ymddangosai pethau'n addawol iawn.

Ond yn anffodus dadlennwyd pethau llai derbyniol hefyd. Dangoswyd fod bwydo meintiau sylweddol o ddynad i wahanol anifeiliaid, er yn cynnal eu graddfa tyfiant yn hollol foddhaol, yn cael effaith lai boddhaol ar weddau arbennig o ffisioleg a biocemeg y corff. Tueddai dynad i godi crynodiad y colesterol yn y gwaed a hefyd i beri fod gordyfiant (*hypertrophy*) yn digwydd yn yr arennau – dau ddigwyddiad tra annymunol.[42] Ymgorfforwyd y canlyniadau hyn yng nghyhoeddiad swyddogol y Weinyddiaeth Amaeth, Pysgod a Bwyd *Poisonous plants in Britain and their effects on animals and man* – a dyna roi rhybudd 'swyddogol' yn erbyn defnyddio'r danadl yn fwyd ac i ryw raddau yn cadarnhau cyndynrwydd gwerin

A TREATISE
ON
ADULTERATIONS OF FOOD,
AND
Culinary Poisons,
EXHIBITING
THE FRAUDULENT SOPHISTICATIONS
OF
BREAD, BEER, WINE, SPIRITUOUS LIQUORS, TEA, COFFEE,

Cream, Confectionery, Vinegar, Mustard, Pepper, Cheese, Olive Oil, Pickles,

AND OTHER ARTICLES EMPLOYED IN DOMESTIC ECONOMY,
AND
Methods of Detecting them.

THERE IS DEATH IN THE POT
2 Kings C. IV. V

THE SECOND EDITION.

BY FREDRICK ACCUM,
Operative Chemist, Lecturer on Practical Chemistry, Mineralogy, and on Chemistry applied to the Arts and Manufactures; Member of the Royal Irish Academy; Fellow of the Linnæan Society; Member of the Royal Academy of Sciences, and of the Royal Society of Arts of Berlin, &c. &c.

London:
SOLD BY LONGMAN, HURST, REES, ORME, AND BROWN,
PATERNOSTER ROW.
1820.

Llyfr Accum yn trafod peryglon bwydydd amhur ac anghyfarwydd

Cymru i wledda ar y llysieuyn cyffredin hwn. Tybed nad enghraifft arall o 'ailddarganfod yr olwyn' sydd yma a bod yr hen Gymry trwy ddulliau empeiraidd-arbrofol eisoes wedi rhagflaenu gwyddoniaeth gyfoes yn hyn o beth trwy esgymuno'r ddanhadlen o'u lluniaeth? Bid a fo am hynny, deil rhai o'r garfan 'bwydydd gwyllt' i argymell cynnwys dognau sylweddol o ddanadl yn ein lluniaeth. Dylid ymarfer peth pwyll wrth ddilyn eu cyngor.

Gwreiddiau'r tegeirian *(Orchis spp.)*

Perthyn rhyw 30,000 o rywogaethau i deulu'r Orchidaceae a'r mwyafrif mawr ohonynt yn gyfyngedig i ardaloedd trofannol. Ceir enghreifftiau o sawl genws yng Nghymru, rhai ohonynt yn weddol gyffredin, megis *Epipactis helleborine* (Caldrist lydandail), *Listera ovata* (Ceineirian), *Dactylorhiza maculata* (Tegeirian brych) ac *Orchis mascula* (Tegeirian coch) – y ddau olaf ond odid y rhai mwyaf adnabyddus. Nodweddir yr Orchidaceae gan wreiddiau chwyddedig sy'n cynnwys polysacarid y gall y corff ei ddefnyddio yn yr un modd â starts o ffynonellau eraill megis y grawnfwydydd. (Rhisomau – coesau tanddaearol – yw'r 'gwreiddiau' mewn gwirionedd ond mae'n gyfleus eu trafod fel pe baent yn wreiddiau go iawn a dyna a wnaf i yma.) Nid darganfyddiad diweddar mo hyn – ymhell cyn bod dyn wedi dysgu hau a chynaeafu grawnfwydydd bu nifer o gymunedau yn defnyddio gwreiddiau fel ffynhonnell o starts (neu sylweddau cyffelyb i starts) ac y mae'r arferiad o amaethu rhai gwreiddfwydydd mor hen â chyfundrefnau amaethu grawnfwydydd – ac ym marn rhai, yn hŷn na hwy.[43] Mae rhannau helaeth o'r byd heddiw sy'n dibynnu ar wreiddfwydydd (megis taro, iam, ac ati) fel y prif fwyd sylfaenol.

I'r Cymry, mae'n ddiddorol nodi fod Llinell Wallace (sy'n dynodi'r ffin rhwng dau ranbarth bioddaearyddol yn Asia ac a enwyd ar ôl Alfred Russel Wallace o Gastell-nedd) yn gwahanu rhanbarthau sy'n gwahaniaethu oddi wrth ei gilydd (ymhlith pethau eraill) yn ôl faint o wreiddlysiau sydd yn y lluniaeth.

Er nad yw'r tegeirianau Prydeinig i'w cymharu â'r ffynonellau traddodiadol o wledydd y Dwyrain, y maent, er hynny, yn ffynhonnell dra chymeradwy o garbohydrad atodol ac y mae iddynt le o ddiddordeb, os nad o bwys, yn natblygiad ambell gymuned. Enwyd yr echdyniad gwyn y gellid ei baratoi o wraidd y tegeirian yn 'salep' neu yn 'salop' ac yn ystod ail hanner y ddeunawfed ganrif daeth salep yn gyfansoddyn dietegol o beth pwys yn Lloegr. Mewnforiwyd salep o Dwrci yn wreiddiol ac wedyn o Bersia, o India, ac o wledydd eraill. Erbyn y ddeunawfed ganrif roedd cryn fynd arno i wneud jeli neu i baratoi diodydd. Cafwyd 'tai saloop' yn Llundain lle y gellid cael diodydd yn seiliedig ar salep. Yn wahanol i jeli starts yr oedd jeli salep yn hollol glir a thybid, yn rhannol oherwydd hyn, ei fod yn hawdd iawn ei dreulio ac felly yn sylwedd maethlon iawn. (Gwyddys erbyn heddiw fod union natur salep yn wahanol i starts; unedau glwcos yw sylfaen pob math o starts ond nodweddir salep gan bolysacharid arall hefyd – un sy'n cynnwys siwgr arall, mannos.) Daethpwyd i gydnabod ei rinweddau tybiedig yn bennaf o ganlyniad i lythyr gan Thomas Percival yn *(Philosophical) Transactions of the Royal Society* yn 1770 (cyfrol 59, tt. 1–3); wedyn, cafwyd ymdriniaeth fwy cynhwysfawr gan Percival yn *Georgical essays* Hunter, gan gynnwys awgrymiadau at gymysgu salep a gwenith i wneud bara.[44]

Buan y daeth salep yn fwyd atodol o fri; honnwyd mai ef oedd y bwyd mwyaf maethlon a oedd ar gael ac awgrymodd James

Lind (a ddaethai'n adnabyddus oherwydd ei waith ar sudd lemonau a'r sgyrfi) y gellid ei ddefnyddio i rwystro newyn, ac yn enwedig ar ford llongau, gymaint ei faethlonrwydd.[45] Yn ôl un sylwebydd byddai owns o salep sych yn ddigon i gynnal dyn am ddiwrnod ac fe ddaeth yn boblogaidd gyda glowyr, cludwyr nwyddau a gweithwyr eraill.[46] Awgrymodd Erasmus Darwin y dylid ystyried tyfu tegeirianau ar raddfa eang ar ffermydd a rhagwelai ddisodli sago a gwreiddfwydydd dietegol eraill gan salep.[47] Cynigiwyd gwobr gan y *London Society of Arts* i'r 'person who shall make the greatest quantity of good merchantable salep, not less than fifty pounds weight, from any kind of English orchis'.[48] Ond buan y machludodd haul salep – ym marn rhai, yn ganlyniad i boblogrwydd cynyddol te a choffi yn nechrau'r bedwaredd ganrif ar bymtheg. Prin y gellir meddwl am yr un bwyd arall a fu mor boblogaidd am gyfnod cymharol fyr cyn diflannu'n llwyr. Erbyn 1844 gellid dweud amdano 'Bellach, nis defnyddir rhyw lawer yn Lloegr, er ei ystyried yn sylwedd maethlon iawn'.[49]

Bwyd Lloegr yn bennaf fu salep erioed. Prin iawn oedd ei bresenoldeb yng Nghymru. Yn wir, ymddengys fod y Cymry, at ei gilydd, a hyd nes y cyrhaeddodd tatws yn ail hanner y ddeunawfed ganrif, yn gyndyn braidd o ymwneud â gwreiddfwydydd. Mae mwy o sôn am gennin a ffa nag am foron a nionod. Mae hyn yn beth rhyfedd ac yn enwedig o ystyried fod rhannau helaeth o Gymru yn addas iawn at godi cnydau gwreiddlysol – a bod nifer o rai gwyllt (megis y tegeirianau) yn bur gyffredin, fodd bynnag. Diau y dadlennir rywbryd resymau cymdeithasol-seicolegol i gyfrif am y cyndynrwydd hwn.

Er hyn, nid yw hanes Cymru yn llwyr amddifad o gyfeiriadau at salep ac y mae ar glawr un neu ddwy enghraifft o wreiddiau'r tegeirian yn chwarae rhan yn economi domestig y Cymry – er mai enghreifftiau achlysurol a lleol iawn ydynt. Dywedai Hugh Davies (1813) am 'degeirian y waun' (*Orchis morio*) – un o'r tegeirianau lleiaf cyffredin yng Nghymru heddiw: 'Y gwraidd, gwedi ei berwi hyd yn feddalion, a roddant luniaeth tyneraidd ...' ac yn ôl John Williams, Llanrwst, ugain mlynedd yn ddiweddarach: 'Ceir salep, sylwedd sydd yn faethlon ac yn adferol, trwy olchi gwreiddiau unrhyw aelod o'r *Orchidaceae* a'u crasu mewn ffwrn'; mewn man arall cyfeiriodd Williams at y symiau sylweddol o starts y gellid eu hechdynnu o wreiddiau bwtsias y gog (*Hyacinthoides non-scripta*) ond heb ddweud i ba raddau y'i defnyddid yn ffynhonnell bwyd.[50] Diddorol nodi felly fod peth paratoi a defnyddio ar salep yng Nghymru mewn cyfnod a nodweddid gan ei fachlud yn Lloegr – patrwm a'i hamlygai ei hunan mewn sawl gwedd arall ar fywyd hefyd. Ond ni ddarfu yn llwyr – dywedodd Dorothy Hartley yn 1954 ei bod wedi ei brofi unwaith mewn bwthyn ar lan y môr yng Ngheredigion: 'Roedd yn dew iawn ac yn boeth, ychwanegwyd siwgr cyn ei fwyta a rhaid oedd defnyddio llwy'.[51] Erys un dirgelwch bach. Mae'n anodd dweud a ddechreuwyd defnyddio gwreiddiau'r tegeirian yng Nghymru o ganlyniad i'r hyn a ddigwyddai yn Lloegr neu a oedd yr arferiad yn un cynefin Cymreig ac yn atgof o rywbeth pwysicach o lawer yn yr oesoedd a fu.

Corn carw'r môr (*Crithmum maritimum*)

Perthyn corn carw'r môr i'r un teulu â'r efwr (*Umbelliferae*) ond hi yw'r unig gynrychiolydd o'r genws *Crithmum* a geir yng Nghymru. Mae'n weddol gyffredin ar hyd arfordir Cymru – ac wedi bod, am a wyddys, erioed. Ceir yr enw 'corn carw môr' yng ngeiriaduron Thomas Williams a John Davies ac am na fedrir dod o hyd i ddim byd sy'n cyfateb i'r enw mewn ieithoedd eraill, teg tybio ei fod yn enw cysefin Cymraeg a'r Cymry yn gweld tebygrwydd rhwng ffurf y dail breision a noddlawn a chyrn y ceirw a grwydrai ar hyd mynyddoedd Cymru gynt.[52] Teg barnu hefyd ei fod ar un adeg yn blanhigyn o beth pwysigrwydd am fod angen gosod enw neilltuol ar blanhigyn nad yw, wedi'r cyfan, ymhlith planhigion mwyaf cyffredin Cymru. Mae hyn yn gyson â'r hyn a wyddys am hanes domestig *Crithmum maritimum*. Gan fod y dail yn fras ac yn suddlawn, ceid pwysau sylweddol o ddeunydd oddi ar bob planhigyn – peth pwysig ar adeg pan fyddai hel planhigion gwyllt yn dasg ddigon llafurus a phan dybid gan rai fod maethlonrwydd planhigion gyfled â'u pwysau.

Hawdd deall felly sut y daeth yn un o'r planhigion hynny a ddefnyddid yn fwyd gan bobl yr arfordir. Cyfeiriodd Bryant (1783) at y tlodion yn ei ddefnyddio i wneud cawl.[53] Ond efallai mai ei brif bwysigrwydd (hyd at y bedwaredd ganrif ar bymtheg pryd y cafodd ei ddisodli gan blanhigion eraill) oedd fel planhigyn salad. Bu gan Evelyn feddwl uchel ohono yn hyn o beth yn ei *Acetaria*, gan synnu nad oedd yn cael ei dyfu yn y gerddi llysiau.[54] Yn nes ymlaen, daeth yn fwy adnabyddus fel picl, ac, fel sawl darpariaeth asidaidd arall, yn sgil hynny, fel bwyd gwrthsgyrfi. Ymddengys ei fod yn boblogaidd yng Nghymru gynt fel picl yn ogystal ag fel llysieuyn ar gyfer y grochan botes. Ceir sawl cyfeiriad at ei bresenoldeb ar hyd yr arfordir o Fôn i Forgannwg.[55] Yn ôl Rutty, fe'i hallforiwyd o Gymru i Iwerddon yn niwedd y ddeunawfed ganrif[56] ac fe fu ambell deithiwr i Gymru yr adeg honno yn tynnu sylw ei ddarllenwyr at ei rinweddau.[57]

Mae posibilrwydd y gallai corn carw'r môr fod wedi cyfrannu at amddiffyn y Cymry rhag y sgyrfi ar adegau 'anodd'. I gael rhagor o wybodaeth ar y pen hwn casglwyd nifer o samplau o gorn carw'r môr oddi ar draeth Silstwn yn ne Morgannwg ym mis Hydref 1990 a mesurwyd y crynodiad o fitamin C ynddynt. Cafwyd ei fod yn gymharol isel – 17 mg ym mhob 100 gram, rhywbeth tebyg i datws newydd. Paratowyd picl ohono yn unol â'r dull a ddisgrifiwyd gan Evelyn yn ei *Acetaria* a chafwyd ateb o 0. 36 mg ym mhob 100 gram.* Gallasai'r planhigyn amrwd felly wneud peth cyfraniad at amddiffyn y corff rhag y sgyrfi ond go ddiwerth fyddai'r fersiwn picledig. Ceir cyfeiriad diddorol gan y cymeriad rhyfedd hwnnw 'Old' John Price at gorn carw'r môr yn tyfu ar y clogwyni yng nghyffiniau Llandudno; mae'n sôn amdano ef ei hunan, yng nghwmni ei gyfaill Charles Darwin, yn 'shooting it down' rywbryd yng nghanol y 1820au pan oedd Darwin ar un o'i ymweliadau cynnar â gogledd Cymru.[58]

Mês (*Quercus robur, Q. petraea*)

Cynhwysir mês yma am reswm hollol negyddol – am ei fod yn enghraifft o botensial nas cyflawnwyd, am ryw reswm neu'i gilydd, yng Nghymru. Ffrwyth y dderwen yw mês ac y mae Sturtevant yn enwi o leiaf bymtheg o wahanol rywogaethau o *Quercus* y defnyddiwyd eu mês yn fwyd gan wahanol bobloedd ar wahanol adegau.[59] Mês oedd y prif fwyd cynhaliol yn ystod Oes Aur Groeg yn ôl y traddodiad, ac, ym marn rhai, dros rannau helaeth o Ewrop ac Asia hefyd cyn i ddulliau amaethu newid y pwyslais i gyfeiriad

---

* Rhaid Diolch i'r Dr Eleri Jones, Athrofa Prifysgol Cymru, Caerdydd am fy nghynorthwyo i wneud y mesuriadau hyn.

grawnfwydydd.⁶⁰ Hawdd credu hyn. O safbwynt maethegol y mae cynnwys y fesen bron â bod yn ddelfrydol (carbohydrad 68%, protein 8%, saim 5%)⁶¹ ac i'r casglwyr bwyd cynnar prin y gellir meddwl am yr un planhigyn arall a fyddai'n ad-dalu eu llafur i'r un graddau.

Yr unig broblem yw bod mês yn cynnwys crynodiad gweddol uchel o daninau – sylweddau ffenolig, chwerw eu blas, a all fod yn docsig er, yn eironig iawn, y mae tystiolaeth ddiweddar wedi awgrymu fod rhai sylweddau ffenolig (megis y rhai sy'n bresennol mewn te) yn gallu bod o les i'r corff.⁶² Ond hyd yn oed os nad yw taninau'r mês mor amlwg docsig i ddynion ag i rai anifeiliaid, y maent o leiaf yn gallu creu chwerwder annerbyniol mewn bwydydd a wneir o'r mês. Hwn yw'r prif, ac ond odid yr unig, anfantais sydd ynghlwm wrth ddefnyddio mês fel bwyd. Goresgynnwyd yr anfantais hon yn y gorffennol trwy falu'r mês a'u trin â sawl golchiad o ddŵr – weithiau ym mhresenoldeb sylweddau eraill (megis pridd cleiog) a fyddai'n gwaredu'r taninau trwy gyfuno â hwy yn gemegol.⁶³ Fel hyn y llwyddodd nifer o gymunedau yn y gorffennol i ddefnyddio mês yn brif ffynhonnell starts yn y cyfnodau 'cynrawn'. Ond oherwydd absenoldeb y protein glwten ni ellid defnyddio blawd mês i wneud bara a rhaid oedd ei droi yn fath o uwd; yn y ffurf hon bu'n foddion cynhaliaeth i sawl cymuned hyd at yn gymharol ddiweddar.⁶⁴

Yn ystod y cyfnod hanesyddol yn Ewrop, prif arwyddocâd mês (heblaw am eu pwysigrwydd i fwydo moch) yw fod rhai cymunedau wedi troi (neu wedi dychwelyd) atynt fel ffynhonnell bwyd mewn cyfnodau o brinder grawnfwyd; cyfeirir at fês y *Quercus brantii* gan Gwrdiaid Irac hyd heddiw fel 'bara newyn'.⁶⁵ Llwyddwyd weithiau, drwy gymysgu blawd mês â digonedd o flawd gwenith, i wneud torth a ymdebygai i'r dorth wenith arferol, ac a oedd, o ganlyniad, yn fwy derbyniol na'r math o uwd a geid drwy ddefnyddio blawd mês yn unig. Gan Segni o Fologna yn niwedd yr unfed ganrif ar bymtheg y cafwyd ond odid y cyfarwyddiadau ysgrifenedig cyntaf at wneud hyn. Ei ddull oedd i gymysgu 12 pwys o flawd gwenith â'r blawd a gafwyd trwy 'ddad-danineiddio' 14 pwys o fês cyn ychwanegu'r burum a chrasu'r cymysgedd yn y dull arferol.[66] Nid ystyriai Frederick Accum (cemegydd a ddaeth yn adnabyddus oherwydd ei waith arloesol yn dadlennu natur 'amhur' cynifer o fwydydd gwneuthuredig) fod angen cymysgu'r 'blawd' mês â gwenith. Fel hyn yr argymhellodd ef wneud bara mês:

> Cymerwch fês aeddfed, tynnwch y plisg i ffwrdd, a'u malu nes eu troi'n bâst. Gadewch iddynt orwedd mewn dŵr am noson, wedyn eu gwasgu'n dyn nes byddont yn sych – yn y modd hwn fe waredir eu chwerwder [= y deunydd tannin]. Sychwch hwy'n llwyr a'u troi'n bowdr. Cymysgwch â dŵr i wneud toes. Rholiwch ef i wneud teisennau tenau a'u crasu uwchben y marwor. Mae'r bara a baratoir yn y dull hwn yn ddigon derbyniol ac fe'i gwneir hyd yn oed heddiw mewn ambell wlad.[67]

Ond er i nifer gyfeirio at y dull hwn o leddfu problemau diffyg grawn neu datws,[68] nid ymddengys fod neb wedi cymryd yr awgrym o ddifrif mewn ystyr ymarferol.

Y mae distawrwydd y Cymry ynghylch y posibilrwydd o ddefnyddio mês yn fwyd yn ddiddorol a dweud y lleiaf. Bu'r dderwen yn un o goed mwyaf adnabyddus Cymru ac iddi draddodiad hir yn llên gwerin y wlad; mae sawl un wedi derbyn yr awgrym fod cysylltiad rhwng y geiriau *derw* a *derwydd* – a bod y derwyddon gynt yn cyfrif fod y dderwen yn goeden gysegredig. Mae modd dadlau bod y derwyddon yn parchu'r dderwen i'r fath raddau am iddi fod ar un adeg yn brif ffynhonnell bwyd, ac yn enwedig ar adegau o brinder. Damcaniaeth ddeniadol ond yn anffodus nid oes dim yn hanes Cymru i'w chyfiawnhau. Ceir gan William Owen Pughe yn ei eiriadur ddwy 'ddihareb' sy'n cynnwys y gair 'mes[s]aig', sef 'Gwell messaig yn rhad na mêl-saig yn echwyn' a 'Gwell messaig o'm cell fy hun na melsaig o gell arall' – sy'n awgrymu efallai fod saig o fês wedi bod, ar un adeg, yn un o brif fwydydd y werin Gymreig. Mae gan Pughe awgrym ei fod wedi codi'r diarhebion o ffynonellau traddodiadol ond yn anffodus ni lwyddwyd i ddod o hyd i gyfeiriadau eraill atynt. Paham na fu Cymry'r cyfnodau diweddar yn defnyddio ffrwyth eu hoff goeden yn fwyd y mae'n anodd iawn ei esbonio, os nad oedd 'cysegredigrwydd' tybiedig y goeden yn gwahardd hynny.

Argyfyngau a bwydydd ymylol

Gall cyfnod o argyfwng – pan fyddai'r cyflenwad o fwyd wedi prinhau o ganlyniad i ryfela neu fethiant ar ran y cynhaeaf neu amodau economaidd anffafriol – beri i bobl droi fwyfwy i gyfeiriad bwydydd gwyllt, neu 'fwydydd ymylol' fel y'u gelwid hwy gan Grigson.[69] Yn y fath amgylchiadau gellid disgwyl gweld tuedd i ddefnyddio ffynonellau newydd o fwyd yn ei hamlygu ei hun – ffynonellau na fyddent, am wahanol resymau, mor dderbyniol efallai dan amodau o normalrwydd. Ceir ond odid un o'r disgrifiadau mwyaf gafaelgar o'r hyn a all ddigwydd pan fydd cyni

a phrinder bwyd yn gwasgu pobl i gyfeiriad 'bwyd gwyllt' gan y
Ffrancwr Boaystuau, yn ei lyfr *Theater du mond* (1561) a gyfieithwyd
i'r Gymraeg gan Rhosier Smyth yn 1615:

> Canys yr oedd yn gorfod i'r bobl, y rhain o'r blaen a
> oeddynt yn byw yn ddigonol ... ymwrthod â'r cwbl ar
> a feddent a cherddota ... [ac] yr oedd y cyfryw sawr
> drewllyd yn deillio oddi wrth eu cyrff, oherwydd eu
> bod wedi llenwi eu boliau â phob math o lysiau, da a
> drwg, iachus ac afiachus, fel nad oeddynt yn gadael
> dim llysiau yn y gerddi a allent ddod o hyd iddynt, hyd
> yn oed bonion a gwraidd bresych ... a phan nid
> oeddynt yn cael ychwaneg yn y gerddi, yr oeddynt yn
> mynd at lysiau gwylltion y rhain nid oeddynt yn
> gynefin â hwy o'r blaen megis fod y rhan fwyaf
> ohonynt yn coginiaethu ac yn berwi padelli mawrion o
> hoccys ac ysgall ... a phan welsant y moch yn bwyta
> yn awyddus wraidd y rhedyn, dysgasant hwythau
> wneuthur bara ohono ef, gan siomi'r moch o'u
> lluniaeth ...[70]

Digwyddodd hyn (ym marn Boaystuau) oherwydd dicter Duw;
yr oedd rhyfel, pla a newyn yn 'dair saeth y mae'n arferol eu
saethu i'r ddaear pan fyddo wedi siomi wrth ei greaduriaid'.[71]

Erbyn y ddeunawfed ganrif, achosion eraill a symbylai bobl i
droi at ffynonellau newydd am gyflenwad o fwyd. Digwyddai
hyn mewn nifer o wledydd pan fyddai rhyfel yn amharu ar y
cyflenwad bwyd; digwyddai hefyd o dro i dro yn ystod cyfnodau
o heddwch pan fyddai'r ŷd yn ddrud neu'r cynhaeaf tatws wedi
methu. O ganlyniad, esgorodd diwedd y ddeunawfed ganrif ar
nifer o ddulliau 'newydd' o wneud bara, dulliau a fyddai'n lleihau'r

galw am flawd gwenith trwy ei gymysgu â sylweddau eraill. Unwaith eto, cafwyd cryn weithgarwch yn y cyfeiriad hwn yn Ffrainc.[72] Yr enw a gysylltid yn bennaf yno â'r mudiad bwydydd ategol yn niwedd y ddeunawfed ganrif oedd Antoine Auguste Parmentier, fferyllydd yn y fyddin, a wnaeth fwy na neb arall yn Ewrop, mae'n debyg, i ddwyn perswâd ar bobl fod defnyddio ffynonellau newydd o fwydydd yn bosibl – er mai talcen go galed a'i hwynebai o du'r Ffrancwr cyffredin ac yn enwedig gyda golwg ar ei ymdrechion i boblogeiddio bwyta tatws.[73]

Cyhoeddwyd cyfieithiad Saesneg o un o lyfrau Parmentier yn 1783 – ei *Observations on such nutritive vegetables as may be substituted in the place of ordinary food*. Ymwnâi dros dri chwarter o'r llyfr â rhinweddau tatws – sut i wneud bara tatws, 'salep tatws', 'sago tatws' ac felly ymlaen. Cafwyd ganddo restr o ryw ugain o blanhigion gwyllt yr oedd ef, yn bersonol, wedi paratoi starts bwytadwy o'u gwreiddiau, ac yn eu plith yr erwain (*Filipendula ulmaria*), pidyn y gog (*Arum maculatum*) a'r cacamwci (*Arctium lappa*). Dangosodd mai'r un yn ei hanfod oedd y starts bob tro – darganfyddiad diddorol o bwysig. I gloi'r llyfr cafwyd rhestr o un ar bymtheg o blanhigion gwyllt y gellid eu defnyddio (ym marn Parmentier) i baratoi potes. [Llun] Er ei frwdfrydedd amlwg, ychydig a berswadiwyd i gofleidio syniadau Parmentier, nac yn Ffrainc nac yng ngwledydd Prydain.

Ond ni fu ymdrechion Parmentier yn llwyr ddiddylanwad. Mae'r *Dictionnaire des Ménages* (1820) yn cynnwys, ymhlith pethau eraill, rysáit am wneud caws synthetig o datws; hefyd 'bara tatws' y gellid ei wneud trwy gymysgu deg rhan o flawd (gwenith) ag un rhan o reis a deg rhan o datws – 'invention' a briodolir, fodd bynnag, nid i Parmentier, ond i 'M. Pew, cultivateur anglais' –

David Pugh, y Cymro, o bosib.[74] Yn ôl un adroddiad, un o'r dulliau mwyaf cyffredin o wneud 'ffug-fara' yn nechrau'r bedwaredd ganrif ar bymtheg oedd trwy ddefnyddio betys coch wedi'i gymysgu gyda'r un faint o flawd gwenith.[75] Bara go wael yn faethegol fyddai bara betys a'r cynnwys protein a chaloriäu tua hanner eiddo bara gwenith — ac ni fyddai 'bara tatws' fawr gwell ychwaith.

Nid oedd Llywodraeth gwledydd Prydain yn llwyr ar ei hôl hi yn hyn o beth a chafwyd yn 1795 gyhoeddiad swyddogol *Experiments tried by the Board of Agriculture in the composition of various sorts of bread*[76] a sbardunwyd yn bennaf gan brinder a phris uchel y gwenith. Ond defnyddio sylweddau a oedd eisoes wedi eu derbyn yn fwydydd oedd yr awgrymiadau hyn a'u cyffelyb.

Rhaid oedd aros tan yr ugeinfed ganrif, ac adeg o ryfel, cyn cael gweld argymhellion i'r perwyl fod storfeydd o fwydydd newydd (planhigol, yn bennaf) ar gael yn y gwyllt fel petai. Yn ystod y Rhyfel Mawr Cyntaf cafwyd datganiadau swyddogol gan y Llywodraeth yn annog pobl i ddefnyddio eu bwydydd yn y ffordd fwyaf economaidd posibl, i osgoi unrhyw wastraff diangen, a hefyd i ystyried cynnwys nifer o blanhigion gwyllt yn eu bwydlen. I'r perwyl hwn cyhoeddodd y Llywodraeth restr o ryw 266 o ffynonellau 'newydd' y dylid ystyried eu cynnwys yn y fwydlen. Ond nid oedd argymhellion y Llywodraeth heb eu problemau. Un o'r awgrymiadau oedd y dylid ystyried defnyddio dail rhiwbob yn ogystal â'r coesau — yn y modd hwn, fe ddadleuid, gellid arbed y cyflenwad o fresych a sbinais. Ond bu canlyniadau trychinebus i'r 'arbrawf'. Bu rhaid cael nifer o farwolaethau a pheth gohebiaeth yn nhudalennau y *Lancet* cyn diddymu'r argymhelliad yn swyddogol. Gwyddys bellach fod dail rhiwbob yn cynnwys nifer o sylweddau tocsig, ac yn eu plith asid ocsalig.[77]

Hefyd yn ystod y Rhyfel Mawr Cyntaf cyhoeddodd Cameron ei *The wild foods of Great Britain* a gynhwysai fanylion am rai cannoedd o ffynonellau newydd.[78] Enwodd Cameron ryw gant a hanner o blanhigion gwyllt y dylid ystyried eu cynnwys yn y lluniaeth – ac yn eu plith nifer y byddem yn eu hystyried heddiw yn rhai pur amheus, megis y rhedynen gyffredin (*Pteridium aquilinum*), suran y cŵn (*Rumex acetosa*), suran yr ŷd (*Rumex acetosella*) a danadl poethion (*Urtica dioica*).[79] Ni chyfyngai Cameron ei sylwadau i blanhigion yn unig. Ceir ganddo sylwadau treiddgar ar nifer o anifeiliaid ac adar gwylltion y dylid ystyried eu bwyta yn weithred wladgarol. Argymhellodd stwffio llygod Ffrengig gyda chymysgedd o berlysiau a chig afu cyn eu rhostio. Ond cyfaddefodd fod rhaid berwi'r crychydd (crëyr glas) am o leiaf wyth awr cyn y deuai'r cig yn ddigon tyner i'w fwyta – a hyd yn oed wedyn ni fyddai'n debyg o apelio ond at y rhai a fyddai bron â llwgu, yn ôl Cameron. Hyd y gellir barnu, ychydig iawn o ddylanwad a gafodd Cameron a'i gyffelyb ar y boblogaeth yn gyffredinol a llai byth ar bobl Cymru.

Cafwyd argymhellion cyffelyb yn ystod yr Ail Ryfel Byd ond ar lefel llai eithafol o dipyn. Cyhoeddodd Mauduit ei *They can't ration these* yn 1940, ynghyd â rhagair gan David Lloyd George a ganmolodd y llyfr nid yn unig oherwydd ei gyfraniad i ymgyrch y Rhyfel ond hefyd am ei fod yn corffori ei syniadau rhamantaidd ef ei hunan am rinweddau'r bywyd gwledig 'naturiol'. Nid oedd llyfr Maudit mor chwyldroadol ag eiddo Cameron genhedlaeth a rhyfel ynghynt, ond er hynny cynhwysai nifer o awgrymiadau diddorol o newydd megis 'ffriter dant y llew', 'mwtrin milddail' a 'drudwy wedi'i stwffio'. Pa gyfartaledd o'r boblogaeth a geisiai weithredu argymhellion Maudit a'i gyffelyb, mae'n anodd dweud, ond yr argraff yw mai go dila oedd eu dylanwad yng Nghymru.[80]

Ni fyddai gweithredu'r hyn a argymhellwyd yn ystod y ddau ryfel yn bosibl heddiw, gymaint ein consýrn am fywyd gwyllt o bob math. A fodd bynnag, y mae cyfraith gwlad heddiw yn gwgu ar unrhyw duedd ar raddfa eang i ymyrryd â chyflwr cysefin byd natur. At hyn, y mae rhyw amharodrwydd cyffredinol i ymestyn ar gymhlethdod ac amser y prosesau hel a pharatoi lluniaeth. Ond y mae'n anodd deall y cyndynrwydd gynt i droi at natur am gynhaliaeth ategol ar adegau pan nad oedd unrhyw ddeddfau yn ein rhwystro rhag gwneud hyn a phan oedd mwy o amser ar ddwylo'r boblogaeth yn gyffredinol. Roedd y cyndynrwydd seicolegol a chymdeithasegol hwn fel pe bai'n fwy amlwg yng ngwledydd Prydain – ac yn enwedig yng Nghymru – na mewn rhannau eraill o Ewrop. Yn niwedd y bedwaredd ganrif ar bymtheg rhoddwyd cryn gyhoeddusrwydd i grŵp o Ffrancwyr a oedd wedi paratoi gwledd o bryfed genwair wedi'u rhostio.[81] Mae'n anodd dychmygu gwledda o'r fath yn digwydd yng Nghymru.

Nid oes amheuaeth nad oedd cyfnodau o gryn gyni a newyn yng Nghymru o dro i dro hyd at y ddeunawfed ganrif; mae Glyn Penrhyn Jones wedi dogfennu'r dystiolaeth berthnasol.[82] Hyd yn oed yn hanner cyntaf y bedwaredd ganrif ar bymtheg cafwyd cyfnodau pryd y daliwyd cyfran helaeth o'r boblogaeth yng nghrafangau tlodi dygn a didostur – fel y dadlennir yn hunangofiant Ap Fychan lle y ceir disgrifiad adnabyddus am effaith y 'drudaniaeth' ar deulu cyffredin o dyddynwyr yn nechrau'r ganrif. (Trafodir lluniaet Ap Fychan yn y bennod 'Dysgl bren a dysgl arian'.) Er hyn, nid ymddengys i'r argyfyngau newyn hyn, am ryw reswm anesboniadwy, fod yn ddigon difrifol i symbylu'r Cymry ceidwadol a difenter i herio'r rhwystrau ymarferol a seicolegol sydd ynghlwm wrth fabwysiadu patrwm newydd o fwyta. O ganlyniad, ychydig iawn o droi at natur a geid gan y Cymry hyd yn oed yn y fath amgylchiadau o brinder.[83]

Daeth rhai 'dyngarwyr' yn ymwybodol o gyflwr y tlodion yn hyn o beth ac am eu hangen am gynhaliaeth atodol – rhai megis Esther Copley a luniodd yn 1849 lyfr bach *Cottage cookery* yn unig swydd i gynorthwyo gwragedd gweithwyr i gynnal safon foddhaol o gynhaliaeth ddarbodus. Cafwyd ganddi awgrymiadau na fuasai lle – na chroeso – iddynt yn nhudalennau'r llyfrau coginio uchelael. Awgrymodd fwyta pennau ysgall, danadl a hopys ifainc pan fyddai llysiau gardd yn brin ac yn lle te dylid ystyried defnyddio dail wedi eu sychu – o fefus neu ddraenen wen neu gwrens duon.[84] Ond anodd gwybod pa mor boblogaidd oedd awgrymiadau i ymelwa ar natur yn y fath amgylchiadau ymhlith tlodion oes Fictoria, er bod John Williams o Lanrwst wedi nodi yn 1830 fod dail cwrens duon a dail y ddraenen wen yn cael eu defnyddio yno yn lle te.[85] (Mor ddiweddar â'r ail Ryfel Byd cafwyd awgrym gan y Weinyddiaeth Bwyd y dylid ystyried defnyddio dail mwyar wedi eu sychu yn lle dail te ond pa mor llwyddiannus oedd yr apêl mae'n anodd dweud.)

Ffactor arall a rwystrai bobl rhag troi at fyd natur oedd y cof cymunedol am natur wenwynig nifer o fwydydd 'dieithr'. Nid peth anghyffredin oedd clywed am farwolaethau o ganlyniad i arbrofi gyda bwydydd gwyllt, er, wrth reswm, byddai digwyddiadau o'r fath yn mynd yn llai-lai amlwg fel y câi'r patrwm lluniaethol ei sefydlogi. Un o'r achosion mwyaf diddorol oedd hwnnw a gofnodwyd yn niwedd yr ail ganrif ar bymtheg gan John Ray, y naturiaethwr a chyfaill i Edward Lhuyd. Roedd a wnelo â gwraig o Swydd Amwythig a gasglodd nifer o lysiau'r maes a'u berwi cyn eu ffrio gyda chig moch i swper. Cynhwysai'r llysiau hyn fresych y cŵn (*Mercurialis perennis*), planhigyn tra gwenwynig. Aeth y teulu cyfan yn aberth i natur tocsig y bresych y cŵn (i'w briodoli'n bennaf i nifer o sylweddau-amino tra gwenwynig, megis methylamin) ac ymhen pedwar diwrnod bu farw un o'r plant.[86] Yn nechrau'r ddeunawfed ganrif gwenwynwyd dyn ifanc ar ôl iddo fwyta pryd o ddail rhiwbob (yn lle'r coesau)[87] ac o hynny ymlaen cafwyd nifer gynyddol o adroddiadau cyffelyb yn nhudalennau'r cylchgronau proffesiynol. A thua chanol y ddeunawfed ganrif disgrifiodd William Ellis nifer o farwolaethau o'r fath − teulu o Swydd Hertford (ynghyd â'i fochyn!) a wenwynwyd drwy fwyta plataid o aelod gwenwynig o'r *Umbelliferae* (gan dybio, mae'n debyg mai llys y gymalwst (*Aegopodium podagraria*) oedd); dwy ferch o Swydd Buckingham a wleddodd ar wreiddiau ffa'r moch (*Hyoscyamus niger*); dyn o Salsbri a fu farw ar ôl bwyta llyffant dafadennog − ac yn y blaen.[88]

Nid arbrofi trwy fwyta bwydydd 'newydd' a wnâi'r dioddefwyr hyn ran fynychaf ond camgymeryd planhigion tocsig am rai a oedd, trwy brofiad, wedi profi'n ddiogel. Yn gyffredinol, y mae'r cof cymunedol sy'n cysylltu 'dieithrwch' â 'pherygl' yn ddigon i warchod y rhan fwyaf o'r boblogaeth rhag damweiniau o'r fath. Er hyn, erbyn canol y ganrif, roedd achosion cofnodedig o wenwyno gan blanhigion gwyllt wedi cynyddu i'r fath raddau fel ag i ddarbwyllo Johnson i gyhoeddi ei *British poisonous plants* (Llundain, 1856). Cynhwysai llyfr Johnson ddisgrifiadau ynghyd â darluniau lliw o ryw ddeg ar hugain o blanhigion gwyllt gwenwynig, a'r cyfan, er mwyn tanlinellu '... the correspondence of form which some of them present to well-known article of food ...'

Yn gysylltiedig â'r 'ofn gwenwyndra' (ac i ryw raddau yn gyfrifol amdano) oedd y gwahanfur a godwyd gan y cysyniad o lysiau meddyginiaethol. Mewn gwledydd (megis Cymru) a nodweddid gan wythïen gref o 'lysieuaeth feddyginiaethol' (defnyddio llysiau'r maes i drin anhwylderau'r corff), buasid yn disgwyl efallai weld peth parodrwydd i ddefnyddio llysiau gwyllt fel bwydydd atodol hefyd. Ond nid felly y bu a hawdd gweld paham. O gysylltu nifer helaeth o blanhigion gwyllt â'r wedd feddyginiaethol aethpwyd i'w hystyried mewn perthynas â'r corff afiach – hynny yw, fel rhywbeth i'w ddefnyddio ar adegau o afiechyd yn unig. I'r meddwl simplistig cynwyddonol byddai'n anodd derbyn fod yr un llysiau gwyllt yn gallu bod â swyddogaeth fel bwydyn yn y corff iachus hefyd. Tanlinellwyd y cysyniad hwn i'r dim gan Charles Edwards yn ail hanner yr ail ganrif ar bymtheg yn ei *Y Ffydd ddiffuant*: 'Ni chynhyrfa llysiau physygwriaethol mo'r corph os cymerir hwynt fel lluniaeth beunyddiol'.[89] Yn ôl Edwards, a chrefydd naturiol y cyfnod, dyna oedd trefn arfaethedig pethau ac nid gwiw fyddai ceisio newid y drefn honno.

At ei gilydd, felly, cyndyn iawn oedd y Cymry o syrthio'n ôl ar fyd natur am ffynonellau ategol o fwyd a hyn am y tri rheswm a amlinellwyd uchod – ceidwadaeth gysefin y Cymry, ofn gwenwyndra, a'r gwahanfur cysyniadol rhwng planhigion meddyginiaethol a phlanhigion 'cynhaliol'. Ac megis i gloi'r stori, anodd meddwl am well enghraifft o effaith traddodiad a cheidwadaeth gymdeithasol ar batrymau bwyta na'r hyn a ddigwyddodd yn hanes ceffylyseg (*hippophagy*). Neu, a bod yn fwy cywir, yr hyn na ddigwyddodd, canys nodweddid y sefyllfa gan absenoldeb llwyr unrhyw drafodaeth o gwbl ar y pwnc yng Nghymru. Gellir cyferbynnu hyn â'r sefyllfa yn Ffrainc lle roedd trafod bwyta cig ceffyl yn destun trafod byw iawn ar hyd y bedwaredd ganrif ar bymtheg. Cafwyd yn 1868 gyfieithiad Ffrangeg o draethawd Lladin Keysler ar fwyta cig ceffyl, a'i gyflwyno i Isidore Geoffroy Saint-Hilaire, ond odid y prif ddadleuwr o blaid ceffylyseg.[90] Gorlifodd y diddordeb yn y pwnc i Loegr ac yn Llundain ar Chwefror 29 1868 cafwyd 'gwledd cig ceffyl' yng Ngwesty'r Langham i'r diben o archwilio'r posibilrwydd o hyrwyddo defnyddio cig ceffyl fel bwyd ar gyfer y tlodion. Ond tipyn o fethiant fu'r fenter er ceisio gwneud cig ceffyl yn fwy poblogaidd trwy ei alw'n 'hippocreas'.[91]

Prin iawn, ar y llaw arall, yw'r cyfeiriadau at fwyta cig ceffyl yng Nghymru. Ceir gan Drayton yn ei *Poly-olbion* (1613) awgrym fod 'Lhewelin ap Iorwerth', Tywysog Gogledd Cymru, wedi gorfodi'r Saeson a oedd yn ymgyrchu yn ei erbyn i'w cynnal eu hunain ar gig ceffyl[92] ac yn nes at ein dyddiau ni, byddai Gwilym Cowlyd (William John Roberts, 1828–1904) yn bwyta dim byd ond cig ceffyl, yn ôl J. H. Davies.[93] Ond dyna fe, roedd Gwilym Cowlyd yn dipyn o egsentrig ac ar sawl cyfrif yn llwyr anghynrychioliadol o'r bywyd traddodiadol Cymreig.

Cyfeiriadaeth a nodiadau

1. N. W. Pirie, *Leaf protein and other aspects of fodder fractionation* (Caergrawnt, 1978).

2. Er enghraifft, E. A. Rout, *Native diet with numerous practical recipes* (Llundain, 1926) [Ryseitiau'r Maori, Seland Newydd].

3. E. Yanovsky, 'Food plants of the North American Indians', *U. S. Department of Agriculture, Bulletin 237* (1936); P. J. Quin, *Foods and feeding habits of the Pedi* (Johannesburg, De Affrica, 1959).

4. N. H. Nickerson, N. H. Rowe ac A. Richter, 'Native plants in the diets of North Alaskan Eskimos' yn *Man and his foods,* gol. C. E. Smith, Jr (Alabama, T. U. 1973), tt. 3–27.

5. D. Hyndman, 'Men, women, work, and group nutrition in a New Guinea Mountain Ok society' yn *Shared wealth and symbol*, gol. L. Manderson (Caergrawnt, 1986), tt. 29–48.

6. P. M. A. Maggiore a J. Gedeon, 'Observations of the nutritional value of some aboriginal bush foods' yn *Diet and life style new technology*, gol. M. F. Moyal (Paris, 1988), tt. 57–64.

7. H. C. Gillies, *Regimen Sanitatis ... a Gaelic medical manuscript ...* (Glasgow, 1911), t. 50. Cyffelyb oedd awgrym Gilbert Kymer (*c*. 1390–1463), y gellid defnyddio nifer o blanhigion 'gwyllt' i baratoi potes, yn eu plith, bleidd-drem (*Anchusa arvensis*), hocys (*Malva spp*), sawdl y crydd (*Chenopodium bonus-henricus*), tafod y fuwch (*Borago officinalis*) a'r gwlyddyn cyffredin (*Portulaca oleracea*); tyfid nifer o'r planhigion 'gwyllt' hyn yng ngerddi'r mynachdai hefyd (J. H. Harvey, 'Henry Daniel, a scientific gardener of the fourteenth century', *Garden History* 15 (1987), 81–93).

8. Thomas Cogan, *The haven of health, chiefly for the comfort of students ...* (Llundain, 1596), argraffiad 1612, *passim*. Cynhwysai'r ddalen deitl y geiriau o Ecclesiasticus ... 'he that dieteth himselfe prolongeth his life'.

9. J[ohn]. E[velyn]., *Acetaria. A discourse of sallets* (Llundain, 1706), 2il argraffiad, tt. 6–108; Charles Bryant, *Flora diaetetica; or, history of esculent plants ...* (Llundain, 1783), *passim*. Mae'r cyhoeddiad sylweddol *Gleanings from books on agriculture and gardening* (Llundain, 1802), tt. 197–200, yn cynnwys rhestr gynhwysfawr o ryw hanner cant o 'indigenous plants' y gellid eu defnyddio'n fwydydd. Mae'r rhestr yn cynnwys rhai awgrymiadau anarferol megis defnyddio llygad Doli (*Veronica chamaedrys*) yn lle te, hadau llau'r offeiriad (*Galium aparine*) yn lle coffi, ynghyd ag ambell un a gyfrifid yn wenwynig heddiw (megis bresych y cŵn (*Mercurialis*

perennis)) i wneud cawl llysiau.

10. Gweler, er enghraifft, y bennod 'Wild plants as foods' yn [Edwin] Lancaster, *Vegetable substances used for the food of man* (Llundain ?1860), tt. 176–95; ac am ymdriniaeth fwy 'llenyddol' a thra darllenadwy, W. T. Fernie, *Meals medicinal: with herbal simples of edible parts* (Bryste, 1905), *passim*.

11. John Rutty, *An essay towards a natural history of the county of Dublin* (Dulyn, 1772), cyfrol 1, tt. 33–98. Gweler hefyd A. T. Lucas, 'Irish food before the potato', *Gwerin* 4 (1960), 8–43.

12. John Walker, *Essays on natural history and rural economy* (Caeredin, 1808), *passim*.

13. L. J. H. James ('Hopcyn') a T. C. Evans ('Cadrawd'), *Hen gwndidau, carolau a chywyddau* ... (Bangor, 1910), t. 89.

14. [Edward Lhuyd] 'Parochialia ... Edward Lhuyd', *Archaeologica Cambrensis* Atodiadau, 1909–11, Rhan III, tt. 27, 39.

15. Cafwyd ond odid y cyfarwyddiadau cyflawn cynharaf yn Saesneg ar sut i gandïo celyn y môr gan John Gerarde yn *The herball or generall historie of plantes ... enlarged by Thomas Johnson* ... (Llundain, 1633), t. 1163. Gweler hefyd Thomas Green, *The universal herbal; or botanical, medical and agricultural dictionary* (Llundain [1824]), cyfrol 1, tt. 520–1; John Smith, *A dictionary of popular names of (economic) plants* (Llundain, 1882), t. 373 'sea holly'; am ryseitiau cynnar eraill yn ymwneud â'r eryngo a sut i'w gandïo, gweler Karen Hess, *Martha Washington's booke of cookery* (Efrog Newydd, 1981), tt. 247, 281–2; W. M., *The Queens closet opened* (Llundain, 1655), argraffiad 1720, t. 176; William Salmon, *The family-dictionary* ... (Llundain, 1696), 2il argraffiad, tt. 90–1.

16. Hugh Davies, *Llysieuiaith Gymreig ... the second part of Welsh Botanology* (Llundain 1813), tt. 153–247, *passim*; John Williams, *Faunula Grustensis* (Llanrwst, 1830), tt. 30–118.

17. LlGC 13116 B, t. 445.

18. LlGC 13174 A, 'Dyddlyfr' Edward Williams o'i daith o'r Trallwng i Forgannwg yn ail hanner 1802. Cafwyd yn union yr un awgrym ddwy ganrif ynghynt – gan John Taverner yn ei *Certaine experiments concerning fish and fruite* (1600).

19. Gweler, er enghraifft, sylwadau John Storrie, Curadur Amgueddfa Caerdydd yn niwedd y bedwaredd ganrif ar bymtheg. (J. Storrie, *The flora of Cardiff* ... (Caerdydd, 1886), tt. 1–3; [J. Storrie] *Notes on excavations made ... at Barry Island and Ely Race Course* (Caerdydd, 1896), tt. 43–5. 'Iolo ... seems to have not been a very accurate observer, and in botanical matters, scarcely bears out the character given him by Southey ... he was no botanist and did not know the plants themselves' (tt. 44, 45), meddai Storrie wrth drafod camgymeriadau elfennol Iolo

yn ei ymwneud ag *'Empetrum rubeum'* a phlanhigion anghyffredin eraill.

20. LlGC 13156 A, tt. 355–7.

21. Walter Davies, *General view of the agriculture and domestic economy of South Wales* (Llundain, 1815), 2il gyfrol.

22. Walter Davies, *General view of the agriculture and domestic economy of North Wales* (Llundain, 1813), t. 227–8.

23. Mewn papur clasurol o'r 1960au dangoswyd fod llwyth y Dobe !Kung ym Motswana yn cymeryd tair awr o amser bob dydd i gasglu digon o fwyd gwyllt i'w cyflenwi â 2,100 kcalori o egni y dydd – er, wrth reswm, gall ffactorau megis argaeledd planhigion addas beri bod patrymau gwahanol yn nodweddu llwythau eraill (K. Hawkes, 'How much food do foragers need?' yn *Food and evolution*, gol. M. Harris ac E. B. Ross (Philadelphia, T. U., 1987), tt. 341–51).

24. Argreffir y cywydd yn D. Rh. Phillips, *The history of the Vale of Neath* (Abertawe, 1925), tt. 475–6, hefyd yn Llsgr. Llansteffan 6 (Caerdydd); T. Roberts ac I. Williams, *The poetical works of Dafydd Nanmor* (Caerdydd, 1923), t. 2 . Gweler hefyd E. Crane a P. Walker, 'Evidence on Welsh beekeeping in the past', *Folk Life* 23 (1984/5), 21–48; Henry Lewis, 'Glosau Rhydychen', *Bwletin y Bwrdd Gwybodau Celtaidd* 3 (1926), tt. 1–4, ac Ifor Williams, 'Glosau Rhydychen: mesurau a phwysau', *BBGC* 5 (1930), 226–48, dwy erthygl sy'n tanlinellu'r sylw a neilltuwyd i bwyso mêl yn y glosau Cymraeg ar lawysgrif Ladin gynnar.

25. D. Zohary ac M. Hopf, *Domestication of plants in the Old World* (Rhydychen, 1993), tt. 195–201.

26. P. Ford, *Poetry of Llywarch Hen* (Berkeley, T. U. 1974), tt. 28, 183, 209.

27. C. P. Johnson, *The useful plants of Great Britain* (Llundain, [1862]), t. 118. Digwyddai hyn yn Rwsia hefyd yn ôl Lightfoot, a awgrymodd y dylid ystyried defnyddio'r efwr, yn lle haidd, i wneud wisgi (J. Lightfoot, *Flora Scotica* (Llundain, 1777), cyfrol 1, t. 159). Hawdd credu i'r hen Gymry hefyd ddefnyddio'r efwr yn sylfaen i ddiod(ydd) eplesedig – byddai'n addas iawn at hyn, yn eang ei ddosbarthiad ac yn ffynhonnell dda o siwgrau eplesadwy.

28. T. Pennant, *Introduction to the Arctic Zoology* (Llundain, 1792), 2il argraffiad, t. cxcvii. Ceir ffigur gyffelyb gan William Withering yn ei *Systematic arrangement of British plants* (Birmingham, 1812), 5ed argraffiad, cyfrol 2, t. 371.

29. Johnson (1862), op. cit.

30. M. Cooper a A. W. Johnson, *Poisonous plants in Britain and their effects on animals and man* (Llundain, 1984), tt. 229–38; Y. Lovelock, *The vegetable book* (Llundain, 1972), t. 169.

31. Ceir ond odid yr ymdriniaeth orau â'r griafolen a'i lle yn hanes domestig gwahanol wledydd yn J. C. Loudon, *Arboretum et fruticetum Britannicum* (Llundain, 1838), cyfrol 2, tt. 916–20. Gweler hefyd J. Evelyn, *Sylva* (argraffiad A. Hunter,

Caerefrog, 1776), t. 218, sy'n cofnodi hefyd fod y Cymry yn defnyddio aeron y griafolen wrth bragu cwrw a bîr.

32. John Lightfoot (1777), op. cit., cyfrol 1, t. 257; *Dictionnaire des plantes alimentaires* ... (Paris, 1803), cyfrol 1, t. 181; Loudon (1838), op. cit.; U. P. Hedrick, *Sturtevant's edible plants of the world* (Efrog Newydd, 1919/1972), t. 473.

33. K. Griffin, 'The usage of wild berries and other fruits in the mediaeval and post- mediaeval households in Norway', *Botanical Journal of Scotland* 46 (1994), 521–6; Zohary a Hopf (1993), op. cit., *passim*.

34. C. Bryant, *Flora diaetetica* (Llundain, 1783), t. 133; D. Bois, *Les plantes alimentaires* ... (Paris, 1927), cyfrol 1, tt. 452–3; Hedrick (1972), op. cit., t. 584.

35. Thomas Cogan (1596), op. cit., t. 86.

36. Alexis Soyer, *A shilling cookery for the people* (Llundain, 1854), argraffiad 1855, t. 113.

37. [George Nicholson] *On food* (Llundain, 1803), t. 33. Roedd Nicholson yn un o'r cigwrthodwyr mwyaf dylanwadol yn nechrau'r bedwaredd ganrif ar bymtheg; Albert Broadbent, *Fruits, nuts and vegetables* (Manceinion, 1900), t. 64.

38. Anne Pratt, *Flowering plants, grasses and ferns of Great Britain* (Llundain, 1889), cyfrol 3, tt. 89–93; Lady Wilkinson [Caroline Lucas], *Weeds and wild flowers* (Llundain, 1858), tt. 1–14.

39. R. Elwyn Hughes, 'Llyfr Lady Wilkinson', *Y Naturiaethwr* 30 (1993), 22–3.

40. Wilkinson (1858), op. cit., t. 3. Ceir casgliad helaeth o ddeunydd anecdotaidd yn ymdrin â defnyddio danadl poethion yn fwyd yn R. Vickery, *A dictionary of plant lore* (Rhydychen, 1995), tt. 252–8.

41. J. G. Evans, *The text of the book of Taliesin* (Llanbedrog, 1910), t. 25.

42. R. E. Hughes, P. Ellery, T. Harry, V. Jenkins ac E. Jones, 'The dietary potential of the common nettle', *Journal of the Science of Food and Agriculture* 31 (1980), 1279–1286.

43. C. B. Heiser, *Seed to civilization* (Harvard, T. U., 1990), argraffiad newydd.

44. T. Percival, 'On the preparation, culture, and use of the orchis root', yn A. Hunter, *Georgical essays* (Caerefrog, 1777), tt. 447–57.

45. James Lind, *An essay on diseases incidental to Europeans in hot climates* (Llundain, 1898), 6ed argraffiad, t. 387.

46. G. T. Burnett, *Outlines of botany* (Llundain, 1835), cyfrol 1, t. 462.

47. Erasmus Darwin, *Phytologia* (Dulyn, 1800), tt. 407, 435.

48. *The Farmer's Magazine and Useful Family Companion* 2 (1777), t. 276.

49. [Di-enw] *The useful arts employed in the production of food* (Llundain, 1844), t. 40.

50. Hugh Davies (1813), op. cit., t. 238; John Williams (1830), op. cit., tt. 93, 112.

51. Dorothy Hartley, *Food in England* (Llundain, 1954), t. 576.

52. J. Britten a R. Holland, *A dictionary of English plant-names* (Llundain, 1886);

A. K. Bedevian, *Illustrated polyglottic dictionary of plant names* (Cairo, 1936); G. Grigson, *The Englishman's Flora* (Llundain, 1955); T. Hunt, *Plant names of medieval England* (Caergrawnt, 1989).

53. Bryant (1783), op. cit., t. 136.

54. J[ohn] E[velyn] (1706), op. cit., tt. 61–2. Dywed William Morris, wrth anfon dau bot o gorn carw'r môr at ei frawd Richard yn Llundain yn 1750, … 'we eat em ['sampier'] sometimes chopt small and mixt with melted butter … if you design to keep em long you should pour some melted suet upon them to keep off the air …' (Hugh Owen, *Additional letters of the Morrises of Anglesey* (Llundain, 1949), cyfrol 1, t. 158). Am ymdriniaeth ag arwyddocâd dietegol corn carw'r môr gweler G. Tee, 'Samphire', *Petits Propos Culinaires* 15 (1983), 40–44

55. Er enghraifft, gan P. Russell ac Owen Price, *England displayed … and the Principality of Wales* (Llundain, 1769), t. 267: '… Samphire, so well known for making an excellent pickle, grows upon the rocks and the coast … [am Gaergybi]; Samuel Lewis, *Topographical dictionary of Wales* (Llundain, 1835): 'Glamorganshire … samphire, called in Welsh 'corn carw'r mor' … is gathered when out of blossom, boiled, and preserved, and is much esteemed as a pickle …'; [William Turton] *The Swansea Guide* (Abertawe, 1802), tt. 182, 190 [am *Inula crithmoides*]: '… Golden samphire, Rocks at Port Eynon … makes a finer pickle than the true samphire …'

56. Rutty (1777), op. cit., t. 49.

57. 'A barrister', *A tour* … (1811), t. 79 [am Aberdaugleddau]: 'dined on fish and mutton … [and] that most excellent of all pickles, *samphire* …'

58. John Price, *Llandudno and how to enjoy it* (Llundain, *c.* 1875), t. 58.

59. Hedrick (1919/72), op. cit., tt. 479–82.

60. A. Soyer, *The Pantropheon* (Llundain, 1853), tt. 23–4; am ymdriniaeth sydd rywfaint yn fwy gwyddonol gweler J. R. Smith, *Tree crops, a permanent agriculture* (Efrog Newydd, 1929), t. 150. Ceir crynodeb defnyddiol o'r cyfeiriadau clasurol yn J. C. Loudon, *Arboretum et fruticetum Britannicum* (Llundain, 1838), cyfrol 3, tt. 1720–5.

61. H. McGee, *On food and cooking* (Llundain, 1991), t. 265.

62. M. R. Cooper ac A. W. Johnson, *Poisonous plants in Britain* (Llundain, 1984), t. 120; J. Poulter, 'Antioxidants in tea', *British Nutrition Foundation Nutrition Bulletin* 23 (1998), 203–10; C. H. Foyer a J. M. Fletcher, 'Plant antioxidants: colour me healthy', *Biologist* 48 (2001), 115–120.

63. T. Johns ac M. Duquette, 'Traditional detoxification of acorn bread with clay', *Ecology of Food and Nutrition* 25 (1991), 221–8.

64. S. Mason, 'Acornutopia? … acorns in past human subsistence' yn *Food in Antiquity,* gol. J. Wilkins et al. (Caerwysg, 1995), tt. 12–24; Zohary a Hope (1993), op. cit., t. 196.

65. ibid; Zohary a Hopf (1993), loc. cit.

66. Ceir cyfieithiad Saesneg o *Carestia e Fame* gan Giovanni Battista Segni (Bologna, 1602), tt. 151–5 yn E. P. Prentice, *Hunger and history* (Efrog Newydd/ Llundain, 1939), tt. 87–93.

67. F. Accum, *A treatise on the art of making good and wholesome bread …* (Llundain, 1821), tt. 69–70. Ond y mae Accum wedi codi ei rysáit, air am air, o lyfr A. Edlin, *A treatise on the art of bread-making* (Llundain, 1805), t. 67.

68. Gweler, er enghraifft, *Dictionnaire des plantes alimentaires …* (Paris, 1803), cyfrol 1, t. 279; P. L. Simmonds, *Waste products and undeveloped substances* (Llundain, 1862), tt. 98–9.

69. G. Grigson, *A herbal of all sorts* (Llundain, 1959), t. 89.

70. Rhosier Smyth, *Theater du mond* [1615], gol. Thomas Parry (Caerdydd, 1930), tt. 127–8.

71. ibid t. 127.

72. Gweler, er enghraifft, *Dictionnaire des plantes alimentaires …* (Paris, 1803), cyfrol 1, tt. 278– 97, 'Des differentes substances végétales, propres a remplacer le blé pour le preparation du pain'.

73. Cyhoeddiadau pwysicaf Parmentier yn hyn o beth oedd ei *Manière de faire le pain de pommes de terre, sans mélange de farine* (Paris, 1779), a'i *Recherches sur le végétaux nourrissans, qui, dans les temps de disette, peuvent remplacer les alimens ordinaires …* (Paris, 1781). Fersiwn o'r llyfr olaf hwn a gyhoeddwyd yn Saesneg yn 1783.

74. M. Hav[et], *Le dictionnaire des Ménages, ou recueil de recettes et d'instructions pour l'économie domestique …* (Paris, 1820), tt. 227–8, 335. Mae'r cyfeiriad at 'M. Pew' yn ddiddorol. Anodd ei gysylltu ag unrhyw ddyfeisydd Seisnig o'r cyfnod, ond y mae posibilrwydd cryf fod y cyhoeddiad Ffrangeg yn cyfeirio at D. Hughson, awdur *The family receipt-book* (Llundain, *c*. 1808), a'r *New family receipt book* (Llundain, 1817). Ffugenw David Pugh [= ap Hugh = Hugh's son] oedd Hughson; roedd David Pugh yn perthyn yn agos i Edward Pugh, awdur *Cambria Depicta* (1816) (*Notes and Queries,* Gorffennaf 1911), ac y mae *The family receipt-book* yn cynnwys nifer o ryseitiau ar gyfer gwneud gwahanol fathau o 'fara tatws' ond y mae union natur y berthynas rhwng Pugh a'r cyhoeddiad Ffrangeg yn ddirgelwch.

75. Gweler *Annals of Horticulture* (1848), t. 122 am fanylion sut i wneud 'bara betys'. Cafwyd yr un cyfarwyddiadau gan William Tibbles yn ei *Foods, their origin, composition and manufacture* (Llundain, 1912), t. 506 lle y priodolir y rysáit wreiddiol i'r cemegydd o'r Alban, Lyon Playfair (1818–98). [O ddilyn y cyfarwyddiadau hyn ceir torth nad yw'n annhebyg o ran ei golwg a'i blas i fara rhyg ond ei bod, os rhywbeth, yn fwy di-flas.]

76. [P. Cunningham] *Account of the experiments tried by the Board of Agriculture in the composition of various sorts of bread* (Llundain, 1795). Y sylweddau a ddefnyddiwyd

oedd ceirch, reis, indrawn (*Zea mays*), tatws, a 'gwenith yr hydd' (*Fagopyrum esculentum*). (Ymddengys mai John Walters yn ei eiriadur (1796) a fathodd 'gwenith yr hydd' ar gyfer *Fagopyrum esculentum* (S. buckwheat), fersiwn a fabwysiadwyd gan eiriaduron eraill hyd heddiw. Ond y mae hyn yn wyddonol- gamarweiniol am nad at yr hydd y cyfeirir yn y fersiwn Saesneg 'buckwheat'. Y farn gyffredin yw mai'r Isalmaeneg 'boekweit' neu'r Almaeneg 'buchweizen' yw tarddiad y 'buck' Saesneg a hyn oherwydd tebygrwydd yr hadau tri-onglog i ffrwythau'r ffawydden.)

77. R. Elwyn Hughes, 'Brogaod, gwymon a dail rhiwbob', *Western Mail,* Ebrill 6ed 1995, t. 11.

78. T. Cameron, *The wild foods of Great Britain* (Llundain, 1917).

79. Am fanylion am wenwyndra'r rhain, gweler Cooper a Johnson (1984), op. cit., *passim*.

80. Vicomte de Maudit, *They can't ration these, with a foreword by The Rt. Hon. D. Lloyd George, O. M. , M. P.* (Llundain, 1940).

81. P. L. Simmonds, *The animal food resources of different nations* (Llundain, 1885), t. 448.

82. Glyn Penrhyn Jones, *Newyn a haint yng Nghymru* (Caernarfon, 1962), t. 15–31. Gweler hefyd Peter Roberts, *Y cwtta cyfarwydd: the chronicle written by the famous clarke, Peter Roberts ... for the years 1607–1646,* gol. D. R. Thomas (Llundain, 1883), tt. 35, 93, 172, 181; C. Walford, *Famines of the world* (Llundain, 1879), tt. 4–21.

83. Bu cryn gyferbyniad rhwng Cymru a gwledydd Celtaidd eraill yn hyn o beth. Gweler Susan M. Drury, 'The use of wild plants as famine foods in eighteenth century Scotland and Ireland', yn *Plant-lore studies,* gol. Roy Vickery (Llundain, tt. 43–60.

84. Esther Copley, *Cottage cookery* (Llundain, 1849), tt. 90, 97.

85. Williams (1830), op. cit., t. 89.

86. John Ray, *Synopsis methodica stirpium Britannicarum ...* (Llundain, 1724), 3ydd argraffiad, tt. 138–9; mae adroddiad gwreiddiol Ray mewn Lladin ond ceir addasiad Saesneg gan R. Mabey yn ei *Flora Britannica book of wild herbs* (Llundain, 1998), t. 135. Mae'n debyg mai sawdl y crydd (*Chenopodium bonus-henricus*) a olygir gan Edward Williams wrth enwi 'wild spinage or mercury' yn ei restr o'r planhigion gwyllt y byddai pobl Morgannwg yn eu bwyta yn ei gyfnod ef (gweler uchod); hyd at ddechrau'r bedwaredd ganrif ar bymtheg adnabyddid *Chenopodium bonus-henricus* hefyd fel 'mercury'.

87. H. Phillips, *History of cultivated vegetables* (Llundain, 1822), cyfrol 2, tt. 118– 9. Bu enghreifftiau diddorol hefyd lle y defnyddiwyd planhigion gwenwynig yn *fwriadol* mewn bwydydd. Ceir gan Porta yn ei *Natural magick* (1658) nifer o ddyfeisiadau 'lluniaethol' i gael gwared ar wahoddedigion annerbyniol. Un o'r

chwe dull a awgrymwyd ganddo i 'drive parasites and flatterers from great mens Tables' oedd i fanteisio ar wenwyndra pidyn y gog (*Arum maculatum*) un ai trwy daenellu darpariaeth sych o'r gwreiddiau dros y bwydydd, neu drwy ddefnyddio'r dail yn gymysg â salad. Byddai hyn yn 'llosgi'r' geg a'r tafod i'r fath raddau fel na ellid symud y boen 'until anointing the chaps with butter and milk'. At hynny, 'those that eat of them [= pidyn y gog] will have their mouths and tongues to drivel so much, with thick spittle, that they cannot eat till they have washed it off. And it will be as good sport, if you like not your guest' (J. P. Porta, *Natural magick* (Llundain, 1658), t. 326). Gwyddys bellach fod pidyn y gog yn cynnwys sylweddau glycosidig sy'n wenwynig i anifeiliaid yn ogystal ag i ddynion.

88. William Ellis, *The country housewife's family companion* (Llundain, 1750; argraffiad Totnes 2000), tt. 208–210.

89. Charles Edwards, *Y Ffydd ddi-ffuant* [gol. G. J. Williams] (Rhydychen 1677/ Caerdydd, 1936), 3ydd argraffiad, t. 237.

90. V. Dufour, *Une question historique 1720–1868* (Paris, 1868); I. G. Saint-Hilaire, *Lettres sur les substances alimentaires et particulierement sur la viande de cheval* (Paris, 1856).

91. Frank Buckland, *Log-book of a fisherman and zoologist* (Llundain, [1875]), tt. 61–4, 'Horse-flesh dinner at the Langham Hotel'; Dienw, 'The gospel of hippophagy', *The Dietetic Reformer and Vegetarian Messenger,* Ebrill 1868, tt. 42–44.

92. M. Drayton, *Poly-olbion* (Llundain, 1622), t. 149.

93. J. H. Davies, 'Collecting Welsh books', *Trafodion Anrhydeddus Gymdeithas y Cymmrodorion* (1940), tt. 144–55.

Mae *Flora Britannica book of wild herbs* gan Richard Mabey (Llundain, 1998) yn llyfr darllenadwy a deniadol sy'n cynnwys adran sylweddol (tt. 10–59) yn trafod defnyddio llysiau gwyllt yn y gegin.

Fitamin C (asid ascorbig) mewn rhai bwydydd a phlahigion gwyllt*

	Fitamin C (mg/100gram)
Planhigion gardd	
Afalau	6
Tatws	20
Eirin Mair	40
Bresych	60
Cwrans duon	200
Planhigion gwyllt (dail)	
Dant y llew (*Taraxacum officinale*)	73
Danadl poethion (*Urtica dioica*)	169
Efwr (*Heracleum sphondylium*)	179
Criafolen (*Sorbus aucuparia*)	205
Meillionen goch (*Trifolium pratense*)	221
Derwen gyffredin (*Quercus robur*)	273
Pren collen (*Corylus avellana*)	318
Eurinllys trydwll (*Hypericum perforatum*)	359
Grug y mynydd (*Erica tetralix*)	394
Bedwen gyffredin (*Betula pubescens*)	415
Draenen wen (*Crataegus monogyna*)	442
Bresych y cwn (*Mercurialis perennis*)	598
Briallu (*Primula vulgaris*)	805
Breuwydden (*Frangula alnus*)	938

* Yn seiliedig ar Eleri Jones ac R. E. Hughes, 'Foliar ascorbic acid in some angiosperms', *Phytochemistry* 22 (1983) 2493–2499 ac Eleri Jones ac R. E. Hughes, 'A note on the ascorbic acid content of some trees and woody shrubs', *Phytochemistry* 23 (1984), 2366–2367.

Llyfrau coginio Cymraeg hyd at ddiwedd y bedwaredd ganrif ar bymtheg[1]

Mae llyfrau coginio Saesneg a Chyfandirol yn un o'r meysydd mwyaf poblogaidd ymhlith casglwyr hen lyfrau. Bellach, y mae ar gael nifer cyfatebol o lyfrwerthwyr sy'n arbenigo yn y maes ac y mae eu catalogau yn gyhoeddiadau gwerthfawr i'r sawl sy'n ymddiddori yn hanes bwydydd a maetheg. I rai, cynnwys intrinsig y llyfrau hyn sydd o bwys – y wefr o ddod o hyd i hen gyfarwyddiadau neu ddisgrifiadau o fwydydd sydd bellach wedi hen ddiflannu oddi ar y fwydlen gyfoes. I'r hanesydd cymdeithasol gallant gyflenwi gwybodaeth ddifyr a gwerthfawr am wedd arbennig ar fywyd pob dydd yr oesoedd a fu – er bod eu gwerth yn hyn o beth braidd yn gyfyngedig am mai adlewyrchu patrwm byw'r haenau uchaf mewn cymdeithas a wnânt yn bennaf. Ymdroai'u hawduron, bron heb eithriad, ymhlith y carfanau mwyaf breintiedig mewn cymdeithas, ac y mae cynnwys y llyfrau, at ei gilydd, yn adlewyrchu hyn; cyfartaledd cymharol fach ohonynt a fwriedid ar gyfer y werin bobl a'r gweithwyr. Fel y canu moliant Cymraeg o'r canol oesoedd (ac am yr un rheswm) go dila yw eu gwerth cyffredinol fel dogfennau cymdeithasol. Os am wybod mwy am arferion bwyta'r bobl gyffredin yn y cyfnodau cynystadegol mae'n rhaid troi i gyfeiriadau eraill megis sylwadau teithwyr ac ymwelwyr er bod gan y rheiny hefyd eu hanfanteision, yn bennaf eu natur anecdotaidd ac argraffyddol.

Mae gan y sawl sy'n ymddiddori mewn llyfrau coginio nifer o lyfryddiaethau y gall droi atynt am arweiniad a chyngor. Ond odid yr enwocaf o'r rhain, a'r un y bydd y casglwr yn troi ati fynychaf, yw *Gastronomic Bibliography* Katherine Bitting. Cynnwys ryw 4,000 o deitlau – rhai Saesneg yn bennaf (o wledydd Prydain a'r Taleithiau Unedig) ynghyd â nifer sylweddol mewn ieithoedd eraill, yn bennaf Almaeneg, Lladin, Ffrangeg ac Eidaleg. Ni sylwais fod ynddi'r un teitl Cymraeg, mwy nag sydd yn yr un o'r gweithiau llyfryddol eraill sy'n ymdrin yn benodol â'r maes hwn.[2]

Ni ddylai hyn ein synnu. 'Ireland and Wales ... [have] only recently produced cookery books, and I shall be stopping this survey short at the beginning of the present century', ysgrifennai Alan Davidson yn ei *The natural history of British cookery books*[3] wrth egluro absenoldeb unrhyw drafodaeth ar lyfrau coginio Cymreig a Gwyddelig. Cyfeirio at lyfrau Saesneg eu hiaith y mae Davidson yn ddiau, er mae'n anodd deall paham na welai ei ffordd yn glir yn hyn o beth i ystyried llyfr Augusta Hall (Lady Llanover) *The first principles of good cookery illustrated and recipes communicated by the Welsh hermit of the cell of St. Gover* (1867) yn 'Welsh cookery book'. (Ac megis wrth fynd heibio, diddorol cofio fod un o'r llyfrau coginio Saesneg mwyaf adnabyddus yn y bedwaredd ganrif ar bymtheg wedi'i ysgrifennu gan un a'i galwai ei hunan yn 'Crefydd'. Byddai'n ddiddorol cael gwybod mwy am yr awdures ddienw hon ond mudandod llwyr a geir gan y llyfryddiaethau perthnasol.)[4] Bid a fo am hynny, y mae'r llyfryddiaethwyr wedi anwybyddu'n llwyr y nifer fechan – ond diddorol – o lyfrau coginio Cymraeg printiedig a gyhoeddwyd rhwng 1770 a diwedd y bedwaredd ganrif ar bymtheg. Un yn unig yn eu plith sy'n crybwyll y diffyg hwn; am na fedrai ddeall Cymraeg y penderfynodd Elizabeth Driver beidio â chynnwys llyfrau coginio Cymraeg yn ei *Bibliography of cookery books published in Britain 1875–1914*.[5]

Wedi dweud hyn, fodd bynnag, rhaid cydnabod mai ychydig iawn o wreiddioldeb sy'n perthyn i'r llyfrau coginio Cymraeg – mwy nag i'r rhan fwyaf o'r rhai Saesneg o'r un cyfnod ychwaith o ran hynny. Nodweddid nifer o'r llyfrau Saesneg o'r bedwaredd ganrif ar bymtheg ac ynghynt gan gryn elfen o groesfenthyca llwyr ddigywilydd. Nodweddid y rhai Cymraeg yn eu tro gan olion eglur o ddylanwadau Saesneg a diffyg gwreiddioldeb. Yn groes i'r disgwyl efallai, a chydag ambell eithriad yn unig, ni cheir ynddynt unrhyw nodweddion penodol Gymreig nac unrhyw wybodaeth am luniaeth a phatrymau bwyta'r Cymry eu hunain – er cryn siom i'r rhai sy'n ymddiddori yn hanes maetheg ac arferion cymdeithasol cenedl y Cymry. Er enghraifft, er bod ganddynt, bron heb eithriad, adran yn trafod paratoi gwahanol ddiodydd, eto i gyd, nid oes yr un ohonynt yn sôn am ddiod griafol – ond odid y 'Cymreiciaf' o'r holl ddiodydd a ddarperid yng Nghymru (gweler y bennod 'Diodydd bonedd a gwreng').

Dechrau'r daith

Yn Lloegr, y ddeunawfed ganrif oedd y cyfnod arloesol gyda golwg ar lyfrau coginio; cyhoeddwyd rhyw ddau gant ohonynt rhwng 1700 a 1800 – tua phedair gwaith y nifer a gyhoeddwyd yn ystod yr ail ganrif ar bymtheg. Ond prin iawn yw'r cynnyrch Cymraeg cyfatebol. Cafwyd ryseitiau sut i wneud gwahanol fathau o win gan John Thomas yn ei *Annerch ieuengtyd Cymru ...* yn 1795 [6] ond mae'n debyg mai tua 1740 y gwelwyd cyhoeddi'r llyfr coginio Cymraeg cyntaf – os llyfr hefyd, canys fel rhyw fath o atodiad chwe thudalen i lyfr meddyginiaeth y cyhoeddwyd *Y gelfyddyd o goginiaeth*.

Argraffwyd *Llyfr meddyginiaeth ... Thomas ab Robert Shiffery* gan Roger Adams [Caer] yn 1733 a heb gynnwys unrhyw ddeunydd coginio. Ymddangosodd y deunydd coginio am y tro cyntaf mewn argraffiad diwygiedig a gyhoeddwyd yn ddiddyddiad gan Thomas Durston, Amwythig ac yn dwyn y teitl estynedig *Llyfr meddyginiaeth a physygwriaeth i'r anafus a'r clwyfus ... at yr hyn y chwanegwyd y gelfyddyd o goginiaeth (neu Cookery) i arlwyo neu drwsio amryw fath ar fwydydd, sef cig, pysgod ac adar*. Argraffwyd tri fersiwn gan Durston [?1740–1745] a'u dilyn yn 1774 gan fersiwn arall a gyhoeddwyd yn Wrecsam. Felly, er ei fyrred, y mae i'r *Gelfyddyd o goginiaeth* le o bwys yn hanes llyfrau coginio Cymraeg.

Cynhwysai'r *Gelfyddyd* un ar bymtheg o ryseitiau – pastai cig mollt, cawl pys, stiwio adar gwylltion, pwdin reis ac ati. Heblaw am ryseitiau yn ymwneud â llymeirch, a'r angen i gynnwys brwyniaid (*anchovies*) mewn un o'r ryseitiau, gellid tybio fod y cynnwys yn ddigon 'gwerinol' i fod yn ddeunydd Cymreig gwreiddiol. Ond nid felly y mae. Gellir dod ar draws bron y cyfan o'r ryseitiau mewn cyhoeddiad Saesneg o'r un cyfnod, sef *The complete family-piece*, llyfr cynhwysfawr a gyhoeddwyd yn ddienw yn Llundain yn 1736. Tybiais am amser mai addasiad o ryseitiau o'r llyfr hwn oedd y rhai Cymraeg.

Ond daeth yn amlwg ymhen amser nad dyna oedd yr ateb terfynol. Sylweddolais fod nifer o ryseitiau yn *The complete family-piece* wedi eu codi o lyfr cynharach *A collection of above three hundred receipts in cookery* ... a gyhoeddwyd gyntaf yn 1714 ac a briodolir i Mary Kettilby.[7] Mae ambell rysáit yn y llyfr Cymraeg yn absennol yn y *Complete family-piece* ond yn bresennol yn llyfr Kettilby – megis 'I noddi Gleisiaid i fyny megis yn y Castell Newydd' sy'n gyfieithiad air am air o'r rysáit 'To pot Salmon, as at Newcastle' o lyfr Kettilby. Ymddengys felly mai Kettilby oedd ffynhonnell annibynnol y deunydd Cymraeg (a derbyn, wrth gwrs, nad oedd Kettilby a'r fersiwn Cymraeg, ill dau, wedi defnyddio ffynhonnell gynharach byth). Mae'r ryseitiau Cymraeg bob amser yn gyfieithiad tyn o'r fersiwn Saesneg heb newid dim ar y cynnwys nac ar y mynegiant. Fel hyn, er enghraifft, y disgrifir gwneud pwdin reis yn llyfr Kettilby:

> Grind or beat half a Pound of Rice to Flour, mix it by Degrees, with 3 Pints of Milk, and thicken it over the Fire with Care for fear of burning till 'tis like a Hasty-Pudding; when 'tis so thick, pour it out and let it stand to cool. Put to it Nine eggs (but half the Whites) three or four Spoonfuls of Orange-flower water. Melt almost a Pound of good Butter, and sweeten it to your Taste. Add Sweet-meats if you please.

A dyma'r fersiwn Gymraeg:

> Melwch neu gurwch hanner Pwys o Rice yn beilliaid; cymmysgwch bob ychydig a thri Pheintiaid o laeth a rhoddwch ef i dewychu uwch ben y Tân yn ofalus rhag ofn iddo ddeifio, hyd oni byddo ef o dewdwr Pastai Bwdin, a phan fyddo felly tywylltwch ef allan a gadewch iddo sefyll i oeri; rhowch ynddo naw o wyau (eithr hanner y Gwynwyau) Tair Llwyaid neu bedair o ddwr blodau Orange a rhoddwch agos i bwys o Ymenyn da, a gwnewch o'r Melysdra a weloch i'n dda.

Er mai cyfieithu o'r Saesneg y mae'r awdur, eto i gyd ni ellir ond edmygu ei ddull grymus o drafod deunydd digon technegol yn y

Gymraeg. Gwelir yr un cryfder mynegiant yn y ryseitiau drwyddynt draw. 'Gadewch iddynt ferwi hyd onid elont yn gandryll' yw'r cyfieithiad o 'Let it boil till the Meat is all to Rags' ('I wneuthur Cawl Pys rhagorol'); ac 'a'i dewychu ef yn o dew gyda mwydion Bara gwynn a pheilliaid gwenith' a geir am 'and thicken it like thick butter with grated bread and fine flour' ('Y modd i ffrio llymeirch neu Oestrys').[8]

Y mae cynnwys y gweddill o'r ryseitiau yr un mor gaeth wrth y fersiynau Saesneg. Heblaw am un, a'r rysáit gyntaf yn y casgliad yw honno. Hyd yn hyn, rwyf wedi methu â dod o hyd i ddim byd yn y llyfrau Saesneg sy'n cyfateb yn union i'r fersiwn Cymraeg. Cyfeirio y mae at fwgsychu cig – proses a oedd o hyd yn dal yn dra phwysig yng Nghymru yn y ddeunawfed ganrif:

> Gwnewch heli cryf o Halen Bay, a halen Pedr, a Dwr Ffynnon Oer neu Ddwr croyw, a rhowch Ddryll o frwysged neu Assenau Cig Eidion i fwydo ynddo dros naw Diwrnod; yno cymmerwch i fynu a chrogwch ef mewn Simnai, lle'i llosgir Coed neu ddwst Llif; a phan fyddo gwedi sychu ychydig, golchwch y tu allan iddo ef ddwy waith neu dair mewn Gwaed, i wneud iddo edrych yn ddu, a phan fyddo gwedi sychu digon, berwch ef fel y bydd achosion i'w iwsio.[9]

Disgrifir yma ddull digon cyffredin o fwgsychu cig neu bysgod, sef trwy ei drafod â heli cyn ei osod i hongian mewn mwg tân coed. Ceir sawl cyfarwyddyd i'r perwyl yma yn llyfr Kettilby – fel yn y rhan fwyaf o'r llyfrau coginio o'r cyfnod hwnnw o ran hynny.[10] Byddai'r manylion yn amrywio o'r naill ardal i'r llall ac ambell ardal yn defnyddio math penodol o goed (coed derw, ran fynychaf) i greu'r mwg. Bu gan Peregrine Montague yn ei *The family pocket-book* (1760) ddisgrifiad o 'Beef dry'd after the Yorkshire way' sydd yn union yr un fath â'r cyfarwyddiadau Cymraeg ond ei fod heb gynnwys y rhan olaf.[11] Yn wir, nid wyf yn gallu dwyn i gof imi erioed weld yr un llyfr Saesneg sy'n cynnwys y rhan olaf o'r driniaeth – sef golchi'r cig â gwaed i'w dduo. Tybed ai arferiad a gyfyngid i Gymru oedd hwn? Mae'n debyg mai am ei werth cosmetig, yn gwella golwg y cig, y byddid yn defnyddio'r gwaed er na ellir bod yn sicr ychwaith nad oedd ar gael y gred fod creu crofen ychwanegol am y cig yn debyg o estyn hyd ei gyflwr bwytadwy. Un peth sy'n sicr. Byddai'r driniaeth wedi peri cynnydd sylweddol yn y cymeriant o haearn lluniaethol gan fod gwaed a chynhyrchion gwaed yn ffynhonnell dda o haearn – ffactor a allai fod o gryn bwys ar adeg pan ddioddefai cryn gyfran o'r boblogaeth o brinder haearn.

Llyfr Elizabeth Price

Roedd y llyfrau coginio cynharaf a gyhoeddwyd yn y bedwaredd ganrif ar bymtheg yn gyfieithiadau neu'n addasiadau o ddeunydd Saesneg. Cyhoeddwyd yn 1850 *Bwth drefniant*, yn gyfieithiad anorffenedig gan T. D. Thomas o'r rhan gyntaf o *Cottage economy* William Cobbett,[12] a thua 1840 (neu efallai'n ddiweddarach) ymddangosodd y llyfr arloesol hwnnw *Holl gelfyddyd coginiaeth*, yn gyfieithiad o lyfr Mrs Elizabeth Price *The new book of cookery* a gyhoeddwyd gyntaf yn ddiddyddiad gan Alex. Hogg (Llundain) rywbryd yn ail hanner y ddeunawfed ganrif. Mae llyfr gwreiddiol Saesneg Elizabeth Price bellach yn gymharol brin; ni nodir ond tri chopi yn y llyfryddiaethau Prydeinig ac y mae dalen deitl y tri

HOLL
GELFYDDYD COGYDDIAETH

NEU,

Draethawd Cyflawn:

YN CYNWYS YR

AMRYWIAETH MWYAF O GYFARWYDDIADAU CYMERADWY
YN NGWAHANOL GANGENAU COGYDDIAETH:

AT Y RHAI YR YCHWANEGIR,

YR HYFFORDDIADAU GOREU AT

FARCHNATA A THORI BWYD:

YN NGHYDA

BWYD-RESTRAU DIWEDDAR AM BOB
MIS O'R FLWYDDYN.

GAN MRS. ELIZABETH PRICE,
BERKELEY-SQUARE, LLUNDAIN.

GYDA DARLUNIAU HARDD.

CAERNARFON:
CYHOEDDEDIG GAN ROBERT GRIFFITH,
LLYFRWERTHWR, HEOL-Y-LLYN.

Pris 1s. 6c. mewn Amlen.

Llyfr coginio Elizabeth Price (? c. 1845)

hynny'n cynnwys y datganiad 'A new edition for the present year with great additions', sy'n awgrymu fod argraffiad(au) blaenorol wedi bodoli; credir i'r argraffiad cyntaf ymddangos tua 1760.[13] Mae'r copi sydd yn y Llyfrgell Brydeinig yn cynnwys catalog 24 tudalen o lyfrau eraill a gyhoeddwyd gan Hogg ac y mae hwn yn ein galluogi ni i osod dyddiad cyhoeddi'r copi hwnnw yn 1779. Paham y penderfynwyd cyfeithu'r llyfr bach hwn i'r Gymraeg ymhell dros drigain mlynedd yn ddiweddarach a chynifer o lyfrau coginio mwy diweddar wedi ymddangos yn y cyfamser, mae'n anodd dweud.

Ni wyddys pwy oedd yr Elizabeth Price hon nac, o ran hynny, a oedd ganddi unrhyw gysylltiadau Cymreig. Ymddangosodd ei henw ymhlit y tanysgrifwyr i *Works of Flavius Josephus* Thomas Bradshaw yn 1792 (a gyhoeddwyd hefyd gan Hogg, fel mae'n digwydd) ond anodd dod o hyd i ragor o wybodaeth amdani. Mae yn y Llyfrgell Genedlaethol lawysgrif goginio yn dwyn yr arysgrif 'Eliz. Pryce her Book 1777 bought Dec. 26 of Mrs Evans'[14] ond anodd gweld unrhyw debygrwydd rhyngddi a chynnwys y llyfr coginio, felly rhyw Elizabeth Pri/yce arall oedd honno. Mae'r fersiynau Cymraeg a Saesneg o'r llyfr coginio, ill dau yn dwyn y cyfeiriad 'Mrs Elizabeth Price, Berkeley Square [Llundain]' ond dyna'r cyfan. Gan fod yr argraffiad Saesneg wedi ymddangos gyntaf tua 1760 a'r awdures yn cyfeirio ynddo at y ffaith ei bod 'having by a long course of practice, acquired as I flatter myself, a considerable knowledge of the whole Art of Cookery ...'[15] prin ei bod yn dal yn fyw adeg cyhoeddi'r fersiwn Cymraeg dros drigain mlynedd yn ddiweddarach – er nad oes unrhyw gyfeiriad at ei marwolaeth yn y cyfieithiad Cymraeg.

Crybwyllwyd uchod fod y fersiwn Saesneg bellach yn llyfr prin iawn. Ond y mae'r cyfieithiad Cymraeg, os rhywbeth, yn brinnach byth. Mae gan y Llyfrgell Genedlaethol gopi ond ni lwyddwyd i leoli copi cyflawn yn unman arall. Rhestrir copi gan Ballinger ac Ifano Jones yn eu catalog i Lyfrgell Dinas Caerdydd (1898), ond ni ellir ei leoli bellach, ysywaeth. Mae'r fersiwn Cymraeg yn drosiad gweddol gyflawn a ffyddlon o'r un Saesneg ac eithrio tair adran nas cyfieithwyd a'r rheiny'n ymwneud â startsio dillad, paratoi gwinoedd, a phrydferthwch pryd a gwedd. Heblaw am y consensiynau amlwg hyn i biwritaniaeth yr oes (Gymreig) y mae bron y cyfan o'r llyfr Saesneg wedi'i drosi i'r Gymraeg. Gadawyd allan ambell gyfarwyddyd 'technegol' megis 'To ragoo Cucumbers' ac ambell rysáit megis 'To stew green Pease with lettuce' am na fyddent, fe dybiwyd, yn fawr eu hapêl i'r Cymry Cymraeg. Mae'r cyfieithiad yn enghraifft dda o'r duedd gynyddol yn ystod y bedwaredd ganrif ar bymtheg i beri i'r iaith ymgymryd â thrafod pynciau technegol neu led-dechnegol. Yn hyn o beth y mae'r llyfrau coginio Cymraeg i gyd yn perthyn i *genre* arbennig ac yn faes ffrwythlon i'r sawl sydd am olrhain datblygiad geirfaoedd technegol Cymraeg.[16]

Mae'n amlwg fod ambell derm wedi trechu dyfeisgarwch geiriol cyfieithydd llyfr Price; cyfieithir *spitchock* (sic) *eel* yn 'llyswan wedi ei syth-godi (pitch-cocked)'; *whipt syllabub* yn 'syllabub llamdro'; *iceing* yn 'oerlydrwydd'; ac fe ddisgrifir *vegetables* fel 'ystwff gerddi'. Ond ar y cyfan y mae'r cyfarwyddiadau'n ddigon eglur a'r cyfieithiad yn ddigon didramgwydd er bod ambell gam gwag fel y gwelir wrth gymharu'r ddau ddarn canlynol – y Saesneg o argraffiad 1779 a'r Gymraeg o'r cyfieithiad a gyhoeddwyd tua 1840 neu 1850:

To boil a duck Draw and scald your duck and having put it in an earthern pot, pour over it a pint of hot milk in which it may lie two or three hours; after that dredge it well with flour, put it in a copper of cold water and let it boil slowly for twenty minutes then take it out and smother it with onion sauce. (t. 22)

Ar ôl i chwi lunio [!] ac ysgaldio yr hwyaden, ac wedi ei rhoddi mewn llestr pridd, tywelltwch beint o laeth poeth arni, a gadewch hi ynddo am ddwy neu dair awr; wedi hynny ysgydwch flawd drost yn dda; rhoddwch hi mewn crochanaid o ddwfr oer a berwch hi yn araf am ugain munud; yna codwch hi allan, ac amgylchwch hi gydag *onion-sauce*. Daliwch sylw: Rhaid i hwyaden fawr gael awr o amser i ferwi. (t. 32) [*Y sylw olaf hwn yn absennol yn y fersiwn Saesneg. R.E.H.*]

An Almond Pudding You must beat a pound of sweet almonds very fine, with a gill of sack, and three or four spoonfuls of rose-water; add near a half pound of sugar, a quart of cream, the yolks of eight eggs and the whites of four, half a pound of butter melted, two spoonfuls of flour and bread crumbs, some grated nutmeg and cinnamon, mix all well together and either boil or bake it. (t. 72)

Rhaid i chwi guro pwys o almonau melysion yn dra mân, gyda gwydraid o win, a thair neu bedair llwyaid o ddwfr *rose*; rhoddwch ato haner pwys o siwgr, chwart o hufen, melyn wyth o wyau, a gwyn pedwar o wyau, haner pwys o ymenyn toddedig, dwy lwyaid o beillied a briwsion bara, ychydig o *nutmeg*; cymysgwch y cwbl yn nghyd, a naill ai berwch neu graswch ef. (t. 98)

BWYD-RESTR
AM BOB MIS O'R FLWYDDYN.

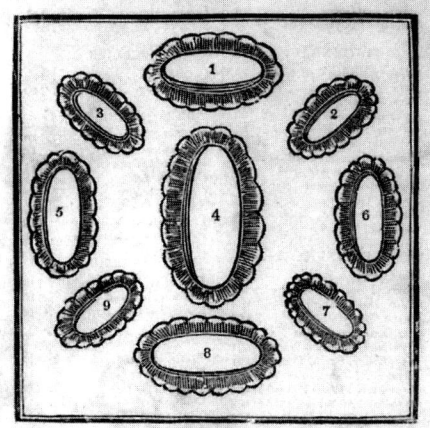

Dau dudalen o lyfr Elizabeth Price

IONAWR.
Y BYRDDIAD CYNTAF.
1. Pen *Cod.* 2. *Soup santi.* 3. *Beef* wedi ei rostio. 4. *Scotch collops.* 5. Aelod o gig oen. *Plum-pudding.* 7. *Petit patties.* 8. Cywion berwe[dig]. 9. Tafodau.

YR AIL FYRDDIAD.
1. *Turkey* wedi ei rostio. 2. *Jellies.* 3. W[ood]cocks. 4. *Smelts.* 5. *Sweetmeat* wedi ei rostio. *Jellies.* 7. Puding *Orange.* 8. Pastai fàn-friw. *Lobsters.*

CHWEFROR.
Y BYRDDIAD CYNTAF.
1. Gleisiad a *smelts.* 2. *Soup* pys. 3. Morddwyd o *veal.* 4. Cywion. 5. Pwding pytatws. 6. *Beef-olives.* 7. *Ham.* 8. *Beef-a-la-daub.* 9. Pwding mêr.

YR AIL FYRDDIAD.
1. Adar gwylltion. 2. *Jelly.* 3. Ysgyfarnog. 4. *Cardoons.* 5. Wystrys bylchedig. 6. *Tarts.* 7. *Pippins* wedi eu stewio. 8. *Brawn.* 9. Darnau isaf *Artichokes.*

MAWRTH.
Y BYRDDIAD CYNTAF.
1. *Carp* neu *Tench* wedi eu stewio. 2. *Soup loraine.* 3. Cefnddryll neu *saddle* o *futton,* a *celery* wedi eu stewio. 4. *Rump* dafad. 5. Pastai golwythion *beef.* 6. *Collops veal.* 7. Oen wedi ei ffrio. 8. Pwding Almonau. 9. Clustiau llo.

YR AIL FYRDDIAD.
1. Cyw wedi ei rostio a'i flonegyn. 2. *Triple.* 3. Colomenod. 4. *Blanc-mange.* 5. *Sweetbread* wedi ei wneud yn saig. 6. *Crawfish.* 7. *Prawns.* 8. Cwningod *fricasseed.* 9. Gelleig wedi eu stewio.

EBRILL.
Y BYRDDIAD CYNTAF.
1. *Cod* a *smelts* wedi eu crimpio. 2. *Soup.* 3. Lwyn o *veal.* 4. Cywion berwedig. 5. Pastai colomen. 6. Pwding. 7. Darnau teneuon o *veal.* 8. *Beef trumblent.* 9. Tafod.

YR AIL FYRDDIAD.
1. Cywion hwyaid. 2. *Jellies* a *syllabubs.* 3. Asenau oen. 4. *Asparagus.* 5. *Sweetbreads.* 6. *Fritters.* 7. Cras-fara wedi ei ffrio. 8. Colomenod wedi eu rhostio ar y tân. 9. *Mushrooms.*

Datblygiadau pellach

Diddorol sylwi fod rhannau o ddau lyfr a gyhoeddwyd yn nes ymlaen yn y ganrif, *Cydymaith y wraig a'r forwyn ... (c.* 1860) a *Llyfr cogyddiaeth newydd (c.* 1865) – y ddau o dŷ cyhoeddi Humphreys, Caernarfon – yn 'fenthyciad' o ddeunydd a oedd eisoes wedi ymddangos yn llyfr Price.[17] Mae'r adran 'Bwyd-restr am bob mis o'r flwyddyn' (y diagram yn ogystal â'r manylion) yn llwyr seiliedig ar yr hyn a oedd yn llyfr Price ond bod y termau am fwydydd rywfaint yn fwy Cymreigaidd nag yn llyfr Price. 'Beef' sydd gan Price ond 'cig eidion' yw dewis y *Cydymaith*; 'aelod o gig oen' a *'plum-pudding'* sydd gan Price ond 'dryll o gig oen' a 'phwdin brith' sydd yn y *Cydymaith ...* Mae awdur(es) y *Cydymaith* yn cydnabod ei (d)dyled i nifer o awduron Saesneg, sef Soyer, Price, Pullan, Hale, Rundall a 'Phen-gogydd y Freemasons Tavern' – y rhain i gyd yn awduron llyfrau coginio Saesneg adnabyddus yn hanner cyntaf y bedwaredd ganrif ar bymtheg. Roedd y duedd hon i addasu gweithiau eraill yn nodwedd a berthynai i lyfrau coginio yn gyffredinol ac nid oedd y rhan fwyaf o'r rhai Cymraeg yn eithriad.

Yn wir, nid yw'r ail lyfr a gyhoeddwyd gan Humphreys, *Llyfr cogyddiaeth newydd ... (c.* 1865), ond yn fersiwn helaethach o'r *Cydymaith ...* Mae wynebddarlun y llyfr olaf hwn yn portreadu 'Prif Gogyddes Cymru' – o bosib, Lady Llanover. Un o'r pethau mwyaf diddorol (a Chymreig) yn y ddau lyfr hyn yw'r troednodyn sy'n cyfeirio at ddatblygiad diddorol yn ne Cymru:

> Y mae Mr Leach Vernon House, noddfa i gleifion menwydus (mental) Briton Ferry, yn agos i Gastellnedd, Deheubarth Cymru, wedi mabwysiad[u]

cynllun Liebig at arlwy cig, *soup* &c ar gyfer y preswylyddion (160 o rifedi) sydd yn ei sefydliad ef, a chanfydda ei fod trwy hyny yn arbed 50 y cant, tra y mawr wellheir ansawdd yr ymborth.[18]

Ni ddaeth syniadau Liebig am goginio cig ac am faethlonrwydd tybiedig cawl i'r amlwg yn Saesneg hyd nes cyhoeddi ei *Researches on the chemistry of food* yn 1847 ac ni ddechreuwyd marchnata *Liebig's Extract of Meat* ar raddfa fawr tan 1865.[19] Cafodd syniadau Liebig gryn ddylanwad ar y syniadaeth gyfoes am baratoi bwydydd. Yn 1859 newidiodd Eliza Acton (ond odid y bwysicaf o'r awduresau coginio Saesneg cyn Mrs Beeton) y teitl i'w llyfr coginio adnabyddus *Modern cookery for private families* fel ag i gynnwys enw Liebig.[20] Mae'n debyg felly mai ail-law oedd natur y cysylltiad rhwng Liebig a Vernon House – o bosib, trwy gyfrwng llyfr Acton. Er hynny, mae'n ddiddorol sylwi bod syniadau (gwallus, fel mae'n digwydd) Liebig megis ar waith yng Nghymru mor fuan ar ôl eu gwyntyllu yn Lloegr. Dylanwadodd Liebig ar goginio yng Nghymru am y gweddill o'r ganrif, ac mewn rhai cylchoedd, hyd at yn gymharol ddiweddar. Deuid o hyd i rysáit am 'te biff (Liebig)' ym mhob un o'r llyfrau coginio Cymraeg yn ail hanner y ganrif – ran fynychaf yn yr adran 'Cogyddiaeth i gleifion' wrth ymyl 'jeli troed llo', 'dwfr haidd', 'grual' a darpariaethau diwerth eraill.

Mae S.M.M., awdur(es) *Y tŷ a'r teulu* (1891), hefyd yn cydnabod yn agored ei ddyled i eraill ond y tro hwn i lyfr adnabyddus Mrs Beeton yn bennaf. Mae'n benthyca gan eraill hefyd. Am ei bwdin caws mae'n dilyn cyfarwyddiadau'r hanner-Cymro Matthieu Williams – un o nifer sylweddol o wyddonwyr a fentrodd i feysydd cogyddol yn ystod y bedwaredd ganrif ar bymtheg.[21]

Er y benthyca amlwg hwn y mae gan S.M.M. ambell rysáit 'Cymreig' megis ei 'Grempog Sir Fôn'.

Mae llyfr S.M.M. hefyd yn tanlinellu'r angen am eirfa arbenigol hyd yn oed wrth drafod pwnc mor agos at fywyd pob dydd â choginio – arwydd arall mai gweithgaredd pur ddieithr i'r Gymraeg oedd unrhyw drafod systematig ar goginio. Roedd rhai o'r termau a ddefnyddiodd eisoes wedi ymddangos yn y Gymraeg, megis 'cyfarwyddeb' (*recipe*) a 'mwgsychu' (*to smoke*) a deuir o hyd i 'cignodd' (*gravy*) yng ngeiriadur Caerfallwch yn 1850 ond y mae eraill o'r termau a ddefnyddiwyd gan S.M.M. fel pe baent wedi eu bathu gan yr awdur (ac nid bob amser yn llwyr lwyddiannus ychwaith); cynigir 'creisdais' am *biscuit*, 'pwysfygedd' am *batter* a 'segfwyd' am *stuffing*. Ni ellir ond gobeithio na chafodd y darllenwyr eu camarwain gan y cynnig 'mer tyfol' am *vegetable marrow*!

Cynhwysai'r llyfr Americanaidd *Y trysor teuluaidd, rhodd i dderbynwyr y Drych* (Utica, 1887) adran sylweddol 'Bwyd a diod – cynghorion sut i brynu cig, pysgod a llysiau ynghyd â rhyw drigain o ryseitiau perthnasol'. Mae peth o'r deunydd wedi'i godi o lyfr Americanaidd arall – ond odid y prinnaf oll o'r holl lyfrau coginio Cymraeg. Mae copi o'r llyfr bach 36 tudalen hwn gan y Llyfrgell Genedlaethol ond y mae'r ddalen deitl ar goll; fodd bynnag, y mae'r pennawd i'r ddalen gyntaf, er yn anghyflawn, yn awgrymu mai *[Cydymaith] y Gweithiwr: Coginiaeth* oedd y teitl. Yn ôl Blackwell bu'n fwriad gan gyhoeddwyr y newyddiadur Americanaidd *Y Drych* gyhoeddi cyfres o lyfrynnau *Cyfaill y Gweithiwr* yn 'anrheg' i'w darllenwyr, ond bu rhaid dwyn y prosiect i ben ar ôl un rhifyn yn unig (*Hanes y Gwrthryfel Mawr yn y Talaethau Unedig*, 1862, tt. 36) oherwydd diffyg diddordeb ar ran y cyhoedd.

Ymddengys mai 'Coginiaeth' oedd yr ail lyfr yn y gyfres ond ni wyddai Blackwell am ei fodolaeth ac nis ceir, o ganlyniad, yn ei lyfryddiaeth.[22]

Mae'r [*Cydymaith*] yn teilyngu peth sylw. Yn un peth, fe'i nodweddid gan ymdrech i addasu a dewis y ryseitiau i ateb gofynion y sefyllfa Americanaidd, megis er enghraifft wrth gynnwys ryseitiau am 'fara tywyll' (blawd Indiaidd) a 'bara rhad ac iachus' (blawd gwenith a 'pumkin'). Ond y nodwedd fwyaf diddorol oedd ei natur ddwyieithog a'r dewis iaith yn hyn o beth yn llwyr fympwyol. Saesneg oedd iaith y ryseitiau ar gyfer teisennau a bisgedi 'gan y byddant yn fwy dealladwy felly i'r bobl ieuainc a'r rhan helaethaf o'r gwragedd' (t. 4) ond Cymraeg oedd yr iaith ar gyfer y chwe math o fara a ddisgrifir. Cafwyd dwy rysáit Gymraeg ac un Saesneg at wneud 'cwsdardd'; Cymraeg oedd y cyfarwyddiadau sut i wneud te ond i wneud coffi rhaid fyddai deall Saesneg. Tair rysáit yn unig oedd yn yr adran 'Pysgod' a'r tair yn ymwneud â choginio wystrys. Llyfr diddorol a difyr – ac erbyn hyn yn brin iawn.

Coginio a chymdeithas

Hyd at chwarter olaf y ganrif, llyfrau at ddefnydd y dosbarthiadau uchaf oedd y llyfrau coginio Cymraeg a'u cynnwys yn adlewyrchu natur a chynnwys y rhai Saesneg cyfatebol. Fel yr âi'r ganrif rhagddi cafwyd peth newid yn hyn o beth ac erbyn chwarter olaf y ganrif gwelwyd cyhoeddi llyfrau a oedd rywfaint yn nes at wasanaethu'r dosbarthiadau llai breintiedig, yr iaith yn fwy sathredig a'r cynnwys yn llai uchel-ael. Mae'n debyg mai'r llyfr mwyaf cynhwysfawr yn hyn o beth oedd eiddo'r gweinidog Wesle, y Parchedig Thomas Thomas (1839–88), y cyhoeddwyd ei *Llyfr coginio a chadw tŷ* yn ddienw gan Hughes a'i fab, Wrecsam, tua 1880. Mae'r cyfarwyddiadau'n ddigon eglur a'r iaith yn ddigon darllenadwy er nad yw'r awdur, am ryw reswm, yn ystyried fod Cymreigio teitlau'r gwahanol reseitau yn bwysig; o ganlyniad, ceir ganddo benawdau siprys megis 'Queen's sauce at blum pudding' a 'Forcemeat at pike pobedig'.

Mae llyfr Thomas yn cynnwys nifer o ddiagramau 'Gwahanol ddarnau o gig' (tt. 84–9) sydd, mae'n amlwg, wedi eu codi yn eu crynswth oddi ar lyfr Mary Jewry *Warne's model cookery and housekeeping book (c.* 1870). Ond yn rhyfedd iawn, mewn maes a nodweddid yn gyffredinol gan gymaint o groesfenthyca, nid ymddengys fod Thomas wedi pwyso ar gyfarwyddiadau coginio Jewry i'r un graddau – yn wir, y mae'n anodd dod o hyd i'r un rysáit y gellid datgan yn ddibetrus ei fod yn gyfieithiad, neu hyd yn oed yn addasiad, o ddeunydd Jewry. Mae llyfr Jewry yn cynnwys nifer o ryseitiau ymddangosiadol Gymreig megis 'Welsh pudding', 'Sir Watkin's pudding' a 'Wrexham pudding' ond nis ceir yn llyfr Thomas. Un o amcanion Thomas oedd cynhyrchu llyfr a fyddai'n 'torri ar yr ychydig iawn o amrywiaeth a geir ar fwrdd y Cymro'. I raddau helaeth, llwyddodd yn hyn o beth, gan gynnwys adran sylweddol (ond braidd yn anWesleaidd) yn trafod sut i wneud gwahanol fathau o win a chwrw; ond i ba raddau yr apeliai ei 'pastai wystrys' neu ei 'ehedyddion rhostiedig' neu ei 'salad crancod' at chwaeth y Cymro cyffredin, sy'n gwestiwn arall.

Ond odid y cyhoeddiad Cymreiciaf o'r holl lyfrau hyn a'r un mwyaf cymdeithasol-berthnasol hefyd oedd *Coginiaeth a threfniadaeth deuluaidd cyfaddas i anghenion gwragedd gweithwyr Cymru* gan 'Mrs S. A. Edwards, Ty'n-y-cefn, Corwen' a gyhoeddwyd gan Gee yn 1889. Bu hwn yn ffrwyth cystadleuaeth yn Eisteddfod

Caerludd [Llundain] yn 1887 a gwraig Syr John Rhys yn un o'r beirniaid. Y mae Syr Vincent Evans yn ei ragair i'r llyfr yn tanlinellu'r gwahaniaeth rhyngddo a'r llyfrau coginio Cymraeg blaenorol:

> Ceidw deulu y gweithiwr mewn golwg trwy yr holl draethawd. Gwyr pob gwraig sydd yn cadw ty natur y cynghorion a geir yn gyffredin mewn llyfrau ar goginiaeth Eu bai mynychaf ydyw, mai ar gyfer y cyfoethog yr ysgrifennwyd y rhan fwyaf ohonynt, a bod y dysgleidiau a ddisgrifir ynddynt yn ddrudion a gwastraffus. Cymerant yn ganiataol fod 'y wlad yn llifeirio a laeth a mêl' i bawb – i'r tlawd, yn ogystal ag i'r arianog. Ond y mae awdures y traethawd hwn wedi ymgadw yn lled dda rhag llithro gormod yn y cyfeiriad a nodwyd ...[23]

Gwir bob gair, Syr Vincent. Mae'r adran 'Cogyddiaeth Deuluaidd' (tt. 23–60) yn cynnwys cyfarwyddiadau syml sy'n llwyr adlewyrchu teitl ac amcan y llyfr. Nid oes yma'r un rysáit sy'n rhy aruchel i ddarllenwyr Cymraeg; at hyn, cynhwysir nifer o rai nodweddiadol Gymreig megis llymru, shot laeth enwyn, shot posel ac eraill. O'r holl lyfrau coginio Cymraeg a gyhoeddwyd yn ystod y bedwaredd ganrif ar bymtheg hwn yw'r un sy'n dod agosaf at natur a photensial y gymuned y bwriedid ef ar ei chyfer. Ar gyfer nifer o ryseitiau ceir amcangyfrif o'r gost ac ychwanegir at rai ohonynt yr amser a gymerir i'w paratoi – prawf, fe ellid awgrymu, fod yr awdures yn bersonol gyfarwydd â defnyddio'r ryseitiau. I'r casglwr llyfrau perthyn bonws ychwanegol i'r llyfr hwn – ei ddiwyg deniadol sy'n adlewyrchu cryn ofalwch cynllunio ar ran y cyhoeddwyr.

Cyhoeddwyd yn Lloegr yn ystod y bedwaredd ganrif ar bymtheg

nifer o lyfrau coginio a luniwyd yn unig swydd ar gyfer y dosbarthiadau 'isaf' a'r tlodion – llyfrau megis *A shilling cookery book for the people* Alexis Soyer (1845), *Cottage cookery* Esther Copley (1849) ac *A plain cookery book for the working classes* Charles Elme Francatelli *(c.* 1850). Tua diwedd y ganrif cyhoeddwyd *Mrs Beeton's sixpenny cookery book for the people, Beeton's penny cookery book* (er i'r enwog Mrs Beeton farw yn 1865) a nifer o rai cyffelyb. Un o amcanion y 'Gymdeithas er Lledaenu Gwybodaeth Fuddiol yng Nghymru' yn 1850 oedd cyhoeddi llyfrau Cymraeg a fyddai'n ymdrin â choginio a phynciau cyffelyb yn y modd hwn ond yn anffodus ni lwyddwyd i wireddu'r amcanion hyn.[24] Ni chafwyd dim byd tebyg yn y Gymraeg hyd nes cyhoeddi llyfr Edwards yn 1889 ac yn hyn o beth gellir ystyried ei lyfr yn waith arloesol.

Cafwyd, fodd bynnag, un math o ddeunydd a adlewyrchai, i ryw raddau, wedd neilltuol ar fywyd Cymreig y bedwaredd ganrif ar bymtheg – y mudiad dirwest. Cynhwysai nifer o'r llyfrau ryseitiau at baratoi diodydd 'di-furum' neu 'aneplesedig' (a'r awduron, heb sylweddoli, mae'n debyg, na fyddai hepgor burum o angenrheidrwydd yn sicrhau bob amser fod y ddiod a gynhyrchwyd yn rhydd o alcohol). Cyhoeddwyd rhyw hanner dwsin o lyfrau yn delio'n unig swydd â'r wedd neilltuol hon ar anghydffurfiaeth Gymraeg.[25] Cynhwysai'r cynharaf ohonynt, *Arweinydd dwyieithog i wneuthyr diodydd anfeddwol ...* (1838) gan Evan Evans, dros hanner cant o ryseitiau sut i wneud diodydd 'anfeddwol' ynghyd, yn rhyfedd iawn, â nifer o gyfarwyddiadau at wneud darpariaethau o furum! Mae'r llyfr cynhwysfawr hwn yn rhannol seiliedig, yn ôl yr awdur, ar ryseitiau a gasglwyd ganddo yn ystod ei deithiau trwy Gymru. Mae'n ddiddorol am ddau reswm. Y mae'n enghraifft gynnar o lyfr dwyieithog (y fersiwn

Saesneg o'r teitl yw *A duoglott guide for making temperance drinks)* ac y mae iddo atodiad 'etymolegol' difyr lle mae'r awdur yn egluro (yn rhannol mewn Lladin) yr eirfa esoterig ac ansathredig a ddefnyddir yn y llyfr – 'dolfal' *(lemon)*, 'breinur' *(galwyn),* 'crafra' *(cloves)* ac eraill.

Ond odid y llyfr coginio Cymraeg mwyaf gogleisiol yw'r un nad oes gennym ond gwybodaeth ail-law amdano, a'r wybodaeth honno, yn anffodus, yn bur ansylweddol hefyd. Cynhwysai'r gyfrol gyntaf o'r cylchgrawn *Taliesin* (1859/61) erthygl fer, ddienw, 'Coginiaeth y Cymry'. Mae yn yr erthygl saith o ryseitiau wedi eu cywain, yn ôl y sawl a fu'n gyfrifol amdani, 'o hen lyfr' ond heb fanylu rhagor. Dyma'r gyntaf o'r saith, sef 'Y ffordd i wneuthur Mwydran yr Arglwyddes Herbert':

> Cymmerch gwart o hufen, a deg wy iar wedi eu corddi a bywyn torth gann, a pheth cann, a pheth Sywgr, a pheth clwlys, a pheth maw, a sinfwnt, a thipyn o halen, a ddau ddyrnaid o gwraint, a dau ddyrnaid o resinau dispaid [di-had]. Dodwch y pethau yma mewn calloryn [sgelet, crochan bach] a berwch ef nes bo'n ddigon; yn ôl hynny cymmerwch fywyn dau afal berw, neu beth eirin Mair berw, a chymysgwch ef â'r mwydran, a gedwch ef ar y tân i'r berw redeg trwyddo; a pharod yw.[26]

Meddai golygydd *Taliesin,* John Williams (Ab Ithel): 'Yr ydym yn ystyried y cyfarwyddiadau uchod yn dra gwerthfawr, am mai hwynt hwy yw yr unig rai y gwyddom am danynt fel yn taflu goleuni ar y dull o goginio ymhlith ein hynafiaid'. Ond ni rydd unrhyw fanylion pellach am yr 'hen lyfr', nac, o ran hynny, am y sawl a gyfrannodd y deunydd a'i ffynonellau. Ni fu Ab Ithel yn nodedig am ei ymroddiad i ysgolheictod gofalus ac y mae'r cyfan yn atgoffa dyn am rai o ddyfeisiadau Edward Williams (Iolo Morganwg). Yn wir, deuir ar draws yn union yr un deunydd yn un o lawysgrifau Edward Williams dan y pennawd 'Coginiaeth o hen lyfr'.[27]

I ba raddau yr elwai'r Cymro cyffredin ar y llyfrau coginio hyn, mae'n anodd dweud. Ychydig iawn, yn ôl pob tystiolaeth – y llu o deithwyr a ymwelai â Chymru yn hanner cyntaf y ganrif ddiwethaf, adroddiadau 'swyddogol' megis rhai Edward Smith ar ganol y ganrif, ac adroddiadau Comisiwn y Tir yn ei diwedd.[28] (Gweler hefyd yr erthygl 'Dysgl bren a dysgl arian'.) Cân unsain y rhain oedd mai syml a gwerinol oedd lluniaeth y Cymro cyffredin ac yn seiliedig yn bennaf ar geirch, tatws, cynhyrchion llaeth ac ychydig o gig a physgod. Ni welai'r rhan fwyaf o'r boblogaeth angen gwneud yn wahanol. Yn hyn o beth roedd y llyfrau coginio Cymraeg ymhell o flaen eu hamser. Rhywbeth a berthyn i'r ganrif bresennol yw'r amrywiaeth o fwydydd newydd mewnforiedig a'r llu o lyfrau coginio modern, wedi eu dyfeisio, mae'n ymddangos, i'n galluogi i ddianc, dros dro o leiaf, rhag hualau didostur undonedd ein diwylliant technolegol cyfoes.

Cyfeiriadaeth a nodiadau

1. Llyfrau argraffedig yn unig a drafodir yn yr erthygl hon. Bu peth deunydd coginio llawysgrifol ar gael yn Gymraeg o'r cyfnod cyn argraffu ond nis trafodir yma. Y mwyaf adnabyddus yw hwnnw sydd yn *Peniarth 147* ac a gyhoeddwyd gan D. J. Bowen yn *Bwletin y Bwrdd Gwybodau Celtaidd* 5 (1953), 118–20 ac a drafodir yn yr erthygl 'Dysgl bren a dysgl arian'.

2. Katherine Bitting, *Gastronomic bibliography* (San Ffrancisco, 1939, argraffiadau ffacsimili, Llundain, [1985], 1995). Gweler hefyd W. C. Cagle, *A matter of taste* (Efrog Newydd/Llundain 1990); E. Driver, *A bibliography of cookery books published in Britain 1875–1914* (Llundain, 1989); V. Maclean, *A short-title catalogue of household and cookery books published in the English tongue 1701–1800* (Llundain, 1981); A. W. Oxford, *English cookery books to the year 1850* (Llundain, 1913); A. L. Simon, *Bibliotheca gastronomica* (Llundain, 1953); G. Vicaire, *Bibliographie gastronomique* (Paris, 1890; argraffiad ffacsimili, Llundain, 1954).

3. A. Davidson, *A kipper with my tea* (Llundain, 1990), tt. 95–110.

4. Cyhoeddwyd *Cre-fydd's family fare: the young housewife's daily assistant* gyntaf yn 1866 a bu sawl argraffiad wedyn hyd at o leiaf 1880. Mae rhagair yr awdures i'r seithfed argraffiad yn dwyn y cyfeiriad 'Kensington, 1874' ond dyna'r cyfan. Nid yw'r llyfryddiaethau safonol yn taflu unrhyw oleuni ar y mater. Fodd bynnag, derbyniwyd cais i gofrestru'r nod masnachu 'Gre-fydd' ar gyfer meddyginiaethau patent ar Ionawr 11 1876. Enw'r ceisydd oedd Anne Eliza Griffiths. Fe'i disgrifiodd ei hunan fel 'widow (gentlewoman)' a oedd wedi defnyddio'r disgrifiad 'gre-fydd' oddi ar 1870. Ei chyfeiriad oedd 9 Addison Gardens, Kensington. Felly, tybiaf mai Mrs A. E. Griffiths oedd 'Cre-fydd', awdures y llyfr coginio, ond am ei chysylltiad â Chymru ni ellir ond dyfalu (gweler R. Price a F. Swift, *Medical trade marks 1800–1880* (Llundain, 1988), cofnod 410; R. Elwyn Hughes, 'Pwy oedd Cre-fydd?', *Y Casglwr* 65 (1999), 17).

5. Driver (1989), op. cit., t. 13.

6. Cafwyd gan Thomas (tt. 361–2) gyfarwyddiadau sut i baratoi gwinoedd ceirios ('surion'), mefus, ac eirin Mair.

7. *The complete family-piece; and country gentleman, and farmer's best guide* (Llundain, 1737), 2il ; [Mary Kettilby] *A collection of above three hundred receipts in cookery* ... (Llundain, 'for the Executrix of Mary Kettilby', 1734), 3ydd argraffiad.

8. Er hyn, nid yw'r cyfieithu bob tro yn taro deuddeg. 'I noddi Gleisiaid i fyny megis yn y Castell Newydd' yw'r pennawd i'r adran sy'n trafod preserfio eogiaid,

a'r cyfieithydd wedi defnyddio 'noddi' (S. *preserve* = amddiffyn) i gynrychioli'r 'preserve' Saesneg – gair, gyda llaw, sydd o hyd heb derm cyfatebol boddhaol yn y Gymraeg.

9. *Llyfr meddyginiaeth a physygwriaeth* ... (Amwythig, *c.* 1740).

10. Gweler, er enghraifft, E. Smith, *The compleat housewife or accomplish'd gentlewoman's companion* (Llundain, 1753), t. 74.

11. P. Montague, *The family pocket-book or fountain of true and useful knowledge* (Llundain [1760]), t. 149.

12. Gweler R. Elwyn Hughes, *Llyfrau ymarferol echdoe* (Pen-tyrch, 1998), t. 19.

13. Cyhoeddwyd llyfr Elizabeth Price *New book of cookery* gyntaf yn Llundain *c.* 1760; perthyn peth dryswch a dirgelwch i argraffiadau olynol (gweler Maclean (1981), op. cit., tt. 117–8) a chryn amrywiaeth yn nhudaleniad gwahanol gopïau.

14. LlGC 1643B.

15. Mae'r rhan fwyaf o'r rhagair gwreiddiol yn bresennol yn y fersiwn Cymraeg: 'Wedi cyrhaeddyd, gan hir ymarferiad, wybodaeth led helaeth (fel y byddwyf yn gwenieithio i mi fy hun), yn y gelfyddyd o gogyddiaeth, trwy fynych daer-ddeisyfiadau llawer o'm cyfeillion, y rhai, wedi darllen y cyfarwyddiadau tra oeddynt yn ysgrifenedig [S. 'yet in manuscript'] yn unfrydig a ymunasant i'w gymeradwyo *fel y Crynodeb mwyaf defnyddiol o'r Gelfyddyd o Goginiaeth* a ymddangosodd yn y deyrnas hon ...'

16. R. Elwyn Hughes, *Nid am un harddwch iaith* (Caerdydd, 1990).

17. *Cydymaith y wraig a'r forwyn; sef lyfr cogyddiaeth: yn cynnwys cyfarwydd- iadau sut i baratoi pob math o fwydydd ... hefyd, bwyd-restrau am bob mis o'r flwyddyn; ... y modd i biclo a phreserfio; hyfforddiadau wrth brynu cig ... &c* (Humphreys, Caernarfon, *c.* 1860); *Llyfr cogyddiaeth newydd ... y modd i biclo a phreserfio ... cyfarwyddiadau i wneuthur gwinoedd* ... (Humphreys, Caernarfon, *c.* 1865). Gweler hefyd Hughes (1998), op. cit., tt. 20–21, 42.

18. Am hanes Leach a Vernon House gweler T. G. Davies, *Who can expect health?* (Abaty Castell-nedd, 1995), tt. 91–134.

19. Justus Liebig, *Researches on the chemistry of food*, cyfieithwyd a golygwyd gan William Gregory (Llundain, 1847). Prif ddadl Liebig oedd fod prif rinwedd cig yn bresennol yn y 'sug' a phwysig felly oedd rhwystro unrhyw golledion sug yn ystod y prosesau coginio. I'r perwyl hwn, dyfeisiwyd dulliau o 'selio'r' cig wrth ei rostio neu'i ferwi. Yr un oedd y ddadl y tu ôl i'w 'echdyniad o gig eidion'– sef bod modd costrelu holl rinweddau'r cig yn yr echdyniad. Profwyd yn nes ymlaen fod syniadau maethegol Liebig yn hyn o beth yn llwyr gyfeiliornus, ond 'er hyn, deil rhai i gredu hyd heddiw fod rhinweddau neilltuol yn perthyn i ddarpariaethau o 'de cig eidion'. Ymhelaethodd Liebig ar ei syniadau cyfeiliornus am swyddogaeth maethegol

protein ac am rinweddau tybiedig echdyniadau o gig (*'Liebig's extract of meat'*) mewn cyfres o erthyglau yn y *Pharmaceutical Journal and Transactions* yn nechrau'r 1870au; gweler yn fwyaf arbennig Baron Liebig, 'Extract of meat', *Pharmaceutical Journal and Transactions* 3 (1873), 561–3. Am drafodaeth ar ddylanwad syniadau Liebig ar faetheg y bedwaredd ganrif ar bymtheg, gweler H. Kamminga ac A. Cunningham (gol.), *The science and culture of nutrition, 1840–1940* (Amsterdam/Atlanta T. U., 1995), *passim*.

20. Eliza Acton, *Modern cookery, for private families, reduced to a system of easy practice, in a series of carefully tested receipts, in which the principles of Baron Liebig and other eminent writers have been as much as possible applied and explained* (Llundain, 1859) .

21. W. M. Williams, *The chemistry of cookery* (Llundain, 1895), t. 136; priodolai Williams ei hoffter o fwydydd caws i ddylanwad ei rieni – ei dad yn Gymro a'i fam yn hannu o'r Swistir. Cytunai â William Cobbett yn ei ragfarn yn erbyn defnyddio tatws fel y prif fwyd mewn lluniaeth ac aeth mor bell ag awgrymu defnyddio'r chwilen Colorado i ddifa'r cnwd tatws yn Iwerddon am fod y cymeriant dyddiol yno yr adeg honno yn rhyw ddeuddeg pwys y pen.

22. Henry Blackwell, *A bibliography of Welsh Americana* (Aberystwyth, 1977), t. 47.

23. S. A. Edwards, *Coginiaeth a threfniadaeth deuluaidd: cyfaddas i anghenion gwragedd gweithwyr Cymru* (Dinbych, 1889), tt. [iii]–iv, sylwadau rhagarweiniol gan E. Vincent Evans.

24. A. L. Trott, 'The Society for the diffusion of useful knowledge in Wales 1848–1851', *Cylchgrawn Llyfrgell Genedlaethol Cymru* 11 (1959/60), 33–75.

25. Hughes (1998), op. cit., *passim*.

26. 'Coginiaeth y Cymry', *Taliesin* 1 (1859/61), 214–5.

27. LlGC 13120B, t. 247.

28. R. E. Hughes ac Eleri Jones, 'Edward Smith a bwyd y Cymro', *Y Gwyddonydd* 18 (1980), 56–9.

Atodiad: Coginio a pharatoi bwydydd a diodydd; deunydd Cymraeg argraffedig (hyd at ddiwedd y bedwaredd ganrif ar bymtheg)

Mae'r rhestr a ganlyn yn fwy cyflawn na'r ddwy restr o lyfrau coginio Cymraeg sydd eisoes wedi eu cyhoeddi (*Y Gwyddonydd* 13 (1975), atodiad: Llyfrau Gwyddonol Cymraeg, t. x; 'Rhestr Llyfrgell Genedlaethol Cymru' yn B. Freeman, *First catch you peacock* (Talybont, 1996), t. 313) ond ni ellir honni, er hynny, ei bod yn un gyflawn. Rhestrir y llyfrau yn ôl eu trefn gronolegol. Am ragor o fanylion gweler R. Elwyn Hughes, *Llyfrau ymarferol echdoe; llyfryddiaeth gydag anodiadau. 200 o lyfrau amaeth, coginio, garddio, meddygaeth a milfeddygaeth o'r bedwaredd ganrif ar bymtheg* (Pen-tyrch, 1998).

Llyfr meddyginiaeth a physygwriaeth ... at yr hwn y chwanegwyd Y gelfyddyd o goginiaeth (neu cookery) ... (Durston, Amwythig [?1740, 1741]; Wrecsam, 1774), pum tudalen o goginio.

John Thomas, *Annerch ieuengctyd Cymru* ... (Wrecsam, 1795). Cynnwys cyfarwyddiadau sut i baratoi gwinoedd (tt. 361–2).

Cyfarwyddyd i wneud bara da o flawd afiach (Pugh, Dolgellau [1817]). Taflen unigol. Nodir gan Rees yn *Libri Walliae* t. 171.

Evan Evans, *Arweinydd dwyieithog i wneuthyr diodydd anfeddwol, burym &c &c* (Jones, Pontfaen, 1838), tt. 95. Enghraifft gynnar o lyfr cyfarwyddiadau dwyieithog.

Elizabeth Price, *Holl gelfyddyd cogyddiaeth* (Griffith, Caernarfon *c.* 1840), tt. 122.

Francis Beardsall (cyf. anhysbys), *Traethawd – gwinoedd, hen a diweddar, yn cynnwys gwinoedd yr ysgrythurau* ... (Williams, Aberystwyth. 1841), tt. 48.

Francis Beardsall (cyf. D. J. Beynon ('Glan Tâf')), *Traethawd ar natur priodoleddau a chymmysgeddrwydd gwinoedd hen a diweddar etc.* (Rees & Thomas, Llanelli, 1841), tt. 56.

Sylwadau ar gynildeb a choginiaeth; cyfieithiedig o argraffiad y Gymdeithas Amaethyddol Frenhinol (Broom a Ravenscroft, Llanelli, 1849). Prin. Copi yn Llyfrgell Prifysgol Cymru, Bangor.

W. Cobbett, *Bwth drefniant* (Jenkins, Aberystwyth, 1850), tt. 48. Cyf. T. D. Thomas [Llanarth, Ceredigion]. Y rhan gyntaf yn unig o lyfr Cobbett *Cottage economy* a gyfieithwyd – 'darllaw' a rhan o'r adran 'bara'.

Y Cogydd Cymreig (c. 1850). Fe'i nodir mewn rhestr o lyfrau ar werth gan John Jones, Llanrwst ar glawr cefn *British herbal* (Jones, Llanrwst, *c.* 1850).

Addysg Chambers i'r bobl; bwyd-arlwyaeth – coginiaeth (Humphreys, Caernarfon, ?1851), cyfrol 2, tt. 17–34.

Charles Ewing, *Garddwr i'r amaethwr a'r bwthynwr … hefyd gynghorion i breserfio ffrwythau, cyffeithio ac arlwyo llysiau* (Rees, Caernarfon, 1860, 1868). Cynnwys yr adran 'Cogyddiaeth i'r bwthynwr' (tt. 94–8) 35 o ryseitiau. Mae hwn yn gyfieithiad Cymraeg o lawysgrif a baratowyd yn wreiddiol yn Saesneg ond nas cyhoeddwyd, hyd y gellir barnu, yn yr iaith honno. Yr amcan oedd codi safon 'The very backward state of cottage gardening in Wales'. Cefnogwyd y fenter gan nifer sylweddol o'r bendefigaeth – Iarll Powys, Arglwydd Llanover, Is-iarll Palmerston, Esgob Bangor ynghyd â nifer o aelodau seneddol; prynodd rhai o'r cefnogwyr hyn gynifer â 500 o gopïau'r un, i'w dosbarthu, mae'n debyg, ymhlith eu tenantiaid. Anodd deall felly paham y mae hon, bellach, yn gyfrol gymharol brin.

Cydymaith y wraig a'r forwyn; sef llyfr coginiaeth: yn cynnwys cyfarwyddiadau sut i baratoi pob math o fwydydd yn y modd mwyaf blasus a maethlon ... y modd i biclo a phreserfio ... rheolau eglur at dori bwyd &c &c. Y cyfan wedi eu dethol o weithiau Soyer, Price, Pullan, Hale, Rundell a Phen-gogydd y Freemasons Tavern, Llundain (Humphreys, Caernarfon, c. 1860), tt. 96.

[Cyfaill] y Gweithiwr: Coginiaeth & C [? Griffiths, Utica, T. U. , ?1862], tt. 36.

Llyfr cogyddiaeth newydd (Humphreys, Caernarfon, c. 1865), tt. 296. Wynebddalen: 'Brif gogyddes Cymru' [?Lady Llanover].

John C. Roose, *Llyfr y cyfarwyddiadau* (Jones, Amlwch, 1873), tt. viii 116. Cynnwys 477 o gyfarwyddiadau, 107 ohonynt yn rhai coginio gan gynnwys adran fechan 'Coginiaeth radlawn' (rhifau 260–9).

R. H. Williams, *Gwinoedd y Beibl ... yn nghyda chyfarwyddiadau pa fodd i wneud gwin anfeddwol* (dros yr awdur, Bala, 1875), 2il argraffiad, tt. iv, 48 (Sut i wneud gwinoedd anfeddwol, tt. 47–8).

[Thomas Thomas] *Llyfr pawb ar bopeth* (Hughes, Wrecsam, 1877). Addasiad o'r Saesneg. Sawl argraffiad. Cynnwys adran ar goginio.

J. C. Roberts (gol.), *Y trysor teuluaidd, rhodd i dderbynwyr y Drych* (Griffiths, Utica, T. U. , 1887), tt. 224, adran goginio, tt. 83– 103.

Cyfarwyddiadau i wneyd diodydd iachusol a dymunol at wasanaeth cyffredin ac i gleifion (Llyfrau ceiniog Humphreys, Caernarfon, ?1880), tt. 12.

Cynghorion teuluaidd buddiol ac ymarferol (Humphreys, Caernarfon, ?1880), tt. 12. Cynnwys 84 o ryseitiau 'domestig'. Heb drafod coginio fel y cyfryw ond mae'n cynnwys nodiadau ar 'osgoi cynrhon mewn caws', 'i wneud hen fara yn fwytadwy' a rhai cyffelyb.

Llyfr i'r teulu – pedwar ugain a phedwar o gynghorion teuluaidd, buddiol ac ymarferol; 92 o gyfarwyddiadau i wneyd diodydd iachusol a dymunol (Evans a'i fab, Caerfyrddin *c.* 1880), pris 6 ch. Hysbyseb ar glawr J. S. Rarey, *Dofi ceffylau* (Evans, Caerfyrddin, *c.* 1880).

[Thomas Thomas] *Llyfr coginio a chadw ty ... gyda darluniau eglurhaol ...* (Hughes, Wrecsam, *c.* 1885) (gweler *Y Bywgraffiadur Cymreig*, atodiad t. 166).

S. A. Edwards, *Coginiaeth a threfniadaeth deuluaidd cyfaddas i anghenion gwragedd gweithwyr Cymru* (Gee, Dinbych, 1889), tt. 107.

John C. Roose, *Llaw-lyfr teuluaidd ...* (Jones, Amlwch, 1889), tt. 16. Detholiad o'i *Lyfr cyfarwyddiadau* (1873); cynnwys 3 rysáit coginio.

S.M.M., *Y tŷ, a'r teulu ... coginiaeth i'r teulu* (Gee, Dinbych, 1891) (coginio, tt. 121–330).

Mynegai

Accum, Frederick 265
alarch 36
Annerch ieuengctyd Cymru 309
Ashley, William 157
Ashton, Charles 173, 192

bara brown 34, 172
bara gwenith
    34, 58, 76, 175, 179, 185, 188, 280
bara mês 265
bara rhyg 12, 58, 64, 157, 160,
    166, 172, 175, 179
bara tatws 268
Bartholomaeus Anglicus
    77, 108, 148, 172
berwr y dŵr 104, 145, 166
Bevan, Edward 229
Bingley, W 216, 230
Blane, Gilbert 26, 76, 128
Botanologium 115
Bowen, D. J. 32, 78, 144, 306
bragod 0, 201, 202, 203, 204,
    205, 219, 220, 222
brawn 37, 45, 46, 52
bresych 30, 40, 101, 102, 103,
    104, 105, 106, 107, 108, 109,
    110, 132, 142, 143, 148, 149,
    153, 239, 247, 260, 262,
    273, 276, 278, 281
briallu 39, 40, 240
Britannica 114, 150, 151, 282, 283
Bryene, Alice de 25, 26, 56,
    75, 76, 79
Buchan, William 90, 143, 192
Bwth drefniant 291, 310

bwyd y cestyll 13
bwyd y plastai 31
bwyd y werin 160

Canu Llywarch Hen 98, 144, 227
carchardai 92, 132, 134, 135
carnitin 77, 143
casglwyr-helwyr 94
Castell Biwmaris 23
Castell Caerffili 28, 29
Castell Castell-nedd 18, 25, 76
Castell Llanbadarn 21
Castell yr iechyd 178, 192,
    211, 227
Catholicke Scurvy 120
caws 18, 29, 36, 48, 51, 58, 65,
    66, 70, 77, 99, 101, 166,
    199, 244, 268, 298, 308
ceffylyseg 274, 275
ceirch 16, 18, 19, 23, 25, 42, 64,
    66, 67, 70, 74, 76, 141, 159,
    161, 165, 166, 167, 189, 190,
    191, 192, 203, 228, 282
celyn y môr 242, 277
cig hallt 54
cig ir 54
cig, jeli 42, 44
cocatris 35, 80
Cochlearia spp 112
Cogan, Thomas 22, 77, 170,
    197, 202, 227, 238, 276, 279
Coginiaeth a threfniadaeth deuluaidd
    301, 308, 312
Columella 75, 159, 206, 227
Copley, Esther 272, 282, 303
corn 64, 166, 190, 239, 244,
    248, 251, 261, 262, 263, 280
Cornaro, L 140, 141
cwningod 44, 57, 60, 246

313

Cydymaith y wraig 297, 307, 310
cyfrifebau 167, 185

dail rhiwbob 269, 273, 282
danadl poethion 224, 235, 238, 239, 240, 248, 252, 254, 256, 270, 279
dŵr yfed 13
Darwin, Charles 263
Darwin, Erasmus 260, 279
Davies, David 125, 153, 170
Davies, Walter 168, 190, 207, 218, 227, 230, 231, 244, 278
Deffroad Mawr 181
di-furum 303
Dietary reference values 73, 143
Digbie, Kenelme 79, 213, 229
diod griafol 144, 200, 215, 216, 218, 223, 224, 225, 230, 233, 252, 287
diodydd llaeth 12
diwrnodau pysgod 37
dyn cyntefig 71, 96, 236

Edward Williams (Iolo Morganwg) 104, 124, 129, 153, 154, 159, 225, 243, 305
Edwards, Charles 274, 283
Edwards, Huw 183, 193
Edwards, Mrs S. A. 301
efwr 98, 248, 249, 250, 261, 278
Ellis, William 42, 83, 122, 152, 273, 283
Elyot, Thomas 178, 192, 206, 229
eplesiad 215, 224
Evans, Evan 232, 303, 309
Evans, Syr Vincent 302

fensiwn 72
fflamans 47
Ffydd Ddiffuant, Y 274

Galen 22, 51, 77, 161, 210
garan 35, 36, 80
Gastronomic Bibliography 286, 306
Gee, Thomas 63
gelfyddyd o goginiaeth, Y 287, 288, 309
Georgical essays 259, 279
Gerard, John 112, 277
gerddi llysiau 30, 102, 105, 107, 110, 145, 148, 262
glastwr 58, 199, 220, 221, 226
Glin, Mathew 211
Googe, Barnaby 148, 158
gorfwyta 56
gwenith
  11, 16, 18, 19, 34, 35, 58, 64, 79, 124, 141, 157, 158, 159, 160, 161, 166, 167, 170, 171, 172, 173, 176, 191, 192, 259, 265, 268, 269, 282, 290, 300
gwenyn 169, 207, 208, 214, 215, 220, 228, 246
gwerth maethegol danadl poethion 256
Gwilym Cowlyd 275
gwin bedwen 232
gwledda 32, 49, 56, 59, 271

haearn 28, 52, 70, 74, 138, 159, 291
Hafod 16, 80, 144, 161, 162, 178, 189
haggis 42

halen 7, 18, 19, 20, 21, 22, 23,
    28, 31, 34, 41, 47, 48, 75,
    226, 254, 290, 304
Hall, Augusta (Lady Llanover) 286
halltu, cyfleusterau 17
Hanes tair sir ar ddeg Cymru 166, 190
Harries, John (Cwrt y Cadno) 128
Hartley, Dorothy 261, 279
Herbert, George 140, 141, 156
Higden, Ranulph 144, 168
hippocreas 275
Holl gelfyddyd cogyddiaeth 84,
    309
Howell, James 196, 220, 226
Hughes, R. Elfyn 14, 73
Hughes, W. E. 131
Hurley, R. J. 233
hypofitaminosis C 93, 96

iddw 178

jeli traed llo 42
Jonas 211
Jones, David (Cwmdeuddwr) 67
Jones, Eleri 73, 82, 85, 143,
    153, 233, 308
Jones, Glyn Penrhyn 271, 282
Jones, Hugh (Maesglasau) 90,
    143, 192
Jones, Theophilus (dŵr Llanwrtyd)
    129
Jones, Thomas (almanaciwr) 130, 154

Kettilby, Mary 288, 289, 290, 306
Knight, Thomas (Caernarfon) 196,
    226
leche lumbarde 35, 80
Lhuyd, Edward 164, 216,
    242, 272, 277
Liebig, Justus 61, 298, 307, 308
Lind, James 92, 111, 137, 140,
    143, 259, 279
Linden, D. W. 129, 154

llaeth enwyn 58, 67, 84, 135,
    196, 199, 220, 221
Llantrithyd 35, 80
Lloyd George, David 270
llwg 90, 116, 131, 132, 150,
    154, 155, 222, 270
llwylys 115, 150, 239
Llyfr cogyddiaeth newydd 42, 84,
    297, 307, 311
llys y gymalwst 273
llysiau gwrthsgyrfi 114
llysiau Llywelyn 112
llysiau'r llwy 112
lordings 35, 81

maidd 200, 220, 221, 226
mallrygedd 158, 174, 176, 177,
    178, 179, 180, 181, 182, 183
Malva spp 39, 276
Matossian, M. K. 192, 193
Maynwaringe 115, 131, 150, 155
Mead, W. 79
medd 99, 202, 203, 205, 206,
    207, 208, 210, 211, 212,
    214, 215, 219, 220, 221,
    222, 227, 228, 230
meddyglyn 197, 200, 203, 206,
    210, 211, 213, 214, 219,
    220, 222
mêl 19, 46, 50, 154, 200, 201,
    205, 206, 207, 208, 211,
    214, 215, 218, 222, 227,

246, 266, 278
Ménagier de Paris 34, 40, 44, 49, 78
messaig 266
Minsheu, John 115, 168
Moffet, Thomas 159
Morris, Lewis 82, 123, 124, 130, 152, 154, 229, 242
Morris, William 152, 280
mortraws 45, 52

Neolithig 96, 236, 245
Newcombe, Richard 101
Newlanders cure 119, 120, 151
Nichols, T. L. 254

Owen, George 100

Parmentier 241, 268, 281
Peniarth 147 37, 42, 44, 50, 51, 52, 80, 81, 110, 238, 306
Pennant, Thomas 79, 82, 123, 152, 216, 249
Percival, Thomas 259
perllannau 102
pilcorn 16
Pirie, Norman 236
Plantago major 39
Plat, Hugh 21, 203, 227
Pococke, Richard 165, 190
Poly-olbion 275, 283
potes 39, 40, 47, 52, 58, 110, 239, 268, 276
Price, Elizabeth 60, 84, 291, 292, 293, 296, 307, 309
Price, 'Old' John 263, 280
proclamasiwn brenhinol 72

protein 13, 14, 25, 28, 42, 58, 64, 65, 66, 74, 76, 86, 87, 141, 165, 171, 221, 222, 236, 256, 264, 269, 276, 308
Prys, John 109, 148, 162, 189
Pugh, Edward 204, 210, 221, 228, 281
Puw, Gwilym 113, 200, 221, 226
pwdin reis 47, 288, 289
pysgod 19, 23, 26, 27, 29, 37, 38, 39, 45, 56, 57, 66, 80, 81, 82, 91, 95, 119, 137, 234, 256, 288, 299

Ray, John 39, 82, 216, 223, 272, 282
Redwood, Lewis 138
Rees/Rhys, John (Merthyr) 70
rissole 49
Roberts, Enid 32, 78
Roberts, Peter 168, 282
Roberts, R. Alun 100, 145
Rogers, Thorold 157
Rumford, Count 169
Rutty, John 277

Rhaeadr 67, 154, 185, 186, 187
rhiwbob 269, 273, 282
Rhys, Sion Dafydd 32, 149

S.M.M. 298, 299, 312
salep 259, 260, 261, 268
Salesbury, William 108, 162, 201
Salusbury, John 121, 145
sawndyr 46, 47, 52
sbeisiau 37, 51, 109, 203, 210, 211, 213, 214
siarled 41, 52

Smith, Edward 11, 13, 61, 62, 70, 72, 73, 85, 125, 139, 153, 305, 308
Smyth, Rhosier 235, 267, 281
starts 49, 58, 198, 247, 258, 259, 261, 264, 268, 294

taninau 248, 264
tegeirian 248, 258, 259, 260, 261
Thomas, David 167, 190
Thomas, J. H. 133, 155
Thomas, John (Rhaeadr Gwy) 185, 186, 187, 193, 287, 309
Thomas, Parchedig Thomas 300
Thomas, Robert (Ap Vychan) 66
tlotai 92, 132, 133, 134
Traetice of the scorbut 150, 226
Traithawd ar drin tatws 137
trenswyr 34, 35

Vaughan, William 21, 80, 109, 118, 144, 148, 172, 189, 203, 227, 232

Wallace, Alfred Russel 71
Weston, Richard 30
Wier, Johann 116
Wild foods of Great Britain 270, 282
Wiliems, Thomas (Trefriw) 114, 115, 213
Wilkinson, Lady Caroline 255
Williams, John 144, 233, 242, 249, 261, 272, 277, 279, 304
Williams, John (Ab Ithel) 304
Williams, John (Llanrwst) 98
Williams, Mattieu 62

Williams, Melfyn 208
Williams, Thomas (Pwllheli) 137, 156, 262
Wmlws 46
wmlws 52
Worlidge, John 109, 121, 148, 224, 227
wyau 36, 41, 42, 45, 47, 49, 65, 80, 81, 140, 240, 254, 289, 295
Wynn, Syr John Wynn o Wydir 213

ysgyfarnog 50, 51
ystocffis 38

Llyfrau Coginio'r Lolfa

Celtic Cookbook
Helen Smith-Twiddy
086243 641 9
£4.95

Welsh Dishes
Rhain Williams
086243 492 0
£2.95

First Catch Your Peacock
Bobby Freeman
086243 315 0
£9.95

Welsh Country Cookery
Bobby Freeman
086243 133 6
£3.95

Welsh Salad Days
Dave Frost
086243 383 5
£8.95

Welsh Organic Recipes
Dave Frost
086243 574 9
£3.95

Dewch i Ginio
Valerie Lloyd Roberts
086243 307 x

Coginio gyda Dudley
Dudley Newbery
086243 546 3
£8.95

Newydd

Dudley!
Ryseitiau diweddaraf Dudley o'i gyfres deledu boblogaidd;
mawr, moethus, llawn lliw.
086243 678 8
£19.95

dinas

Teitlau a gyhoeddwyd hyd yn hyn:

Aberdyfi: Past and Present – Hugh M Lewis £6.95
Aberdyfi: The Past Recalled – Hugh M Lewis £6.95
Ar Bwys y Ffald – Gwilym Jenkins £7.95
Blodeuwedd – Ogmore Batt £5.95
Black Mountains – David Barnes £6.95
Choose Life! Phyllis Oostermeijer £5.95
Cwpan y Byd a dramâu eraill – J O Evans £4.95
Dragonrise – David Morgan Williams £4.95
Dysgl Bren a Dysgl Arian – R Elwyn Hughes £9.95
The Fizzing Stone – Liz Whittaker £4.95
The Wonders of Dan yr Ogof – Sarah Symons £6.95
You Don't Speak Welsh – Sandi Thomas £5.95
Clare's Dream – J Gillman Gwynne £4.95
In Garni's Wake – John Rees £7.95
A Dragon To Agincourt – Malcolm Price £6.95
The Dragon Wakes – Jim Wingate £6.95
Stand Up and Sing – Beatrice Smith £4.95